사회복지실천론

| 김 희 년 편저 |

인제대학교 출판부

머리말

사회복지실천(social work practice)이란 사회복지가 추구하는 가치에 따라 사회복지서비스를 제공하기 위해 통합적으로 사회복지지식과 기술을 사용하는 사회복지의 통합적 방법을 말하는데, 이는 사회복지전문직들이 개인이나 가족을 비롯한 다양한 집단, 그리고 지역사회에 제기되는 사회문제에 대처해 나가고자 할 때 활용할 수 있는 공통된 하나의 원리나 개념을 제공할 수 있는 방법의 통합적인 적용을 의미한다. 즉, 과거의 사회사업적 개입이 주로 인간에게 초점을 두거나 환경에 초점을 두는 이분법적 형태로 이루어졌다면, 통합적 방법은 인간과 환경과의 상호작용에 초점을 둠으로써 '상황 속의 인간'을 대상으로 문제의 본질이나 성격을 파악하여 사회복지사가 개입해야 함을 강조한다.

본 교재는 이러한 사회복지실천의 본질에 대한 이해를 기초로 하여 사회복지실천의 다양한 이론과 실천적 접근방법 및 기술을 습득할 수 있도록 하고자 할 목적으로 저술하였다. 구체적으로 사회복지실천의 기본 철학과 가치 및 윤리, 사회복지의 전통적 3대 실천방법론인 개별사회사업, 집단사회사업, 지역사회사업과 통합적 사회복지실천방법론, 사회복지실천을 위한 기초로서 습득해야 할 인간의 성격과 행동과 관련한 제 이론들, 사회복지실천의 구체적 기술로서의 관계론, 면접론 및 과정론, 그리고 사례관리 등을 포함하였다.

본 교재의 학습을 통하여 학생들은 사회복지전문직으로서 갖추어야 할 가치관과 철학, 그리고 사회복지실천과 관련한 기본적 지식 및 기술을 습득하게 되며, 구체적으로 다음과 같은 학습결과를 기대할 수 있다. 첫째, 사회의 본질과 다양한 사회문제를 편견 없이 균형 잡힌 시각으로 판단할 수 있는 능력을 갖출 수 있다. 둘째, 다양한 욕구와 문제들로 인해 고통을 겪고 있는 사람들이 각자의 상황을 극복하여 사회적 기능회복을 할 수 있도록 돕는 실천적 이론 및 구체적 기술을 익힐 수 있다. 셋째, 미시적인 수준부터 거시적인 수준에 이르기까지의 개입 초점의 다양성에 대한 이해와 아울러 클라이언트의 역량강화를 전제로 인간과 환경 모두에게 유익을 주는 개입방법을 익힐 수 있다.

사회복지전문직은 사회복지분야에 대한 선천적 자질 및 개인적 소질 외에 학습된 지식, 기술 및 기법을 갖추어야 전문직으로서의 효율적인 역할 수행이 가능하다. 본 교재는 학생들로 하여금 사회복지전문직이 갖추어야 할 체계적인 지식과 일련의 가치체계, 그리고 다양한 실천기술을 습득케 하고, 또한 그것들로부터 적합한 원조방법이나 개입을 선택하도록 하여 클라이언트의 사회적 기능 향상 및 회복을 지원하는 사회복지전문직으로 성장하는 것을 지원하고자 한다.

본 교재는 각각의 단원이 다루는 주제와 관련하여 사회복지분야의 학자들과 현장의 사회복지전문가 등이 작성한 여러 의미 있는 글들을 포함하여 학생들로 하여금 사고의 폭을 넓힐 수 있도록 돕고 동시에 현장의 실제적인 정보를 전달하여 교과서가 갖는 경직성을 다소나마 완화시키고자 하였다. 또한 본 교재는 편저서로서 내용의 상당부분은 관련된 여러 논문이나 잡지 등에서 인용되어 수록되었음을 밝힌다.

孔子는 '論語'에서 "學而時習之면 不亦說乎아"라고 하였다. 즉 누구나 알고 있듯이, "배우고 때때로 익히면 기쁘지 아니한가"라는 의미인데, 뒤집어서 읽으면 "기쁘지 않으면 배움이 아니다"라는 해석도 가능하다. 아무쪼록 이 교재가 학생들이 사회복지실천론을 즐겁게 학습하기 위한 소중한 도구로 활용될 수 있기를 바라는 마음이 크다. 십수년 간의 강의를 토대로 교재가 저술되었지만 아직도 여러 가지 면에서 미흡한 점들이 많다. 계속해서 많은 부분들이 수정되고 보완되어야 할 것이다. 이와 관련한 독자들의 지속적인 관심과 아낌없는 비판을 부탁한다.

2019년 1월

김 희 년

차례

제1부 | 사회복지실천의 개관

제1장 사회복지의 개념과 구성

1. 사회복지의 의미

"社會福祉(사회복지)란 構成員(구성원) 全體(전체)의 幸福(행복)을 追求(추구)하는 모든 社會的(사회적) 努力(노력)을 意味(의미)한다."

사회복지(社會福祉, social welfare)의 의미를 넓게 보면, "사회의 구성원 모두가 사회적 자원과 기회를 공평하게 배분받아 빈곤이나 차별 등으로 인한 고통 없이 자유롭고 평등한 생활을 영위하는 행복한 사회를 이루기 위한 사회적 노력"이라고 할 수 있다. 좀 더 구체적으로 이야기한다면, 사회복지란 "사회 구성원의 행복을 증진시키고 사회의 유지와 발전을 위해 필수적인 사회 구성원들의 사회적, 경제적, 교육적, 신체적, 그리고 정신적 욕구들을 충족시키는 것을 돕는 사회 전체의 정책과 제도, 서비스와 프로그램들로 이루어진 체계(system)"라고 할 수 있다. 이를 통하여 모든 사회구성원들은 인간으로서의 존엄성을 인정받고, 개개인의 능력과 잠재력을 충분히 발휘하며, 전체적인 삶의 질이 향상되어 행복한 삶을 누릴 수 있고, 아울러 전체 사회의 안정과 지속성 및 응집력이 강화되어 사회가 하나의 건강한 공동체로서 존속될 수 있는 것이다. 사회복지에 관련된 법조문으로는 행복추구권(헌법 제10조), 교육의 기회균등 및 무상의무교육(헌법 제31조), 고용의 기회와 적정한 임금(헌법 제32조, 제33조), 최저한의 삶을 위한 사회보장(헌법 제34조), 환경보전(헌법 제35조), 의료·보건(헌법 제36조) 등의 국민이 누려야 하는 기본적 권리의 명시와 이러한 기본적 권리를 충족시켜 주기 위한 국가의 책임과 역할을 교육법, 특수교육진흥법, 학교급식법, 유아교육진흥법, 영유아보육법 등의 관련 법규에서 구체적으로 명시하고 있다.

2. 사회복지의 기본가치(W. A. Friedlander)

(1) 인간의 존엄성(dignity of individual)

사회복지의 철학이자 가장 중요한 기본가치로 인간은 인간이기 때문에 인간으로서 존중되고 그 때문에 여러 가지 권리를 태어나면서부터 갖고 있다는 믿음으로 Thomas Hobbes(1588~1679), John Locke(1632~1704), Jean-Jacques Rousseau(1712~1778), Thomas Paine(1737~1809) 등의 사상과 영국의 시민혁명(권리청원[Petition of rights, 1628]과 권리장전[English Bill of Rights, 1689]), 미국의 독립선언(The Declaration of Independence, 1776), 프랑스의 인권선언(Declaration of the Rights of Man and of the Citizen, 1789) 등에서 보장하고 있다.

✓ 영국의 'The Magna Carta(대헌장)' 36조(1215): "자유민은 누구를 막론하고 합법적 재판 또는 국법에 의하지 않는 한 체포, 감금, 법익 박탈, 추방 또는 그 외의 어떠한 방법에 의하여서라도 자유가 침해되지 아니하며, 왕 스스로가 자유민에게 개입하거나 관헌을 파견하지 아니한다."

✓ 대한민국 헌법 제10조: "모든 국민은 인간으로서 존엄과 가치를 가지며 행복을 추구할 권리를 가진다." 34조, 36조 등 → 복지는 헌법적 의무

(2) 인간의 자기결정권(the right of self-determination)

개개인의 능력과 판단(자유의지, free will)에 따라 자기의 태도와 행동을 결정할 권리를 갖는 것을 의미한다.

> "누구든지 最小限의 常識(상식)과 經驗(경험)만 있다면, 自身의 삶을 自己 方式(방식)대로 設定(설정)하는 것이 가장 바람직하다. 그 方式이 옳건 그르건, 損害(손해)를 보거나 失敗(실패)를 할 때가 있을지라도 自己 方式대로 사는 것 以上 重要(중요)한 것은 없다." - John Stewart Mill(1806~1873)의 'On Liberty(自由論)' 中에서

(3) 인간의 균등한 기회(equal opportunity of individual)

개개인이 소유한 물질, 교육, 지위, 신앙, 인종, 직업, 거주지 및 기타 어떠한 기준에 의한 차별도 있을 수 없다는 원칙이다.

(4) 인간의 사회적 책임(social responsibility of individual)

개개인의 고통에 대한 사회공동의 책임을 의미하는 것으로 개인의 능력으로는 어떻게 할 수 없는 커다란 경제적, 정치적 및 사회적 환경이 존재함을 인정하는 것이다.

> "幸福(행복)은 社會와 個人이 均衡(균형)을 이뤄야 可能하다. 個人들은 幸福을 爲해 基本的(기본적) 經濟收益(경제수익)이 必要(필요)하다는 点을 認定(인정)해야 한다. 하지만 그런 收益追求(수익추구)가 家族·親舊·共同體 等과 均衡(균형)을 이루지 못하면 결코 幸福해 질 수 없다는 것도 알아야 한다." - Jeffrey Sachs Columbia大 經濟學科敎授(1954~)

※ 인류는 과거의 어느 때보다 풍요롭고 건강하고 안전하고 편리하고 평등한 삶을 누리고 있다. 그런데도 인간들은 왜 항상 투덜거리는가? 유대감, 즉 사회적 자본이 결여되어 있기 때문이다. 사회적 자본(social capital)이란 인적 자본과 물적 자본(또는 자연자본과 생산자본)에 대응되는 개념으로서

'사회구성원들이 공동의 문제를 해결하는데 적극적으로 참여하는 사회의 조건 또는 특성'을 의미한다. 이는 사회구성원들이 힘을 합쳐 공동의 목표를 효율적으로 추구할 수 있게 하는 특성으로서 공동의 이익을 위한 상호조정과 협력을 촉진하는 사회적 조직의 특성이라고도 정의할 수 있다. 여기서 사회적 조직의 특성이란 상호신뢰, 배려, 친사회적 규범, 그리고 협력적, 자발적, 수평적 관계망 등으로 결국, 사회적 자본이란 공동체를 유지하는 능력이라고 할 수 있다.

✓ Pyotr Alekseyevich Kropotkin(표트르 알렉세예비치 크로포트킨, 1842~1921)은 *適者生存*(적자생존)이 아닌 *相互扶助*(상호부조)를 인류역사의 핵심으로 간주하고, 따라서 사회의 구성원들이 자유롭게 자신의 욕구와 목소리를 내고 서로 돕고 학습하며 건전한 시민으로 성장하는 사회를 추구해야 할 이상적인 사회로 보았다. 그는 자신의 저서인 '상호부조론(Mutual aid: A factor of evolution)'을 통하여 일반적으로 인간은 제도보다 선하다고 주장하였고, 따라서 과학적이고 논리적인 이념이나 제도보다 서로 보살피고 배려하는 마음가짐이 사회를 하나의 공동체(community, communal society)로서 발전시키는 힘이라고 주장했다.

"바람직한 共同體란 個人들이 自身들의 個性(개성)을 잃지 않으면서 서로를 위해 結合하는 集團이다. 卽, 眞正한 共同體 文化는 集團을 위한 個人의 犧牲(희생)이나 强要(강요)된 忠誠에 의해 만들어지는 것이 아니라 徹底(철저)한 個人의 自律性(자율성)을 土臺(토대)로 한다."

3. 사회복지의 기능적 정의

(H. Wilensky & C. Lebeaux in 'Industrial Society and Social Welfare(산업사회와 사회복지)', 1965)

(1) 잔여적(전통적, 보충적, 한정적) 사회복지(residual welfare)

사회적 약자에 대한 재정적 원조나 서비스를 의미하며 가족이나 시장경제, 종교, 정치 등 통상적이고 정상적인 사회구조(제도)가 제 기능을 수행하지 못할 때에 한하여 보완적 또는 일시적으로 관여하여 도움을 제공하는 형태로 사회복지가 사회를 유지 및 발전시키는데 필수적인 기능이라고 인식하지는 않는다. 따라서 사회복지의 혜택을 받는 사람들은 비정상적이고 병리적이기 때문에 사회에 적응을 하지 못하는 사람으로 간주한다. 사회구성원들 중 낙오자들에게 최저한도의 보호를 제공하는 사회복지활동은 잔여적, 주변적, 예외적인 기능이며 이러한 기능을 필요로 하지 않게 되는 것이 사회복지의 궁극적인 지향이 된다.

"障碍人(장애인)이나 老人을 돌보는 것은 당연히 國家가 해야 할 일이다. 그러나 그저 가난한 사람 全般(전반)에 대해서 低所得層이라는 名目 하나로 나라에 依存하게 하는 것은 옳지 못하다. Do it yourself, 自己가 직접 땀 흘려 일해서 그만큼 所得을 늘려가도록 해야 한다. 그리고 政府는 이런 基本的인 行爲들이 이루어질 수 있는 環境(환경)을 만들어주어야 한다." - Margaret Hilda Thatcher(1925~2013)

(2) 제도적 사회복지(institutional welfare)

국민의 보편적 욕구에 대한 공동적 책임을 가지고 일차적인 사회제도로서 사전에 계획된 절차에 따라 도움을 주는 형태로 시장과 가족의 실패는 임시적인 것이 아니라 피할 수 없고 지속적인 것으로 이해한다. 따라서 사회복지는 사회를 유지하는데 필수적인 기능을 수행하며 제도화되는 것이 당연하다고 인식한다. 사회복지의 필수적인 기능이란 사회구성원 간의 상호부조로써, 이러한 기능은 다른 사회제도가 수행하는 기능과 구별되며 독립적으로 수행된다. 현대 산업사회의 핵가족제도가 아동의 양육과 노인, 장애인의 보호 및 그들의 사회화를 전적으로 책임 질 수 없음을 인정한다. 또한, 시장의 분배원칙은 기본적으로 사회구성원 개개인의 욕구를 고려하는 것이 아니기 때문에 시장경제원리에 의한 일차적 분배의 수정 보완이 필수적이라고 간주한다. 따라서 가족과 시장이 그 주요기능을 수행하는 것과 동등한 차원에서 사회복지제도는 상호부조의 기능을 수행한다고 본다.

즉, 잔여적 기능에서는 일부의 빈곤인들 혹은 문제가 있는 사람들만이 사회복지의 대상자로 간주되지만, 제도적 기능에서는 사회의 구성원이라면 누구나 사회복지의 대상자이며 사회복지의 영역도 기본 생계의 지원뿐만 아니라 의료보장, 교육보장, 주거보장 등 포괄적이라는 것이다. 위의 두 개념은 경제적 개인주의와 자유시장이라는 가치와 다른 한편의 안정, 평등, 인도주의라는 가치들 사이의 절충을 반영하고 있는데 사회복지의 역사는 이 두 가지의 개념이 시대적 상황에 의해서 상호 대립과 발전을 거듭해 왔다고 볼 수 있겠으나 현대에 와서는 제도적 사회복지의 기능이 보편화되는 추세에 있다.

잔여적 모형과 제도적 모형의 비교

잔여적 모형	제도적 모형
· 간섭받지 않는 자유, 시장경제 원칙의 극대화를 추구한다. · 사회적 서비스의 제공 시 대상자의 생산성이나 경제력, 성품 등을 고려한다. · 빈곤에 대한 개인의 책임을 강조하여 빈곤에 대한 지원수준을 낮게 책정한다. · 복지 서비스 제공에 대한 국가의 책임을 극소화시킬 수 있는 선별주의를 선호한다. · 사회적 서비스의 재원 마련 시에 수익자 부담의 원칙을 중요시하고 부의 수직적 재분배를 경시한다. · 국가 차원의 사회복지지출을 억제하고 시장경제의 확대를 위한 재투자를 강조한다.	· 평등, 조화, 빈곤으로부터의 자유 등을 추구한다. · 사회적 서비스 제공의 결정기준으로 욕구의 존재 여부 및 정도를 고려한다. · 빈곤인의 소득수준을 다른 사회구성원의 수준과 비교하는 상대적 빈곤개념을 사용하거나 빈곤의 사회적 책임을 강조하는 사회적 박탈개념을 사용하여 빈곤에 대한 지원수준을 높게 책정한다. · 보편주의를 통해 국가책임의 확대를 추구한다. · 사회적 재분배기능을 강조하여 직접세*에 의한 재원조달방식을 선호한다.

***직접세(direct tax)**는 납세의무자와 담세자가 일치하여 타인에게 전가(轉嫁)가 이루어지지 않는 조세로서 소득세, 법인세, 상속세, 증여세 등이 이에 속하고, **간접세(indirect tax)**는 납세의무자와 담세자가 일치하지 않아 타인에게 전가가 이루어지는 조세로서 부가가치세(value added tax, 생산 및 유통과정의 각 단계에서 창출되는 부가가치에 대하여 부과되는 조세), 특별소비세, 주세(酒稅), 교통세 등이 이에 속한다.

"貧困(빈곤)은 自身이 歸屬(귀속)된 共同體에서 當然(당연)한 것으로 받아들이는 衣食住를 包含(포함)한 諸般(제반) 生活與件을 具備(구비)하지 못하거나 社會活動에 制約(제약)을 받는 狀態(상태)이며, 相對的(상대적) 剝奪(박탈)의 脈絡(맥락)에서만 眞正한 意味가 把握(파악)된다." - Francis E. Townsend(1867～1960)

✓ Richard Morris Titmuss(1907～1973)

국가가 주체가 되는 대규모의 베버리지식 복지제도를 강력하게 옹호한 영국의 사회학자로 런던대학 사회과학부 교수를 역임하였다. 학자로서의 그의 연구주제는 자본주의적 사회질서를 대신할 새로운 사회, 이상적인 사회의 모습이 어떠해야 하는가에 대한 것이었고, '사회적 시장(Social Market)'이라는 개념을 통하여 이상적인 사회의 모습으로 이타주의에 근거한 사회구성원 간의 연대로 이루어진 사회를 제시했다. 사회적 서비스에 관련된 보편주의(universalism)와 선별주의(selectivism)의 문제도 그의 중요한 관심사였다. 그는 보편주의를 옹호하였는데, 그가 선별주의를 비판한 근거는 우선 선별주의가 낙인감(stigma)을 필연적으로 수반한다는 사실, 그리고 지불능력이 없는 자만이 공공의 서비스를 이용하고 지불능력이 있는 자는 사적인 시장이 제공하는 서비스를 구입한다는 이중 구조는 역사적으로도 이론적으로도 공적 서비스가 상대적으로 열악해지는 결과를 초래할 수밖에 없다는 것이었다.

※ 사회복지는 경제 성장의 걸림돌인가? 우리 사회에서는 흔히 복지를 경제, 즉 경제 성장과 상대되는 개념으로 인식하여 소비 또는 분배와 동의어로 간주하는 경우가 있다. 즉, 경제성장은 고용을 창출하고 임금 수준을 높임으로써 빈곤을 제거하고 국민 전체의 삶의 수준을 향상시키는 긍정적인 기능을 수행하는 것과 비교하여 복지는 오히려 경제성장의 방해물이 된다는 것이다. 따라서 국가에서 사회복지 예산을 늘리면 시장경제가 위축되고 시장경제가 위축되면 결국 국가 경제 전체가 위축된다는 논리로 귀결된다.

이와 같이 복지가 경제성장의 걸림돌이라는 주장의 이론적 근거들로는 몇 가지를 들 수 있다. 첫째, 복지로 인해 근로유인이 약화된다는 것으로 즉 실업급여를 받음으로써 실직자가 구직활동을 적극적으로 하지 않게 되어 실업률이 증가하게 된다는 것이다. 둘째, 정부 지출의 확대로 인한 구축효과(crowding-out effect)의 발생으로 즉 정부지출의 증가가 민간부문의 투자를 위축시키게 되어 결국 경제성장을 약화시키게 된다는 것이다. 그리고 셋째, 복지예산이 확대되면 성장에 투입되는 예산이 감소하게 되어 결국 정부의 재정적자가 증가하게 된다는 것이다.

그러나 이와는 반대로 사회복지의 경제적 가치를 중시하는 논리도 있다. 즉 사회복지는 현대사회에서 발생하는 다양한 문제들을 예방하거나 감소시켜서 미래의 막대한 비용의 지출을 방지할 수 있게 되니 경제적으로도 큰 효과가 있다는 것이다. 또한 계층 간의 연대와 조화를 도모하여 사회의 안정과 연대감 형성에 기여하는 바가 크고 이는 물질로 환산하기 어려운 소중한 값어치라는 것이다. 예를 들어, 건강보험의 보장성 강화로 건강한 노동인구의 양성을 도모하고, 실업급여의 제공을 통한 노동생산성의 증대, 육아시설 또는 노인요양시설서비스의 확대로 인해 새로운 일자리가 창출되는 것 등을 들 수 있다. 결국 사회복지와 경제성장은 상호 분리되어있는 개념이라기보다는 전체 사회의 안녕을 위하여 적절한 수준에서 조화가 이루어져야 하는 개념이라고 할 수 있다.

4. 사회복지의 발생 동기

일반적으로 동기(motive)란 '사람으로 하여금 어떤 행동을 하게 하는 내적 요인'을 의미하는데, 사회복지실천에는 자발적인 자선행위로부터 이데올로기에 기초한 소득재분배활동에 이르기까지 다양한 요인들이 영향을 미친다. 사회복지는 각각의 시대적 상황에 따라 상부상조적, 종교적, 정치적, 경제적, 인도주의적, 공리주의적, 전문직업적 동기 등을 기초로 발생했다.

(1) 상호부조(mutual support)의 동기

가장 오래되고 가장 널리 펴져있는 동기인데, 인간이 야생동물 등의 자연의 위협으로부터 자신의 생명을 지키기 위해 서로 협력하던 먼 과거로부터 오늘날 일상생활에서 접하게 되는 가족, 이웃, 지역사회, 노동조합, 나아가 다양한 사회복지제도 등에 이르기까지 여전히 상호부조적인 동기가 근간에 있다고 볼 수 있다.

(2) 종교적 동기(religious motives)

불교의 자비나 기독교의 형제애나 이웃 사랑과 같은 종교적 교리를 바탕으로 집단 구성원 상호간에 서로 돕고 나아가서는 불우한 처지에 놓여있는 타인까지도 구제하는 자선행위를 바탕으로 사회복지가 발생하게 되었다는 관점이다. 종교적 동기에서 비롯된 자선행위는 보통 주는 자의 심적 태도에 좌우되며, 받는 자의 입장은 중요시 하지 않는 특성을 가진다. 권리로서의 사회복지가 부각되면서 종교적 동기에 의한 사회복지는 많이 약해졌지만 자원봉사활동이나 종교단체의 복지활동에서는 여전히 중요한 동기로서 작용한다.

(3) 정치적 동기(political motives)

정치적 동기는 국가 혹은 정부가 사회복지에 대한 관심을 표현하기 시작한데서 찾을 수 있기 때문에 사회복지의 역사에서 보면 빈민법시대까지 거슬러가게 된다. 사회복지를 제공하는 동기에는 인도주의적 목적이나 경제적 이유 혹은 종교적 신념도 있을 수 있지만 정치적 동기의 측면에서 본다면 정치적 권력의 획득, 사회적 불안의 회피, 정치적 과정자체의 부산물이라는 세 가지 측면에서 찾을 수 있다.

(4) 경제적 동기(economical motives)

사회복지의 실천과정에 비용이 필요하기 때문에 사회복지와 경제는 불가분의 관계를 맺는다고 할 수 있다. 사회복지에 있어서의 경제적 동기는 첫째, 사회문제의 개선 및 해결에 드는 비용을 감소시킬 목적과 둘째, 그러한 사회문제의 존재가 경제에 부정적 결과를 초래할 가능성이 있다는 것에서 찾을 수 있다.

(5) 인도주의적 동기(humanitarian motives)

인간이란 계급적으로 귀천이나 상하의 차이가 있는 것이 아니라 평등한 관계에 있고, 따라서 인간관계에 있어서도 서로 사랑하고 친절을 베풀고 도움을 주는 것이 인간의 의무라는 박애주의(philanthropism)적 사상을 바탕으로 사회복지가 발생하게 되었다는 관점이다.

(6) 공리주의(功利主義, utilitarianism)적 동기

종교나 도덕적 선입관은 배제하고 '최대 다수의 최대 행복(the greatest happiness for the greatest number of people)'을 인간행위의 규범으로 삼는 윤리학설을 근거로, 사회를 안정시키고 다수 구성원의 행복도를 증가시키는 선한 행위로서 사회복지가 발생하게 되었다는 관점이다.

> "最大多數의 最大幸福이 道德과 立法의 基礎(기초)이다." - John Stuart Mill(1806～1873)

(7) 전문직업적 동기(professional motives)

자선, 박애, 희생, 헌신 등의 애타적 동기를 표현하는 용어들은 인간의 보편적 특성이라고 할 수 있는 이기성(egoism), 나약성(human frailty), 기타 인간이기에 따르기 마련인 과실(human errors) 등에 비추어 비현실적이고 실체가 결여된 말들로 간주한다. 오히려 사회복지 철학과 가치체계, 전문지식과 기술을 기반으로 최선의 서비스를 제공하고 이에 상응하는 대가를 받는 것을 당연시하는 전문 직업으로서 사회복지가 발생하게 되었다는 관점이다.

5. 사회복지의 구성요소

사회복지는 개인이나 가족, 집단, 지역사회 등 사회복지의 대상자들에게 사회복지의 주체인 정부나 민간기관 등이 대상자들의 욕구와 문제를 찾아내고 그에 맞는 적합한 자원들을 동원해서 욕구가 충족되거나 문제가 해결될 수 있도록 지원함으로써 대상자의 인간으로서의 존엄성과 삶의 질을 제고하는 일련의 활동을 의미한다. 따라서 사회복지의 구성요소들로는 사회적 욕구, 사회적 자원, 그리고 사회복지전달체계를 들 수 있으며 각각의 개념이 갖는 의미는 다음과 같다.

(1) 사회적 욕구

사회복지대상으로서의 기본적 욕구들로서 생물학적 욕구, 신체적 욕구, 정서적 욕구, 경제적 욕구, 기타 일상생활 상 발생하는 욕구 등이 이에 해당되는데, 이러한 기본적 욕구들은 모든 인간들에게 공통적으로 존재하고 인간성의 유지에 필수적이며, 또한 제공되는 서비스의 양과 질에 있어서 일정한 수준이 정해진다는 점 등의 특성을 가지고 있다.

(2) 사회적 자원

사회복지대상자인 개인, 가족, 집단, 지역사회 등이 갖는 사회적 욕구를 충족시키거나 이들이 당면한 문제를 해결해주기 위한 수단을 의미하는데 유형 자원과 무형 자원, 인적 자원과 물적 자원, 정부 자원과 민간 자원, 공식적 자원과 비공식적 자원, 대상자의 권리적 자원과 제공자의 선의에 의한 자원 등으로 구분된다.

(3) 사회복지전달체계

복지대상자를 둘러 싼 일체의 공사복지기관들과 이들 기관들로부터 제공되는 서비스의 전달망을 의미하는데, 전달체계가 중요한 이유는 전달망 내의 복지기관들이 협력적으로 맡은 바 기능을 수행하지 못할 때 자원의 낭비, 서비스의 중복 및 누락, 대상자의 치료와 재활에 역기능이 발생할 가능성이 크기 때문이다.

6. 현대사회가 사회복지를 필요로 하는 이유

(1) 자본주의 경제체제

과거의 봉건적 체제와는 전혀 다른 사회경제적 체제의 태동으로 인하여 인간의 새로운 욕구가 창출되고 또한 사회문제가 야기되었다. 영리주의, 자유경쟁, 재산의 사적소유로 인한 사회계층의 이분화(자본가와 노동자) 등 사회적 불평등 해소의 차원에서 사회복지가 필요하게 되었다.

> "무릇 있는 자는 더욱 넉넉해지되 없는 자는 그 있는 것마저 빼앗기리라." - 마태복음 13장12절
> → Mattew Effect(먼저 얻은 우위가 시간이 경과할수록 격차가 커지는 현상)
>
> "自由市場經濟를 追求(추구)하는 目標 中의 하나는 그 속에서 成功을 거두지 못하는 사람들을 돌볼 수 있는 能力을 갖고자 하는 것이다." - Margaret Hilda Thatcher(1925~2013)
>
> "모든 것을 돈으로 사고팔면, 함께 살아가는 法을 잊어버릴 수도 있다." - Michael J. Sandel(1953~)

(2) 산업사회의 특성

산업화의 진전에 따른 실업, 퇴직 후의 소득보장문제, 질병, 산업재해 등의 위험에 노출되게 되었고, 이는 보충적 사회복지의 형태에서 제도적 사회복지의 형태로 변환을 가져오게 한 요인이다.

(3) 도시화와 핵가족화

인구의 이동을 통한 도시로의 인구집중, 인간관계의 소외와 고독의 문제(상호부조 전통의 약화, 정의적인 인간관계의 상실, 경제적 가치의 최우선시 등), 사회문제(도시빈민, 범죄 등), 맞벌이 부부의 확대로 인한 탁아문제와 노인부양문제가 발생하고 심화되고 있다.

(4) 인구학적 특성

인구의 양적 증가로 인한 주택, 환경문제의 발생 및 노령인구의 증가와 유년인구의 감소로 인해 노동인구가 감소하고 있다.

7. 사회복지방법론적 분류

(1) 직접적 개입방법론

① 개별사회사업(casework)

심리내부문제, 대인관계문제, 사회경제적 문제, 환경문제 등 개인 또는 가족이 겪고 있는 문제들을 해결하도록 돕기 위해 고안하고 기술화한 사회복지사들이 사용하는 사회복지실천의 한 방법이다.

② 집단사회사업(groupwork)

유사한 관심과 공동의 문제를 가진 소수의 사람들이 정기적으로 모여서 공동목적을 달성하기 위하여 고안한 활동에 참여하는 사회사업 개입의 한 방법이다.

③ 지역사회사업(community work)

공통된 관심을 갖고 있거나 같은 지역에 살고 있는 개인과 집단이 사회문제를 처리하거나 계획된 집단 행위로써 사회적 안녕을 향상시키려 할 때 사회복지사들이나 다른 전문가들이 사용하는 개입과정이다.

(2) 지원적 개입방법론

① 사례관리(case management)

스스로의 힘만으로는 해결이 불가능한 다양하고 복잡한 문제를 가진 클라이언트가 적절한 시기에 적절한 형태의 서비스를 받을 수 있도록 클라이언트를 직접적 서비스 제공자에게 연결시켜 주고 클라이언트를 총체적으로 돌보는 방법이다.

② 사회복지조사(social welfare research)

사회복지 프로그램을 계획하고 수행해 나감에 활용되어질 수 있는 지식을 산출하기 위한 조사로서 사회복지 실천 활동을 위한 기초적, 실증적 자료를 제공해주고, 클라이언트 상황의 변화, 실천 활동에 대한 반응과 효과성을 조사하여 과학적인 검증을 통해서 사회복지의 과학성, 전문성, 책임성을 향상시킬 수 있는 수단과 방법을 제공한다.

(3) 간접적 개입 방법론

① 사회복지행정(social welfare administration)

행정이란 조정적이며 협동적 노력체제를 통해서 기관의 목적을 규정하고 그것을 달성코자 하는 과정을 의미하는데, 사회복지행정이란 클라이언트를 직접 원조하기 위한 방법이 아니라 클라이언트를 직접적으로 원조하기 위한 서비스가 전문적이며 효과적으로 실천될 수 있게 사회복지기관이 목적과 사업영역을 설정하여 그것이 달성되도록 지원하는 방법이다.

② 사회복지정책(social welfare policy)

정책이란 정부나 혹은 정당에 의해 채택되거나 추구되는 확립된 행동과정으로, 지속적인 계획이며 미래의 의사결정의 지침을 의미하는데, 사회복지정책이란 사회복지프로그램이나 제반문제에 대한 의사결정에 활용되는 지침을 의미한다.

✓ **Policies** are rules that tell people which actions among a multitude of actions they may and may not take. **Social welfare policies** tell people what resources are available to the clients and what kinds of things social workers may do for clients. In its broad sense, social welfare policy includes the laws and regulations that govern which social programs exist, what categories of clients are served, and who qualifies for a given program. It also sets standards regarding the type of services to be provided and the qualifications of the service provider. In other words, it involves the rules for how money can be spent to help people and how these people will be treated.

③ 사회복지계획(social welfare planning)

계획이란 예측, 체계적 사고, 조사 등을 통해 문제를 해결하며, 사태의 장래의 진로를 통제하고자하는 의식적 시도를 의미하는데, 사회복지계획이란 사회복지서비스의 효율을 높이기 위해서 문제 해결을 위한 사전적인 면밀한 검토와 가치적용에 입각한 정책선정과 그것의 단계적인 실천화를 위한 의식적 시도를 의미한다.

8. 사회복지학의 구성 및 타 학문분야와의 비교

"三千年을 울궈 먹는 學問이 있는가하면 三年을 써먹기에도 어려운 學問도 있다."

학문을 탐구의 내용으로 분류하면 인문학, 사회과학, 자연과학, 공학 등으로 구분할 수도 있지만, 현상에 대한 본질적 이해를 추구하는 축과 활용성을 추구하는 축의 스펙트럼에 따라 기초학문과 응용학문으로 크게 구분하기도 한다. 우선 기초학문(basic science, 순수학문; pure science)은 사회현상이나 자연현상 등의 어떤 현상 또는 대상 그 자체를 이론적 및 과학적으로 연구하여 앎 자체를 추구하는 학문이다. 즉, 현상의 본질적인 이해를 통한 보편원리를 추구하는 기초학문은 인간과 자연에 대한 순수한 지적 탐구와 자유로운 사유능력을 가능케 한다. 반면에 응용학문(applied science)은 기초(순수)학문의 이론이나 지식을 이용하여 인간사회에 유용하게 사용될 수 있는 방법들을 개발하거나, 실천현장에서 이러한 일들을 수행할 전문가를 양성하는 것을 목적으로 하는 학문이다.

사회복지실천은 역사적으로 사회학, 심리학, 정신의학 등과 같은 인접학문의 영향을 받으면서도 이들 학문을 사회복지실천의 고유한 목적과 기능을 위해 효과적으로 수정하고 변형해 왔다. 이러한 면에서 사회복지실천을 위한 학문은 순수학문이기 보다는 실천응용학문이라고 할 수 있으며, 인접 학문의 이론이나 기술과는 차별화되는 독특한 특성이 있다. 즉 사회복지실천은 인간의 기본적 권리를 보장하고 배분적 사회정의를 구현하는 목적을 갖고 있기 때문에, 인간과 사회 환경 모두에게 유익을 줄 수 있는 실천적인 이론과 구체적인 기술을 강조한다. 그러므로 사회복지실천 전문가인 사회복지사는 사회학자, 심리학자, 또는 정신과 의사의 역할과 유사하면서도 차별화되는 고유한 역할을 수행하여야 한다. 사회사업학(Social work)과 관련을 갖는 학문들로는 사회학(Sociology: 인간행동, 조직, 제도), 경제학(Economy: 생산, 분배, 소비), 심리학(Psychology: 정신발달 및 행동), 정치학(Political science: 정부 및 정치제도의 구조), 의학(Medical science: 병의 진단 및 치료), 정신의학(Psychiatry: 정신병 진단, 치료 및 예방), 간호학(Nursing), 역사학(History), 문화 인류학(Cultural anthropology), 생물학(Biology), 법학(Law), 교육학(Pedagogy), 철학(Philosophy), 물리치료(Physical therapy), 여가치료(Recreational therapy), 도시계획(Urban planning) 등이 있다.

(1) 사회학과의 차이

사회학은 일반적으로 사회의 현상과 구조를 연구하는 것으로 사회 구성원들 간의 상호작용이 어떻게, 언제, 왜 이루어지는 가를 과학적으로 밝히는 학문이라고 할 수 있다. 따라서 사회학자는 사회문제나 사회현상의 원인과 결과를 사실적으로 밝히는 데에 치중하며, 이를 위해 사회조사, 참여관찰, 통계검증 등과 같은 과학적인 연구조사활동에 중점을 둔다. 사회복지실천도 사회구성원들 간의 상호작용이나 사회문제의 원인과 결과를 연구한다는 측면에서는 사회학과 유사한 면이 있으나, 사회복지실천은 사회구성원들의 사회적 기능을 향상시키고 사회문제를 해결하는 구체적인 방법을 개발하고 개입하는 활동에 더욱 많은 비중을 둔다. 그러므로 사회복지사는 사회구성원들간의 상호작용관계에서 혹은 사회문제로 인해 고통을 받고 있는 사람들의 문제를 해결하고 도와주는 실천적인 역할을 수행하여야 한다.

(2) 심리학과의 차이

심리학은 일반적으로 인간의 사고, 정서, 행동 등을 연구하는 학문으로서 개인의 내면적인 세계나 성격적 특성 그리고 행위의 원인을 밝히는 것을 목적으로 한다. 따라서 심리학은 개인의 사고와 행위에 영향을 미치는 인간의 생리적인 현상, 심리적 상태, 사회 환경적인 영향이 무엇인지를 탐구하고 조사한다. 이를 위해 심리학자는 동물이나 인간을 대상으로 하는 실험연구를 수행하거나 심리측정이나 검사를 시행하고 상담이나 심리치료를 제공한다. 사회복지실천이 인간의 내면적인 특성이나 행동을 연구하고 심리치료를 제공한다는 측면에서는 심리학과 서로 유사하나, 사회복지실천은 클라이언트의 심리정서적 문제를 치료하기 위해 상담 외에 사회경제적 서비스를 동시에 제공하는 특색이 있다. 따라서 클라이언트의 내면적인 이해와 심리치료를 위해서는 사회복지사가 심리학자와 팀을 이루어 상호 협력하는 것이 필요하나, 이러한 경우에 사회복지사는 심리정서적 치료 외에 클라이언트를 대변하고 옹호하는 역할을 수행하거나 지역사회의 자원을 개발하고 연계하는 포괄적인 서비스를 제공하여야 한다.

(3) 정신의학과의 차이

정신의학은 의료모델에 기초하여 환자의 정신질환을 진단하고 처방하며 약물이나 주사투여 혹은 입원치료를 통해 이들의 질병을 치료하고 회복시키는 것을 목적으로 한다. 따라서 정신과 의사는 정신질환의 병인론, 해부학, 진단법, 약물의 처방과 같은 의학적 지식과 기술을 토대로 심각한 정신질환을 갖고 있는 환자에게 의료적인 행위를 제공하고 있다. 사회복지실천도 정신질환을 가진 사람들을 돕는다는 측면에서는 정신의학과 동일하지만, 정신의학은 환자 개개인의 질병을 의료적으로 치료하고 회복시켜 주는 것에 초점을 두는 반면에, 사회복지실천은 심각한 정신질환의 치료보다는 클라이언트와 이들 가족의 일상적인 심리문제를 해결하고 이들의 사회적 기능을 향상시켜 주는 것에 초점을 둔다, 따라서 사회복지사는 의료적인 행위보다는 정신질환자나 그의 가족에게 상담을 제공하고, 사회성 기술을 훈련시키고, 쉼터나 낮 병원과 같은 지역사회의 자원을 연계하는 등의 다양한 서비스를 제공하는 특색이 있다.

복지(welfare)

(1) 정의

복지(福祉)는 '복 福'자와 '복 祉'자가 결합된 단어이니 복이 매우 많은 상태를 의미한다. 국어사전에 복지는 '행복한 삶' 혹은 '행복하게 살 수 있는 사회환경'을 의미하는 것으로 해석되어 있다. 또한 복지는 '건강하고 행복하고 안락하고 번영된 상태와 조건(신기철 외, 1995)'을 의미하는 것으로, 인간이 인간다운 삶을 사는 상태(박영조, 1996)라고도 정의될 수 있는데, 근본적으로 시장의 야만성 앞에 대책 없이 노출된 구성원들을 위한 국가의 개입이라고 할 수 있다.

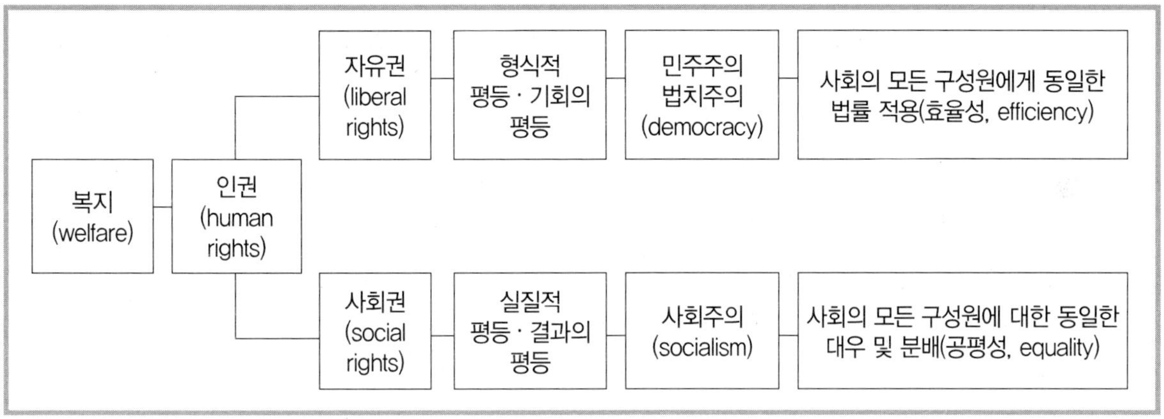

✓ '세계인권선언(Universal Declaration of Human Rights, 1948년 12월 10일)' → 도덕적 구속력, '국제인권규약(International Covenants on Civil and Political Rights, 1966)' → 법적 구속력

✓ '빵과 장미(Bread and Roses)'

1908년 3월 8일, 열악한 작업장에서 불에 타 숨진 동료들을 기리기 위해서 미국의 섬유공장 여성노동자들이 뉴욕의 리트머스 광장에서 대규모 시위를 벌였다. 이들은 10시간 노동제, 작업환경개선, 참정권보장 등을 요구하였다. 이어서 1912년 미국 매사추세츠 주 로렌스에서 일어난 파업에서 처음 등장한 이 구호는 노동자들에게 기본적인 생존권을 의미하는 빵(목숨 유지를 위한 기본권, 노동권)뿐만 아니라 인간으로서의 존엄을 누릴 권리를 의미하는 장미(행복 추구를 위한 기본권, 사회권)도 필요하다는 의미로 오늘날까지도 널리 쓰이고 있다. 여성운동사에 자주 등장하는 '빵과 장미'가 세계 여성의 날(3월 8일)을 상징하는 구호가 된 배경이다.

✓ 여성 참정권(Women's Suffrage)

17~18세기에 걸친 서유럽의 시민혁명을 계기로 절대주의가 붕괴되고 민주주의가 대두되면서 비로소 국민에게 참정권이 주어지기 시작했지만, 여성은 가부장적 문화 속에서 가정인으로서의 역할만 강

요되었을 뿐 참정권은 주어지지 않았다. 여성참정권 요구는 여성의 정치적·경제적·사회적 해방을 목표로 하는 페미니즘(남녀동권주의)의 일환인데, 각 영역에서의 남녀평등 실현은 서로 밀접하게 관련되어 있고, 특히 참정권을 획득하는 것은 법적 규제를 통해 남녀평등 실현에 결정적인 역할을 한다고 할 수 있다. 1893년에 뉴질랜드가 세계최초로 여성참정권을 인정하였고, 호주는 1902년에 여성에 참정권을 부여했으며, 유럽대륙에서는 핀란드가 1906년에 최초로 여성투표권을 인정했다. 이후 미국에서는 1920년[흑인남성: 1870년(투표세와 문맹검사 폐지: 1965년)], 영국에서는 1928년에 남녀에게 동등하게 투표권이 주어졌다. 제1차 세계대전 후 서유럽 대부분의 국가는 여성참정권을 인정하였으나, 프랑스는 1944년, 이탈리아는 1945년, 스위스는 1971년 각각 남성들만의 투표에 의해 여성에게 참정권이 주어졌다. 한국의 경우 1948년 제정된 헌법에서 여성참정권을 부여하였다(시사상식사전, 박문각).

> "民主主義에서 自由(자유)는 個人의 責任(책임)이 前提(전제)된 自由이고, 平等(평등)은 自意를 排除(배제)한 合理的 差別(차별)이 許容(허용)되는 實質的(실질적) 平等을 意味한다."

✓ 인권(人權)

일반적으로 '인권'이란 지식의 유무, 재물의 부귀빈천, 정신작용 능력의 높낮이, 공동체에서의 기여도, 학벌이나 출신을 떠나 오로지 사람이기 때문에 가지는 인간으로서의 존엄과 가치, 그리고 사람이 사람답게 살기 위하여 마땅히 보장받아야 할 자유와 평등, 복지 등 '인간으로서의 권리'를 의미하는데(이상석, 대한변협 인권위원장), 인권은 다음과 같이 세 가지의 유형으로 구분할 수 있다.

첫째, 제 1세대 인권은 자연권(자유권)을 의미하는데, 개인적 자유가 중시되는 개념으로 개인의 존엄성 고양을 추구하기 위해 여러 형태의 편견과 억압으로부터 자유를 지키는 것을 구체적 내용으로 하는데, 시민적 및 정치적 영역에서 보호를 받아야 할 권리를 의미한다. 둘째, 제 2세대 인권은 생존권(사회권)을 의미하는데, 경제, 사회, 문화적 권리 등을 총 망라하는 개념으로 인간의 잠재력을 최대한으로 보장하고 실현시키는데 필요한 제반 사회적 지원, 즉 구체적인 국가의 역할을 요구하는 의미가 강하다. 셋째, 제 3세대 인권은 환경권을 의미하는데, 인권의 이해에 있어서 인류의 공동체적인 열망, 즉 평화에의 권리, 생태학적 환경보호 등 인권의 연대성을 강조하여 개개인에게 적용되기보다는 지역사회, 국가, 더 나아가 인권의 전 세계적 적용을 추구한다.

> "I don't want to survive. I want to live(나는 단지 목숨만을 이어가는 것이 아닌 인간다운 삶을 원한다)." - '12 Years A Slave' 中에서

✓ 사회권(社會權)

일반적으로 사회권은 주로 사회적, 문화적, 경제적 영역과 관련이 있는 사회보장권, 노동권, 건강권, 주거권, 교육권 등을 말하며, 인간의 기본적인 생활에 필요한 주거, 환경, 여가, 문화 등 모든 영역에 걸쳐 존재하고 있다. 오늘날 국가의 사회권 보장에 대한 접근은 과거 인간의 기본적 욕구 충족이라는 '욕구 패러다임(needs paradigm)'을 넘어 '권리 패러다임(rights paradigm)'으로 적용되고 있다. 권리 패러

다임이란 의식주로 대표되는 사회복지의 내용을 시혜나 자선 또는 정책적 선택의 문제가 아니라, 기본적인 사회정의와 인권의 문제로 접근하는 방식이다. 사회권이 침해될 경우 개인이나 집단이 국가를 상대로 자신의 권리를 주장할 수 있고, 국가는 이를 보장해야 하는 의무를 지닌다는 해석이 가능하다(인권 44호, 2007, p.31)

> "내가 무엇을 하든 他人에게 被害(피해)가 되고 犯罪(범죄)가 되지 않는 限 干涉(간섭) 당하지 않을 權利가 自由權이고, 醫療(의료)와 敎育 等을 通해 社會 構成員이 人間답게 살 權利를 保障(보장)하는 것이 社會權이며 全體的으로 社會의 所得을 下厚上薄(하후상박)으로 再分配하는 모든 內容을 包含한다. <u>自由權은 國家 勸力의 暴力(폭력)과 干涉(간섭)을 拒否(거부)하는 權利이고, 社會權은 市場과 資本勸力의 暴力으로부터 國家 社會의 保護(보호)와 支援(지원)을 要求하는 權利이다.</u> 따라서 自由權에서는 國家의 干涉을 惡이라 여기고, 社會權에서는 國家의 不干涉을 惡이라 여긴다. 이 自由權과 社會權을 合해서 世界人權宣言에서는 人權이라 하고, 우리 憲法에서는 基本權이라고 한다."

(2) 복지를 실현하는 요소(수단) (박영조 1996, pp. 17~18)

기본적으로 복지의 주관적인 성격과 내용상 개개인간의 복지를 비교하는 것은 불가능하지만(예 한 송이의 장미꽃을 보고 개인마다 획득하는 복지는 각각 다르고 측정할 수도 없으므로 비교가 불가능하다.) 정책적 목적상의 편법으로(현실적 활용성의 측면에서) 소득 등을 사용하게 되면 비교가 가능해진다.

① 신체적 요소

삶에 자신감과 활력을 주는 신체적 건강상태와 고통이 되는 질병의 유무 또는 경중에 따라 인간의 복지가 영향을 받는다.

② 물질적(경제적) 요소

인간이 생명을 유지하고 생활을 영위하는데 필요한 의·식·주와 관련된 모든 상품(goods & service)을 의미한다.

(참조) Herman H. Gossen의 한계효용체감의 법칙

③ 비물질적(비경제적) 요소

음악 감상, 꽃을 보고 느끼는 행복감, 노동의 즐거움, 건강, 가족애, 우정, 사랑, 자유, 인권 등의 정신, 정서, 심미, 감성, 심리적 요소를 의미한다.

(참조) To have or to be(소유냐 존재[삶]냐)?

④ 시간변수

한 개인이 일생동안 획득하는 복지는 과거와 현재, 미래의 모든 시간적 요소에 의해 많은 영향을 받는다.

육하원칙(六何原則)으로 풀어 본 사회복지

일반적으로 사회복지는 사회의 구성원이면 누구나 기본적으로 누려야 할 삶의 질을 확보하기 위해 생애단계별로 직면하는 결핍과 부족을 채워가는 복합적인 과정임에도 불구하고, 자선차원으로 소극적이고 제한적으로만 인식되어온 측면이 강하다. 그러므로 사회복지에 대한 정확한 인식이 필요하며, 따라서 사회복지에 대한 정확한 이해를 도모하기 위한 방편으로 육하원칙에 따라 설명한다면 다음과 같다.

첫째, 사회복지는 '요람에서 무덤까지'라는 표현에서 나타나듯이, 즉 인간이 태어나서 죽음에 이르기까지의 전 과정에서 각 삶의 단계마다 경험하는 다양한 욕구와 문제, 그리고 위험 상황에 관여한다(When). 따라서 빈곤, 질병, 무지 뿐 아니라 소외, 부적응 등을 극복하기 위한 모든 내용이 포함된다.

둘째, 사회복지서비스는 주로 사회복지기관(agency)이나 관련 기관을 통해 제공된다(Where). 물론 여기에는 민간기관과 공공기관이 망라되며, 일부의 영리기관까지 포함된다. 각종 복지관, 양육시설, 청소년수련기관, 장애인시설, 노인기관 뿐 아니라, 가정지원시설, 소수자지원시설 등이 여기에 해당된다.

셋째, 사회복지서비스의 대상(Who)은 사회구성원 전체이다. 그 중에서도 특히 사회적응에 어려움을 경험할 가능성이 큰 아동, 청소년, 장애인, 여성, 노인 등이 전통적인 사회복지의 대상이었다면, 점차 탈북자, 이주노동자, 다문화 가정 등 사회의 소수자로 개입 대상이 확대되고 있을 뿐 아니라 중산층 이상으로 개입범주가 확대되고 있다.

넷째, 사회복지의 급여(What)는 전통적인 현금과 현물 뿐 아니라 다양한 형태의 바우처(증서), 기회 등으로 확대되고 있다.

다섯째, 사회복지의 접근방법(How)은 다양한데, 사회복지사에 의해 제공되는 상담과 각종 지원서비스가 여기에 해당한다. 필요에 따라 개별상담, 가족상담, 집단상담 등이 시행되며, 프로그램을 통해 지역사회를 변화시키고, 필요한 인적 및 물적 자원을 발굴, 연계 및 활용한다.

여섯째, 사회복지의 목적(Why)은 앞서 얘기했듯이 모든 사회구성원의 삶의 질 향상과 개인과 사회의 긍정적인 변화와 성장을 도모하는 것이다.

이와 같이 모든 사회구성원의 삶의 질 향상을 위해 생애주기별로 직면하는 다양한 욕구, 문제, 위기상황 등에 대처하도록 사회복지사가 사회복지기관을 중심으로 전문적, 포괄적으로 개입하는 과정을 사회복지라고 할 수 있을 것이다. 그저 막연히 어려운 사람을 도와주는 것만이 아닌, 인간으로서 기본적인 권리를 확보하고 질적인 삶을 추구하는 복합적인 과정이 사회복지이며, 어떤 면에서는 진정한 인간 공동체 구현과정이 사회복지이다. 더욱이 후기산업사회에 진입하면서 급격한 사회변화와 그로 인한 복잡한 사회현상들은 사회복지의 개입 필요성을 강조하고, 사회복지의 새로운 패러다임을 요구하기 때문에 사회복지에 대한 인식의 전환과 확대가 절대적으로 필요한 시점이라고 하겠다(강홍구 전주대 사회복지학과교수).

제2장 | 사회복지실천의 개념과 구성

"Social work practice is the doing of social work. It involves how to form relationships with clients, help them to share information with the social worker, define issues and problems, identify strengths, collect and assess information, identify and evaluate numerous alternatives for action, make specific plans, implement these plans, evaluate progress, terminate your client-worker relationship, and do follow-up to make certain intervention is no longer necessary."

1. 사회복지실천의 정의

사회사업(social work)이라는 용어는 미국의 경제학자인 Simon N. Patten(1852~1922)에 의해 1900년에 최초로 사용되었고, 사회복지실천(social work practice)이라는 용어는 Carol H. Meyer(1970)에 의해 최초로 사용되었는데, 복지이념을 실천 및 수행코자하는 기술활동으로 인간관계에 관한 과학적 지식과 기술에 기반을 둔 전문적 서비스라고 할 수 있다. 사회생활상의 곤란 또는 장애를 겪고 있는 개인, 가정, 집단, 지역사회에 대한 서비스 형태의 도움과 구호활동을 수행하며 이상보다는 실천적 면이 강조되는 사회복지운영의 실질적, 전문적 활동을 중시하는 미시적 접근방법이다.

사회복지실천은 헌법과 관련법규에서 규정하고 있는 국민의 다양한 기본적 권리를 보장해 주며, 이를 통하여 모든 국민이 최적의 삶을 영위하는 사회복지가 실현되도록 도와주는 전문적인 실천방법으로, 사회환경이 상호작용하는 모든 장소와 상황에 개입할 수 있으며, 이러한 활동이 일어나는 사회적 장소와 대상에 따라 다양한 전문분야로 구분할 수 있다.

✓ **Simon Nelson Patten**(1852~1922) was an influential economist and the chair of the Wharton School of Business at the University of Pennsylvania. Patten was one of the first economists to posit a shift from an 'economics of scarcity'(결핍의 경제학, Malthus주의) to an 'economics of abundance'(풍요의 경제학); that is, he believed that soon there would be enough wealth to satisfy people's basic needs and that the economy would shift from an emphasis on production to consumption.

Over the years he published 22 books and several hundred articles, both scholarly and popular. The New Basis of Civilization(1907), an outgrowth of lectures he delivered in 1905 at the New York School of Social Work, was his most important work. It ran through eight editions between 1907 and 1923.

Patten believed that with the new technology the earth's resources were adequate to provide an economy of abundance for the Western world; that is, there was enough wealth available so that everyone could achieve a proper diet, good basic housing and clothing, and an education that would meet the job requirements of industry. What was lacking was group social action to achieve these desired goals. Nevertheless, he was very influential on Progressive Era politicians and policy.

2. 사회복지실천의 기능(by Werner W. Boehm)

(1) 사회적 기능장애의 예방(prevention)

심리·사회적 기능을 저해하는 조건이나 상황을 조기에 발견하여 문제를 예방, 통제하거나 제거하기 위해 구체적인 사회복지서비스를 제공하는 기능을 수행한다.

(2) 사회적 기능의 회복(restoration)

치료적이며 재활적인 것으로 사회적(인간과 사회 환경간의) 관계의 붕괴나 상호작용과정에서 손상을 입은 개인·집단·가족·지역사회 구성원의 심리·사회적 기능을 회복시켜 주고 손상의 요인들을 발견하여 통제하거나 제거코자 하는 기능을 수행한다.

(3) 사회적, 개인적 자원의 제공(provision)

개발적이며 교육적인 기능으로 개인이나 사회문제를 해결하기 위해 사회자원을 찾아내어 조정하는 일과 신체적·지적·정서적·정신적 영역내의 개인의 상호작용능력을 개발하는 기능을 수행한다.

3. 사회복지와 사회복지실천의 구분

사회복지의 목표가 사회제도, 정책, 사회계획 등을 통해 사회구성원 전체의 삶의 수준을 향상시키는데 있다면 사회복지실천의 목표는 인간의 사회적 적응(social adaptation) 면을 향상시키는데 있다. 즉 사회복지정책이 사회를 대중(mass)으로 보고 양적으로 다루는 거시적(macro) 관점에 입각한 개입임에 비해, 사회복지실천은 인간관계를 조정하는 기술(skill)로서 미시적(micro) 관점에 입각한 실천 활동이다.

구분	사회복지	사회복지실천
개념	거시적	미시적
목적	사회환경의 변화 지향	개인 삶의 변화 지향
대상	전체적, 불특정적	부분적, 특정적
범위	보편성	개별성
기능	예방적, 사전적	치료적, 사후적
방법	정책, 제도	전문 지식, 기술

사회복지관련 개념비교

✓ 사회복지의 날과 국민기초생활보장제도

'사회복지의 날'은 1999년 9월 7일 국민기초생활보장법이 제정된 것을 기념하여 2000년 1회를 시작으로 법정기념일로 기념하고 있는 날이다. 국민기초생활보장법의 제정일을 사회복지의 날로 정한 것은 나이와 건강상태, 근로능력의 유무 등 인구학적 조건을 따지지 않고 소득과 재산만을 기준으로 최저생활을 보장하며 생계가 어려운 사람들을 생활보호의 '대상'에서 기초생활보장의 '권리'를 가진 사람들로 규정한 국민기초생활보장제도가 시행됨으로써 비로소 우리나라 사회복지제도가 전근대성을 탈피하여 현대적 의미의 '사회복지'가 시작되었다는 의미부여로 해석할 수 있다. 이렇듯 중요한 의미를 지닌 국민기초생활보장제도는 '최저생활 보장'과 '자활'이라는 두 가지 중심축에 의해 작동하도록 설계되어 있으며, 급여의 지급은 보충급여, 조건부급여, 맞춤형급여(중위소득의 28% 이하는 생계급여, 40% 이하는 의료급여, 43% 이하는 주거급여, 50% 이하는 교육급여 적용대상) 방식으로 지급한다.

✓ 사회복지사의 날

'사회복지사 등의 처우 및 지위 향상을 위한 법률'은 사회복지종사자들의 처우와 지위 향상을 목적으로 제정되었는데, 한국사회복지사협회에서는 지난 2011년 3월 30일에 공포된 이 법률을 기초로 지난 2007년에 제정하여 기념해 오던 4월 20일(한국사회복지사협회 창립기념일)을 대체하여 2012년부터 3월 30일을 '사회복지사의 날'로 재지정하여 기념하고 있다.

✓ 사회복지실천과 사회복지기관 및 사회복지사의 관계

(1) 사회복지: 이념, 사회제도와 정책

(2) 사회복지실천: 사회복지구현을 위한 구체적 실천기술을 활용한 전문적 실천활동

(3) 사회복지기관: 사회복지서비스의 전달체계

(4) 사회복지사: 서비스 제공의 주체로서 자격을 갖춘 전문가

✓ 사회복지실천현장 분류의 기준과 유형

분류기준	유형
기관의 기능 또는 목적	1차 현장, 2차 현장
기관설립주체 및 재원조달방식	민간기관, 공공기관
서비스 제공방식	서비스기관, 행정기관
주거서비스 제공여부	생활시설, 이용시설
이윤추구 여부	영리기관, 비영리기관
서비스 영역	아동, 노인, 장애인, 여성, 가족, 의료, 정신의료, 소득보장 등

✓ 직접실천과 간접실천

(1) 직접실천(direct practice)

클라이언트를 직접 변화시킴으로써 클라이언트의 문제를 해결하는 실천방식으로, 주로 개인, 집단, 가족을 대상으로 클라이언트를 직접 대면하여 개입하는 실천방법이다.

(2) 간접실천(indirect practice)

지역사회를 중심으로 클라이언트를 둘러 싼 환경체계에 개입하여 사회적 지지체계나 자원들을 발굴 또는 연계하는 방법을 활용하는 실천방법이다.

✓ 1차 현장과 2차 현장

(1) 1차 복지기관(primary welfare setting)

기관의 일차적인 기능이 사회복지서비스를 제공하기 위한 것으로 사회복지관, 양로시설, 장애인 재활시설, 아동보육시설, 정신보건센터 등 사회복지사들이 중심이 되어 활동하는 실천현장을 의미한다.

(2) 2차 복지기관(secondary welfare setting)

사회복지전문기관은 아니지만 사회복지서비스가 기관운영과 서비스의 효과성에 미치는 긍정적인 영향으로 인해 사회복지사의 개입이 부분적으로 이루어지는 의료기관, 교정시설, 학교, 시청이나 읍·면·동 사무소 등의 실천현장을 의미한다.

✓ 민간기관과 공공기관

민간기관(private agency)은 사회복지관련사업을 목적으로 사회복지법인이나 재단법인, 사단법인, 종교단체, 시민사회단체 등에서 운영하는 비영리기관을 총칭한다. 이들 민간기관은 직접적인 서비스를 제공하는 사회서비스기관과 간접서비스나 행정지원을 위해 조직된 협의체로 나뉜다. 공공기관(public agency)은 정부의 지원에 의해 운영되며 사회복지사의 업무는 정부의 규정이나 지침에 의해 지도, 감독된다.

✓ 비영리법인과 영리법인

법인(法人, corporation)이란 자연인 이외의 법률상 권리 의무의 주체가 되는 자를 의미하며 사회적 활동을 하는 단체를 거래의 필요상 독립된 법적 주체로 다루는 법률적 기술이라고 할 수 있다. 법인은 법률 규정에 의해서만 성립하고 법인의 활동은 이사 등의 그 대표기관에 의하여 행해진다. 비영리법인이란 영리법인과 달리 이익의 귀속점이 없이 공익 등을 목적으로 하여 설립된 법인을 의미한다. 그러므로 비영리 사단법인이나 재단법인 모두 그 목적 수행을 위해 설립되고 운영된다는 면에서는 큰 차이가 없다. 다만 사단법인은 그 구성원이 사람으로 구성된 법인이다. 그 구성원인 사람들의 뜻이 결국 법인의 의사로서 작용하게 된다. 사단법인의 한 예로는 한국사회복지사협회를 들 수 있다. 한국사회복지사협회의 구성원은 사회복지사들이 되며 이 모임의 목적은 사회복지사들 간의 친목과 사회복지사들의 공동목표와 이익증진을 위해 노력하게 된다. 사단법인은 비영리사단법인과 영리법인으로 나누어진다. 영리법인의 대표적인 예로는 주식회사가 있다. 주식을 소유한 사원들인 주주로 구성된 사단법인이 주식회사이다. 재단법인은 그 목적에 바쳐진 재산이 법인을 이루는 경우로서 구성원에는 사람이 없다. 재단은 재산으로 법인을 만든 설립자의 의사가 반영된 정관에 의해서 법인이 움직인다. 보통 학교법인 등이 재단법인의 대표적인 예이다. 재단법인은 이익의 귀속점 자체가 존재할 수 없으므로 재단법인이라고 하면 무조건 비영리법인이다.

✓ 생활시설과 이용시설

사회복지서비스제공기관은 주거서비스의 제공여부에 따라 이용시설과 생활시설로 나뉘는데 생활시설은 주거서비스를 포함한 제반 사회복지서비스를 제공하는 시설로 사회복지사업법에 정한 시설들은 대부분 수용보호적 성격을 지닌 생활시설에 속한다. 이용시설은 자신의 가정에 기거하는 클라이언트를 대상으로 주거서비스 이외의 서비스를 제공하는 기관을 통칭하는 것으로 지역사회복지관, 재가복지봉사센터, 아동상담소, 노인복지관 등이 있다. 이용시설의 주요 업무에는 개별상담, 가족치료 및 상담, 가족교육, 집단프로그램, 직업훈련 및 취업알선, 자립지원서비스 등의 직접적 서비스와 프로그램 개발 및 평가, 자원개발 및 모금, 후원자모집 및 결연사업, 자원봉사자모집 및 교육, 홍보 및 출판 등의 간접적 서비스가 있다.

✓ 사회복지실천현장의 주요 분야

분야	내용
아동복지	아동지원서비스, 아동대체서비스, 아동보호서비스
청소년복지	청소년상담실, 청소년공부방, 청소년 쉼터, 청소년 수련시설
노인복지	노인주거 · 의료 · 여가복지시설, 재가노인복지시설, 노인전문보호기관
여성복지	모자복지시설, 성매매 · 성폭력 · 가정폭력피해여성을 위한 복지시설
장애인복지	장애인생활시설, 장애인지역사회 · 직업재활시설, 장애인유료복지시설
지역사회복지	사회복지관, 재가복지봉사센터
의료복지	병원내 사회사업, 재활사회사업, 호스피스, 지역사회보건사업
정신보건복지	정신의료기관, 사회복귀시설, 정신요양시설, 정신보건센터
학교사회복지	학교 상주형, 지역사회 중심형
교정복지	보호관찰제도

우리나라의 사회보장체계

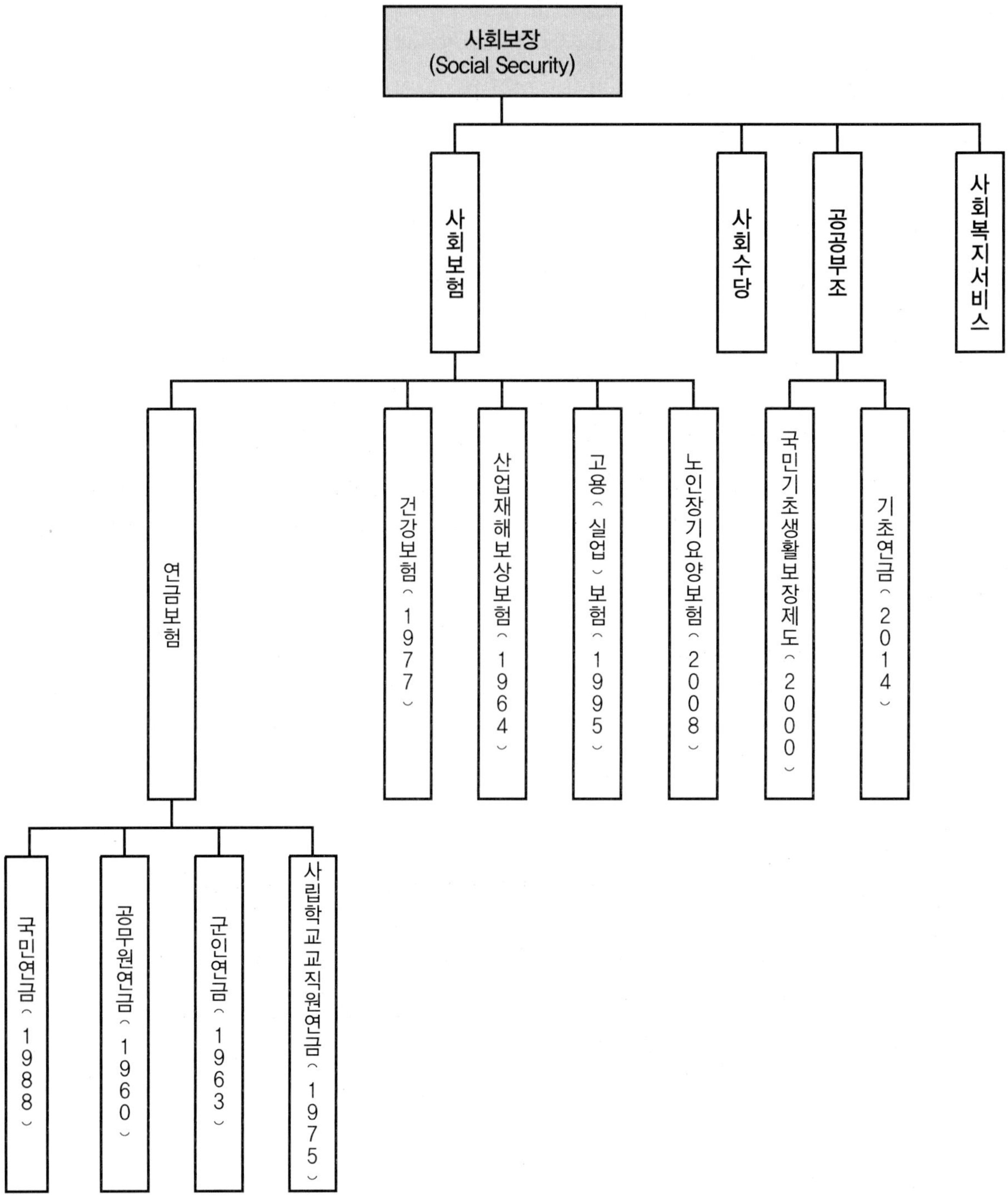

우리나라의 사회안전망(Social Safety Net)

1. 정의

모든 국민을 실업, 질병, 노령, 재해 등의 사회적 위험으로부터 보호하고 안정된 삶을 보장하는 국가의 제도적 장치로서 전체 구성원을 대상으로 하고, 최저생활을 보장(national minimum, 국민복지 기본선)하며, 모든 문제로부터 보호를 하고, 공공기관을 통한 지원이 이루어지는 것을 특성으로 한다.

2. 종류

(1) 1차 사회안전망 (사회보험)

① 연금보험: 1988년 국민연금제도 시행, 1999년 전체 국민으로 확대
② 국민건강보험: 1977년 시행, 1989년 전체 국민으로 확대
③ 산업재해보상보험: 1964년 시행, 2000년 1인 이상 사업장으로 확대
④ 고용보험: 1995년 도입, 1998년 1인 이상 사업장으로 확대
⑤ 노인장기요양보험: 2008년 시행

(2) 2차 사회안전망 (공공부조)

① 국민기초생활보장제도: 2000년 시행, 2015년 맞춤형 급여로 개편
② 의료급여제도: 1977년 시행
③ 기초연금: 2008년 기초노령연금 시행, 2014년 기초연금으로 개편
④ 장애인연금: 2010년 시행

(3) 3차 사회안전망 (사회복지서비스)

① 노인/아동/장애인 돌봄: 2007년 전자바우처 시행
② 긴급복지지원제도: 2006년 시행

※ 3층 소득보장체계(공공부조 포함)

(1) 1층(공공부조): 국민기초생활보장제도, 기초연금
(2) 2층(공적연금): 국민연금, 공무원연금, 군인연금, 사립학교교직원연금
(3) 3층(개인연금, 퇴직금, 개인저축 등)

※ 3층 노후소득보장(연금)체계(공공부조 제외)

(1) 1층: 공적연금(국민연금과 특수직역연금)

(2) 2층: 기업연금(퇴직연금)

(3) 3층: 개인연금

사회복지서비스(social work service)

사회복지서비스는 헌법과 관련법규에서 규정하고 있는 국민의 다양한 기본적 권리를 보장해 주며, 이를 통하여 모든 국민이 최적의 삶을 영위하는 사회복지가 실현되도록 인간관계에 관한 과학적 지식과 기술에 기반을 둔 전문적 서비스이다. 사회복지서비스의 체계는 체계분류의 기준을 어디에 두는 가에 따라 달라진다. 사회복지서비스는 사회 환경이 상호작용 하는 모든 장소와 상황에 개입할 수 있으며, 이러한 활동이 일어나는 사회적 장소와 대상에 따라 다양한 전문분야로 구분할 수 있고, 사회생활상의 곤란 또는 장애를 받고 있는 개인, 가정, 집단, 지역사회에 대한 서비스 형태의 도움과 구호활동이라고 할 수 있다.

① 대상(object, population served)
영유아, 아동, 청소년, 노인, 여성, 장애인, 가족 등 생애발달적 관점에 근거한 대상.

② 문제(영역, problems to be solved)
빈곤, 실업, 학대, 알콜, 약물, 범죄, 교정, 가족, 의료, 정신의료, 학교, 산업 등

③ 장소(place, field of practice)
복지관, 시설, 상담소, 병원 등 사회복지서비스가 제공되는 사회체계.

④ 기능(function, methods of practice)
개별사회사업(casework), 집단사회사업(group work), 지역사회사업(community work), 사례관리(case management) 등

✓ 권리로서의 사회복지서비스

> "市場(시장)에서 失敗(실패)한 사람들이 받는 '부끄러운 施惠(시혜)'로 여겨졌던 福祉(복지)가 모두가 함께 누리는 '뿌듯한 權利(권리)'로 바뀌었다."

'사회복지서비스(사회복지사업법 2조 4호)'란 국가·지방자치단체 및 민간부문의 도움을 필요로 하는 모든 국민에게 상담·재활·직업소개 및 지도, 사회복지시설의 이용 등을 제공하여 정상적인 사회생활이 가능하도록 지원하는 것을 의미한다. 즉 사회복지사업법에 따른 사회복지서비스 신청은 법률상 누구나 할 수 있는 보편적인 제도로서 서비스를 필요로 하는 사람은 관할 시장·군수·구청장에게 사회복지서비스 제공을 신청할 수 있다. 사회복지사업법 제33조2(사회복지서비스의 신청)에 의하면 "사회복지서비스를 필요로 하는 자와 그 친족 그 밖의 관계인은 관할 시장·군수·구청장에게 보호대상자에 대한 사회복지서비스의 제공을 신청할 수 있다."고 규정하고 있다. 신청이 있는 경우, 시장·군수·구청장은 신청자의 수급여부를 결정하고, 수급자로 결정된 경우 개별보호계획을 작성하여 그에 따라 사회

복지서비스를 제공해야 한다. 이처럼 사회복지서비스 신청조항은 '조사-진단-개입'의 과정을 법률에 명시한 것으로 복지권 확장의 중요한 의미를 지닐 뿐만 아니라, 공급자 중심의 사회복지서비스 전달체계가 서비스 신청 당사자 중심으로 개선되는 효과를 갖는다.

☞ **휴먼서비스(human services)**

교육, 보육, 간호, 상담, 심리치료, 사회복지서비스, 자원봉사활동 등 사람들의 성장·발달을 위해 계획하고 운영하는 프로그램과 복지 향상을 위해 제공되는 모든 서비스를 포괄하는 용어로 다음과 같이 분류할 수 있다(Alfred Kahn).

① 개인서비스: 상담, 치료, 재활, 여가, 오락, 종교서비스 등
② 보호서비스: 소비자보호, 옹호, 교정, 소방, 주택, 공공건강서비스 등
③ 정보 제공서비스: 자문, 소비자정보, 교육, 재정관리 등
④ 부양서비스: 아동보호, 실업보조, 퇴직준비, 사회보장 등

사회복지실천의 두 가지 패러다임

사회복지서비스의 실천(social welfare practice)에는 '자선(charity)' 패러다임과 '복지(welfare)' 패러다임이 혼재해 있는 것이 보통이다. 사회에 따라서는 자선적인 패러다임이, 혹은 복지적인 패러다임이 더욱 강하게 나타나는 차이들이 있을 수 있다. 그럼에도 모든 현대 산업사회들에서의 대체적 흐름은 자선에서 복지적인 패러다임으로의 이동을 보여준다.

자선 패러다임에서는 자발적이고도 순수한 개인들의 열정과 동기가 강조되고, '犧牲(sacrifice)'과 '奉仕(service)', '同情(sympathy)'과 같은 가치(value)가 지배적이다. 서비스의 결과에 대한 책임(responsibility)보다는 서비스를 제공하는 측의 동기(motive)의 순수성이 강조되는 경향이 있다. 이러한 가치에서 도출되는 실행 규범들(norms)은 대개 '근무환경(work environment)이나 보수(pay)에 연연하지 않아야 하는' 것이다. 이러한 패러다임 하에서는 사회복지서비스 종사자들은 비록 전문직(professional)으로 인정될 수도 있지만, 그 전문직은 자체적으로도 혹은 외부적으로도 자신의 복리를 주장하는 것에 대해 '죄의식(guilty feeling)' 과도 같은 것을 갖게 된다. 희생과 봉사의 가치에 입각한 전문직이 클라이언트의 복리를 제쳐두고 자신의 복리를 추구하는 것은 어불성설(語不成說)이 되는 것이다.

복지 패러다임에서는 문제를 보는 시각부터가 다르다. 따라서 누군가를 돕는 행위도 (이러한 행위 자체는 자선에서도 똑같이 나타나지만), 개인들의 자발적인 동기와 희생 및 봉사정신에 의존하기보다는, '사회의 공동체적 책임'에 의해 유발되고, '사회적 행위'로서 규정되며, 그 행위에 따른 '결과'가 중요시된다. 이러한 가치에 근거하여 작동되는 실행 규범들은 서비스의 '효과성(effectiveness)과 효율성(efficiency) 추구에 적합한' 것들이 된다. 더 이상 서비스 제공자들의 개인적인 '희생'과 '봉사'는 중요하지 않으며, 사회적 책임성(accountability)을 강화하는 목적에 충실한 수단을 찾는 것이 중요시된다. 여기서는 서비스 제공자(사회복지시설 종사자)들의 질을 제고하는데 필요한 보수나 근무 여건 등을 개선하기 위한 노력들이 중요한 것으로 간주된다. 전문직에 대한 인식은 더욱 강화되는데, 사회복지 서비스 전문직에 요구되는 것은 희생과 봉사정신보다는 사회변화를 가능케 하는 '능력(ability)'과 '기술(skill)'이다. 사회복지 전문직은 사회적 책임성을 대행하는 자로서의 대리인 역할에 충실하는 것이다. 따라서 이러한 인식에 바탕을 둔 서비스 종사자들은 자신들을 사회서비스 '시장(market)'에서 활동하는 일종의 노동자(laborer)로서 인식하게 되는 것이다(Neither alms nor a friend but a professional service).

현재 우리나라에서 보여지고 있는 노동관련법들의 적용을 둘러 싼 논란은 결국에는 우리 사회의 사회복지에 대한 패러다임이 변화하고 있음을 의미하는 것이다. 현재 우리나라의 사회복지서비스 수급체계는 자선적인 패러다임으로 감당할 수 있는 시점을 지난 지 이미 오래이다. 사회복지서비스 (혹은 보다 넓게 말하자면 'human service')에 대한 욕구의 팽창은 이미 폭발의 시점에 이르고 있으며, 서비스 수급에 있어서도 이미 개인들의 자발적인 동기와 희생 정신 등에 의존하는 것은 더 이상 불가능하게 되었다. 사회복지서비스는 공식적인 서비스 기획과 대규모의 조직적 전달체계 과정을 통해서 실행될 수밖에 없는 실정이다.

현재 나타나고 있는 노동관련법 적용을 둘러싼 논란은 자선적 패러다임이 복지적 패러다임에 종속되는 과정에서 발생하는 충돌로 볼 수 있다. 비록 사회복지서비스가 전달되는 물질적 구조는 복지적 패러다임을 필요로 하지만, 정신적 구조는 여전히 자선 패러다임을 고수하려는 성향으로 인해 두 패러다임이 갈등을 빚고 있는 것이라고 볼 수 있다(김영종 경성대학교 사회복지학과 교수의 '사회복지시설의 근로기준법 적용에 따른 문제와 대응방안' 중에서).

✓ 패러다임(Paradigm)

자연현상과 사회현상을 인식하는데 필요한 인식의 틀로서, 어떤 공동체가 질서의 유지를 위해 갖춘 기본적인 가정이나 가치관, 목적, 신념, 기대, 이론, 법칙, 지식, 지혜 등 지식의 집합체를 의미하는데, 사회의 변화에 따라서 질서의 유지를 위한 것을 포함하여 다수의 패러다임이 존재해 왔다. 새로운 패러다임은 낡은 가설이나 가치관, 목표, 신념, 기대, 이론 등을 대치한다.

제2부 | 사회복지실천의 본질

제3장 | 사회복지실천의 가치, 윤리, 지식 및 기술

사회복지실천에서 지식과 가치, 윤리는 서로 다른 개념임에도 불구하고 종종 명확한 기준 없이 혼용되고 있어서 이들 간의 성격을 구분하는 것은 매우 중요한 일이라고 할 수 있다. 우선, '지식(知識, fact)'은 증명할 수 있는 세계와 인간을 관찰한 결과를 객관화시킨 사실을 의미한다. 반면에 '가치(價値, opinion)'는 주관적인 입장에서 선호하는 것이기 때문에 객관적으로 증명하기가 어렵지만, 인간이 주어진 상황에 맞는 적절한 행동을 선택하는데 있어서 자신 만의 중요한 지침이나 기준이 된다. 가치는 지식을 분류하는 틀로 기능하고 우리가 무엇을 해야 하고 어떻게 해야 하는지에 대한 믿음을 확인시켜 주는 역할을 한다. 즉, 어떤 현상을 객관적으로 설명하는 지식과는 반대로 가치는 '이래야 된다', '저래야 된다'는 당위성을 이야기한다. '윤리(倫理)'는 어떤 행동이 도덕적으로 옳은 지를 판단하여주는 지침인데, 윤리는 가치에서 비롯되므로 가치와 조화를 이루어야 한다.

1. 사회복지실천의 가치(values)

당신이 가장 소중하게 생각하는 가치는 무엇인가(What matters most)?

> "價値觀이란 어떤 일이나 事物에 대해 評價의 基準이 되는 根本的 態度(태도)로서 人間의 思考와 行動에 對해 秩序와 方向을 提示해 주는 原則이며 中心的 信念이다. 社會를 維持(유지) 發展시키고 市民들의 삶의 質을 높이는데 꼭 必要한 價値는 弱者에 대한 配慮(배려), 숨겨진 差別(차별)의 解消(해소), 構造的인 不義의 是正(시정), 自發的 善行, 情報의 不均衡(불균형) 解消 等이다. 그러나 또한 대체로 妄靈(망령)된 사람의 特徵(특징)은 自身에 對한 信念이 確固(확고)하다는 것이다."

가치란 사물, 행동, 사건 등 광의의 대상에 갖추어졌거나 주어진다고 생각되는 값어치로서, 선하고 바람직한(good and desirable) 행동을 선택하는 지침 혹은 기준이라고 할 수 있다. 사회복지실천의 두 가지 본질적 가치전제로는 개인의 존엄성과 독특성에 대한 존중과 클라이언트의 자기결정에 대한 신념을 들 수 있다.

사회현상을 다루는 사회과학에서는 객관적 시각, 즉 가치중립적인 태도를 갖는 것이 필수적이다. 그러나 사람들의 가치관과 의지가 개입되어 있는 사회문화현상이나 구체적 사건을 접할 때 항상 가치중립적인 입장을 취하기는 쉽지 않다. 그것은 깨끗하고 예의바르게 생긴 젊은이보다 얼굴이 험상궂고 복장이 남루한 젊은이에게 부정적 편견을 갖고 대하기 쉬운 것과 마찬가지이다.

가치중립이란 주어진 현상에 대해 올바른 판단을 유도하고 어떤 문제에 대한 합리적인 해결책을 모색하는데 무엇보다도 중요한 역할을 한다. 어떤 종교적 신념이나 문화적 배경, 정치적 이념 등 특정 가치에서 기인하는 편견을 갖는 것은 옳지 않다. 사회문화현상의 해석에 있어서 이념이나 가치의 간섭은 항상 존재하기 때문에 사회복지사 스스로 자신에 대한 끊임없는 성찰을 통하여 가치중립적인 태도를 견지하려는 노력이 필요하다.

가치는 사회복지의 중요한 본질로서 사회복지전문직은 어떠한 지식이나 개입방법만으로는 충족될 수 없으며 클라이언트의 참여, 자기결정권, 비밀보장 등의 어떠한 뚜렷한 가치나 신념이 선행되어야 한다. 따라서 사회복지전문직은 사회적 기능수행에 기본적으로 바람직한 가치는 무엇이며, 자신의 개인적 가치관은 무엇인지 분별할 수가 있어야 한다. 항시 사회의 법이나 도덕, 사회규범 등에 익숙해 있어 갈등이나 모순에 대한 올바른 가치판단을 내릴 수 있어야 할 것이다. 즉 사회복지 전문직들은 나의 가치는 무엇이며, 그것이 어떻게 나의 행동을 규제하여 대인관계에 영향을 미치는가를 항상 염두에 두어야 한다.

구체적으로 요약하면, 사회복지사는 첫째 자신의 가치관이 그 존재를 거의 지각할 수 없을 정도로 깊숙이 내면화되어 있음을 깨달아 그 기준에는 자신의 감정적 요소가 다분히 개입되어 있음을 인식해야 하고, 자신의 편견이 무엇인지 의식하는데 최선을 다해야 한다. 둘째 자신의 가치관을 객관적이고도 현실적으로 평가하도록 노력해야 하는데, 자신의 가치관의 원천과 그것이 어떠한 목적에 기여하고 있는가를 검토하고, 그 가치관이 다른 사람에게도 같은 목적을 이루는가를 고려해야 한다. 그리고 이러한 평가들에 근거하여 변화가 필요한 가치관은 변화시키도록 노력하며 클라이언트의 욕구를 충족시킬 수 있다면 클라이언트 자신의 자유로운 생활양식을 허용하고 복지사 자신의 생활양식과는 서로 다르다는 사실을 분별해야 할 것이다. 또한 사회복지사는 문학, 예술, 음악과 개인의 생활경험을 통해 가능한 한 여러 부류의 사람들과 접해 보고 그들의 다양한 생활양식, 가치관을 이해하도록 노력해야 한다.

"The primary addiction for all humans is addiction to our own way of thinking. That's why the hardest prison to escape is your mind."

※ 사회복지실천의 가치체계(수준)

가치는 바람직하다고 생각하는 삶의 방식이나 기준, 신념을 의미한다. 사회복지실천의 가치는 사회복지사가 바람직한 목표를 달성하기 위해서 어떤 목적과 원칙을 갖고 개입을 해야 하며 어떻게 클라이언트를 다루어야 하는지를 결정해 주는 준거 틀로서 특정 시대의 사회문화적 영향이나 개인의 경험에 따라 달라진다. 사회사업의 가치체계는 사회사업의 정체성을 유지하기 위한 기본조건이고, 사회사업 실천의 목적, 원칙, 사회복지사의 행동을 결정하며, 사회사업의 지식과 개입기법을 형성하는데 필요한 기본요소이다. 사회사업의 모든 실천분야에서 공통적으로 요구되어지는 기본 조건인 가치는 사회사업을 다른 전문직종과 구별되게 하는 특성이다.

(1) 사회복지전문직의 가치(Levy, 1873)

① 사람우선가치 : 사람에 대한 바람직한 생각인가의 여부를 기준으로 인간의 존엄성, 사회정의, 개별성 존중을 들 수 있다.

② 결과우선가치: 사람을 위한 바람직한 결과인가를 기준으로 인간의 기본문제 해결 여부, 사회문제 해결 여부를 들 수 있다.

③ 수단우선가치: 사람을 다루는 바람직한 도구인가의 여부를 기준으로 비밀보장, 자기결정권, 수용 등을 들 수 있다.

(2) 상대적 중요성에 따른 가치(Johnson, 1995)

① 궁극적 가치(ultimate values)

> "볼 수 없고 들을 수 없고 만질 수 없어도 存在하는 것이 있음을 아는 것이 사람의 貴함이다. 사람이 가장 높이 치는 價値는 오히려 그렇게 몸으로는 느낄 수 없는 形態로 存在하는 것들이다. 참됨이 그러하고 아름다움이 그러하고 착함이 그러하고 거룩함이 그러하다." - 이문열의 '選擇' 中에서

사회나 시대적 상황에 관계없이 불변하는 가치로서 사회사업의 목적을 실현하기 위한 이상적이고 관념적인 가치를 의미하며, 인간의 존엄성을 보장해 주는 가치와, 모든 사회구성원들에게 사회적 자원과 기회를 공평하게 배분하여 배분정의를 실현하려는 이중가치 체계(dual value system)로 구성된다.
예 인간의 존엄성, 사회정의 등

② 차등적 가치(근접적, 유사, proximate values)

> "대체로 편협한 사람의 특징은 자신에 대한 신념이 확고하여 다른 사람의 생각이 들어설 자리는 바늘 꼽을 만큼도 없다는 것이다."

사회사업의 궁극적인 가치를 실현하기 위한 목적을 가진 다소 구체화된 가치로서, 사회문화적 영향이나 개인의 경험에 따라 찬반이 가능한 가치이며, 궁극적인 가치와의 상호연관에 의하여 결정되고 변화될 수 있는 가치이다.

예 사형제도(생명에 대한 존중인가? 아니면 생명이라는 관념에 대한 물신숭배인가? 살인자의 인권 vs. 피살자와 가족의 인권), 안락사, 낙태, 대리모, 장기매매, 동성애, 교육평준화, 무상급식 등

③ 수단적 가치(제도적, 도구적, institutional values)

> "개선이나 해결이 필요한 모든 문제들 중의 어떤 경우일지라도, 바람직한 결과를 얻기 위하여 다른 어느 것보다 우선하는 유일한 하나의 價値를 선택할 수 있는 방법은 존재하지 않는다."

궁극적 가치와 근접적 가치를 달성하기 위한 사회복지사의 목표 지향적 실천행동을 표현하는 가치로, 인간과 사회환경의 역기능적 상호작용에 개입하는 사회복지사의 구체적이고 다양한 개입기술에 내재되어 있는 가치이며, 사회사업 개입의 효과를 높이기 위하여 사회복지사가 제공하는 문제사정, 감정이입, 경청 등의 개입기술에 내재되어 있는 가치이다.
예 개인의 자기결정권, 비밀보장 등

2. 사회복지실천의 윤리(ethics)

> "社會福祉士에게 倫理的(윤리적) 敏感性(민감성)이 없다면 倫理的 決定과 實踐은 不可能하다."

사람과 사람 사이의 관계, 즉 인간관계의 도리를 의미하는 윤리(倫理)는 인간의 이중성 때문에 존재하는 것이고, 또한 필요한 것이다. 인간은 自由意志를 가지고 있기 때문에 전적으로 선하지도 않고 또한 악하지도 않다. 인간이 항상 선하다면 윤리가 필요하지 않을 것이며, 반면에 항상 악하다면 윤리는 실천이 불가능해질 것이다. 또한 인간은 다른 사람과 더불어 살아가는 사회적 존재이므로 윤리가 필요하다고 할 수 있다. 인간이 자신의 능력을 개발하거나 행복을 누릴 수 있는 이유는 다른 사람과의 적절한 관계 유지를 통해서만 가능하다고 할 수 있는데, 인간의 고통도 대부분 다른 사람 때문에 발생되는 경우가 많다. 사회에서 윤리가 필요한 이유는 윤리가 인간의 집단생활, 한정된 자원, 가치관의 갈등과 대립 등의 문제를 해결하는 데 도움이 되기 때문이다. 윤리는 개인이 자율적으로 자신의 행동을 규제하도록 하는 것이라고 한다면, 법은 물리적 힘과 강제를 통하여 타율적으로 인간의 행동을 규제하는 제도라고 할 수 있다.

구체적으로 윤리란 어떤 행동이 도덕적으로 옳으며, 또한 도덕적으로 옳은(right, correct) 행동은 어떠해야 하는지를 다루는 개념인데, 두 가지 이상의 상충되는 가치, 예를 들면 정의와 평등 혹은 비밀보장과 사생활보호에 직면하게 되면 윤리적 딜레마가 발생할 가능성이 크다. 윤리와 가치의 차이점은 가치는 보다 추상적이며 무엇이 좋고 바람직한 가와 관련되고 윤리는 무엇이 옳고 틀리는가에 관한 것이다. 가치는 일종의 신념이며 선택이다. 이는 인간을 위해 좋은 것과 바람직한 것에 대한 가정이기도 하다. 사실도 아니고 과학적인 근거도 없으며 따라서 규범적 가치기준이 절대적으로 필요하지 않을 수도

있다. 가치란 하나의 가정인 개념으로 인간의 생각 속에서 그친다. 윤리는 실질적인 결정을 내릴 때 필수적인 것으로, 옳고 그른 행동에 대한 사회적 태도를 결정할 때 지침이 된다. 윤리란 행동으로 나타나는 것으로 윤리적 판단에 따른 행동을 수행하기 위해서는 규범이 되는 기준이 필요하다.

"네가 하는 일을 모든 사람이 한다면 과연 이 世上이 어떻게 될지 생각해 보라."

가치와 윤리의 비교

가치	• 무엇이 좋고 바람직한가? • 믿음, 판단, 선택, 신념 등과 유사한 개념 • 개인적, 관념적 • 추구해야 할 방향 제시 • 구체적인 실천을 지시하기보다 일반적으로 선호하는 더 폭 넓은 사회의 가치를 반영
윤리	• 무엇이 맞고 옳은가? • 도덕, 규칙, 규범 등과 유사한 개념 • 보편적, 공공(사회)적 • 어떤 행동의 옳고 그름에 대한 판단, 행동 원칙이나 지침 제공 • 가치와 일치된 행위로 이끄는 행동 상의 규칙

3. 사회복지실천의 지식(knowledge)

"Social work knowledge involves understanding the dynamics of people's situations and recognizing the skills that work best in specific situations."

일반적으로 지식이란 어떤 사물에 대한 명료한 의식이나 사실적 및 경험적 인식, 또는 알고 있는 내용으로서, 어떤 현상을 수집된 증거를 통하여 검증 및 평가하여 일반화한 것이다. 지식은 사물, 현상, 체계에 대한 이해로 실천의 기본적 바탕이 되는데, 사회복지사들에게 필요한 지식은, 첫째 사회복지사의 실질적인 개입활동을 다루는 실천지식으로서 "내가 무엇을 하며 그것을 어떻게 할 것인가? 라는 질문에 대한 해답을 찾는 것이며, 둘째는 인간과 환경의 상호작용에 관련되는 인간체계의 발달, 성장, 기능 및 역기능 등에 관한 기초지식이다. 구체적으로 사회복지사가 갖추어야 할 지식을 다섯 단계로 규정한다면, 일반적인 사회사업지식, 특수한 실천분야에 대한 지식, 특수한 기관에 대한 지식, 특수한 클라이언트에 대한 지식, 그리고 특수한 접촉에 대한 지식이다.

"現代社會에서 人間은 늘 새로운 情報(정보)와 知識을 要求하며 살고 있지만, 머리에서 오는 것은 至極(지극)히 抽象的(추상적)이고 觀念的(관념적)일 수밖에 없기 때문에 머리만을 가지고는 問題의 本質에 接近(접근)하기 어렵다."

4. 사회복지실천의 기술(skills)

사회사업기술이란 단순히 어떤 현상에 대한 주장이 아니라 클라이언트(개인, 집단, 지역사회)와의 관계 속에서, 클라이언트와 관련한 특별한 상황 아래서의 사회사업의 가치들과 지식에 근거한 변화를 위한 심리사회적 개입을 할 수 있는 사회복지사의 능력으로서 변화를 위한 수단(실천방법)이다. 한편, 기법(techniques)이란 의도된 결과를 이끌기 위해서 지식과 기술을 체계적으로 적용하는 것으로 계획적으로 세밀하게 꾸며진 기술인데, 주어진 업무에 이용되는 도구나 특별한 절차이며 작용이다.

인간에 대한 서비스를 제공하는 사회복지사는 다양한 종류의 지식과 기술과 기법을 자유자재로 이용할 수 있어야 한다. 그러나 지식과 기술을 적용할 때에 가치는 실천의 어느 단계에서도 분리할 수 없다. 왜냐하면 가치가 없다면 사회복지사는 가치 지향적인 인간서비스 전문가(human service professional)라기 보다는 기술자(technician)가 될지도 모르기 때문이다.

사회복지적 가치와 윤리(Social work values and ethics)

"With respect to diverse value preferences among social workers, they should be sufficiently flexible(융통성, 유연성) to listen to many differing value positions on most moral and political issues."

How group decisions affect values (Zastrow, pp.95~98, pp.514~517)

GOALS: To show how group decisions affect individual values.

Step 1. The group leader explains that the purpose of this exercise is to help students assess their values. He then distributes the following questionnaire, explains that the results will be anonymous, and instructs students not to talk while filling it out. The class then forms subgroups of five or six members. The questions are as follows:

(1) **빈곤:** Do you believe most welfare recipients are able-bodied loafers(idlers, tramp)?
① Definitely yes ② Probably yes ③ Undecided ④ Probably not ⑤ Definitely not

(2) **인종:** Would you marry someone of a different race?
① Definitely yes ② Probably yes ③ Undecided ④ Probably not ⑤ Definitely not

(3) **종교:** Would you marry someone who is of a different religion than you?
① Definitely yes ② Probably yes ③ Undecided ④ Probably not ⑤ Definitely not

(4) **혼전 순결:** Do you believe people should retain their virginity until they marry?
① Definitely yes ② Probably yes ③ Undecided ④ Probably not ⑤ Definitely not

(5) **혼전 동거:** Do you approve of a young couple trying out marriage by living together before actually getting married?
① Definitely yes ② Probably yes ③ Undecided ④ Probably not ⑤ Definitely not

(6) **이혼:** Would you consider marrying someone who is divorced and has two children?
① Definitely yes ② Probably yes ③ Undecided ④ Probably not ⑤ Definitely not

(7) **혼외관계:** Would you divorce your spouse if you found out he or she had an extramarital affair?

① Definitely yes ② Probably yes ③ Undecided ④ Probably not ⑤ Definitely not

(8) **근친상간:** Do you believe a father who commits incest with his daughter should be placed in jail?

① Definitely yes ② Probably yes ③ Undecided ④ Probably not ⑤ Definitely not

(9) **낙태:** If you or your partner were pregnant and in a situation where it would be very difficult to raise a child, would you seriously consider having an abortion?

① Definitely yes ② Probably yes ③ Undecided ④ Probably not ⑤ Definitely not

(10) **매매춘:** Do you believe prostitution should be legalized?

① Definitely yes ② Probably yes ③ Undecided ④ Probably not ⑤ Definitely not

"인간은 타인의 성적 만족 대상으로 자신의 몸을 쓸 권리가 없다." - Immanuel Kant(1724~1804)

(11) **강간:** Do you believe you could objectively counsel someone who has brutally raped woman?

① Definitely yes ② Probably yes ③ Undecided ④ Probably not ⑤ Definitely not

(12) **동성애:** Would you tolerate if a son or daughter of yours were homosexual?

① Definitely yes ② Probably yes ③ Undecided ④ Probably not ⑤ Definitely not

(13) **장애:** Do you believe profoundly retarded persons who will never be able to function enough to sit up should be kept alive indefinitely at taxpayers' expense?

① Definitely yes ② Probably yes ③ Undecided ④ Probably not ⑤ Definitely not

(14) **AIDS:** Would you want your child to attend classes in a school that a child who has AIDS is attending?

① Definitely yes ② Probably yes ③ Undecided ④ Probably not ⑤ Definitely not

(15) **자살:** Do you believe there are circumstances that justify a person taking his or her own life?

① Definitely yes ② Probably yes ③ Undecided ④ Probably not ⑤ Definitely not

(16) **안락사:** Do you support euthanasia(mercy killing) when the victim is terminally ill and in intense pain?

① Definitely yes ② Probably yes ③ Undecided ④ Probably not ⑤ Definitely not

(17) **사형제도:** Do you believe in capital punishment for certain crimes?

① Definitely yes ② Probably yes ③ Undecided ④ Probably not ⑤ Definitely not

(18) **사회복지시설:** When you become elderly and unable to care for your needs, would you be willing to be placed in a nursing home?

① Definitely yes ② Probably yes ③ Undecided ④ Probably not ⑤ Definitely not

Step 2. The questionnaires are collected and kept separate for each subgroup. The subgroups are then asked to discuss each topic and arrive at a single answer for each question. Each subgroup should be given an additional questionnaire on which to record its answers.

Step 3. After the subgroups have completed Step 2, each member should again fill out the questionnaire anonymously. Again, the questionnaires for each subgroup should be kept separate.

Step 4. Prior to conducting this exercises, the group leader should arrange to have the instructor tabulate the results. The results should be recorded according to the following format:

	Number of Students selecting this alternative														
	Pre-discussion Replies					Group Decision Replies					Post-discussion Replies				
	①	②	③	④	⑤	①	②	③	④	⑤	①	②	③	④	⑤
Question 1															
Question 2															
Question 3															
Question 4															
Question 5															
Question 6															
Question 7															
Question 8															
Question 9															
Question 10															
Question 11															
Question 12															
Question 13															
Question 14															
Question 15															
Question 16															
Question 17															
Question 18															

Step 5. During a break, the responses for all the subgroups are put on the blackboard or entered on a transparency according to the format listed in Step 4. The following questions should then be discussed. Do the pre-discussion replies differ from the post-discussion replies? If "yes," what are the reasons some members changed their views? Do group discussions and group decisions appear to influence(ability to change someone positively) value judgments by students? When students answered the individual questionnaire after the group decision did they feel a conflict between the group view and their personal values? If "yes," how did they feel about this conflict, and how did they attempt to resolve it?

가치와 관련한 사회적 issues

성인이 되면 대부분의 사람들은 '옳은', '훌륭한', '중요한' 것이 무엇인가에 관해 자신의 주관적 가치관을 갖게 된다. 우리 사회에는 가치와 관련한 많은 사회적 이슈들이 있는데, 성, 연령, 문화, 인종, 종교, 민족, 지역성, 빈곤, 장애, 성적 지향성, 순결, 혼외 관계, 낙태, 매춘, 마약, AIDS, 복지제도, 사형제도, 자살, 안락사 등을 그 예들로 들 수 있다. 이러한 가치관은 아동기에 처음으로 학습하고 가족과 학교를 포함한 사회의 영향을 받아 형성된다. 일반적으로 무엇이 훌륭하고 옳은 것인가에 대한 신념은 행동에 영향을 미치게 되고 또한 자기평가의 기준이 된다. 사회복지사는 누구나 전문직의 가치강령으로부터 개인적 가치체계를 분리할 수 없다. 따라서 아동 성학대 범죄자나 기타 심각한 반사회적 행위를 저지른 사람들이 존엄성을 가진 인간으로서의 가치가 있다는 것을 인정해야 하는 것은 사회복지사에게 큰 도전이 될 가능성이 크다.

가치는 문화적 · 인종적 · 윤리적 영향을 받는다. 예를 들면, 대부분의 국가와 문화에서 생명존중(보호)은 가장 중요한 가치로 여겨지는 반면, 어떤 문화집단에서는 가족 전체의 명예나 복종이 가족 구성원 개인의 생명에 우선하는 가장 중요한 가치로 간주되는 경우도 있다. 클라이언트가 가진 문제를 다룸에 있어서 성, 연령, 문화, 인종, 민족, 지역성, 성적 지향성 등은 문제의 해결에 중요한 영향을 미칠 수 있기 때문에 신중하게 고려되어야 한다. 예를 들어 사회복지사가 클라이언트와의 관계에 있어서 문화적 차이를 경험하게 될 경우, 이러한 문화적 차이를 지속적으로 학습하고 자신이 가진 고정관념을 없애도록 노력해야 한다(cultural competency, 문화적 수용성; 다양한 문화에 대한 편견없는 이해능력). 이는 클라이언트에 대한 개입에 있어서 특히 생태체계적 환경을 중시하는 경우에 적용된다.

사회복지사는 인종과 민족의 역사를 이해해야 한다. 즉, 특정 집단이 현재 어떻게 다루어지고 있는지 뿐만 아니라 지배적인 문화에 의해서 다루어지고 있는 방식에 대해 인식해야 한다. 사회복지사는 또한 편견, 차별, 억압에 적응하는 집단양식을 이해해야 한다. 사회복지사는 性의 차이가 개입에 미치는 영향에 대해 정확히 인식해야 한다. 예를 들어, 성 차이가 유전자나 호르몬처럼 근본적인 생물학적 차이에 기인한 것인지, 성별 사회화의 결과인지, 경제와 정치적인 상황이 적절한 성 역할과 성 행동을 고려하게 만든 것인지, 또는 이 모든 요인들이 복합적으로 작용한 결과인지를 정확히 인식해야 한다. 현재 한국사회에서 발생하는 전체 결혼 건수의 약 10%는 외국인과의 결혼이다. 단일 민족으로서의 정체성의 주장은 점점 더 보편성을 상실해 간다는 현실인식이 필요하다.

거주지역도 개입에 영향을 미칠 가능성이 있다. 예를 들어 클라이언트가 농촌지역에 거주한다면, 그는 지역사회구성원들 사이의 신뢰와 우정, 외부 사람에 대한 관심, 친척, 이웃 등의 사적 지원체계 확보, 지리적 고립, 변화에 대한 저항, 독립심, 재정적 곤란, 경직된 사고와 행동, 전통적 가치관의 고수 등의 특성을 가질 가능성이 일반 인구집단보다 크다.

서구 사회에 있어서 전체 인구의 약 10%는 그들이 누구를 사랑하는지 그리고 어떻게 사랑하는 지가 그들에게 일상적인 문제와 도전을 받게 하는 세상에서 살고 있다. 사회복지사는 동성애자들을 향한 직접적인 편견, 혐오, 차별, 회피, 적의 등 동성애 공포증에 적절하게 대처해야 한다. 동성애자들이 사회생활 상 경험하게 되는 많은 불이익이나 기타 어려움 들에도 불구하고 이성애자들보다 더 많은 문제를 가지고 있다는 과학적 증거는 확인된 바 없다.

사회복지사는 개인의 자유와 자율성의 가치를 지지하는데, 이 간단한 문장은 많은 임상적 딜레마의 핵심이다. 클라이언트의 자기결정이 사회사업실천의 핵심가치이지만, 클라이언트의 개인적 자유가 타인의 자유나 안녕 혹은 생존을 위협할 때에는 재검토되어야만 한다. 또한 클라이언트에게 의존성을 조장하거나 사회복지사의 의도를 부지중에 클라이언트에게 떠넘기지 않도록 주의해야 한다.

(1) 사형제도(死刑制度), 존치(存置)해야 하는가, 폐지(廢止)되어야 할 역사적 유물인가?

> "사형제의 존폐는 아직 한국 사회에서 많은 논란을 일으키고 있다. 죽음으로 죄를 갚게 해야 할까, 갱생의 기회를 줘야 할까? 사형제도의 존치론자들은 흉악범에 대한 사형이 국민의 법 감정과 사회정의에 부합하고 범죄 억제력이 있다고 주장한다. 반면에 폐지론자들은 사형은 국가에 의한 제도적 살인이며 사형제가 있는 국가라고 해서 흉악범죄가 줄지 않았다고 맞선다."

형벌이란 범죄인으로 확정된 자에 대하여 국가가 일정한 절차에 따라 부과하는 제재를 말한다. 형벌의 본질은 범죄자에 대한 응징이면서 범죄자에 대하여 교육을 실시해 건전한 사회인을 만들어 사회에 복귀시키려는 교화목적도 포함한다. 형법이 규정하는 형벌의 종류로는 사형, 징역, 금고, 구류, 자격 상실, 자격 정지, 벌금, 과료, 몰수가 있는데, 이를 또 생명형, 자유형, 명예형, 재산형으로 구분할 수 있다. 생명형인 사형은 범죄자의 생명을 박탈하는 형벌로 형법 상 최고의 형으로 그 존폐 여부에 대해서 논쟁이 계속되고 있다.

1965년 11월 8일 영국이 사형제 폐지국가 대열에 합류했다. 엘리자베스 2세 여왕이 상·하원을 통과한 사형폐지법안에 서명한 것이다. 고대로부터 형벌의 기본원칙은 '눈에는 눈, 이에는 이'였다. 농경시대엔 범죄자를 가둬둘 인적, 물적 자원이 부족했다. 흉악범이라도 탈출하면 오늘날 같은 추적이 불가능했기 때문에 불안한 민심을 달래기 위해서라도 사형은 불가피했다. '마녀 광풍'이 불어 닥친 중세 때는 산채로 불태워 죽이는 공개처형이 있었다. 그러나 18세기 유럽을 휩쓴 계몽사상이 인간의 존엄성을 강조하면서 사형이 줄어들기 시작했다. 이탈리아 형법학자 체사레 베카리아는 저서 '범죄와 형벌'(1765)에서 사형제 폐지를 처음 주장했다. 베네수엘라, 코스타리카 등 여러 중남미 카톨릭 국가는 19세기에 사형제를 없앴다.

사형제 폐지 목소리가 높아지고 많은 국가에서 제도 폐지로 이어진 것은 20세기 들어서다. 1961년 국제사면위원회(국제앰네스티)가 출범했고 1977년 사형제도를 무조건 반대한다는 스톡홀름 선언에 16개국이 서명하면서 사형제 폐지가 주목받기 시작했다. 유럽연합(EU)은 사형제 폐지를 회원국 가입 선결조건으로 규정한다. 터키는 EU에 가입하려고 2002년 사형제를 폐지했다. 한국에서는 1989년 사형폐지운동협의회가 결성된 뒤 사형제도 폐지 움직임이 본격적으로 등장했다. 김영삼정부 말인 1997년 12월 30일 사형수 23명에 대한 집행이 이뤄진 이후 지금까지 단 한 번도 사형집행이 없었다. 한국은

2012년 말 앰네스티가 인정하는 '사실상 사형제 폐지 국가'가 됐다.

그래도 사형제의 존폐는 아직 한국 사회에서 논란을 일으킨다. 죽음으로 죄를 갚게 해야 할까, 갱생 기회를 줘야 할까. 존치론자는 흉악범 사형이 국민의 법 감정과 사회정의에 부합하고 범죄 억제력이 있다고 주장한다. 반면에 폐지론자는 사형은 국가에 의한 제도적 살인이며 사형제가 있는 국가라고 해서 흉악범죄가 줄지 않았다고 맞선다. 또 오판의 여지, 정치적 악용 우려도 제기한다. 엠네스티는 2006년 전 세계에서 집행된 사형의 91%는 중국과 이란, 이라크, 파키스탄, 수단, 미국에서 이뤄졌다고 밝혔다. 2007년 유엔 총회는 사형 집행중단 결의안을 통과시켰다(조이영, 동아일보).

(2) 낙태(落胎), 임부(姙婦)의 자기결정권에 속하는가, 태아(胎兒)도 생명권을 가진 독립체인가?

> "여성단체를 중심으로 한 낙태찬성론자들은 낙태가 임산부의 자기결정권에 속한다고 본다. 왜냐하면 임산부와 태아는 따로 떼어내 생각할 수 없고 산모가 살아야 할 인생과 생명을 존중해야 하기 때문이다. 반면에 종교계를 중심으로 한 반대론자들은 태아가 임산부에 의존해 성장하는 것은 맞지만 태아 자체는 하나의 생명이고 독립된 기본권(생명권)을 가진 주체로 본다."

미국의 낙태시술전문의였던 데이비드 건 박사는 자가용에 늘 권총 3정을 갖고 다녔다. 낙태반대론자들의 잇따른 방화와 살해 협박이 계속되었기 때문이었다. 그는 집을 팔고 호텔을 떠돌았으며 출퇴근을 할 때도 만일을 위해 시 외곽을 빙빙 돌아 오가야 했다. 건박사의 불편한 일상은 1993년 3월 10일 비로소 끝이 났다. 그러나 비극적 결말이었다. 그는 주차장에 주차하고 병원으로 걸어가던 중 급진적 반낙태운동단체인 '미국을 구하라'의 조직원인 마이클 그리핀이 쏜 총에 등을 맞고 숨졌다. 건박사가 일했던 플로리다의 팬사콜라에 위치한 산부인과의 건너편에서는 그날도 '미국을 구하라'의 낙태반대시위가 한창이었다. 그 단체의 대표였던 존 버트는 "건박사의 죽음은 유감이지만 그로 인해 수많은 새 생명을 살릴 수 있게 된 것도 사실"이라며 "히틀러의 주치의를 죽인 사람을 비난할 수 없듯 마이클이 비난받아야 할 이유도 없다"고 주장했다.

건박사가 피살당한 때는 낙태논쟁이 극단적으로 치닫던 해였다. 의사들은 반대론자들의 보복이 두려워 대부분 시술을 피했다. 불임부부를 위한 인공수정전문가이기도 했던 건박사는 낙태시술을 받으려고 하는 여성들을 거부하지 않았다. 아이가 필요한 부부에게는 아이를, 아이가 두려운 미혼모에게는 자유를 주는 것이 의사의 임무라고 생각했다. 건박사의 피살은 비극의 절정이 아닌 시작이었다. 이듬해 7월 장로교 목사인 폴 힐이 의사 존 브리튼과 그의 경호원을 총으로 사살했다. 힐목사는 사형선고를 받았지만 산부인과의사에 대한 테러는 그 후에도 끊이지 않았다.

해외 선진국들은 오래전부터 낙태에 대한 임신부의 자기결정권을 인정해왔다. 미국은 1973년 'Roe vs. Wade'사건에서 연방대법원이 "낙태를 불법으로 규정한 텍사스주 헌법은 위헌"이라고 결정하면서 임신 12주(3개월) 이전에 실시하는 낙태가 합법화됐다. 하지만 그 후에도 40여년 간 대통령이나 주지사, 의원 등의 선거 때마다 낙태에 찬성하느냐 반대하느냐에 따라 후보들의 성향을 판단하는 기준이 되면서 낙태논쟁은 뜨거운 이슈가 됐다(조선일보 2011. 11. 11). 낙태는 오늘날에도 미국 대선구도를 뒤흔들고 있다. 낙태 찬반 여부는 민주당이나 진보단체와 공화당이나 종교계를 가르는 잣대이자 공화당 내에서도 중도와 정통을 가르는 이슈이다. 루돌프 줄리아니 뉴욕시장은 공화당 경선 전까지 선두를 달리다 낙태 옹호발언 때문에 낙마를 해야 했다. 독일, 프랑스, 일본 등도 일정 임신기간 내에는 임신부의 동의를 얻어 낙태를 할 수 있도록 하고 있다.

우리나라는 형법 269조 1항과 낙태행위를 형사처벌하도록 규정한 형법 270조 1항에 '낙태죄'가 명시되어 있다. 그러나 최근 정부가 모자보건법의 개정을 추진하면서 낙태가 여론의 도마에 올랐다. 낙태 허용 사유에 미혼 임신이나 경제적 불안정 등 사회적 요인까지 추가하는 방안에 종교계가 반발하고 있다. 여성민우회, 여성의 전화 등 여성단체를 중심으로 한 낙태찬성론자들은 낙태가 임부의 자기결정권에 속한다고 본다. 왜냐하면 임부와 아이는 따로 떼어내 생각할 수 없고 산모가 살아야 할 인생과 생명을 존중해야 하기 때문이다. 또한 불법낙태가 이미 성행하고 있으므로 현실적으로 판단해야 한다는 입장이다. 반면에 천주교중앙협의회 등 종교계를 중심으로 한 반대론자들은 태아가 임부에 의존해 성장하는 것은 맞지만 태아 자체는 하나의 생명이고 독립된 기본권(생명권)을 가진 주체로 본다. 또한 낙태를 허용하면 무분별한 낙태 풍조가 만연하게 될 것이라는 입장이다. 여성의 자기결정권과 생명의 존엄성은 한 쪽이 다른 쪽을 굴복시킬 수 없는 소중한 가치라는 것, 피로 얼룩진 미국의 낙태 논쟁사가 주는 교훈이다(동아일보, 2008. 3. 10).

(3) 안락사(安樂死), 휴머니스트적 행위인가, 살인을 공인하는 반인륜적 행위인가?

> "삶과 죽음은 개개인 고유의 것이며 따라서 죽음은 스스로 선택할 수 있어야 마땅한 것이 아닌가? 신이 존재한다고 해도 생명연장장치에 의해서 목숨이 연장된다면 그것을 신의 뜻이라고 할 수 있겠는가? 일체의 소생 가능성도 없고 살아가는 하루하루가 견딜 수 없는 고통의 연속뿐이라면 죽음은 그와 그를 사랑하는 사람들을 구원하는 길이 될 수도 있지 않겠는가?

똑같은 행위인데도 극단으로 평가돼 온 것이 안락사(euthanasia, mercy killing, assisted suicide, 조력자살)의 문제이다. "사랑하는 사람의 고통을 더 이상 참을 수가 없었으며 망가지는 인간의 존엄성을 지켜만 볼 수 없었다." 말기의 암환자나 뇌사자들을 안락사시켜 살인죄로 법정에 서게 된 사람들은 대개가 이렇게 외친다. 생명은 신의 영역에 속해 있는 것으로 어떤 이유에서든 타자의 손이 함부로 개입해서는 안 된다. 안락사를 허용한다는 것은 생사를 인간이 마음대로 선택할 수 있음을 인정하는 것이다. 넓은 의미에서 살인을 공인하는 것이고 결과적으로 그것은 악용될 수도 있다. 그럼에도 불구하고 안락사의 문제가 쟁점화하고 있는 까닭은 의술과 생명연장장치가 발달한 오늘날의 상황 속에서도 많은 환자들이 자신의 존엄성을 지키면서 생을 마치지 못하고 있기 때문이다.

고대 로마의 귀족들은 불치병에 걸려 회생이 불가능하거나 수명이 다했다고 여길 때는 단식으로 생을 마감했다고 한다. "최선을 다해 살되 그 이후는 대자연의 섭리에 맡기라"는 스토아학파의 가르침이 죽음의 방법도 선택하게 한 것이다. 그러나 삶과 죽음의 선택 모두 당사자의 의지라는 단서가 있다. 그들을 돌보았을 의사들이 죽음에 관여한 흔적은 없다. "환자가 원해도 독을 주지 말라"며 안락사를 부인한 히포크라테스의 선서에 따랐기 때문이다.

안락사를 뜻하는 'euthanasia'의 어원이 그리스어 '좋은' '쉬운'을 뜻하는 'eu'와 '죽음'을 뜻하는 'thanatos'에서 유래되었을 만큼 안락사를 둘러싼 논란은 뿌리가 깊다. 기독교의 영향과 의학 발달에 따라 난치병의 치료가 가능해지면서 수그러들기도 했지만 18세기 유럽에서는 큰 논쟁이 벌어지기도 했다. 계몽주의철학의 영향으로 '생명은 자신의 것'이라는 생각이 팽배해지면서 안락사 찬성론이 거세게 인 것이다. 안락사는 의사의 극약처방을 받아 생을 마감하는 적극적 안락사와 생명 연장을 위한 치료를 포기하는 소극적 안락사(존엄사)로 구분된다.

1975년 미국 뉴저지 병원에서 인공호흡기로 연명하던 딸 캐런 퀸란의 호흡기를 제거해 달라고 부모가 법원에 요청하여 허가를 받은 것이 소극적 안락사의 첫 인정판결로 꼽힌다. 소극적 안락사를 제한적으로 허용하는 나라에서도 적극적 안락사는 대부분 인정하지 않고 있다(권순익, 국제신문, 2008. 5. 10).

> "삶과 죽음은 개개인 고유의 것이며 따라서 죽음은 스스로 선택할 수 있어야 하는 것인가, 아니면 타인의 목숨을 인위적으로 빼앗는 잔혹한 살인행위인가?" "인간의 몸에 부착된 생명연장장치의 작동으로 목숨이 연장된다면 그것은 신의 뜻이 아니고 기계의 뜻이 아닌가?"

살아가는 것이 하루하루 견딜 수 없는 고통을 수반하거나 주위의 가족들을 더 없이 피폐하게 만드는 말기환자의 경우, 한 사람의 죽음은 환자 본인에게나 가족들에게 또 다른 구원의 한 방법이 될 수도 있다. 미시간주 폰티액에서 옛 소련 이민의 후손으로 출생한 미국의 병리학자(pathologist) 잭 케보키언(Jack Kevorkian, 1928. 5. 26~2011. 6. 3)박사는 안락사와 관련한 자신의 신념에 따라 130여명의 시한부 환자들에게 수면제를 먹인 다음 극약처방으로 심장박동을 정지시키는 방법으로 안락사시켰다. 그는 미시간주 오클랜드 카운티 경찰에 1급 살인혐의로 기소되어 2급살인 유죄평결을 받고 8년 2개월을 복역하기도 하였다.

안락사 인정에 대한 찬반 논란

찬성	반대
· 무의미한 치료를 받지 않을 권리를 인정해야 한다. · 환자가 존엄성과 품위를 잃지 않고 죽음을 맞을 수 있어야 한다. · 소용없는 치료로 인한 환자 가족의 정신적 및 경제적 부담을 덜어주어야 한다. · 회생 가능한 다른 환자들이 치료 받을 기회를 빼앗지 않아야 한다.	· 소생 가능한 환자는 돌이킬 수 없는 치명적 피해를 입게 된다. · 환자가 의식이 없기 때문에 치료를 중단해 달라는 의사를 갖고 있다고 단정하기 어렵다. · 사회보장제도가 미흡한 현실이어서 경제적 이유로 남용될 위험이 너무 크다. · 생명 경시 풍조가 만연하게 된다.

(4) '결혼(結婚)' 남녀 간의 결합인가, 아니면 두 사람의 결합인가?

"모든 道德律(도덕률)은 '自身과 自身에게 가장 소중한 사람들에게 그렇게 해도 좋은 가'가 基準(기준)이 되어야 한다. 例를 들어, 自身이 이미 同性愛(동성애)를 支持(지지) 또는 實踐(실천)하고 있고, 自己 子女와 父母, 兄弟姉妹가 同性愛者라고 해도 問題될 것이 없다고 判斷(판단)한다면, 우리 家族에게 괜찮으니까 내 이웃들에게도 勸하는 것이 道德이다. 世界人權宣言이 規定한대로 모든 사람은 自身이 屬한 共同體에 對해 한 人間으로서 義務를 지며, 自身의 權利와 自由로 다른 사람의 그것을 짓밟는 데 使用해서는 안 된다. 내게 싫은 일은 남에게 勸하지 말라! 自身과 父母, 兄弟姉妹, 子女는 制外하고 自身과 無關한 '다른 사람들'은 그렇게 돼도 괜찮다고 하는 것은 매우 利己的이고, 反人倫的이다." - 홍후조 고려대 사범대교수

동성결혼을 둘러싼 논란이 세계적으로 확산되고 있다. 결혼을 남녀의 결합이라고 정의한 결혼보호법의 위헌 여부에 대한 심리를 시작한 미국 연방대법원 앞에는 동성결혼 지지자와 반대론자들이 현장에서 며칠째 맞시위를 벌이고 있다. 동성결혼 허용법안을 논의 중인 프랑스, 영국, 아일랜드, 우루과이 등에서도 찬반 논쟁이 뜨겁다.

미국 연방대법원은 3월 26일 동성결혼 합법화의 미래를 결정하게 될 결혼법 위헌 여부에 대한 심리를 시작했다. 미국 문화의 정체성에 커다란 변화를 가져다줄 수도 있는 이번 대법원의 판단에 미국 전역은 물론 세계 각국이 주목하고 있다. 대법원은 이날 존 로버츠 대법원장의 주재로 동성결혼을 금지하고 있는 캘리포니아주 결혼법이 헌법에 위배되는지 여부를 가리는 심리를 진행했다. 27일에는 결혼을 남성과 여성의 결합이라고 정의한 연방결혼보호법의 위헌 여부에 대한 심리를 진행한다.

이번 대법원 결정의 쟁점은 주민투표를 통해 주정부가 결정한 결혼법을 연방정부가 인정할 것인지 여부와 결혼을 남성과 여성의 결합으로 규정한 결혼법이 동성애자의 인권을 침해하고 있는지 여부이다. 이날 동성결혼지지자를 대리한 디오도르 올슨 변호사는 "캘리포니아주 결혼법은 동성애자들이 일생에서 가장 중요한 결혼을 하지 못하도록 금지시키고 있는 것"이라고 말했다. 동성결혼 합법화에 반대하는 측을 대리한 찰스 쿠처 변호사는 "동성결혼 합법화가 사회적 이익인 출산에 큰 문제를 일으킬 수 있다"고 밝혔다. 진보 성향의 엘레나 케이건 대법관은 "임신 여부를 근거로 결혼을 정의하는 것은 차별"이라며 "이런 규정이 합법적 근거를 갖는다면 55세 이상인 남성과 여성의 결혼 역시 금지시켜야 한다"고 밝혔다.

한편 CBS가 실시한 여론조사에서는 동성결혼에 대해 이성결혼과 마찬가지로 법적 혜택을 제공해야 한다는 견해가 60%였으며, 이에 반대하는 견해는 35%로 나타났다. 또 62%는 동성결혼 합법화를 결정하는 주체는 연방정부가 아닌 주정부라고 답했다. 2013년 현재 미국내 동성결혼 합법화 현황을 살펴보면, 동성결혼을 인정하는 주들로는 워싱턴, 아이오와, 뉴욕, 버몬트, 뉴햄프셔, 메인, 메사추세츠, 코네티컷, 메릴랜드가 있고, 시민결합(결혼하지 않은 동성간 결합)을 인정하는 주들로는 캘리포니아, 오리건, 네바다, 콜로라도, 뉴멕시코, 일리노이, 뉴저지, 델라웨어가 있으며, 그밖의 주들은 동성결혼을 금지하는 주들이다.

현재 전 세계적으로 10개국이 동성결혼을 합법화했고, 20여개의 국가는 시민결합의 형태로 동성 간

결합을 인정하고 있다. 미국을 제외한 전세계 동성결혼 합법화 현황을 살펴보면, 네덜란드가 2001년, 벨기에 2003년, 스페인과 캐나다 2005년, 남아프리카공화국 2006년, 노르웨이와 스웨덴 2009년, 아이슬란드, 아르헨티나와 포르투갈 2010년, 브라질의 7개주 2011년~2013년, 멕시코의 멕시코시티와 킨타나로주 2012년 등이다. 한편, 동성결혼의 합법화를 논의 중인 국가들로는 영국, 프랑스, 콜롬비아, 우루과이 등이 있다(경향신문, 2013. 3. 28, 29).

(5) 명예살인(名譽殺人), 존중 가능한 전통인가, 구시대의 잔인한 악습인가?

> "도대체 언제까지 종교가 야만적인 살인행위의 보호수단이 되도록 두어야 하는가? 종교와 교리라는 거짓 가면 뒤에 행해지는 여성에 대한 잔인한 육체적 고문은 이루 헤아릴 수 없이 많은 사례들이 있다. 그들을 존중하고자 한다면 종교와 문화의 차이로 치부하여 덮으려 하지 말고, 그들 역시 인간을 존중하는지 눈여겨 볼 필요가 있다. 존중과 방임은 한 끝 차이다. 우리의 무관심이 때로는 한 사람의 절망의 눈물이 되는지 누가 아는가?"

2011년 1월 파키스탄 바하왈푸르에서 가족들이 인정하지 않은 남자와 사랑에 빠진 한 소녀(17)가 전기고문 끝에 사망해 논란을 일으킨 바 있다. 당시 경찰조사 결과, 사망한 소녀의 가족과 마을 장로들은 회의를 통해 그녀를 사형하기로 했던 것으로 드러났으며, 시신에는 고문의 흔적 뿐 아니라 양 손에 전기고문에 의한 화상도 발견됐다. 앞서 2010년 7월에는 아프가니스탄 북부 쿤두즈 주의 한 마을에서 유부남과 사랑에 빠진 19세 여성이 탈레반의 '투석처형'으로 목숨을 잃었다. 현지 탈레반 종교법정에서 간통죄를 선고받은 여성에게 돌팔매질을 한 남성 200여명 가운데는 그녀의 아버지와 형제들도 있었다. 이들을 죽음에 이르게 한 것은 이른바 '명예살인'으로, 이슬람권 국가 등 일부지역에서 순결이나 정조를 잃은 여성을 상대로 가족구성원이 집안의 명예를 더럽혔다며 죽이는 악습이다.

파키스탄 인권위원회(HRCP)는 22일 연례보고서를 통해 지난 해 파키스탄에서 가족이나 집안의 명예를 지킨다는 명목 하에 자행된 '명예살인'의 피해여성 수가 최소 943명에 이르며, 이 중 10%인 93명은 미성년자였다고 발표했다. 이는 2010년 희생자 791명에 비해 1년 새 19.2% 늘어난 것이다. 이들 중 595명은 '사회통념에 어긋나는 관계'를 맺었다는 이유로, 219명은 허락 없이 결혼했다는 이유로 희생됐다. 일부 희생자들은 살해당하기 전 성폭행이나 집단 성폭행을 당했으며, 대부분의 여성은 자신의 형제나 남편에 의해 목숨을 잃었다.

유엔인구기금(UNFPA)은 파키스탄과 아프간 등 이슬람권을 비롯해 전 세계에서 매년 5천여 명의 여성이 명예살인으로 목숨을 잃고 있는 것으로 추산하고 있다. 사회활동가들은 "이들 국가에서 명예살인이 가정사라는 이유로 묵인, 은폐되고 있어 이같은 살인 행각이 법적 처벌까지 이어질 수 있도록 정부가 더 많은 노력을 기울여야 한다"고 지적했다.

(6) 다문화가족(多文化家族), 어울리기 어려운 사람들인가, 우리의 소중한 이웃인가?

> "歷史的으로 人間은 自身들과 다르다는 理由만으로 人間을 逼迫(핍박)해 왔다. 우리가 많은 사람이 嫌惡(혐오)하

는 뱀이 아닌 唯一한 理由는 우리의 父母가 뱀이 아니기 때문이고, 우리가 소와 키스를 하지 않고 뱀을 聖스럽게 생각하지 않는 唯一한 理由는 우리가 印度(인도)의 힌두敎 집안에서 태어나지 않았기 때문이다. 差異(차이)를 認定(인정)하지 못하고 過去(과거)의 불합리한 社會規範(사회규범)에 얽매여 正常과 非正常을 區分하며, 社會的 烙印(낙인)을 助長(조장)하는 共同體主義는 警戒(경계)해야 마땅하다" - Dale Carnegie(1888~1955)

'다문화'의 사전적 의미는 여러 나라의 생활양식을 의미한다. '다문화주의'는 단일 민족국가들이 갖고 있는 다양한 문화를 서로 인정하고 교류하기 위해 존중하자는 이론으로 1970년대 서구 민주주의사회에서 등장했다. 우리나라에는 1980년 말 등장한 것으로 알려졌다. 일부 학자들은 한국사람들은 다른 민족, 특히 동남아국가 이민자를 바라보는 시각과 인식에 대한 편견으로 가득 차 있다고 비판하기도 했다. 2007년 UN인종차별철폐위원회는 "외국인 거주자가 늘어나는 한국은 다문화 사회가 된 만큼 단일 민족이라는 관념을 극복해야 한다"고 권고했으며, 이후로 인종차별적인 용어는 사용하지 않는다.

다문화 사회가 되면서 나타나는 대표적 현상은 저소득, 비숙련 이주노동자 중심으로 외국인이 증가할 경우 공공 지출부담 등 사회·경제적 비용이 증가하고 언어·종교·문화적 갈등이 증가한다는 점이다. 이어 이주 2세대의 사회 부적응에 따른 교육과 취업의 어려움으로 사회적 분열을 초래하게 된다. 2005년 프랑스와 인접한 유럽국가에서 발생한 연쇄 차량방화 사건으로 8,973대의 차량이 불탔고, 2,888명이 체포됐으며 경찰 126명이 부상당했다.

이 사건의 근본적인 원인은 소외받고 차별받은 이민자 출신 청소년의 울분이 폭발한 것이다. 이민정책의 중요성과 사회통합의 필요성을 보여주는 사건이었다. 2011년 7월 노르웨이 오슬로에서 유럽 극우 근본주의자가 무슬림 이민자들을 거부하고 세계화나 다문화주의에 반대하면서 91명을 숨지게 한 연쇄 테러사건 또한 다문화 인식개선의 필요성을 보여준 사례이다.

국내 외국인 주민 수는 126만 5천명으로 30%인 38만 명이 경기도에 살고 있다. 유형별로도 근로자·결혼이민자·혼인귀화자·재외동포·유학생 등 다양하다. 경기도는 다문화가족의 빠른 사회정착을 위해 여러 가지 사업을 펼치고 있다. 무엇보다 결혼이민자들의 언어소통을 원활하게 하기 위해 주민센터나 사회복지관 등에서 한국어교실을 운영하고 있다.

경제적으로나 거리상으로 집합교육이 어려운 결혼이민자 가정에는 지도사가 방문해 한글교육, 부모교육, 자녀생활서비스 등 맞춤형 서비스를 제공한다. 사회생활에 필요한 의사소통을 위해 통번역서비스와 자녀교육에 어려움을 겪고 있는 다문화가정을 위한 방문학습지를 제공, 한글을 깨칠 수 있도록 지원한다. 법무법인과 협약을 체결해 지역별로 찾아다니며 무료법률서비스를 제공, 그들의 권익증진과 인권보호를 위해 노력하고 있다.

또 국가별 기념일 또는 고유명절을 전후한 전통문화행사 지원, 국내 기업체 사업주와 NGO단체, 시민을 대상으로 한 내국인 인식개선사업도 추진하고 있다. 외국인에 대한 인식전환 작업은 외국 주민과의 갈등해소와 사회 통합을 위해 매우 중요하다. 이밖에 우리나라에서의 생활이 본국에 가서도 자립할 수 있는 계기가 되도록 직업능력개발에도 주력하고 있다. 컴퓨터, 운전면허 및 자동차정비, 이미용 등 직업교육과 귀국 후 생활설계 등 의식교육도 지원한다.

외국인 130만 시대이다. 본격적인 다문화 사회로 진입한 이상 이주민들은 이제 우리 사회의 중요한 일원이며 우리 생활 속에서 외국인과의 어울림은 일상이 됐다. 이들에게 모국의 전통문화를 향유하고 일정부분 계승 발전시킬 수 있는 기회를 제공하는 것도 옳다고 본다. 우리 사회가 보다 열린 마음으로 다문화를 수용하고 인권이 존중되는 사회, 차별없는 다문화사회 환경을 조성하려는 노력이 필요하다. 다문화가족, 이들도 우리의 소중한 이웃이다(최봉순 경기도여성가족국장, 내일신문 2012. 3. 26).

"Our job as a social worker is to love others without stopping to inquire whether or not they are worthy. That is not our business and in fact, it is nobody's business. What we are asked to do is to love, and this love itself will render both ourselves and our neighbors worthy."

다음 중에서 누가 한국인인가? 선택한 이유는 무엇인가?

① 한국에서 태어나 순수 한국 혈통을 가졌지만 현재는 다른 나라 국적을 가진 사람
② 한국문화에 익숙하고 현재 한국에서 일하고 있는 조선족
③ 순수한 백인이지만 한국으로 귀화하고 한국 이름을 가진 사람
④ 외국 국적을 가졌지만 부모 중 한쪽이 한국인이고 그것을 자랑스러워 하는 사람
⑤ 부모가 모두 한국인이지만 자기는 외국 국적을 가졌고 받아만 준다면 언제든지 한국군대에 입대하고 싶다고 말하는 사람
⑥ 한국인과 결혼한 외국인

임신과 비극(Pregnancy and tragedy) (Zastrow, pp. 521~522)

GOAL: To examine a number of values through making decisions about a value vignette.

Step 1. The leader explains the goal of the exercise and asks students to form subgroups of five persons. The subgroups are informed that their task is to rank the following characters as to who is most and least responsible for 영희's death. The rankings are 1, most responsible, to 6, least responsible. The following story should be read twice. Use 'talking stick'.

영희 is eighteen years old, white, and an attractive college freshman. She believes strongly in racial equality, even though her parents have told her on several occasions that they are opposed to interracial dating and marriage. In her courses, 영희 meets 철수, a black and a college sophomore, and they begin dating.

영희 becomes pregnant. After a long, agonizing view of the alternatives, both 영희 and 철수 decide it would be best to seek an abortion. Neither 영희 nor 철수 has the money to obtain an abortion from an abortion clinic or from a hospital.

영희 goes home with the hope of asking her parents for the necessary funds. She begins by telling her mother that she is dating 철수, that 철수 is black, and that they have become sexually involved. Her mother immediately becomes upset and calls in 영희's father. Both parents angrily tell 영희 she must stop seeing 철수, or they will no longer pay her college bills. 영희 is not able to inform her parents she is pregnant.

영희 is distraught. She returns to college. The next day 영희 hears of a person who will perform the abortion at cheap price. 철수 goes along with her to the abortionist who, it turns out, is quite unskilled and unsanitary. 영희 begins hemorrhaging on the table. 철수 rushes her to the hospital, but it is too late, and 영희 dies. The hospital social worker tells 철수 that 영희 is the third person that has been admitted to this hospital for hemorrhaging after being treated by this abortionist (the other two lived). The hospital social worker adds that it's about time someone informs the police.

Step 2. The subgroups arrive at a ranking for who is most to least responsible for 영희's death:

_____ 영희	_____ 철수	_____ 영희's mother
_____ 영희's father	_____ The abortionist	_____ The hospital social worker

Step 3. The names of the characters are written on the blackboard, and a representative from each subgroup writes the subgroup's ranking on the blackboard. Each subgroup then provides the reasons for its ranking. A discussion of the values underlying the rankings by these subgroups follows.

"대부분의 사랑은 이유 없이 시작돼. 수 만가지 이유로 좋아하게 되었어도 그걸 말 할 수 있는 사람은 많지 않아. 이유 없이 좋아해. 그냥... 그냥... 좋아해..." - '연애의 발견' 중에서

5. 사회복지실천 관련 윤리적 고찰

(1) 사회복지실천활동시의 가치와 윤리와 관련한 고려사항

> "사회복지실천은 사회적 가치를 구현하기 위한 목적으로 수행되는 전문적인 활동이라고 할 수 있지만, 사회복지실천이 항상 사회적 가치를 추구하기 어려운 경우도 있다. 예를 들어, 빈곤인이나 장애인 등의 사회적 소외계층 또는 약자층을 위해 옹호나 변호활동을 하게 되는 경우에 종종 기존의 가치에 반하는 역할을 수행해야 할 경우가 발생하게 되고 이는 결국 사회적 가치와 일치하지 않을 수 있다. 따라서 사회적 약자층을 핵심 개입대상으로 하는 사회복지전문직에게 가치와 윤리에 대한 성찰은 매우 중요하다."

우리말 큰 사전에 따르면 윤리란 사람이 사회관계에서 사람으로서 마땅히 행하거나 지켜야 할 도리라고 정의하고 있다. 전문가의 윤리는 어떤 특수한 역할의 입장, 즉 전문가 역할을 수행하는데 수반되는 특수한 책임을 성문화한 것이다. 윤리란 행위에 있어 옳고(right), 그름(wrong)을 뜻하며 실제 행위와 직접적으로 관련된 행동철학이다. 한편, 사회복지실천에서 윤리문제를 논함에 있어 가치문제를 중요하게 다루는 것은 윤리적 원칙(ethical principle)은 가치를 기반으로 하기 때문이다. 따라서 가치에 기반하지 않은 규칙이나 원칙은 윤리적 규칙(ethical rule)이 아닐 수 있다.

사회복지가 지향해야 하는 가치는 다양하지만 다음과 같은 공통된 기반을 갖고 있다. 인간의 존엄성과 개인의 유일성에 대한 인식, 클라이언트의 자기결정권 및 참여 보장, 평등한 기회 보장, 인간의 다양성 존중, 비밀보장과 사생활 존중, 개인의 잠재력 개발 기회의 제공, 개개인이 갖는 인간의 보편적 욕구의 충족, 인간의 기본욕구를 충족시킬 수 있는 적절한 서비스와 자원의 제공, 클라이언트의 역량강화(empowerment), 사회문제의 예방과 치료를 위한 적극적 노력, 그리고 교육 등으로 전문지식과 기술의 공유를 위한 노력 등이 자주 언급되는 가치들이다.

사회복지실천활동시의 비윤리적 행동이란 일반적으로 클라이언트에 대해서 사회복지사 자신의 행동이 미치는 영향력에 대한 인식이나 관심이 결여되어 나타나는 행동을 의미한다. 그런데 이는 클라이언트의 욕구보다 사회복지사 자신의 욕구를 우선시하여 초래되는 결과인 경우가 많다. 그러므로, 사회복지사는 클라이언트의 선택의 권리와 개입 과정에 참여할 권리를 존중해야 한다. 또한, 사회복지사는 클라이언트를 위한 질 높은 실천을 위해서 전문적 지식과 기술을 끊임없이 연마하고 발전시키며 자신에 의해 수행된 모든 행위들에 대한 윤리적 책임을 져야 한다. 아울러 사회복지사는 다양한 인구집단이 갖고 있는 고유한 개성과 특성을 존중하고 수용해야 한다.

① 사례에 적용될 수 있는 모든 윤리원칙들을 신중히 고려해야 한다.

윤리·도덕적 및 전문적인 판단은 개개인의 사회복지사가 갖고 있는 가치체계와 밀접한 관련이 있다. Barker(1988)는 "가치란 그 시대의 문화, 집단, 사람들이 바람직하다고 생각하는 관습, 기준, 원칙이다"라고 설명했다. 가치는 인간이 적절한 행동을 선택할 수 있도록 지침(guide) 또는 기준(criteria)을 제공하기 때문에 가치 함유적인 전문직에 종사하는 사회복지사에게 중요한 잣대로 작용한다. 이처럼 가치가 바람직한 행동을 선택하는데 큰 도움을 주지만 가치를 따른 결정과 행동이 항상 바람직한 결과를 가져오는 것은 아니다. 예를 들면, 사회복지사가 사회복지의 핵심가치인 클라이언트의 비밀보장을 철저히 지킨 결과, 결과적으로 타인의 생명에 위해를 가하게 되는 비극을 초래할 수도 있다.

② 법적인 책임과 의학적 고찰을 필요로 하는 모든 변수는 조명되어야 한다.

사회복지사가 하는 일들 중에 법의 통제를 받고 있는 활동이 있는지 혹은 없는지를 법적인 면에서 조명해야 한다. 예를 들면, 사회복지사는 특정 업무요청에 대한 활동을 하기 위해, 자신이 자격이 되는지 면허증 소지 등을 점검해야 한다. 사회복지사가 자신의 자격범위를 벗어난 활동을 할 경우, 이것은 비윤리적일 뿐만 아니라 불법 행위이다. 따라서 사회복지사는 자신의 능력과 한계를 정확히 인식하고 냉철하게 행동해야 한다.

③ 사회복지사는 클라이언트와 분명한 경계를 유지해야 한다.

사회복지사는 클라이언트와의 관계에서 모호하지 않은 분명한 경계를 유지해야 한다. 효과적인 실천은 전문적 역할에 대한 분명한 인식이 전제되어야 한다. 혼동스러운 경계, 이중・다중관계에 기초한 사회복지사와 클라이언트 간의 관계는 부정적 결과를 초래할 가능성이 있다. 이중관계는 사회복지사와 클라이언트가 원조목적을 위한 전문적 관계 이외의 다른 차원의 관계를 중복적으로 갖는 것을 의미한다. 사회복지사와 클라이언트 간의 이중 혹은 다중관계는 여러 가지 형태로 나타날 수 있는데, 예를 들어, 선물교환, 함께 식사하기, 친구 되기, 클라이언트에게 사적인 문제 논의, 사업적 거래, 성적 접촉 등을 들 수 있다. 클라이언트와 사회복지사 양자 간에 발생하기 쉬운 힘의 불균형은 사회복지사가 가진 권리를 남용하는 현상을 낳을 가능성이 높으며 이는 전문적 관계의 손상을 초래하고 결국 클라이언트가 피해자가 될 가능성이 높다는 면에서 비윤리적이다.

④ 클라이언트의 권리는 공유되고 적용되어야 한다.

대체로 클라이언트는 원조과정에의 참여시 자신들이 가진 권리를 잘 깨닫지 못한다. 그들은 자신들의 욕구나 문제로부터의 중압감으로 인한 취약성 때문에 사회복지사를 의문 없이 그대로 수용하는 경향이 있다. 그들에게 원조상황은 낯선 것이고 자신들의 역할과 기대할 수 있는 것에 대해 명확한 이해를 하지 못한다. 그러므로 사회복지사는 클라이언트의 권리를 인식시키고 보호해야 할 책임이 있다. 클라이언트의 권리를 보호하는 방법의 하나인 '고지된 동의(informed consent)'란 사회복지사가 제공할 서비스와 관련한 목적, 위험성, 한계점, 감수해야 할 사항, 대안, 거부할 수 있는 권리, 시간 설정 등에 관해 클라이언트에 명확하게 알리는 것을 의미한다. 고지된 동의는 원조 초기단계에서뿐만 아니라 전 과정을 통해 이루어져야 하는 지속적인 절차로서 기록, 녹음, 녹화 등과 같은 과정상의 구체적 절차도 포함한다.

사회복지사가 원조과정에 대한 정보를 클라이언트에게 제공하지 않으면 온정주의(paternalism)가 실천에 적용될 가능성이 커지는데, 이는 사회복지사 혼자서 판단한 '클라이언트의 이익'을 위해 결과적으로 클라이언트의 희망사항이나 자유를 방해하는 행위로서, 클라이언트가 원하지 않지만 필요하다고 생각되는 서비스를 제공하는 것, 클라이언트에게 위험이 따를 것으로 판단되는 행위의 시도를 방지하는 것, 클라이언트에게 검열을 거친 수정된 정보를 제공하는 것 등을 포함한다. 사회복지사가 클라이언트에게 도움을 제공한다는 명분 아래 클라이언트를 '조종(manipulation)'하게 될 가능성도 있다. 이러한 경우를 대비하여 원조관계에서 클라이언트로 하여금 적극적인 참여가 이루어 질 수 있도록 하는 전략으로서 실천과정시 클라이언트와 사회복지사의 역할 등을 문서화한 '계약(contract)'이 사용될 수 있다.

⑤ 클라이언트의 비밀은 철저하게 보장되어야 한다.

비밀보장은 사회복지실천윤리의 핵심 원칙으로 이는 사회복지사가 클라이언트와의 접촉으로부터 얻은 정보에 대해 책임을 가지고 있음을 의미하는데, 획득된 정보는 클라이언트의 욕구나 문제 해결을 위한 전문적 목적을 위해서만 사용되어야 하고 클라이언트의 사생활은 반드시 보호되어야 함을 기본 내용으로 하고 있다. 그러나 이 원칙 때문에 사회복지사는 임상적 딜레마에 빠지게 되는 경우가 발생한다. 사회복지실천현장에서 클라이언트의 비밀이 지켜질 수 없는 경우가 발생하게 되는데, 비밀 누설이 첫 번째로 정당화될 수 있는 경우는 비밀이 유지될 경우에 클라이언트 자신이나 타인의 생명에 위험이 발생할 가능성이 존재할 때이다. 예를 들어, 클라이언트가 자기의 생명이나 타인의 생명을 해칠 위험이 있다고 판단될 경우, 힘이 약한 가족 성원(아동, 배우자, 노인, 장애인)에 대한 학대가 일어나는 경우, 전염성이 있는 위험한 질병에 걸렸을 경우. 클라이언트가 사법 체계에 연루되어 사법체계에서 클라이언트에 관한 정보를 요청하는 경우 등이다. 이러한 경우에는 클라이언트의 사적 권리를 최대한 존중하면서 비밀 공개에 대한 사전 동의를 받아야 할 것이다.

⑥ 사회복지사는 지역사회의 도덕적·사회적 규약을 존중해야 한다.

사회복지사는 지역의 역사와 전통, 문화를 이해하고 개입 시, 그로 인해 형성된 규약, 관습 등을 존중해야 한다. 지역의 인구 구성이나 자연적 특성, 도시화의 정도 등에 따라 타지역과 구별되는 독특한 문화나 사고방식, 생활습관이 존재하는 경우가 많다.

※ 윤리적 원칙(로웬버그와 돌고프[Loewenberg & Dolgoff], 1996)

① 생명보호의 원칙: 사람들은 기본적 욕구(특히 생명의 보호)를 충족하며 살 권리가 있다.
- 윤리적 딜레마가 생사에 관한 것일 때 클라이언트의 비밀보장의 원칙에 위배된다고 하더라도 생명을 구하는 행위가 최우선이 되어야 한다.

② 평등처우의 원칙: 사람들은 공정하고 평등한 대우를 받을 권리가 있다.
- 평등한 입장에 놓여 있지 않아 클라이언트가 위험에 처해 있을 때 가해자의 비밀보장에 대한 권리보다 클라이언트를 보호하는 것이 우선되어야 한다.

③ 자기결정의 원칙: 사람들은 자유로운 선택과 자유를 가질 권리가 있다.
- 클라이언트의 자기결정은 실천의 중요 원칙이지만 자신이나 타인에게 위해를 시도하는 경우에 이 원칙은 지켜질 수 없다.

④ 최소손실의 원칙: 사람들은 피해를 최소한도로 겪거나 혹은 겪지 않을 권리가 있다.
- 클라이언트의 욕구나 문제의 해결을 위해 선택 가능한 방안들이 다 유해하다고 판단되는 경우에는 그 유해성이 제일 적은 방법부터 시도되어야 한다.
⑤ 안정적 삶의 원칙: 사람들은 훌륭한 삶의 질을 추구할 권리가 있다.
- 개인, 집단, 지역사회, 국가 등에 모두 적용되는 원칙으로 사회복지사는 클라이언트의 삶의 질이 적정한 수준으로 유지될 수 있도록 지원해야 한다.
⑥ 비밀보장의 원칙: 사람들은 사생활과 비밀을 보장받을 권리가 있다.
- 사회복지사는 클라이언트의 사생활을 보호하며 직무수행과정에서 불가피하게 노출되는 정보에 대해 철저하게 비밀을 유지해야 한다.
⑦ 정보공개의 원칙: 사람들은 진실 및 가능한 정보 전부를 이해할 권리가 있다.
- 클라이언트에 대한 원조과정의 진행시 클라이언트의 알 권리를 적극적으로 보장해주고 그에 따른 책임을 수용하도록 도와야 한다.

(2) 사회복지실천 과정에서의 윤리적 갈등

사회복지실천과정에서 사회복지사는 종종 윤리적 결정을 내려야 하는 상황에 직면하게 된다. 그리고 흔히 이러한 윤리적 결정은 사회복지사로 하여금 윤리적인 딜레마에 빠지게 한다.

즉, 클라이언트는 누구인가? 클라이언트에 대한 나의 역할과 의무는 무엇인가? 클라이언트 이외의 다른 사람에 대한 나의 의무는 무엇인가? 내 가족에 대해서는? 나의 기관에 대해서는? 나의 직업적 역할에 대해서는? 또한 나 자신의 가치는 무엇인가? 개인의 가치와 전문직의 가치는 서로 모순되는가? 또한 사회적 가치와도 모순되는가? 이 같은 가치들이 일치하지 않을 때 어디에 윤리적 우선순위를 둘 것인가? 주어진 상황에 관련된 사람들에 대해 상충되는 의무를 느낄 때 이에 대응하는 윤리적 방법은 무엇인가? 등이 그 예이다. 다음은 윤리적 문제의 주요 발생원인에 관한 것이다.

① 상충된 가치(competing values)

사회복지사가 두 개 또는 그 이상의 경쟁적인 가치와 직면했을 때 윤리적 딜레마에 빠진다.

예 아동학대와 비밀보장, 미성년소녀의 임신과 유산, 유전적 결함을 갖고 있는 임산부의 출산 등.

② 상충된 의무(competing loyalties, divided loyalties, 분열된 충성)

기관에 대한 의무와 클라이언트에 대한 의무가 상충된 상황에서 사회복지사는 갈등을 경험한다. 예를 들어 사회복지사가 소속된 기관의 정책과 목표 또는 기관(고용주)의 이익이 클라이언트의 이익과 갈등 관계에 있으면 사회복지사는 윤리적 딜레마에 빠지게 될 가능성이 크다.

예 노인의 시설입소, 아동의 양육권 등.

③ 다수의 클라이언트 체계(multiple client system)

둘 이상의 복합적인 클라이언트 체계와 일할 때 발생하는 윤리적 딜레마를 의미한다. 사회복지사는 다른 사람보다 클라이언트에게 서비스의 우선 순위를 두려고 하지만 현실적으로 관련되는 타인들도 고려해야 하기 때문에 갈등상황에 빠질 수 있다.

예 서비스대상자와 가족의 욕구 간 차이 등.

④ 결과의 모호성(ambiguing results)

예산축소로 파생되는 경제적 어려움은 클라이언트를 위해 최선을 다해야 하는 서비스의 원칙과 상충될 수 있다. 윤리적 결정의 장기적인 효과성이 모호할 때 사회복지사는 선택의 딜레마에 직면할 수 있다.

예 기능회복 가능성이 낮은 서비스대상자에 대한 서비스 제공 배제 등

⑤ 힘의 불균형(power imbalance)

사회복지사가 클라이언트와의 관계에서 힘의 불균형이 일어나는 것은 사실이며 이러한 상황이 윤리적 딜레마를 가져온다. 클라이언트가 도움을 요청하는 위치에 있기 때문에 전문가에 의존하는 상하관계가 형성되기 쉽다. 사회복지사들이 클라이언트의 자기 결정권, 클라이언트의 이익 최우선, 의사결정에서의 클라이언트 참여에 높은 가치를 두지만, 사회복지실천 과정에서 이를 충분히 반영하지 못하게 될 경우가 있다. 특히 클라이언트의 기능이 손상된 경우 중요한 결정과 선택을 전문가에게 의존함으로써 클라이언트는 그들의 자유와 알 권리를 포기하는 경우가 생긴다.

예 의존적인 서비스대상자에 대한 자의적 개입 등

✓ 크리밍(Creaming) 현상

사회복지조직이 효율성을 극대화하기 위하여 문제해결이 상대적으로 쉬운 서비스이용자에게 우선적으로 개입하고, 반대로 비용이 많이 들고 문제해결이 어려운 서비스이용자를 배제하는 현상을 의미한다. 또는, 상대적으로 욕구나 문제가 많아서 실제로 지원이 절실한 대상이 상대적으로 적은 대상과 비교하여 서비스 제공에서 배제되는 현상을 의미한다.

"The mark of a good social service agency is not how many people come, but how many people live differently for having been there."

비밀보장과 통보의 의무간의 윤리적 갈등사례

클라이언트와의 전문적 관계에서 비밀보장은 기본적으로 지켜야 할 윤리적 원칙이다. 이 원칙 하에 클라이언트는 사회복지사에게 자신의 문제 뿐 아니라 기타 관련된 사실들에 관하여 솔직하게 이야기 하는 것이 가능하게 된다. 따라서 클라이언트에 의해 표현된 언행은 다른 사람에게 공개되어서는 안 된다. 그러나 예외적인 상황은 존재한다.

[사례 1]

비밀보장과 통보의 의무간의 윤리적 갈등이 이슈가 되었던 가장 유명한 사례는 타라소프 대 캘리포니아주립대학교 평의원회(Tarasoff vs. Board of Regents of the University of California, Berkeley)사건이다. 이 사건은 클라이언트가 제 3자에게 위협을 가하는 경우에 실천가가 어떤 결정을 내릴 것인가에 대해 영향을 미치는 수많은 법령과 법원 결정에 중요한 선례를 남겼다.

법원의 기록에 따르면 타라소프 사건에는 California주립대학교 Berkeley 캠퍼스의 코웰기념병원 외래환자로 자신의 정신적인 문제와 관련한 상담을 받고 있었던 프로센짓 포더가 연루되어 있다. 1969년 8월 당시 포더는 담당 심리학자인 로렌스 무어에게, 이름은 밝히지 않았지만 상대방이 타티아나 타라소프란 것을 쉽게 떠올릴 수 있는 여성을 브라질에서의 여름휴가가 끝나고 대학으로 돌아오면 바로 죽일 계획이라고 말하였다. 포더가 자신의 의도를 밝힌 상담 세션 후에 그 심리학자는 즉시 대학경찰에 전화를 걸어 포더가 '자기 자신 또는 다른 사람에게 위험한' 사람이므로 정신과병원에 입원시켜 관찰하는 것이 필요할 수도 있기 때문에 경찰이 그를 주시하도록 조언하였다. 또한, 심리학자는 대학 경찰서장에게 도움을 요청하는 편지를 보냄으로써 전화통화에 대한 추후관리를 하였다.

신고를 접수한 대학경찰은 포더를 임시구금하고 조사를 하였지만 그가 온순한 사람이고 합리적으로 행동한다는 판단 하에 특별한 조치를 하지 않고 단지 타라소프에게 접근하지 못하도록 경고만을 하는데 그쳤다. 그러나 이 무렵 포더는 타라소프가 부모와 함께 살고 있는 곳에서 가까운 거리에 위치한 아파트로 이사해왔다. 얼마 지나지 않아 그 심리학자의 수퍼바이저이자 대학병원의 정신과 과장인 하비 파웰슨 박사는 대학경찰에게 심리학자의 편지를 돌려주도록 부탁하고 그 편지는 물론 사례 자체를 파기하도록 요청하였다. 그리고 포더를 입원시키기 위한 더 이상의 어떤 조치도 취하지 못하도록 지시하였다. 그때까지 아무도 타라소프나 그녀의 가족에게 타라소프에 대한 포더의 위협에 대해 아무런 경고도 하지 않았기 때문에 타라소프나 그녀의 가족은 이러한 잠재적 위험에 대해 전혀 모르고 있었다. 일련의 과정이 경과하면서 포더는 병원 방문을 중단했으며 따라서 본인의 문제와 관련한 상담 역시 더 이상 이루어지지 않았다. 그러나 불행하게도 병원 방문을 중단한 지 약 두 달이 경과한 후에 타라소프는 포더에 의해 살해되고 말았다. 타라소프의 부모는 딸에게 위협에 대해 사전에 전혀 알려주지 않았다는 이유를 들어 대학 평의원회와 대학학생건강서비스센터 직원들 그리고 캠퍼스 경찰서장 및 경찰직원 4명을 고소하였다. 그러나 1974년에 열린 캘리포니아의 하급법원(1차 법정)에서는 심리치료사의 비밀보장 유지의 필요성을 근거로 소송을 기각하였다. 그러자 부모는 항소하였고 1976년에 캘리포니아 대법원은 항소를 받아들였으며 결국 피해자를 보호하지 못한 것은 무책임한 행위였다는 항소법원의 결정을 재확인하였다. 결국 법원은 클라이언트가 다른 사람을 해치려고 한다는 사실을 알고 있는 전문가는 피해자를 보호해야 할 의무가 있음을 확인한 것이다.

타라소프 사건과 이후의 여러 판례들은 사회복지사 역시 제3자에 대해 발생 가능한 심각한 위해를 예방하기 위해 필요한 경우에는 비밀정보를 공개할 의무가 있음을 명시하고 있다. 위의 사례는 생명과 건강에 대한 위해를 예방하는 조치들이 비밀정보의 공개와 같은 위해에 대한 원칙보다 우위에 있음을 지적하는 사회복지 윤리지침과도 일치한다고 하겠다.

[사례 2]

영희(12세)와 철수(8세)는 정신적인 어려움을 겪고 있는 아버지(45세, 일용노동자)에게 일상적으로 심한 학대를 받는 아동들로 C복지관의 방과 후 공부방을 이용하고 있다. 영희와 철수는 학교에서도 집단 따돌림을 당하고 있으며, 철수는 따돌림을 당하면 그만큼 싸움을 하는 등 많은 문제행동을 보이고 있다. 영희의 어머니(43세, 파출부)도 남편에게 폭력을 당하며 살고 있다. 한때는 이혼도 생각했지만 지금은 아이들에게 아버지가 없는 것보다는 존재라도 있는 것이 낫다고 생각하면서 함께 살기를 희망하고 있고, 무능한 남편이지만 돌보아주지 않으면 폐인이 될 것 같아 같이 살고 있다고 한다. 그러나 남편의 폭력행위에 대해서는 어떠한 대책도 갖고 있지 않다. 아이들은 아버지의 폭력이 심할 경우 복지관에 와서 보호를 요청하기도 하고 이웃에 있는 단기쉼터에서 생활하고 싶다는 말도 자주 한다. 담당 사회복지사는 가정폭력방지법에 의거해 아버지를 고발 조치하고 싶지만 어머니가 이를 강력하게 반대하고 있다. 사회복지사가 가족에게 개입하고자 하면 아버지는 남의 집안일에 왜 참견 하느냐고 하며 사회복지사에게 화를 내고 협력하지 않고 있다. 사회복지사는 가정폭력의 대처방법과 이혼의 방법 및 절차를 알려 주면서 어머니와 문제해결을 함께 도모하고자 했으나 어머니는 경제적인 문제와 아이들에게 아버지 없는 아이들이란 낙인을 주지 않기 위해 소극적인 태도로 일관하고 있다.

■ 담당 사회복지사가 직면한 가치 딜레마 및 윤리적 갈등 상황

- 클라이언트는 두 남매, 아버지, 어머니 중 과연 누구인가? 아니면 모두 다인가?
- 어머니가 아버지에 의해 이루어지는 가정폭력을 고발하는 것을 반대한다고 해서 이를 알고 있는 사회복지사가 가정폭력방지법에서 규정하고 있는 가정폭력에 대한 고발의 의무를 수행하지 않는 것은 실정법을 위반하는 행위가 아닌가?
- 비록 미성년이지만 아이들은 단기간이라도 가정에서 벗어나고 싶어 하는데, 이것이 부모의 의견과 다르다 하여 묵살하는 것은 클라이언트의 자기결정권을 존중하는 사회복지실천의 가치에 위배되는 것은 아닌가?
- 가정폭력법에 의거한 고발조치는 과연 이 가족의 문제를 해결할 수 있을 것인가? 오히려 가족 문제를 악화시키고 가족의 해체를 조장하는 결과를 야기시키지는 않을 것인가?(엄명용 외, 2007)

윤리적 결정과 관련한 사례

"클라이언트의 欲求나 問題解決을 위한 介入에 있어서 클라이언트의 自己決定權이나 秘密保障 等의 權利와 어떻게 調和시킬 것인가?"

사회복지실천에서 윤리적인 문제가 관여되지 않은 임상 사례는 거의 없기 때문에 사회복지사는 일상의 실천에서 끊임없이 윤리적인 함의가 있는 결정을 내려야 한다. 특히 임상사회복지사의 경우 개입 과정에서 사회복지 가치 철학과 상충되는 상황에 빈번히 직면하게 된다. 미국에서는 사회복지사의 윤리적인 실천을 돕고 클라이언트의 권익과 권리를 옹호하기 위해 구체적인 사회복지윤리강령이 공포되어 이를 기초로 임상 판단을 할 수 있는 근거를 제시해 주고 있다. 우리나라의 윤리강령은 윤리적인 행동에 관해 구체적인 제시가 없는 경우가 많기 때문에 다양한 각각의 사례들에 대한 답을 찾는데는 어려움이 있으므로 우리나라도 보다 구체적이고 세분화된 윤리행동강령을 마련할 필요가 있다. 아래의 윤리 행위에 관한 문제는 사회복지실천현장, 특히 지역사회 정신보건센터에서 흔히 접하게 되는 사례들로서 사회복지사로서 각각의 사례에 대한 윤리적인 임상판단(clinical judgement)을 필요로 한다.

[사례 1] → I. 1. (1)

> C씨는 항우울증 치료약을 복용하면서 지역사회정신보건센터의 S사회복지사로부터 상담치료를 함께 받고 있다. 어느 날 자신의 우울증 증세가 많이 호전되었다고 생각한 C씨는 담당 사회복지사인 S에게 약에 관한 조언을 요청했다. 이 상황에서 S사회복지사의 윤리적인 행동은?

(1) 약을 중단하라고 조언한다.
(2) 서서히 약을 줄이라고 조언한다.
(3) 약을 중단하라고 권하면서, 우울 증상이 재발했을 때 즉시 보고 해줄 것을 요청한다.
(4) C씨가 약물치료에 대한 평가를 담당의사와 함께 할 수 있도록 도와준다.

[사례 2] → I. 1. (1)

> 사회복지사인 Y씨에게 친한 이웃인 P씨는 남편의 외도 때문에 심리적인 고통을 받고 있음을 알려왔다. Y복지사와 P씨는 평소에 가까운 이웃으로 서로 몇 해 동안 친구관계를 유지하면서 지역사회봉사를 함께 해왔다. P씨는 Y사회복지사가 자신에 대하여 가장 잘 알고 있다고 생각했기 때문에 다른 전문 상담가에게 자신의 문제를 상담하기보다 Y씨와 전문상담계약을 원했다. 이 상황에서 Y사회복지사의 윤리적인 행위는?

(1) Y씨는 친구 P씨에게 적법한 절차 없이 사적인 관계에 의해서 상담서비스를 제공할 수 없음을 설명하고 상담서비스를 제공하는 기관들에 대한 정보를 제공한다.
(2) 공식적인 상담계약을 하지말고 P씨와 임시적인 상담을 한 후 결과가 효과적이면 공식적인 상담계

약을 한다.

(3) 클라이언트가 원하는 상담서비스를 Y씨는 거절해서는 안 된다.

(4) 결정을 하기 전에 실습지도자에게 자문을 구한다.

[사례 3] → I. 3. (3)

S사회복귀시설의 사회복지사는 L사회복귀시설의 사회복지사에게 클라이언트를 의뢰했다. L시설의 사회복지사는 감사의 표시로 선물을 보냈고, S시설의 사회복지사는 L시설에서 보내온 선물을 기꺼이 받았다. 이러한 상황은?

(1) 작은 선물이면 윤리적으로 문제될 것 없다.

(2) 클라이언트가 L시설에 지불해야 하는 프로그램 사용료보다 액수가 적으면 윤리적이다.

(3) 클라이언트 의뢰에 대한 답례로 선물교환에 대한 계약을 미리 하지 않았기 때문에 비윤리적이다.

(4) 윤리강령에 의하면 비윤리적이다.

[사례 4] → II. 1. (1)

P씨는 자원이 부족한 사회복귀시설에서 사회복지사로 일하고 있다. 모 신문사에서 P씨가 실시하고 있는 프로그램을 취재하여 전국에 소개하길 원했다. 신문사 측에서는 P사회복지사와 클라이언트의 사진을 인터뷰내용과 함께 기사화함으로써 독자들에게 사실적인 감동을 주길 원했다. 기사취재를 제시한 신문사는 P씨가 클라이언트를 위하여 계속적으로 서비스를 제공할 수 있도록 든든한 후원자의 모집을 도와 줄 것을 약속했다. 하지만 사회복귀시설의 클라이언트들과 이들의 가족들은 신문사의 인터뷰와 사진촬영을 거부했다. 이 상황에서 P씨는?

(1) 프로그램을 위한 재정적인 원조를 받기 위하여 클라이언트를 설득시켜 인터뷰에 응하도록 한다.

(2) 기관의 홍보와 자신이 개발하여 실시하고 있는 프로그램을 다른 사회복지사들과 함께 공유하기 위하여 클라이언트의 의사와는 상관없이 인터뷰에 응한다.

(3) 클라이언트의 동의 없는 취재는 비윤리적인 행위이므로 신문사의 제의를 거절한다.

(4) 기관의 자원이 절대적으로 부족한 만큼, 클라이언트의 적극적인 협조를 강요한다.

[사례 5] → II. 1. (3)

복합적인 문제와 욕구를 가진 클라이언트를 보다 효율적으로 돕기 위하여 타 기관의 전문인에게 사례에 대한 자문을 요청할 경우, 사회복지사가 반드시 해야하는 일은?

(1) 자문(consultation)을 위하여 동의서(정보누설에 동의하는)에 클라이언트의 서명을 미리 받는다.

(2) 클라이언트에게 자문에 관하여 이야기한다.

(3) 클라이언트에게 구두로 동의를 구한다.

(4) 클라이언트의 비밀을 다른 전문인들과 이야기하는 것은 비윤리적인 행위이므로 자문을 구하지 않는다.

[사례 6] → II. 1. (4)

사회복지사인 L씨는 동료인 S씨가 전도사로 일하고 있는 친구에게 자신이 담당하고 있는 클라이언트의 문제에 대하여 이야기하면서 조언을 부탁하는 것을 알게 되었다. 이러한 상황에서 L씨의 윤리적인 행위는?

(1) 동료 S씨의 친구가 클라이언트를 돕기 위해 유익한 조언을 했으므로 아무런 행동을 취하지 않는다.
(2) 동료의 행동에 간섭하는 것은 사회복지의 가치에 어긋나기 때문에 아무런 행동을 취하지 않는다.
(3) 사회복지사는 다른 동료의 인격과 전문성을 최대한으로 존중해야 되기 때문에 아무런 행동을 취하지 않는다.
(4) 적절한 절차를 통하여 클라이언트의 비밀을 존중하지 않았던 동료 S씨의 비윤리적인 행위에 대처한다.

[사례 7] → II. 1. (4)

S사회복지사는 대인공포증으로 고통받고 있는 H씨를 10회 상담했으나 그의 증상에는 아무런 변화가 없었다. H씨를 돕기 위한 방편으로 H씨와의 상담내용을 녹화하여, 효과적인 개입 방법과 기술에 관하여 외부전문인의 자문을 구하기로 했다. 이러한 상황에서 S사회복지사의 윤리적인 행동은?

(1) 테이프녹화에 관한 사항을 H씨에게 미리 알려주면 H씨가 녹화를 의식하여 의도적인 행동을 하게 되므로 상담이 끝난 후에 녹화사실을 H씨에게 설명을 한다.
(2) H씨의 이익을 위한 녹화이므로 H씨에게 알려 줄 필요가 없다.
(3) 상담내용을 녹화하기 전에 H씨에게 동의를 반드시 얻어야 한다.
(4) 상담내용을 녹화하는 것은 H씨에 대한 개인적인 사생활 침해이므로 절대로 해서는 안 된다.

[사례 8] → II. 2. (1)

최근에 K여성은 이혼으로 심각한 심리적 스트레스를 받고 있다. 이러한 정신적 고통을 해결하고자 K여성은 S정신보건사회복지사를 만나고 있다. 3회 상담을 진행할 때 S정신보건사회복지사는 K여성이 다른 정신보건사회복지사로부터 지난 3개월 동안 전문적인 상담서비스를 받아왔음을 알게 되었다. 두 정신보건사회복지사의 개입방법이 다름에도 불구하고 K여성은 그녀를 담당하고 있는 두 사람의 사회복지사와 계속해서 상담을 받기를 원했다. K여성과의 상담이 성공적으로 진행되어 왔기 때문에 S사회복지사는 K여성의 희망에 따라 계속적인 상담서비스를 제공하기로 결정했다. 이 사례에서 S사회복지사의 행동은?

(1) 윤리적이나 합법적이지는 않다.
(2) 합법적이며 윤리적이다.
(3) 비윤리적이다.
(4) 비합법적이다.

[사례 9] → III. 1. (3)

M은 22세 여대생으로 지역정신보건센터의 사회복지사에게 상담을 받고 있다. M은 남자친구와 헤어진 후 우울증으로 고통받고 있으며, 새로 사귄 남자친구와 건전한 이성관계를 발전시키는데 어려움이 있음을 호소했다. 상담 도중 M은 남자를 신뢰할 수 없다고 하며 남자에 대한 심한 공포감을 표현했다. M은 대학교 1학년 때에도 심한 우울증 때문에 Y병원의 정신과에서 치료를 받은 경험을 이야기하면서 남성에 대한 분노와 비합리적인 사고를 표현했다. 그녀에게 과거 상담 경험에 대한 상세한 설명을 요청했을 때 M은 이전의 정신보건사회복지사와 성관계가 있었음을 고백했다. 이 상황에서 사회복지사가 해야 할 일은?

(1) 부정행위를 한 M의 정신사회복지사를 대면해야 한다.
(2) 사회복지사협회에 M의 정신사회복지사를 신고해야 한다.
(3) 일단 클라이언트의 비밀을 유지하고 추후에 적법하게 대응해야 한다.
(4) 전문사회복지사의 성적 비행을 가까운 경찰서에 신고해야 한다.

[사례 10] → III. 2. (3)

S정신보건사회복지사는 P에게 지난 3개월 동안 일주일에 한번씩 심리치료를 해왔으나 P의 심리사회기능에 아무런 진척과 변화가 없었다. 이러한 상황에서 S정신보건사회복지사가 취할 수 있는 행동은?

(1) 치료를 종결해야 한다.
(2) 사례회의(case conference)를 통하여 supervisor와 동료에게 자문을 구한다.
(3) 책이나 연구논문을 통하여 효율적인 개입방법을 모색한다.
(4) P에게 서비스 종결의 가능성과 다른 치료사에게 P의 사례를 의뢰하는 것에 관하여 의논한다.

우리나라 사회복지사 윤리강령의 구조

- 전문
- 윤리기준
  - 1. 사회복지사의 기본적 윤리기준
    - (1) 전문가로서의 자세
    - (2) 전문성 개발을 위한 노력
    - (3) 경제적 이득에 대한 태도
  - 2. 사회복지사의 클라이언트에 대한 윤리기준
    - (1) 클라이언트와의 관계
    - (2) 동료의 클라이언트와의 관계
  - 3. 사회복지사의 동료에 대한 윤리기준
    - (1) 동료
    - (2) 수퍼바이저
  - 4. 사회복지사의 사회에 대한 윤리기준
  - 5. 사회복지사의 기관에 대한 윤리기준
  - 6. 사회복지윤리위원회의 구성과 운영
  - 7. 사회복지사 선서

사회복지사 윤리강령

〈전문〉

사회복지사는 인본주의, 평등주의 사상에 기초하여, 모든 인간의 존엄성과 가치를 존중하고 천부의 자유권과 생존권의 보장활동에 헌신한다. 특히 사회적·경제적 약자들의 편에 서서 사회정의와 평등·자유와 민주주의 가치를 실현하는데 앞장선다. 또한 도움을 필요로 하는 사람들의 사회적 지위와 기능을 향상시키기 위해 저들과 함께 일하며, 사회제도 개선과 관련된 제반 활동에 주도적으로 참여한다. 사회복지사는 개인의 주체성과 자기결정권을 보장하는 데 최선을 다하고, 어떠한 여건에서도 개인이 부당하게 희생되는 일이 없도록 한다. 이러한 사명을 실천하기 위하여 전문적 지식과 기술을 개발하고, 사회적 가치를 실현하는 전문가로서의 능력과 품위를 유지하기 위해 노력한다.

이에 우리는 클라이언트, 동료, 기관 그리고 지역사회 및 전체사회와 관련된 사회복지사의 행위와 활동을 판단·평가하며 인도하는 윤리기준을 다음과 같이 선언하고 이를 준수할 것을 다짐한다.

〈윤리기준〉

Ⅰ. 사회복지사의 기본적 윤리기준

1. 전문가로서의 자세

(1) 사회복지사는 전문가로서의 품위와 자질을 유지하고, 자신이 맡고 있는 업무에 대해 책임을 진다.

(2) 사회복지사는 클라이언트의 종교, 인종, 성, 연령, 국적, 결혼상태, 성 취향, 경제적 지위, 정치적 신념, 정신 및 신체적 장애, 기타 개인적 선호, 특징, 조건, 지위를 이유로 차별 대우를 하지 않는다.

(3) 사회복지사는 전문가로서 성실하고 공정하게 업무를 수행하며, 이 과정에서 어떠한 부당한 압력에도 타협하지 않는다.

(4) 사회복지사는 사회정의 실현과 클라이언트의 복지 증진에 헌신하며, 이를 위한 환경 조성을 국가와 사회에 요구해야 한다.

(5) 사회복지사는 전문적 가치와 판단에 따라 업무를 수행함에 있어서, 기관 내외로부터 부당한 간섭이나 압력을 받지 않는다.

(6) 사회복지사는 자신의 이익을 위해 사회복지 전문직의 가치와 권위를 훼손해서는 안된다.

(7) 사회복지사는 한국사회복지사협회 등 전문가단체 활동에 적극 참여하여, 사회정의 실현과 사회복지사의 권익옹호를 위해 노력해야 한다.

2. 전문성 개발을 위한 노력

(1) 사회복지사는 클라이언트에게 최상의 서비스를 제공하기 위해, 지식과 기술을 개발하는데 최선을 다하며 이를 활용하고 전파할 책임이 있다.
(2) 클라이언트를 대상으로 연구하는 사회복지사는 저들의 권리를 보장하기 위해, 자발적이고 고지된 동의를 얻어야 한다.
(3) 연구과정에서 얻은 정보는 비밀보장의 원칙에서 다루어져야 하고, 이 과정에서 클라이언트는 신체적, 정신적 불편이나 위험, 위해 등으로부터 보호되어야 한다.
(4) 사회복지사는 전문성을 개발하기 위해 노력하되, 이를 이유로 서비스의 제공을 소홀히 해서는 안 된다.
(5) 사회복지사는 한국사회복지사협회 등이 실시하는 제반교육에 적극 참여하여야 한다.

3. 경제적 이득에 대한 태도

(1) 사회복지사는 클라이언트의 지불능력에 상관없이 서비스를 제공해야 하며, 이를 이유로 차별대우를 해서는 안 된다.
(2) 사회복지사는 필요한 경우에 제공된 서비스에 대해, 공정하고 합리적으로 이용료를 책정해야 한다.
(3) 사회복지사는 업무와 관련하여 정당하지 않은 방법으로 경제적 이득을 취하여서는 안 된다.

Ⅱ. 사회복지사의 클라이언트에 대한 윤리기준

1. 클라이언트와의 관계

(1) 사회복지사는 클라이언트의 권익옹호를 최우선의 가치로 삼고 행동한다.
(2) 사회복지사는 클라이언트에 대하여 인간으로서의 존엄성을 존중해야 하며, 전문적 기술과 능력을 최대한 발휘한다.
(3) 사회복지사는 클라이언트가 자기결정권을 최대한 행사할 수 있도록 도와야 하며, 저들의 이익을 최대한 대변해야 한다.
(4) 사회복지사는 클라이언트의 사생활을 존중하고 보호하며, 직무 수행과정에서 얻은 정보에 대해 철저하게 비밀을 유지해야 한다.
(5) 사회복지사는 클라이언트가 받는 서비스의 범위와 내용에 대해, 정확하고 충분한 정보를 제공함으로써 알 권리를 인정하고 존중해야 한다.
(6) 사회복지사는 문서·사진·컴퓨터 파일 등의 형태로 된 클라이언트의 정보에 대해 비밀보장의 한계, 정보를 얻어야 하는 목적 및 활용에 대해 구체적으로 알려야 하며, 정보의 공개 시에는 동의를 얻어야 한다.

(7) 사회복지사는 개인적 이익을 위해 클라이언트와의 전문적 관계를 이용하여서는 안 된다.
(8) 사회복지사는 어떠한 상황에서도 클라이언트와 부적절한 성적관계를 가져서는 안 된다.
(9) 사회복지사는 사회복지 증진을 위한 환경조성에 클라이언트를 동반자로 인정하고 함께 일해야 한다.

2. 동료의 클라이언트와의 관계

(1) 사회복지사는 적법하고도 적절한 논의 없이 동료 혹은, 다른 기관의 클라이언트와 전문적 관계를 맺어서는 안 된다.
(2) 사회복지사는 긴급한 사정으로 인해 동료의 클라이언트를 맡게 된 경우, 자신의 의뢰인처럼 관심을 갖고 서비스를 제공한다.

Ⅲ. 사회복지사의 동료에 대한 윤리기준

1. 동료

(1) 사회복지사는 존중과 신뢰로서 동료를 대하며, 전문가로서의 지위와 인격을 훼손하는 언행을 하지 않는다.
(2) 사회복지사는 사회복지 전문직의 이익과 권익을 증진시키기 위해 동료와 협력해야 한다.
(3) 사회복지사는 동료의 윤리적이고 전문적인 행위를 촉진시켜야 하며, 이에 반하는 경우에는 제반 법률규정이나 윤리기준에 따라 대처해야 한다.
(4) 사회복지사가 전문적인 판단과 실천이 미흡하여 문제를 야기 시켰을 때에는, 적절한 조치를 취하여 클라이언트의 이익을 보호해야 한다.
(5) 사회복지사는 전문직 내 다른 구성원이 행한 비윤리적 행위에 대해, 제반 법률규정이나 윤리기준에 따라 조치를 취해야 한다.
(6) 사회복지사는 동료 및 타 전문직 동료의 직무 가치와 내용을 인정 및 이해하며, 상호간에 민주적인 직무관계를 이루도록 노력해야 한다.

2. 수퍼바이저

(1) 수퍼바이저는 개인적인 이익의 추구를 위해 자신의 지위를 이용해서는 안 된다.
(2) 수퍼바이저는 전문적 기준에 의해 공정하게 책임을 수행하며, 사회복지사, 수련생 및 실습생에 대한 평가는 저들과 공유해야 한다.
(3) 사회복지사는 수퍼바이저의 전문적 지도와 조언을 존중해야 하며, 수퍼바이저는 사회복지사의 전문적 업무수행을 도와야 한다.
(4) 수퍼바이저는 사회복지사, 수련생 및 실습생에 대해 인격적, 성적으로 수치심을 주는 행위를 해서

는 안 된다.

Ⅳ. 사회복지사의 사회에 대한 윤리기준

(1) 사회복지사는 인권존중과 인간평등을 위해 헌신해야 하며, 사회적 약자를 옹호하고 대변하는 일을 주도해야 한다.
(2) 사회복지사는 필요한 사회서비스를 개발하기 위한 사회정책의 수립, 발전, 입법, 집행에 적극적으로 참여하고 지원해야 한다.
(3) 사회복지사는 사회 환경을 개선하고 사회정의를 증진시키기 위한 사회정책의 수립, 발전, 입법, 집행을 요구하고 옹호해야 한다.
(4) 사회복지사는 자신이 일하는 지역사회의 문제를 이해하고, 그것을 해결하는 일에 적극적으로 참여해야 한다.

Ⅴ. 사회복지사의 기관에 대한 윤리기준

(1) 사회복지사는 기관의 정책과 사업 목표의 달성, 서비스의 효율성과 효과성의 증진을 위해 노력함으로써, 클라이언트에게 이익이 되도록 해야 한다.
(2) 사회복지사는 기관의 부당한 정책이나 요구에 대하여, 전문직의 가치와 지식을 근거로 이에 대응하고 즉시 사회복지윤리위원회에 보고해야 한다.
(3) 사회복지사는 소속기관의 활동에 적극 참여함으로써, 기관의 성장발전을 위해 노력해야 한다.

Ⅵ. 사회복지윤리위원회의 구성과 운영

(1) 한국사회복지사협회는 사회복지윤리위원회를 구성하여, 사회복지윤리실천의 질적인 향상을 도모하여야 한다.
(2) 사회복지윤리위원회는 윤리강령을 위배하거나 침해하는 행위를 접수받아, 공식적인 절차를 통해 대처하여야 한다.
(3) 사회복지사는 한국사회복지사협회의 윤리적 권고와 결정을 존중하여야 한다.

Ⅶ. 사회복지사 선서

사회복지사 자격증을 취득하고 사회복지사로서 일하게 되는 사람은 일을 시작하기 전에 사회복지사로서의 의무와 책임을 다하고 윤리강령을 준수할 것을 맹세하는 선서를 한다.

사회복지사 윤리강령, 이대로 좋은가?

최근 사회복지사의 비윤리적 행동이 교육부, 보건복지부, 감사원 등에 의해 문제제기가 되고 있다. 사회복지사 자격증의 대여, 지위를 이용한 성폭력과 강압, 현장실습을 제대로 이수하지 않았는데도 대가를 받고 이수확인을 해주는 사례, 실습일지를 거래하는 사례, 슈퍼바이저의 지위를 이용한 실습생에 대한 폭력과 위협, 노동력 착취, 클라이언트의 자기결정권 침해와 부적절한 서비스의 제공 등이 그것이다. 일부 현장에서는 자신들이 비윤리적 행위를 하고 있다는 것을 자각조차 못하고 있고, 동료들이 보고도 방관하고 있으며, 심지어 기관 차원에서 조직적으로 이루어지는 경우도 있을 정도로 상황이 심각하다.

(1) 윤리강령, 왜 필요한가?

사회복지사는 윤리적 규범을 요구받는 전문직이다. 사회복지실천을 통하여 인간존엄성과 사회정의의 사회복지 이념과 가치를 구현해야 하기 때문이다. 이에 사회복지사는 클라이언트의 삶의 질과 사회적 기능이 향상되도록 돕고, 이를 위해 클라이언트를 둘러싼 환경에 대한 개입으로 관련 조직, 이웃, 지역사회, 국가 정책 및 관련법과 제도를 변화시키는 역할도 감당한다. 그러므로 사회복지사는 실천과정에서 관련되는 정보와 재화에 대하여 사회복지사 개인의 이익을 추구하고자 하는 유혹을 이겨내야 한다. 사회복지사는 한없이 취약할 수도 있는 클라이언트와 함께 일하며 자기결정을 최대한 존중하며, 클라이언트의 이익을 최대화하고 문제로 인한 손실을 최소화할 수 있는 방향으로 도와야 한다. 기관이 부당하게 클라이언트의 인권을 존중하지 않을 때에는 클라이언트를 대변할 수 있어야 하며 동료의 비윤리적 행위에 대해서도 적절한 절차를 통해 문제를 제기할 수 있어야 한다. 그러나 사회복지사라고 하여 모두 규범적이고 원칙에 기초한 실천을 하기는 어렵다. 다양한 상황 속에서 상황논리가 우선적인 영향을 미칠 수 있고 청탁에 흔들리거나 자기이익이나 관계를 우선 고려할 수 있는 나약한 인간이기 때문이다. 이에 사회복지사의 전문성과 정체성을 유지할 수 있는 기반으로 실천의 지침이 되는 사회복지사 윤리강령을 마련하여 적용하고 있다.

(2) 윤리강령의 현주소

현재 사회복지사 윤리강령은 2001년에 세 번째 개정되어 현재까지 이르고 있는데, '교과서나 사회복지사협회 홈페이지에 문자로만 존재하는 것이 아닌가', '실천과정에서 실천력 있게 기능하고 있는가'에 대해서는 의문이 크다.

우선 사회복지사 윤리강령이 매우 추상적이고 모호하여 해설집이나 증례집이 없는 한 이를 어떻게 적용해야할지 불분명하다. 사회복지의 중요한 가치를 담고 있지만 서구적 가치를 그대로 담은 이념적

선언문의 형태로 되어 있어, 행동강령으로 적용하기에는 한계가 있는 것이다. 인간 행동의 결정은 사회적 상황과 조직의 문화에 영향을 받을 수밖에 없다. 사회복지사 윤리강령은 사회복지사가 이를 기초로 자신의 실천행동을 스스로 통제하기에는 사회복지사의 조직 문화나 의사소통 스타일, 사회복지 환경을 고려한 현장 중심적인 측면이 반영되어 있지 않아 적용 가능한 지침이 되기 어려운 면이 있다. 더구나 사회복지교육에 있어 '사회복지윤리와 철학'과 같은 과목이 선택과목으로 되어 있으며, 자격과정에서 제외되어 있고, 현장실습을 통한 윤리교육도 형식에 그치거나 거의 이루어지지 않고 있는 실정이다. 사회복지사가 되고 난 이후의 보수교육에 있어서도 윤리적 이슈와 윤리적 결정 및 실천행동에 대한 교육이 체계적으로 심화하여 이루어지지 못하고 있다. 비윤리적 행동에 대한 제제도 미약하다. 사회복지사협회 회원증 박탈 외에는 규제조치가 없다. 사회복지사협회원 자격이 있어야 개업을 할 수 있다던가하는 면허의 성격이 있는 것도 아니어서 사회복지사라면 당연히 사회복지사 윤리강령을 준수할 것이라는 자기 규제에만 의존하고 있는 것이다. 따라서 현실에서는 큰 문제가 야기될 수 있다. 일반적으로 인간의 생명을 다루는 의료전문직이나 법률전문직 등 휴먼서비스전문직에게는 비윤리적 행위에 대한 면허취소와 같은 강력한 사회적 규제 장치를 두고 있다. 사회복지사도 인간의 생존과 관련된 서비스를 제공하는 윤리 규범적 전문직이기 때문에 당연히 자격규제에 대한 통제장치가 필요하다.

(3) 윤리강령의 요구

전문직을 규정하는 5대 요소 중 전문직의 자체적인 통제능력과 사회적 신뢰 및 전문직에 대한 승인은 전문직 여부를 판가름하는 결정적 요소인 것을 생각할 때 이를 강화하기 위한 노력이 절실한 때이다. 미국의 사회복지사 윤리강령은 십여 차례의 개정과정을 거쳐 현재에 이르고 있다. 그만큼 사회가 급변하고, 인간의 욕구와 문제도 그만큼 복잡해졌고, 이에 대응할 사회복지사의 역할과 사회적 기대도 달라지고 있기 때문일 것이다. 또한 사회복지사의 개업(private practice)이 가능할 정도로 전문적 재량이 높아지고 있기 때문에 더욱 윤리적인 책무가 강화된 면도 있지만, 시민의 권리의식이 강해졌기 때문에 사회복지사의 실천오류에 대한 법적 소송이 증가하게 될 것으로 예측된다.

우리나라도 이제 사회복지서비스권과 관련된 사법적 대응이 강화될 것으로 전망된다. SNS의 빠른 확산과 높아지고 있는 소비자의식 및 고양되는 복지욕구를 고려할 때 우리나라 국민의 복지권의식도 계속 증가하게 될 것이다. 더구나 변호사의 배출이 증대되면서 사회보장법에 관심을 갖는 변호사도 증가하여 복지서비스권에 대한 소송도 높아질 것이기 때문이다.

이에 따라 사회복지사의 높은 전문성이 요구될 것이며 그에 상응하여 사회적 지위와 대우도 향상될 수 있도록 질적인 자격관리가 필요한 시점이다. 이에 사회복지사 윤리강령의 개정을 위한 합의된 노력이 필요하며, 현장에서 적용할 수 있고, 전문적 사회복지실천을 위해 기능할 수 있는 구체적이고 사례중심적인 방향으로 사회복지사 윤리강령이 검토되길 기대한다. 또한 사회복지사업법의 개정을 통해 비윤리적 사회복지실천에 대한 사회복지사 자격을 제한하고 규제하는 조항이 삽입될 필요가 있다. 아울러 사회복지사협회원의 자격관리도 강화할 필요가 있다. 사회복지사가 되기 위해 가입하는 것뿐 아니라 사회복지사자격 취득 후에도 사회복지사협회원이어야 누릴 수 있는 권한도 강화하고, 잘못된 행위에 대한 책임도 강화할 필요가 있다. 사회복지사업법에 자격유지를 위해 의무화되어 있는 보수교육 신청을 하려면 반드시 사회복지사협회원자격증을 제출하도록 하고, 보수교육 이수가 안 되면 회원자격 및 사회복지사 자격 유지도 안 되는 강화된 자격관리규정이 필요할 것이다. 내용도 중요하지만 형식이 내용을 담보하는 경우가 허다하다. 해야 하는 당위성이 할 수 있는 역량을 강화시켜줄 수 있다고 믿는다(김정진 나사렛대학교 사회복지학부교수, Social Worker, 2012. 03, pp. 36～37).

한국과 미국의 사회복지사 윤리강령 비교

(클라이언트와의 성적 관계와 관련한 조항을 예로)

한국

II. 사회복지사의 클라이언트에 대한 윤리기준

1. 클라이언트와의 관계

(8) 사회복지사는 어떠한 상황에서도 클라이언트와 부적절한 성적 관계를 가져서는 안 된다.

미국

1. Social Worker' s Ethical Responsibilities To Clients

1.09 Sexual Relationships(성적 관계)

(a) Social workers should under no circumstances engage in sexual activities or sexual contact with current clients, whether such contact is consensual or forced.

(b) Social workers should not engage in sexual activities or sexual contacts with clients' relatives or other individuals with whom clients maintain a close personal relationship when there is a risk of exploitation or potential harm to the client. Sexual activity or sexual contact with clients' relatives or other individuals with whom clients maintain a personal relationship has the potential to be harmful to the client and may make it difficult for the social worker and client to maintain appropriate professional boundaries. Social workers - not their clients, their clients' relatives, or other individuals with whom the client maintains a personal relationship - assume the full burden for setting clear, appropriate, and culturally sensitive boundaries.

(c) Social workers should not engage in sexual activities or sexual contacts with former clients because of the potential for harm to the client. If social workers engage in conduct contrary to this prohibition or claim that an exception to this prohibition is warranted because of extraordinary circumstances, it is social workers - not their clients - who assume the full burden of demonstrating that the former client has not been exploited, coerced, or manipulated, intentionally or unintentionally.

(d) Social workers should not provide clinical services to individuals with whom they have had a prior sexual relationship. Providing clinical services to a former sexual partner has the potential to be harmful to the individual and is likely to make it difficult for the social worker and individual to maintain appropriate professional boundaries.

1.10 Physical Contact(신체 접촉)

Social workers should not engage in physical contact with clients when there is a possibility of psychological harm to the client as a result of the contact (such as cradling or caressing clients). Social workers who engage in appropriate physical contact with clients are responsible for setting clear, appropriate, and culturally sensitive boundaries that govern such physical contact.

1.11 Sexual Harrassment(성희롱, sexual assault:성폭력)

Social workers should not sexually harass clients. Sexual harassment includes sexual advances, sexual solicitation, requests for sexual favors, and other verbal or physical conduct of a sexual nature.

1.12 Derogatory Language(경멸·모욕적 언어)

Social workers should not use derogatory language in their written or verbal communications to or about clients. Social workers should use accurate and respectful language in all communications to and about clients.

제4장 | **사회복지전문직의 개념 및 역할**

> *"The primary mission of the social work profession is to enhance human well-being and help to meet basic human needs, with particular attention to the needs of vulnerable, oppressed, and poor people."- National Association of Social Workers(1996)*

1. 전문직의 개념

역할 수행에 전문적인 지식이나 기술이 필요한 직업으로, 높은 수준으로 학습된 지식체계를 응용하여 자율성과 배타성을 바탕으로 전문적으로 수행되는 직업을 의미한다.

> "專門家(professional)란 良心과 倫理(윤리)에 土臺(토대)를 두고 自主的이고 合理的으로 決定하며 社會發展을 위하여 大衆과 政治權力을 向하여 同時에 批判的(비판적) 見解(견해)를 堂堂하게 表現할 수 있는 사람을 意味한다. 아울러 專門家主義(professionalism)란 專門家로서 追求해야 할 어떤 이데올로기 惑은 一貫된 信念에 따른 行動이라고 定意할 수 있는데, 專門職의 實力과 權威(권위)를 認定(인정)하고 尊重(존중)하는 것을 意味하는 同時에 그 權威가 不當하게 權力化하는 걸 批判(비판)하는 意味로도 쓰인다."

2. 전문직 관련 모델

(1) 특성(속성)모델(trait model)

해당 직업이 다른 직업(분야)과 구별되는 일정한 특성을 갖추고 있어야 전문직으로 인정될 수 있다고 설명하는 모델이다.

① 체계적이고 전문화된 지식과 훈련 그리고 그에 따르는 경험을 제공한다.
② 최소한 대학수준 이상의 전문교육과 새로운 지식에 대한 재훈련을 제공한다.
③ 명문화된 규제적 윤리강령과 사회적 기대에 따른 행동이 존재한다.
④ 생애직이며 제공한 서비스의 대가로 생활을 유지할 수 있다.
⑤ 서비스의 대가를 요구하지만 공익 지향적 가치관을 보유한다.
⑥ 업무수행에 있어서 독자성과 자율성이 보장된다.
⑦ 일정한 자격기준이 있고 전문직 단체에 소속되어 있다.

✓ 전문직이 갖추어야 할 5대 기본 속성(Ernest Greenwood, 1884~1955)

체계적 이론(systematic theories, 체계화된 지식기반과 기술), 전문직으로서의 권위(professional authority), 지역사회의 재가(승인)(community's sanction), 윤리강령(code of ethics), 전문직 문화(professional culture, 공유된 전문적 가치와 규범)

(2) 과정모델(process model)

전문직이 되어 가는 단계를 설정하여 어떤 직업이 어느 단계 또는 어느 위치에 있는지를 판단하여 전문직 여부를 판단하는 모델이다.

① 전문교육기관이 설립되어 있다.
② 전임직업이 형성되어 있다.
③ 직업수행에 있어서 전일제 활동이 요구되고 보수체계가 확립되어 있다.
④ 전국 규모의 전문단체(협회)가 설립되어 있다.
⑤ 직업에서 수행하는 고유하고 전문적인 업무(서비스의 독점영역)가 명확하게 존재한다.
⑥ 직업과 관련한 법적 보호장치(등록, 면허 등)가 마련되어 있다.
⑦ 윤리강령이 제정되어 있다.

(3) 할당모델(assignment model)

사회적으로 필요성이 인정된 특정 역할을 가장 잘 수행할 수 있을 것으로 판단된 특정 직업을 전문직으로 할당한다고 설명하는 모델이다.

(4) 권력모델(power model)

국가나 정부가 특정 직업에 자격증의 수여 등을 통한 권력(독점적 지위)을 부여함으로써 전문직이 된다고 설명하는 모델이다.

3. 사회복지전문직의 개념

사회복지사(social worker)는 전체 사회구성원의 인간다운 삶의 수준 확보 및 행복을 목표로 모든 인간의 존엄성과 가치를 존중하고, 천부의 자유권과 생존권의 보장활동에 헌신하는 전문가로서 우리나라는 사회복지사업법 제 11조 제 1항의 규정에 의하여 '사회복지사업의 전문지식과 기술을 가진 자'를 사회복지사로 규정하고 있다. 사회복지사는 아동, 청소년, 노인, 여성, 가족, 장애인 등 다양한 계층을 대상으로 개인적 및 사회적 문제를 겪는 개개인에게 문제에 대한 정확한 사정을 기초로 문제의 개선 및 해결을 위해 전문적 개입활동을 통해 지원하는 사회복지분야의 전문가를 의미한다. 즉, 사회복지와 관련한 지식과 기술을 이용하여 클라이언트(개인, 집단, 가족, 지역사회 등)에게 사회복지서비스를 제공하는 사람이 사회복지사이며, 사회복지사는 클라이언트가 문제를 해결하고 극복하는 능력을 증대시키고 필요한 자원을 얻을 수 있도록 돕고, 개인 상호간 그리고 인간과 환경간의 상호작용을 촉진하며, 사람들에게 필요한 조직을 만들고 사회정책에 영향을 미친다.

사회복지사(social worker)라는 용어는 Simon Patten이 우애방문원과 인보관의 워커에게 최초로 부여한 후에 사용되기 시작되었고 우리나라에서는 1983년 5월 사회복지사업법의 개정 후에 사용하기 시작되었다. 교육정도와 실무경력, 국가시험의 합격여부에 따라 1급과 2급으로 구분되며, 다양한 분야의 사회복지실천현장에서 지역사회를 중심으로 전문적 활동을 수행한다.

4. 사회복지전문직의 속성

(1) 공공성(이타성, the profession for common interest)

조직으로서의 체계를 갖추고 있지 않은 집단들이나 분산되어있는 각 개인과 비교하여 공공의 이익에 더 큰 관심을 가져 자신 또는 자신이 소속되어 있는 집단의 이익보다 사회의 이익을 우선하고, 제 사회적 목적의 달성을 추구한다. 이윤을 추구하는 것은 조직 또는 운영 프로그램이 추구하는 목표에서 배제되는데, 즉 이익을 추구하며 서비스에 대해 요금을 받는 영리기관(profit organization)들은 제외된다.

(2) 포괄성(the profession to meet comprehensive needs)

기능적 일반화를 통하여 인간의 욕구에 대해 통합적으로 대응해야 한다. 즉 충족되지 않은 욕구가 있는 사람이면 누구든지, 충족되지 않은 욕구가 있는 곳이면 어디든지 사회복지서비스가 제공되어야 하는 것을 원칙으로 하는데, 무의탁 아동의 가정위탁, 레크리에이션 프로그램 운영, 공공부조제도 운영, 농촌의료서비스 지원 등과 같이 공통적인 요소가 거의 없는 다양한 분야에서 다양한 종류의 전문적 활동을 수행한다.

(3) 실용성(구체성, the profession for practical use)

사회의 불평등한 구조나 제도적인 문제로 인해서 자아실현을 이루고 심리·사회적 기능을 수행하는데 장애를 경험하고 있는 다수의 사회구성원들을 대상으로, 학문적 이론이나 기술을 바탕으로 문제해결을 추구하기 위해 인간의 소비적 욕구에 대해 직접적인 관심을 갖는다. 즉 상담이나 의료서비스 등 각 개인과 집단의 욕구를 충족시키기 위한 직접적 서비스의 제공같이 전체사회나 생산자의 이익(토지보전, 무역업에 대한 보조, 수력자원 개발 등)보다는 각 개인과 그들의 소비자로서의 이익(굶주린 자에게 양식을 주는 것, 의지할 곳 없는 아동에게 가정을 마련해 주는 것, 레크리에이션 시설을 제공하는 것 등)이 서비스의 직접적 대상이다.

5. 사회복지전문직의 자격요건

(1) 사회복지분야의 종사자가 전문직으로 인정받기 위한 자격요건

① 지식(the profession based on professional knowledge)

지식이란 사물이나 현상, 체계에 대한 이해로서 실천의 기본적 바탕이라고 할 수 있는데, 전문직 수행의 기초가 되는 해당분야지식의 이론적 체계라고 할 수 있다. 사회복지전문직은 고도의 개인적 책임을 수반하는 지적 제 활동을 그 본질로 하고, 직업상의 전문적 용어나 체계적 이론을 활용하여 일관성 있고 일반적이고 전달 가능한 체계를 갖는다. 사회복지전문직은 복잡다양한 인간과 사회환경의 문제를 분석하고 해결할 수 있는 전문지식이 있어야 한다.

② 기술(the profession based on professional skills)

변화를 위한 수단(실천방법)으로서, 고도로 전문화된 교육적 훈련을 타인 또는 다른 전문분야에 전달할 수 있는 독특한 내용과 기술을 가져야 한다. 즉 문제의 효율적 해결을 위한 전문적이고 구체적인 기술이 있어야 하며, 이러한 기술을 사용하여 사회제도와 사회복지의 대상들을 효과적으로 변화시킬 수 있어야 한다.

③ 윤리와 가치(the profession based on professional ethics, morals, a code of conduct, values)

전문직의 특권은 때로는 남용의 위험이 있다. 따라서 이러한 남용의 위험을 방지하기 위하여 전문직은 자체의 규범체계를 갖고 있는데, 이것이 전문직의 윤리강령이다. 이것의 이유는 전문직의 행위에 대한 판단은 전문직의 속성 상 전문직 자체 내에서 할 수밖에 없다는 논리에 기인한다. 전문직은 전문직 수행 상 지켜야 할 책임과 행동의 자율을 포함하여 기준이 되고 규제가 가능한 윤리강령을 갖추고, 일관된 가치체계와 태도를 갖고 역할을 수행해야 한다.

④ 권위(the profession based on professional authority)

전문직은 전문직으로서의 자세와 역량, 서비스의 질과 내용의 결정에 있어서 클라이언트와 동료 사회복지사로부터 신뢰와 존경을 받고, 또한 사회로부터 전문적 권위를 인정받는다. 전문직과 비전문직의 차이는 서비스 공급과 관련한 결정이 전문적 권위에 의해서 이루어지는가의 여부에 따라 결정된다.

> "權威(권위)란 一定한 分野에서 社會的으로 認定(인정)받고 影響(영향)을 끼칠 수 있는 能力이나 威信(위신)을 意味하는데, 權威는 스스로 세우려 해서 세워지는 것이 아니라, 바른 삶 속에 蓄積(축적)되어진 他人의 尊敬(존경)과 信賴(신뢰)로 이루어진다. 또한 權威란 바로 組織(조직)의 秩序(질서)를 지키기 위한 道德的 正當性을 지닌 다스림의 한 形態(형태)로 볼 수 있다. 따라서 權威는 個人이 아니라 全體를 위해 存在하는 것이다."

⑤ 인정(the profession based on social sanction)

사회적인 후원과 그에 따른 책임성을 갖는다는 것으로, 사회적으로 승인된 목적, 방법, 공식적 책임의 존재는 이윤추구를 위해 제공되는 서비스에 대해 사회복지분야를 구분 짓는 중요한 요소이다. 또한 업무의 성취와 관련하여 물질적, 비물질적으로 적절한 보상체계를 갖는다. 아울러, 전문직은 전문직에 종사하는 인력에 대한 독점적 통제권한을 인정받는다. 예를 들어, 전문직 자체에 전문가를 배출할 자격이 있는 교육기관을 결정할 권한을 주거나 전문직이 되기 위한 일정한 자격시험을 실질적으로 관장하는 권한 등이다.

⑥ 자격(the profession based on proper qualification)

자격이란 일정한 신분이나 지위를 가지거나 일정한 일을 하는 데 필요한 조건이나 능력을 의미하는데, 체계적인 교육과 시험 등에 의해 전문적 자격을 취득한다.

⑦ 교육 및 훈련(the profession based on professional education & training)

전문가로서의 자질과 자격요건을 갖추기 위해서 대학원 등의 전문적이고 배타적인 교육기관을 통한 교육과 훈련 및 수련체계를 제도화한다.

⑧ 기관(조직, the profession based on professional organization)

전문적 활동이 인간의 욕구와 권리를 다루는 사회제도나 사회의 공식적 기관을 중심으로 하여 이루어져야 한다는 것으로 개인적 자선, 이웃이나 가족과 같은 상호부조적 관계내의 서비스나 도움은 조직화된 것이 아니므로 사회복지분야에서 제외된다. 기관을 중심으로 규범이나 상징 및 제도를 기초로 활동이 이루어지고, 또한 제 활동임무 및 책임이나 그들의 이익을 위하여 자치조직을 가지고 이를 통하여 상호의 적극적인 참여와 집단의식을 앙양시키며, 해당분야의 독점성에 근거한 배타성이 존재한다.

> "組織(조직)이라는 것의 背後(배후)에 스며 있는 動機는 競爭(경쟁)과 能率(능률)의 增進(증진)이며 모든 浪費(낭비)는 組織이 없는 데서 由來하는 것이다." - John Dewey(1859～1952)

✓ **Organizational structure** is the formal and informal manner in which tasks and responsibilities, lines of authority, channels of communication, and dimensions of power are established and coordinated within an organization.

⑨ 문화(the profession based on professional culture)

사회 구성원에 의하여 습득, 공유, 전달되는 행동 양식이나 생활양식의 과정 및 그 과정에서 이룩해 낸 물질적·정신적 소득을 통틀어 이르는 말로서, 전문직에는 구성원을 하나로 묶고 타 집단과 구분 짓는 전문직 고유의 가치, 규범, 상징 등이 존재한다(Greenwood, 1957).

> "自己의 利益, 理念, 組織, 企業, 地域, 言論, 宗教를 위한 個別的 努力과 成就(성취)는 정녕 소중하다. 人間의 窮極的(궁극적) 存在 理由는 自由의 實現이기 때문이다. 그러나 그것은 共同體 全體의 公的 價値와 制度로서의 共生, 分

配, 衡平(형평), 平等, 福祉와 얼마든지 共存 可能하며, 또 마땅히 그러해야 한다. 그렇지 않을 때는 自己 存在의 根據(근거) 自體를 잃게 된다. '公的'이라는 뜻은 組織이나 共同體에 包含된 人間과 市民 모두의 일을 모두를 爲해 함께 處理(처리)한다는 含意(함의)를 갖는다. 卽 民主的 公共性의 窮極的 目的으로서 個人 삶의 自由와 安定을 意味한다." - 박명림 연세대 정치학과교수

(2) 사회복지사 제도 변천사 및 사회복지사가 되기 위한 자격요건

한국전쟁 이후 고아원을 중심으로 한 사회복지시설이 급속히 생겨남에 따라 이들 시설의 운영자들을 자선사업가라고 불렀을 뿐 사회복지시설종사자에 대한 자격은 구축되지 않았다. 그 후 1970년 제정된 사회복지사업법 제5조와 시행령 제9조에 의거해 대학에서 4년간 사회복지학을 전공하거나, 고등학교를 졸업하고 사회복지시설에 5년간 종사한 사람에 한해 '사회복지시설종사자자격증'을 교부하며 사회복지사제도의 기틀이 마련되었다. 또한 이 당시 정부주관 사회사업훈련기관에서 8개월 이상 훈련을 하면 자격을 획득할 수 있었다.

1982년 사회복지사업종사자 자격개정위원회에서 '사회복지사'라는 명칭을 제정한 후 1983년 사회복지사업법이 개정되면서 '사회복지사'자격제도로 변경되었다. 여기서 '사회복지사'의 '사'자는 클라이언트를 상담, 대변, 옹호하는 변호사의 '사'가 사회복지사의 성격과 유사하다는 의견이 반영돼 한자로는 '社會福祉士'를 쓰게 되었다. 사회복지사라는 이름으로 전환한 이후 등급도 나뉘어졌다. 1, 2, 3급으로 나뉘어진 등급은 각 등급별로 수행 직무나 역할 등의 규정은 없었으며, 2급은 전문대학과 각종학교 졸업자들이 취득할 수 있고, 3급은 사회복지사업법상 고등학교를 졸업하고 5년간 사회복지법인에 근무하면 사회복지사업종사자 자격을 취득할 수 있었다.

1985년에는 사회복지사업법 시행규칙의 개정으로 한국사회복지협의회에서 위탁받아 사회복지사 자격증 교부업무를 시행하기 시작했고, 1999년 자격증 교부업무가 한국사회복지사협회로 이관되어 보건복지부장관 명의의 사회복지사자격증을 교부하기 시작했다. 사회복지현장에 자격제도가 도입된 지 거의 30년 만인 1999년부터는 국가시험에 합격해야만 사회복지사1급 자격을 취득할 수 있는 것으로 자격관련규정을 개정했다.

사회복지사가 되기 위한 가장 일반적인 방법은 전문대학, 대학교(4년제, 사이버, 방통대), 대학원에서 사회복지학 또는 사회사업학 관련학과를 졸업하고 자격증을 취득하는 것이다. 그밖에 평생교육원, 학점은행제를 통한 학위 취득방법도 있다. 우리나라에서는 사회복지사업법에 따라 사회복지사의 등급이 1급과 2급으로 나뉘어져 있으며, 반드시 사회복지사 자격증을 가지고 있어야 사회복지사로 취업이 가능하며, 고등학교 이상의 학력이면 사회복지사가 될 수 있지만 대학 이상의 학력을 소지하고 있는 경우가 대부분이다.

2002년까지는 관련학과 전공자나 실무경험이 있는 사람에게 무시험으로 자격증을 발급하였으나 2003년 1월부터 사회복지사 1급 자격 취득을 위한 국가시험이 시행되어 2급 자격을 취득한 사람에 한하여 시험이 시행되고 있다. 2급 사회복지사는 전문대학 또는 4년제 대학교에서 관련학과를 전공하고 관련법령에 명시된 필수과목을 이수한 자, 대학 복수전공자, 대학원 및 특수대학원 전공자, 평생교육원 학점이수자, 사회복지사 양성교육 이수자 등에게 발급된다. 3급 사회복지사는 고등학교를 졸업하

고 보건복지부장관이 지정하는 교육훈련기관에서 24주 이상 사회복지사업에 관한 교육훈련을 이수한 사람 등에게 발급된다.

2015년 12월 31일 기준 전체 사회복지사 자격증 소지자 수는 78만9071명(1급: 12만3677명[15.67%], 2급: 65만2274명[82.66%], 3급: 1만3120명[1.66%])인데, 2001년부터 한 해 자격 발급건수가 1만명을 넘어서 2005년에는 2만명, 2006년에는 3만명, 2007년에는 4만5천명, 2008년에는 6만명을 넘어섰으며, 2019년에는 100만명을 넘어서는 등 두드러진 양적 팽창을 보이고 있다.

전문사회복지사제도의 도입이 검토되고 있는데, 1급 사회복지사 중에서 아동, 장애인, 노인 등 특정 분야와 병원, 학교, 군대, 교도소 등 특정 영역에서 일정기간 이상 실무경력을 쌓은 사람들을 대상으로 시험을 거쳐 자격증을 교부하고 복지 법인 내에 일정 수의 전문사회복지사를 두도록 하는 방안이 검토되고 있다. 제도 도입의 목적은 변화하는 사회환경에 대처하고 급증하는 사회복지수요에 대한 전문적 개입을 통해 클라이언트를 보호하고 사회복지사로서 책무성 완수를 통한 사회적 승인 및 사회복지사에 대한 대중의 인식향상 기반을 마련하기 위함이며, 이를 통하여 사회복지의 전문성 인정은 물론 처우의 개선, 사회복지의 책무성 강화, 질적 서비스의 제공, 수퍼비전의 체계화 및 활성화, 사회복지사 자격관리 엄격성 증대 등과 같은 효과를 기대할 수 있다(복지저널).

사회복지사 1급 국가시험 합격자 현황

회차	시험일자	응시자	합격자	합격률(전국)	합격률(인제대)
제 1회	2003. 04. 27	5,190명	3,487명	67.2%	100%
제 2회	2004. 03 .07	7,233명	4,543명	62.8%	100%
제 3회	2005. 03. 06	8,635명	3,731명	43.2%	95%
제 4회	2006. 03. 12	12,151명	5,056명	41.6%	70.2%
제 5회	2007. 03. 04	16,166명	4,006명	24.8%	46.5%
제 6회	2008. 02. 03	19,493명	9,034명	46.3%	86%
제 7회	2009. 02. 08	22,753명	7,081명	31.1%	86%
제 8회	2010. 01. 24	23,050명	9,700명	42.1%	84%
제 9회	2011. 01. 23	21,868명	3,119명	14.3%	43.9%
제10회	2012. 02. 05	28,143명	10,320명	43.7%	76.2%
제11회	2013. 01. 26	25,719명	5,809명	28.4%	63.6%
제12회	2014. 01. 25	22,604명	6,412명	28.4%	61%
제13회	2015. 01. 24	21,393명	6,820명	31.9%	63.4%
제14회	2016. 01. 23	20,946명	9,919명	47.4%	74%
제15회	2017. 01. 11	19,514명	5,284명	27.1%	74%
제16회	2018. 01. 20	21,975명	7,352명	33.5%	48%

사회복지사의 등급별 직무영역

	직무영역	주안점
준사회복지사	사회복지사 업무보조, 의뢰 이유 및 기본정보 파악, 정보제공, 생활지도, 자원봉사자 모집 및 관리, 행정문서 작성 및 관리, 시설안전관리 및 공동물품 관리 등	클라이언트 생활지도 및 케어활동, 사회복지사 업무보조, 문서작성, 안전관리, 물품관리
사회복지사	프로그램 개발 및 관리, 사정, 평가 및 종결, 사후관리, 지역사회연계망 구축, 준사회복지사의 관리, 업무수행도 평가, 상담	프로그램 개발, 관리, 평가, 지역사회관계, 클라이언트 상담
전문사회복지사	영역별 전문프로그램 개발과 평가, 슈퍼비전 제공과 실습생 지도, 지역사회욕구 분석, 기관서비스의 장기기획	전문프로그램개발 평가, 슈퍼비전과 실습지도, 분석과 장기기획

(3) 사회복지사자격제도 개선방안

① 사회복지사 2급 자격을 국가시험제도로 전환해야 한다.

사회복지사의 과잉공급 해소를 위해 공급측면에서 사회복지사의 배출을 통제하고 관리하는 것이 중요하다. 단, 사회복지실천현장에서 1급과 2급의 직무와 권한 및 책임을 명확하게 구분해야 한다.

② 사회복지사시험 응시조건을 강화해야 한다.

실습기관과 실습슈퍼바이저에 대한 인증제를 실시하여 사회복지실습 이수조건을 강화해야 하고, 1급 응시자격을 갖기 위한 이수 교과목을 전공 30과목으로 확대해야 한다. 단, 30과목의 일부는 복지패러다임의 반영을 위해 대학에 과목개발의 자율성을 부여한다. 또한, 국가시험을 통해 2급을 취득한 사람은 사회복지현장에 일정 기간 근무한 후에 1급 응시자격을 부여한다.

③ 교육인증제와 전문사회복지사자격제도의 도입이 필요하다.

대학에서 사회복지교육이 달성해야 할 절대적인 인증수준을 마련해야 한다. 또한, 전문사회복지사제도는 정신보건사회복지분야, 학교사회사업분야 등과 같이 스페셜리스트에 대한 현장의 요구, 현장에서의 재교육시스템이 구축된 분야들부터 민간주체로 추진되는 것이 바람직하다.

※ 미국의 전문사회복지사 제도

미국의 사회복지사는 일반사회복지사와 전문사회복지사의 두 유형으로 구분된다. 2004년 현재 미국 내 전문사회복지사는 11만명 정도가 될 것으로 추정된다. 미국 전문사회복지사는 보통 Licensed Social Worker(LSW)로 불리는데, 자격증을 부여하는 기관(전미사회복지사협회, 각 주정부)에 따라 전문사회복지사를 지칭하는 용어는 조금씩 다르다.

미국의 전문사회복지사 자격증은 주정부가 발급하는 자격증과 전미사회복지사협회(NASW, National Association of Social Workers)가 발급하는 자격증으로 구분한다. 주정부가 발급하는 전문사회복지사자격증을 소지한 자는 본인의 의사에 따라 NASW의 자격증(Credential)을 발급받을 수 있다.

전문사회복지사가 되기 위한 자격요건은 기본적으로 학력, 실무경력, 자격시험 통과 등을 거쳐야 한다. 대체적으로 사회복지교육협의회(CSWE, Council on Social Work Education)가 인정한 기관에서 사회복지학 학위 취득 이후 2년, 혹은 3천 시간 이상 슈퍼바이저로부터의 지도가 가능한 기관에서 실무경력, Association of Social Work Boards(ASWB)가 실시하는 자격시험 통과 등을 요구한다.

대부분의 주에서는 사회복지학 석사학위(MSW)가 최소한의 기본 요건이나, 몇몇 주에서는 사회복지학 학사학위자(BSW)에게 다른 등급의 LSW를 수여한다. 몇몇 주에서는 사회복지학위가 아닌 관련 학사학위를 가진 자에게도 LSW를 수여하기도 한다.

사회복지학 실무경력요건의 경우 주마다 약간 다른 기준을 가지고 있다. 각 주가 요구하는 학위 및 실무경험 요건이 충족되면, 전문사회복지사자격시험을 치러야 한다. 시험은 ASWB가 주관하며, 보통 150문제로 구성되고, 4시간 동안 컴퓨터를 통해 치른다. 시험은 ASWB가 주관하지만 전문사회복지사가 되기 위한 점수의 통과기준은 주마다 약간씩 차이가 있다.

ASWB의 홈페이지(www.aswb.org)에 들어가면 전문사회복지사가 되기 위한 각 주별 자격요건에 대한 정보를 얻을 수 있다. 미국의 전문사회복지사는 사회복지사 윤리강령 준수를 통해 사회복지사의 전문성을 향상시키고 클라이언트에게 양질의 서비스를 제공하는데 큰 역할을 하고 있다(Social Worker Vol. 91, 2010).

6. 사회복지전문직의 역할 및 활동영역

"Direct social workers working with individuals, couples, families, groups, and other systems draw on contrasting theories of human behavior, use different models of practice, implement diverse interventions, and serve widely varying clients."

"Some people doesn't think. Some think as normal way. Some think little differently. Only few think 'why & how'." "Flexibility(융통성) and creativity(창의성) are key qualities for generalist social work practitioners"(Kirst-Ashman & Hull, 2002, p. 5).

(1) 사회복지사의 역할

"사회복지사는 도움을 필요로 하는 모든 대상자들(population served, everyone with need and want)이 경험하는 다양한 문제들(problems to be served)의 해결을 위하여 다양한 장소(field of practice)에서 많은 기능(methods of practice)을 수행하는 전문직이다."

사회복지사는 주로 사회복지사업법에서 규성하고 있는 다양한 사회복지서비스를 제공하는데, 사회복지사의 역할은 전문영역과 속해 있는 사회복지기관의 특성에 따라 매우 다양하다. 자본주의의 성숙과 함께 전통사회의 가족과 시장이 가진 요보호구성원에 대한 보호기능이 크게 약화되었고, 지역사회의 공동체 기능이 약화되면서 생긴 사회구성원의 복지욕구와 사회문제를 '복지공동체'의 구축을 통해서 해결하고자 할 때, 사회복지사는 다양한 역할 수행을 통해서 행복한 세상, 복지공동체를 만드는 전문가라고 할 수 있다. 사회복지사의 역할을 대상의 규모(개입의 수준)에 따라 구분해 보면, 개인이나 가족을 대상으로 하는 미시적 차원에서의 역할들로는 조력자(enabler), 중개자(broker), 옹호자(advocate), 교사(teacher) 등을 들 수 있고, 집단이나 조직을 대상으로 하는 중도(중범위)적 차원에서는 촉진자(facilitator), 중재자(mediator), 훈련가(trainer) 등의 역할을 수행하며, 지역이나 전체 사회를 대상으로 하는 거시적 차원의 역할들로는 계획가(planner), 행동가(activist), 현장개입가(outreach worker) 등을 들 수 있고, 동료나 전문가집단을 대상으로 하는 전문가 차원에서의 역할들로는 동료(colleague), 촉매자(catalyst), 연구자(researcher; 학자(scholar)) 등으로서의 역할을 들 수 있다.

흔히 사회복지사로서의 효율적인 역할 수행을 위해서 가장 중요한 도구는 바로 사회복지사 자신이라고 한다. 그런데 이 도구를 능숙하게 사용하기 위해서는 자기 자신을 정확하게 알아야 한다. 자신에 대한 정확한 이해를 통하여 사회복지사 자신과 클라이언트와의 차이를 이해할 수 있게 된다. 예를 들어 사회복지사의 개인적 욕구와 관심을 클라이언트의 그것들과 구분할 수 있어야 한다. 이는 자신의 관심, 태도, 습관, 가치관 등을 계속적으로 성찰해야 함을 의미하며, 또한 균형감각을 가지고 자신을 있는 그대로 수용할 수 있어야 한다.

한편, 사회복지사는 어떤 분야에서 활동을 하든지 전문적 지식과 경험을 바탕으로 한 리더십이 요구되는데, 활동 분야에서 리더십을 발휘하기 위해서는 사회복지사 스스로 자신을 잘 표현하는 능력과 기술이 필요하다. 사회복지사에게 '자기 표현'은 사회복지사 자신과 상대방을 수용하는데 필수적이며 사회복지사의 리더십에 중추적 역할을 하기 때문이다. '자기 표현'이란 확신을 가지고 기술적으로 자신의 생각이나 감정을 폭넓게 전달하는 능력이다. 즉 자기를 표현하는 능력이란 어떠한 상황에서도 적절한 행동방식을 선택해 상황에 대처할 수 있는 능력을 의미한다.

사회복지사가 '자신을 표현하는 능력'을 갖추기 위해서는 자신의 의사를 정확히 전달할 줄 알아야 하며 의견표현을 자신감있게 해야 한다. 또한 적절한 방법으로 요청하고 설명할 줄 아는 지혜가 필요하며 두려움을 다스릴 수 있는 용기와 자신에 대한 강한 자부심 등이 필요하다. 변화매개인으로서 갖추어야 할 리더십의 요소들은 현실성 있는 비전의 제시, 효율적 의사소통, 창의성, 긍정적 사고, 클라이언트 중심적 사고 등이다. 이러한 모든 요소들은 사회복지사 자신과 상대방에 대한 '수용'과 '자기표현'을 어떤 상황에서라도 적절하게 사용할 수 있는 기술적 능력에 대한 훈련으로, 이러한 요소들은 스트레스에 적절히 대처할 수 있는 능력을 증대시키고, 자신의 일과 상대방에 대한 긍정적인 태도를 갖게 하며, 자신과 상대방의 상호 이해 확대를 가져와 문제해결의 열쇠로서 활용되며, 아울러 사회복지사 자신과 상대방이 동반 성장할 수 있는 긍정적 기능을 한다.

개입수준에 따른 사회복지사의 역할

개입수준	역할
미시차원(개인과 가족 대상)	조력자, 중개자, 옹호자, 상담가, 평가자, 교사 등
중범위차원(집단이나 소규모 조직 대상)	촉진자, 중재자, 훈련가 등
거시차원(지역사회나 전체 사회 대상)	계획가, 행동가, 현장개입가 등
전문가차원(동료 및 전문가집단 대상)	동료, 촉매자, 연구자(학자) 등

사회복지사의 수행업무

업무	내용
① 공공부조 및 사회복지서비스 전달	사회복지서비스 대상자 자격조사 및 선정, 복지조치, 복지급여 제공, 생활지도 및 서비스 홍보 등 수행
② 서비스 제공 여부의 결정을 위한 인테이크	클라이언트가 가진 문제와 기관에서 제공하는 서비스의 일치 여부 확인
③ 서비스대상자와의 면접과 관계형성	클라이언트의 문제 개선 및 사회적 기능 회복을 목적으로 적절한 개입을 위한 면접을 통한 관계형성
④ 서비스 대상에 따른 제공서비스의 종류 및 내용 결정	서비스 대상자의 욕구와 문제에 관한 정확한 사정을 기초로 서비스의 종류 및 내용 결정
⑤ 개인, 가족, 집단의 욕구 및 문제의 사정과 개입계획 수립	클라이언트에 대한 자료수집과 사정, 개입계획과 계약, 평가 등 수행
⑥ 문제해결을 위한 상담 및 치료서비스 제공	클라이언트의 문제해결을 목적으로 개인상담, 가족상담, 개인치료, 가족치료, 집단치료 등 수행
⑦지역사회의 문제파악과 서비스 제공	지역사회 욕구조사, 지역사회 프로그램 개발과 시행, 지역사회 조직, 지역사회 자원동원 및 연계 등 수행
⑧ 사회복지프로그램의 기획, 시행 및 평가	욕구 및 실태, 효과측정, 조사연구 및 자료분석, 지역사회문제 진단과 평가, 지역사회자원의 발견과 개발, 프로그램 계획, 시행 및 평가 등 수행
⑨ 사회복지정책 형성과정 참여	지역사회의 욕구 및 문제를 기초로 사회복지정책 분석 및 평가, 사회복지정책 제안 등 수행
⑩ 각종 사회복지기관행정업무 수행	사회복지기관 조직 및 운영, 동료 사회복지사와의 업무 협력, 사업계획 수립 및 추진 등 수행
⑪ 실습생 및 신규직원 슈퍼비전	사회복지학 전공 학생의 실습지도와 신임 사회복지사에 대한 지도감독업무 수행
⑫ 시민단체와의 협력활동	사회복지정책 건의를 위한 시민단체와의 협력과 연계활동 수행
⑬ 자원봉사자 관리활동	자원봉사자 조직, 교육 및 훈련, 배치, 지도 및 감독 역할 수행

(2) **사회복지서비스 대상(Groups of people served by social workers): everyone with needs(욕구) and wants(결핍)**

① Persons who are homeless(노숙자)

② Families that have problems of child neglect or sexual, physical, or spousal abuse(배우자와 자녀에 대한 신체적 및 성적 학대문제가 있는 가정)

③ Couples that have serious marital conflicts(심한 갈등이 있는 부부)

④ Families, including single-parent families, that have serious conflicts manifested by runaways, delinquency, or violence(가출, 가족구성원으로서의 의무 불이행, 폭력 등의 문제가 있는 가족)

⑤ People afflicted with AIDS and their families(AIDS 환자와 그 가족)

⑥ Individuals and families whose lives have been disrupted by punishment for violations of the law(범법행위로 인한 처벌을 받아 고통을 겪고 있는 개인과 그 가족)

⑦ Unwed, pregnant teenagers(청소년 미혼모)

⑧ Persons who are gay, lesbian or bisexual who face personal or family difficulties(동성애 또는 양성애 등의 성적 기호로 인해 고통을 겪고 있는 개인 또는 가족)

⑨ Individuals or families whose lives are disrupted by physical or mental illness or disability(신체적 또는 정신적 질환이나 장애로 인해 고통을 겪고 있는 개인과 가족)

⑩ Persons who abuse drugs, alcohol, and their families(약물 또는 알콜 중독자와 그 가족)

⑪ Foster parents, and children whose parents are deceased or who have been unable to safely care for them(위탁부모와 사망하였거나 양육능력이 없는 부모의 자녀)

⑫ Immigrants and persons from oppressed groups who lack essential resources(이민자와 생존에 필수적인 자원이 부족한 억압받는 계층에 속한 사람)

⑬ Persons with several physical or developmental disabilities and their families(복수의 신체적 장애 또는 발달 장애를 가진 사람과 그 가족)

⑭ Aging persons no longer able to care for themselves adequately(스스로의 힘만으로는 자신을 적절하게 돌볼 능력이 없는 노인)

⑮ Persons who are migrants and transients who lack essential resources(생존에 필수적인 자원이 부족한 이민자와 임시 체류자)

⑯ Children (and their families) who have school-related difficulties(학교생활과 관련하여 고통을 겪고 있는 어린이와 그 부모)

⑰ Persons who experience high stresses related to traumatic events or to major life transitions such as retirement, death of loved ones, children who leave home, or coming out for gay, lesbian, and bisexual persons(인생에 있어서의 비극적 사건의 발생이나 인생의 전환점으로 작용하는 퇴직, 배우자의 사망, 자녀의 독립, 성적 기호에 의해 발생하는 문제 등으로 인해 큰 심적 고통을 겪고 있는 사람)

(3) 사회복지사의 활동영역

공적사회복지영역에서 활동하고 있는 사회복지사들은 보건복지부를 비롯하여 지방자치단체 복지정책 관련부서에서 일하고 있으며, 사회복지공무원, 아동복지지도원, 노인복지지도원, 장애인복지상담원, 모자복지상담원, 보육지도원, 여성복지상담원, 교정사회복지사 등으로 그 역할 및 활동영역을 구분할 수 있다.

복지전담공무원은 1987년 사회복지전문요원이란 이름으로 처음 생겼고, 1991년에 사회복지전담공무원제도가 전국적으로 실시됐다. 이들은 승진, 정년, 이동이 보장되지 않는 별정직이었지만 2000년에 일반직으로 전환됐다. 공공기관의 행정업무와 사회복지서비스를 담당하는 사회복지전담공무원은 국민기초생활보장업무를 비롯한 공공부조사업을 효과적으로 운영하기 위해 저소득층 밀집지역을 중심으로 전국의 읍·면·동사무소에 배치되어 활동하고 있다. 담당 업무는 국민기초생활보장법에 따라 수급대상자 조사 및 선정, 생활보장급여 전달 등 대상자의 생계보호, 자립지원 등을 통한 생활보장업무, 아동복지법에 따른 아동복지업무, 노인복지법에 따른 노인복지업무, 장애인복지법에 따른 장애인복지업무, 모자복지법에 따른 모자복지업무, 기타 보건복지부장관이 필요하다고 인정하는 업무를 담당한다. 교정사회복지사는 범죄인 또는 비행청소년을 대상으로 재활과 범죄의 예방을 위해 관계형성과 면접, 상담과 치료를 하며, 사회성 적응훈련 등의 사회복귀프로그램의 기획, 시행 및 평가를 한다.

민간사회복지관 영역에서 활동하고 있는 사회복지사들은 지역복지, 아동복지, 노인복지, 장애인복지, 모부자복지 등의 기관에서 활동한다. 이러한 기관들은 기타 다른 영역에 비해 사회복지사들이 다수를 차지하고 있고, 사회복지사들은 수행하는 업무에 있어 많은 책임과 권한을 갖고 있다. 사회복지사는 개인, 가족, 집단 등의 문제와 관련된 자료를 수집 및 분석하여 이를 통해 문제를 진단 및 평가하고 문제해결을 위한 상담과 치료를 하며, 또한 사회복지프로그램을 기획하고 시행 및 평가한다. 공공복지서비스의 전달을 위한 대상자의 자격선정작업, 급여, 생활지도 등도 사회복지사의 역할이며, 사회복지정책의 형성과정에 참여하여 정책분석과 평가를 하며 정책대안을 제시하기도 한다.

보건의료영역은 사회복지사들이 그 전문성을 인정받고 있는 영역으로, 종합병원, 정신과병원, 요양시설, 지역사회정신보건센터 등에서 환자의 갱생, 재활과 사회복귀를 위한 상담 및 지도업무를 담당한다. 1997년 정신보건법에 따라 정신질환자에 대한 접근이 기존의 장기입원 중심에서 지역사회 중심의 조기발견, 치료, 재활로 전환하면서 지역사회정신보건사업으로 정책이 전환되었다. 또한 2000년부터 정신질환자가 장애인범주에 포함되어 장애인복지서비스의 수혜가 가능해졌다. 정신보건법에서 정신보건전문요원제도가 도입되었고, 아울러 보건소에 정신보건전문요원을 둘 수 있도록 하였다. 정신적 및 정서적 장애로 어려움을 겪고 있는 사람들을 치료하고 재활을 돕는 것, 정신질환문제가 발생했을 때 조기에 개입하여 도와주는 것, 그리고 예방활동을 하면서 국민정신건강을 증진하는 정신보건영역에서 사회복지실천을 수행하는 정신보건사회복지사는 구체적으로 정신질환자에 대한 사회사업지도 및 방문지도, 사회복귀를 위한 생활훈련, 직업훈련, 정신질환자와 그 가족에 대한 교육, 지도 및 상담업무, 정신질환예방활동 및 정신보건에 관한 조사연구업무 등을 수행한다. 의료사회복지사는 병원이나 진료소에서 임상치료팀의 일원으로 치료에 장애가 되는 환자의 심리와 사회적인 문제들을 해결하도록 도와주고 환자가 퇴원한 후에도 정상적인 사회의 구성원으로서 생활할 수 있도록 환자와 가족들에게 전문적인 사회복지서비스를 제공하는 역할을 수행한다. '의료법 시행령'에 따라 사회복지사가 의료기관에서 일할 수 있는 법적 근거가 마련되었고, 환자와 관련한 임상업무와 지역사회와 연계하는 활동으로 의료복지서비스를 전달한다. 병원에서 사회복지사활동에 대한 의료보험수가는 정신의학적 사회복지비와 재활의학적 사회복지비이다.

이외에도 학교생활의 적응에 어려움을 겪는 학생들을 도와주는 학교사회복지사, 작업장이나 기업체에서 근로자들의 복지문제개선 및 해결을 위해 일하는 산업사회복지사, 군인들을 대상으로 군 생활에서의 고충 상담과 사회복귀를 위한 복지업무를 담당하는 군사회복지사 등이 있다.

✓ 사회보장정보시스템

2013년에 개통된 사회보장정보시스템('행복e음' 복지통합정보시스템)은 정부의 16개 부처에서 시행하고 있는 296개의 복지사업정보가 연계된 범정부 복지정보연계시스템이다. 이 제도는 지난 2010년 개통된 사회복지통합관리망(기초생활보장, 기초연금, 장애인급여수급자선정시스템의 결합망)을 타 부처로 확대한 거대 통합데이터베이스망으로, 사회보장급여의 중복·부정수급을 방지하고 복지관련 업무의 효율화를 위해 정부가 운영하는 296개 복지사업의 대상자와 수급이력정보 등을 총망라한 사회보장정보시스템이다. 이 시스템의 가동으로 국세청, 국민건강보험공단 등 24개 기관이 관리하는 59개 개인정보시시템 중 복지수급대상자 개인과 그 가족 등 160만명의 가구별 소득과 재산, 가족관계, 복지서비스 수급이력 등 다양한 정보가 한 눈에 드러나기 때문에 지자체 복지담당공무원 3만5천명의 복지대상자 선정과 지원이 용이해지는 한 편, 중복 및 부정수급을 방지할 수 있다.

☞ **의료사회복지사와 정신보건사회복지사**

의료사회복지사는 환자가 질병으로 손상된 건강과 사회적 기능을 회복하는데 필요한 심리사회적 최적의 환경을 조성하여 의료진의 치료만으로는 해결할 수 없는 심리적 문제, 재활문제, 경제적 문제들의 해결을 돕는 역할을 수행한다. 구체적으로 퇴원을 위한 계획상담, 환자를 돌보는 가족이 겪는 어려움에 대한 상담, 경제적 문제 등을 상담하고, 알코올환자의 단주상담, 산부인과의 경우 미혼모 지원을 위한 서비스, 그밖에 재활과 요양시설 연계도 담당한다. 특히 취약계층에 대한 적극적인 사례관리를 통하여 이들에 대한 사회적 비용증가를 예방할 수 있으며, 경제적, 심리정서적 문제 등으로 인해 초래될 수 있는 불필요한 입원기간을 단축시킴으로서 환자의 경제적 부담 완화와 아울러 건강보험재정의 안정화에 기여하고 있다.

의료사회복지사 자격을 취득하려면 사회복지사 1급 자격을 취득한 후 대한의료사회복지사협회에서 인증한 수련의료기관에서 1년간 수련과정을 이수해야 한다. 이후 협회에서 실시하는 의료사회복지사 자격시험에 합격하면 1급을 취득할 수 있다. 자격증은 한국사회복지사협회장과 대한의료사회복지사협회장의 공동명의로 발급하며 2011년 현재 4회의 자격시험을 통하여 524명이 배출되었다. 현재 대한의료사회복지사협회로부터 인증받은 수련제도를 운영하는 의료기관은 30개 병원이다. 매년 3월부터 이듬해 2월까지 1년간 실시되는 의료사회복지사수련과정은 슈퍼바이저 1인당 수련생 인원을 3명으로 제한하고 있고, 또한 협회 회원 자격을 유지하기 위해서는 연간 20시간 이상의 보수교육을 받아야 한다(Social Worker, 2011. 8).

정신보건사회복지사는 정신보건법에서 정신보건사회복지사, 정신보건간호사, 정신보건임상심리사로 구성된 정신보건전문요원의 한 부분이다. 정신보건전문요원의 역할은 정신 건강과 관련해서 예방차원의 노력과 치료 재활로 대체로 유사한데, 그 중에서 특화된 영역으로 정신보건사회복지사는 지역사회 자원개발부분이 강조되어 있다. 한국정신사회복지사협회에서는 2급 사회복지사들이 1급으로 승급하는 5년 동안 전문성 향상을 위하여 연 20시간씩 보수교육을 받도록 하고 있고, 현재 정신보건사회복지사의 대다수는 정신보건센터에 소속되어 일반 주민의 정신건강을 증진시키거나 예방하는 사업 등을 수행하고 있다(Social Worker, 2011. 9).

✓ 리차드 클락 캐보트(Richard Clarke Cabot): 의료사회사업의 선구자

하버드대학 임상의학 및 사회윤리학 교수였던 리차드 클락 캐보트(Richard Clarke Cabot, 1868~1939)는 '보스톤아동원조협회' 회장으로 재직 중이던 시절에 사회사업가와의 케이스 회의나 케이스 기록을 통해 가정상황과 사회 환경에 관한 조사가 환자의 질병을 이해하는데 도움이 된다는 것을 인식하고, 매사츄세츠 종합병원으로 옮긴 뒤부터 사회사업가를 채용하여 1905년 미국 최초의 의료사회사업부를 설치하였으며, 그 활동을 이듬해 "병원연보"에 소개하였다. 그 후로 다른 병원들에서 이것을 모델로 의료사회사업부가 설치되게 되었다(사회복지학사전, 이철수 외 공저, 2009).

✓ 도로시아 린드 딕스(Dorothea Lynde Dix): 정신의료사회사업의 선구자

미국의 정신질환자를 위한 인도적 처우를 추진한 개혁운동가이자 정신건강운동의 선구자였던 도로시아 린드 딕스(Dorothea Lynde Dix, 1802~1887)는 1802년 2월 11일 메인 주 햄던(Hampden, Maine)에서 태어났다. 딕스의 어린 시절은 그렇게 행복하지 못했으며 공식적으로 교육을 받은 기록은 남아있지 않다. 다만, 부모와 같이 살던 시절에 글을 쓰고 읽기 위해 독학을 했거나 태어난 도시인 햄던에 소재한 학교에 다녔을 거라고 추측할 뿐이다. 딕스는 1836년 심한 육체적·정신적 질환을 앓았으며 1837년 질병에서 회복되어 영국을 여행하던 중 정신질환자들을 수용하여 임상적으로 진단하고 치료하는 수용소(asylum)인 'York Retreat'를 알게 되었다. 'York Retreat' 방문은 딕스가 정신건강 치료에 관심을 갖게 한 계기가 되었다. 그러나 딕스가 정신건강개혁에 지대한 관심을 갖게 된 것은 집에서 멀지 않는 곳에서 목격한 광경 때문이었다.

딕스는 1845년 매사추세츠 주 동 캠브릿지(East Cambridge)에 소재한 정신질환을 앓고 있는 여성들을 수용하는 수용시설에서 주일학교강사로 봉사하면서 겪은 첫 번째 경험은 그녀의 일생을 송두리째 바꾸어 놓았다. 수용시설에 있는 여자들은 단지 정신질환자라는 이유로 수용된 여자들이었다. 수용시설은 매우 추웠으며 햇볕조차 들지 않았다. 딕스는 수용시설에 수감된 정신질환자가 당면한 가장 큰 문제는 '무시당함'이란 것을 알았다. 수용시설의 정신질환자들은 비참한 생활을 하고 있었고 두려움에 가득 차 있었으며 때로는 구타를 당했다. 또한 딕스는 정신질환자를 미친 사람으로 취급하는 것에 대해서는 분노를 느꼈다. 이러한 정신질환자에 대한 비인간적인 처우에 분노를 느낀 딕스는 남은 일생을 미국의 수천 명에 달하는 정신질환자들을 위한 인간적 처우를 위해 살기로 다짐하고 메사추세츠주의 정신질환자 수용시설에 대해 조사를 실시했다.

딕스는 메사추세츠 주의회에 자기가 조사한 결과를 보내면서 정신질환자를 치료할 수 있도록 자금을 제공하는 법안을 만들어줄 것을 요구했다. 이 요구는 처음에는 거부당했지만 지속적인 노력 끝에 법안이 만들어졌다. 딕스는 다른 지역의 상황이 메사추세츠 주보다 더 나을 것이 없다고 생각하고 뉴욕 주, 로드 아일랜드 주, 코네티컷 주, 뉴 저지 주에서도 정신건강운동을 시작했다. 딕스의 노력의 첫 번째 결실은 뉴저지 주 트렌톤(Trenton)에 트렌톤 주립병원을 건축한 것이었다. 이후 딕스는 마차를 타고 10만 마일 이상을 여행하며 300개의 주 교도소와 500개의 구빈원(poorhouse)을 방문하여 만 명이 넘는 정신질환자를 만났으며, 이 여정은 '눈물 없이는 할 수 없는 것'이었다고 회고했다. 이러한 딕스의 노력으로 10년이 지나지 않아 32개의 정신건강시설이 만들어졌다.

1848년 도로시아 딕스는 정신질환자를 위한 인간적 처우운동을 중앙정부 차원으로 범위를 넓혔다. 상원의원 몇 명의 도움을 받아 딕스는 정신건강시설을 건립하기 위해 중앙정부 소유의 1,225만 에이커의 땅을 주정부에 지원하는 법안을 만들었으며 상원과 하원에서 통과되었다. 그러나 1854년 당신 프랭클린 피어스(Franklin Pierce) 대통령은 이 법안에 거부권을 행사하면서 딕스의 정신질환자를 위한 개혁운동은 수포로 돌아갔다. 도로시아 딕스는 남북전쟁(1861~1865) 기간 동안에도 계속해서 정신건강 캠페인을 벌였으며, 85세이던 1887년 7월 17일, 그녀가 최초로 세운 정신병원인 트렌톤 병원에서 세상을 떠났다(박병현, 2010).

7. 사회복지직의 속성에서 기인하는 전문직으로서의 딜레마(Dilemma, 相反感情竝存)

"어려운 이웃들과 우리 사회를 위해 불타는 사명감을 가지고 헌신적으로 봉사하는 사회복지사가 되고 싶으시다고요? 여러분, 걱정마세요. 사회복지사되는 거 하나도 어렵지 않으니까요. 술 취한 민원인이 행패를 부려도 다 내 형제고 가족이다 생각하고 언제나 미소로 대하고 안아주면 돼요. 그러다가 혹 몇 대 맞는다고 해도 별 일 아니잖아요? 우리 자랄 때 부모님과 선생님에게 많이 맞아 보아서 이미 단련되어 있잖아요. 밀린 업무가 산더미 같지만 하나도 걱정할 것 없어요. 밤 늦은 시간 정신이 집중되니 일의 능률 오르고 또 휴일은 이럴 때 쓰라고 만든 거니까요. 이렇게 10년 이상 열심히 사회복지사로 일하면 만성 피로에 시달리고 가족들에게는 외면 받을 수도 있는데요. 그래도 괜찮아요. 우리는 사랑으로 충만한 봉사하는 사람들이잖아요." - '사회복지사 되는 법' 중에서, 부산사회복지사협회 주관 '사회복지사 예능경진대회' 2011. 11. 11)

2011년 부산지역 사회복지종사자 406명을 대상으로 실시된 '사회복지종사자 처우 및 근로환경 실태조사' 결과, 전체 응답자의 약 절반에 이르는 48.8%가 사회복지분야 이외의 분야로 이직을 희망했으며, 사회복지분야 내에서 직장을 옮기고 싶어 하는 경우도 61%에 달하는 것으로 나타났다. 사회복지분야 이외로의 이직 희망자 중에서는 48.7%가 '낮은 임금수준'을 가장 큰 이유로 꼽았으며, '열악한 근로환경'이 14.3%, '낮은 복리후생제도'가 9.5%인 것으로 조사되었다. 사회복지분야 내에서의 이직 희망자도 45.5%가 '낮은 인금수준'을 가장 큰 이유로 꼽았으며 '자기발전의 기회부족'이 13.5%, '열악한 근로환경'이 13.1%로 나타났다.

"社會福祉士가 專門織으로서 갖추어야 할 세 가지의 必須(필수) 要素(요소)는 價値基盤(가치기반)의 明瞭化(명료화), 智識基盤(지식기반)의 體系化(체계화), 政治社會的(정치사회적) 環境(환경)에의 適切(적절)한 對應(대응)이다."

"The social worker is a professional whose training and experience enable him or her to help with a wide range of problems people have in everyday living." - 전문직업인으로서의 정체성(self-identity)과 사회로부터 인정(social approval) 부족

✓ 정체성이란 '타자로부터의 분리와 자신의 내적 일치성'으로 정의될 수 있다. 즉 사회복지학의 정체성이란 사회복지학이 다른 학문으로부터 어떻게 얼마나 차별화되고, 학문 구성요소들 간에 어떻게 얼마나 유기적인 일치성을 갖고 있는가를 의미한다.

(1) 인간에 대한 보편적 사랑에 기초(based on universality of love)

인간에 대한 이웃의 사랑이나 인간문제에 대한 인정적인 접근이 사회복지실천의 바탕으로, 즉 사회사업의 근본이념으로서의 인도주의(humanism)는 자선사업이나 박애사업, 그리고 현대의 전문사회사업의 공통적 요소이다.

(2) 목표의 모호성 및 추상성(vagueness and abstractiveness of purpose)

"충족되지 않는 욕구가 있는 곳이면 어디든지 사회복지서비스가 제공되어야 한다"고 하는 대상, 문제, 활동장소 및 기능의 다양성이 내포하는 목표의 모호성, 그리고 인간의 행복이란 궁극적으로 심리적 작용이기 때문에 예측이 어렵고 주관적일 수밖에 없기 때문에, 즉 행복을 과학화하는 것이 비현실적이라는 것이다.

(3) 개입대상의 모호성(vagueness of object for intervention)

인간의 문제가 갖고 있는 다양성과 복잡성으로 인해 문제에 대한 분석과 진단 및 해결이 용이하지 않다.

(4) 사회복지사의 민감성 및 헌신성(sensitivity & devotion as a human service professional)

자신의 일에 대한 소명의식과 그에 따른 헌신성을 바탕으로, 소외 받는 자를 돕고 사회를 좀 더 나은 곳으로 만들기 위한 계속적인 시도는 언제나 일방적이어서 사회복지사는 항상 '주는' 입장에 놓이게 되는 데, 특히 노력이 무위로 돌아가는 경우에 감정적 탈진이 발생할 수 있다.

> "모든 일은 남을 위해 했을 뿐, 그 自身을 爲해서는 아무 것도 하지 않았다." - Johann Heinrich Pestalozzi(1746~1827)

(5) 클라이언트 중심의 사회복지철학(clientification; client-centered philosophy)

사회복지실천 그 자체에 사회복지사의 끊임없는 감정이입(empathy)에 기초한 감정적인 소모가 필연적으로 내재되어 있고, 클라이언트 중심의 사회사업의 기본가치의 강조로 인한 정서적 고갈 등의 압박감이 발생할 수 있다.

(6) 직무에 내재된 성취감의 불확실성(insufficient gratification from job performance)

클라이언트에게서 항상 변화와 향상을 기대할 수 없고, 개입의 효과성을 정확히 측정할 범주가 없으며, 또 노력에 대한 정당한 피드백을 클라이언트나 기관의 행정가로부터도 받기 어려운 등의 실망스러운 경험들을 할 가능성이 크며, 소진(burn-out)으로 이어질 수 있다.

Ref. 'chronic client', 'chronic no-win situation': either you lose or get nothing

(7) 문제 자체의 속성(attribute of problem itself)

일상생활의 문제해결에 있어서 과학적인 지식보다는 개인의 직접적인 경험과 능력의 활용이 상대적으로 효과적인 경우가 있다.

(8) 사회적 자원의 제한성(insufficient resources from society)

사회복지사는 대체로 사회에서 소외된 계층이나 문제를 가진 자들을 대면하여 그들의 욕구를 충족시켜 주어야 하는 책임을 갖는 반면, 이에 필요한 사회적 자원이나 지원은 대체로 제한되어 있다.

(9) 자본주의 사회에서의 낮은 직업적 위치(improper professional status in the capitalist state)

사회복지서비스는 정책의 우선 순위가 낮고, 그 산출물도 무형으로 파악이 어렵고, 서비스의 효과 역시 보통의 경제단위로는 측정이 불가능하며, 대부분의 경우 클라이언트가 자력으로 서비스를 구매할 능력이 없기 때문에 타 분야와의 경쟁력이 부족하다.

(10) 사회복지학의 학문적 한계(scientific limitation of social welfare as social science)

사회과학의 본질적 한계로, 사회복지학의 관심영역은 인간생활의 거의 모든 영역을 포함하기 때문에 인간생활에서 접하고 인식, 판단해 가는 상식과의 구분이 모호한 경우가 발생한다.

8. 전문직(professional)으로서 알아야 할 사회복지실천원리

(1) 사회복지사는 먼저 자신의 가치관, 윤리, 편견에 대해 자기인식과 성찰을 해야 한다.

사회복지사는 클라이언트의 삶의 일부분이 되어 긍정적 변화를 끌어내는 전문직이다. 사회복지사가 클라이언트를 진정으로 이해하고 존중하며 그들과 함께 문제에 직면하여 진정으로 돕기를 원한다는 자기표현을 할 때, 클라이언트도 비로소 사회복지사에게 마음을 열고 자신의 문제를 해결하려는 의지를 표명하게 된다. 클라이언트와의 전문적 관계에서 사회복지사는 직접적 및 간접적으로 자신의 가치, 스타일, 태도, 편견과 선입견을 드러낼 가능성이 있으므로 이러한 개인적 특성이 클라이언트를 원조함에 있어 영향을 미치지 않도록 항상 스스로를 점검하는 것이 필요하다.

> "特定(특정) 對象(대상)에 對한 偏見(편견)이란 그 對象에 對해 들어본 的도 없을 때가 아니라, 一般的으로 알고 있을 때 생겨난다. 이때 정말로 危險(위험)한 것은 通念(통념)에 따라 대충 알고 있으면서도 제대로 알고 있다고 믿는 境遇(경우)이다. 討論(토론)과 批判(비판)이 活潑(활발)해지면 偏見은 사라진다."

(2) 사회복지사는 클라이언트를 이해하고 수용하되 객관성 및 균형을 유지해야 한다.

클라이언트의 문제에 대해 지나치게 감정적이 되거나, 자신의 전지전능함으로 클라이언트의 모든 문제를 해결해 주어야 한다는 압박감을 갖거나 해서는 안 되고, 따라서 원조활동을 수행함에 있어서 사회복지사는 '통제된 정서적 관여(controlled emotional involvement)'를 통해 전문직으로서의 균형을 유지해야 한다.

(3) 사회복지실천은 다양한 사람들과 함께 하는 활동이다.

인간의 다양성은 개인, 가족, 지역사회, 그리고 사회의 행동 속에서 표현된다. 사회복지사는 인간의 독특성과 차이를 이해하고 존중해야 하며, 삶에 대한 개방적인 관점과 지식을 가져야 한다. 개인의 삶에 영향을 주는 문화, 역사, 정치, 경제, 사회문제뿐만 아니라 전문적 개입을 위한 최신 이론과 방법을 습득해야 한다.

(4) 사회복지사는 의도적으로 지식에 기반한 실천을 해야 한다.

사회로부터의 전문직에 대한 신뢰의 핵심은 전문가가 가장 최신의, 가장 적절한 지식 및 기술을 갖고 변화를 추구하는 노력을 할 것이라는 기대이다. 사회복지사는 자신의 실천활동과 직접적인 관련이 있는 가장 최근의 지식을 탐구하기 위해 끊임없는 노력을 해야 하고, 관련된 영역에서 필요한 지식을 활용하는 방법을 알아야 한다.

(5) 사회복지사는 사회복지사윤리강령을 준수하고 그에 따라 실천을 해야 한다.

사회복지사는 자신이 고용된 기관의 가치, 지역사회의 사회적 상황이나 정치상황, 지방자치단체나 정부의 정책과 프로그램, 그리고 그에 따른 상황의 변화 등을 파악해야 한다. 사회문제는 흔히 가치의 차이에서 파생된 결과이며, 가치는 그런 문제를 해결하는 방법을 찾는데 중요하다. 사회복지사는 자신의 가치와 신념에 민감해야 하며, 부적절하게 자신의 가치와 신념을 클라이언트에게 부여하지 않도록 해야 한다. 사회복지사는 클라이언트의 권익을 보호하기 위해 집단의 권익을 침해하는 것은 아닌지, 또는 집단을 보호하기 위해 개인을 희생시키는 것은 아닌지 항상 주의 깊은 점검이 필요한데 이러한 모든 것의 기준이 되는 것이 사회복지사가 엄수해야 할 구체적이며 명백한 행동규칙인 '사회복지사 윤리강령'이다. 사회복지윤리강령은 클라이언트의 권익을 도모할 뿐만 아니라 사회복지실천과정에서 전문직의 직권남용을 방지하며, 활동 시에 부딪치는 윤리적 딜레마를 해결할 수 있는 원칙들을 제공하고 있다.

(6) 사회복지사는 항상 전체로서의 인간에 관심을 두고 실천을 해야 한다.

대부분의 전문직은 인간과 상황의 단일한 차원에 초점을 두지만, 사회복지실천은 인산생활의 단일한 차원에 국한하여 관련된 것이 아니다. 즉 사회복지사는 전체로서의 인간, 즉 생물학적, 심리적, 사회적, 영적인 측면 모두에 관여하기 때문에 독특한 전문직이다. 따라서 '전체로서의 인간에 관심'을 두기 위해 사회복지사는 클라이언트의 현재와 미래에 주의를 기울이고, 당면문제나 클라이언트가 제시한 문제 이외에도 발생 가능한 다른 쟁점에도 주의를 기울여야 한다.

(7) 사회복지사는 클라이언트의 수용과 존중을 전제로 하여 변화를 추구해야 한다.

"클라이언트를 있는 그대로 수용하라"라는 문구는 클라이언트의 행동이나 외모, 지위 혹은 처해 있는 상황에 관계없이 존중받을 만한 존엄성을 가진 인간으로 대우하라는 의미이다. 수용과 존중으로 의사소통을 하기 위해서 사회복지사는 비심판적 태도를 유지해야 한다. 그러나 클라이언트가 자신과 타인에게 해를 주거나, 또는 사회적으로 해로운 행동을 하는 것을 인정하거나 동조해서는 안 된다.

(8) 사회복지사는 클라이언트에게 현실성 있는 비전을 제시해야 한다.

사회복지사는 문제에 대한 새로운 시각, 효과적인 변화전략을 도입하여, 클라이언트에게 변화에 대한 희망을 심어주고 문제를 개선 및 해결하기 위한 구체적인 방법이 있다는 전망을 제공해야 한다. 그러나 또한 사회복지사는 한계와 가능성에 대해 현실적이고 정직해야 한다. 클라이언트가 변화과정에 대해 잘못된 희망을 갖게 하거나 비현실적인 상황에 놓이지 않도록 해야 한다.

> "Vision이란 손에 쥔 것을 놓으면 더 좋은 것을 쥘 수 있다는 믿음을 提示하는 것이다. 믿을 수 없으면 손에 쥔 것이 아무리 썩은 것이라도 더 꽉 쥐게 되는 것이 사람의 心理이다."

(9) 사회복지사는 강점지향적 사고를 바탕으로 실천을 해야 한다.

흔히 사회복지사는 다른 전문직 중 일부와 같이 병리적인 관점에 빠져 클라이언트를 범주화함으로써 클라이언트의 문제에 선입견을 갖고 그 상황의 잘못된 점을 확인하고, 클라이언트의 구체적인 한계점이나 부족한 점을 설명하는데 상당한 시간과 노력을 쏟게 된다. 그러나 클라이언트는 자신의 문제해결 및 변화의 주도자이므로 사회복지사는 클라이언트가 자신의 잠재력을 포함한 강점을 인식하고 활용할 수 있도록 도와야 한다.

(10) 사회복지사는 클라이언트를 개별화하고 클라이언트의 참여를 최대화해야 한다.

사회복지사는 클라이언트를 개별화(individualization)하여 '클라이언트가 있는 그곳(here and now)'에서 개입을 시작해야 한다. 또한 클라이언트의 자기결정권(self-determination)을 존중하고 클라이언트의 비밀을 보장해야 한다. 변화의 일차적 책임은 클라이언트에게 있기 때문에, 클라이언트가 동기부여가 되어있지 않고, 변화에 소극적이거나 부정적일 때 긍정적인 변화를 기대하기는 어렵다. 따라서 사회복지사는 클라이언트가 대안과 다양한 선택을 할 수 있도록 도와야 하는데, 단 선택을 강요해서는 안 된다. 사회복지사는 문제를 확인하고, 행동계획을 세우고, 계획을 실행하는데 관련된 모든 사람이 참여할 수 있도록 그 과정을 관리할 책임이 있다. 클라이언트의 참여를 극대화하기 위해서 사회복지사는 '클라이언트에게(to the client)' 혹은 '클라이언트를 위해서(for the client)'가 아니라 '클라이언트와 함께(with the client)'해야 한다.

(11) 사회복지사는 클라이언트가 스스로 문제를 해결할 수 있도록 방법을 익히는 것을 도와야 한다.

가장 바람직한 원조는 현재의 문제를 해결하고 미래에도 일어날 수 있는 문제에 대해 클라이언트가 전문가의 도움 없이 스스로 문제를 해결하면서 건강하게 살아갈 수 있도록 하는 것이다. '클라이언트 스스로 할 수 있는 일을 대신 해주지 말라'와 같은 원조의 원리는 클라이언트가 독립적이고 사회복지사에게 의존하지 않도록 자신의 삶을 꾸려 가는 방법을 습득시키는 것을 의미한다.

⑿ 사회복지사는 개입과정에 대해 지속적인 평가와 점검을 해야 한다.

사회복지실천에서의 개입이란 개입전략 과정을 서술하고, 성취되어야 할 바람직한 목적을 가정하고, 그에 따른 측정 가능한 목표를 설정하여 이를 클라이언트와 공유한 뒤에 시작된다. 이러한 개입과정은 지속적인 점검을 통해 수정 및 보완하여 클라이언트가 만족할 수 있는 전문적 개입이 이루어지도록 하는 것이 필요한데, 이를 위해 사회복지사는 항상 개방적인 자세로 지도감독자(supervisor)와 클라이언트의 의견을 받아들일 수 있어야 한다.

✓ **Advocacy(옹호)** involves actively intervening in order to help clients get what they need. Most frequently, this intervention focuses on "the relationship between the client and an unresponsive system" (Epstein, 1981, p. 8).

✓ **Supervision(지도감독)** is the process by which a designated supervisor watches over a worker's performance, directs activities, and provide feedback.

The average social worker focuses on the problem.
The good social worker focuses on the person.
The best social worker focuses on the community.

사회복지사

(1) '사회 복지' 어떻게 봐야 할까?

진부한 물음을 던져 보자. "가난은 나랏님도 구제 못할까?" 사회복지를 바라보는 관점은 각각 차이가 있다. 시장경제의 합리성을 중요시 하는 이들은 산업화가 경제 발전과 함께 실업·빈곤 등의 문제를 유발하는 것을 인정하면서도, 경제 발전이 이에 대응하는 장치인 복지제도의 발전을 자연스레 이끈다고 본다. 노동자 계층의 정치세력화를 중요시 하는 이들도 있다. 이들은 노동자 계층이 복지를 늘려달라고 요구하는 목소리가 커지면 반대편에 있는 자본가의 이익이 제어된다고 본다. 또 다른 이들은 복지제도로 인해 시장경제 발전으로 인한 실업·빈곤 등이 완화되는 경향은 있지만, 애초에 자본주의와 사회복지는 양립할 수 없다고 본다. 관점은 다르지만 최소한 시장경제의 부작용(시장 실패)을 인정하고 이를 완화하는 노력을 해야 한다는 것에는 이견이 없다.

진부한 질문을 다시 던져보자. "가난은 나랏님이 구제해야 하는 것 아닐까?" 복지는 국민의 '권리'다. 국가와 사회의 '시혜'가 아니다. 쉬운 예를 들어보자. 2000년 국민기초생활보장법이 시행될 때 기존 생활보호제도에서 쓰이던 '보호'라는 용어는 '보장'으로, '보호대상자'는 '수급권자'로 바뀌었다. 권리로서 복지를 보자는 의미이다. "모든 국민은 인간다운 생활을 할 권리를 가진다." "국가는 사회보장·사회복지의 증진에 노력할 의무를 진다." "국가는 여성과 노인, 청소년의 복지 향상을 위한 정책을 실시할 의무를 진다."고 명시한 헌법 34조를 언급하는 것은 새삼스러운 일이 아니다.

(2) 사회복지사는 무슨 일을 할까?

국가와 사회의 의무를 일선에서 행하는 이들이 사회복지사다. 사회복지사의 업무는 크게 현장 업무와 정책·행정업무로 나뉜다. 인천의 한 동주민센터에서 일하는 사회복지사 홍지욱씨의 일상을 따라가 보자. 그는 수시로 기초생활수급 노인의 집을 찾아간다. 요새 식사는 어떻게 했는지, 쌀은 떨어지지 않았는지, 건강이 나빠지진 않았는지, 가족들과 어떻게 지내는지 등을 세세히 확인한다. 또 장애인 연금과 기초연금 등을 설명하기도 한다. 기초생활수급자 노인은 홍씨를 마치 친아들처럼 반긴다.

한국사회복지협의회에서 일하고 있는 사회복지사 이대영씨는 '좋은 이웃들'이라는 보건복지부 위탁사업을 맡고 있다. '좋은 이웃들'은 전국 60개 시·군·구, 읍·면·동의 수행기관들이 복지 혜택을 받지 못하는 이들을 찾아내고 그들에게 필요한 서비스를 제공하는 사업이다. 그는 해당 수행기관들이 업무를 잘 할 수 있도록 중앙에서 예산을 지원하고 교육과 홍보를 한다. 또 업무지침이 되는 사업운영 매뉴얼을 제작하고 향후 필요한 사업을 개발하기도 한다. 그 외에도 복지카드, 아동 바우처, 청소년학교 운영비 등 장애인, 노인, 아동에 대한 업무를 하는 사회복지사도 있다.

(3) 사회복지사에게 맞는 적성은 무엇일까?

사회복지사는 사람을 대하는 직업이다. 감정노동이 심한 편이다. 복지 혜택을 받지 못하는 이들이 구청이나 동주민센터에 찾아와 욕설을 하거나 고성을 지르는 경우도 적지 않다. 실제 2013년 녹색연구원의 조사를 보면 사회복지직 공무원의 직무 요구도는 남성이 67, 여성이 70.7로, 한국 노동자 평균 직무 요구도(남성 50, 여성 54)보다 높다.

이 때문에 사회복지사들은 "관심과 경청, 긍정적 마인드를 가진 사람이 사회복지사를 할 수 있다"고 입을 모은다. 어려움에 처한 이들은 소외·고독감, 무기력 증 등을 느끼고 있다. 그들에게 적극적으로 다가갈 수 있는 성격이 요구되는 것은 어쩌면 당연한 일일지 모른다. 냉철하게 복지 대상자에게 무엇이 필요한 지를 판단하고 계획하는 것도 중요하지만, 마음으로 그들의 상황을 이해하고 공감할 수 있는 능력이 필요하다. 물신주의를 신봉하거나 이기적인 성향을 가진 사람이라면 사회복지사라는 직업을 택하지 않는 것이 본인에게도 사회에게도 좋다.

개인이 겪는 빈곤과 가난·질병 등은 곧 사회 구조적인 문제라는 점에서 사회복지사는 사회를 변화시킬 수 있다는 믿음을 가진 사람들이다. 정신보건센터에서 사회복지사로 일한 유진선씨는 "사회복지사가 누군가를 쉽게 변화시킬 수 있으리라고 믿는 것은 큰 오산이다"라며 "그럼에도 불구하고 사람들이 달라지고, 세상이 달라진다는 것을 느낄 때 사회복지사로써 자긍심을 느낀다"고 말했다. 서울 서부장애인종합복지관에서 27년째 사회복지사로 일하는 이명묵씨는 "지역주민의 삶의 고통과 내가 함께 하고 있고 사회문제에 대해 사회복지사로써 제 목소리를 낼 때 '이 직업을 선택하길 잘했다'는 생각이 든다"고 말했다.

(4) 사회복지사가 되려면 어떻게 해야 할까?

사회복지사 자격증은 1·2·3급이 있다. 1급 자격증은 사회복지학 또는 사회사업학을 전공하고 국가시험을 합격해야 취득할 수 있다. 전문대학 등에서 사회복지학 전공교과목을 이수한 이들은 1년 이상 사회복지사업의 실무경험을 갖춘 뒤 1급 시험을 볼 수 있다. 사회복지사 1급 자격증을 가진 이들이 의료사회복지 또는 정신보건 분야에서 1년 이상의 실무경험을 갖추면 '의료사회복지사' 자격증 시험에 응할 수 있다. 1급 자격증 소지자가 전문요원 수련기관에서 1년 이상 수련을 마치면 '정신보건사회복지사 2급' 자격증을 딸 수 있다. 2급 정신보건사회복지사 자격 취득 이후 정신보건시설·보건소·국가나 지방자치단체에서 위탁받은 기관에서 5년 이상 실무경험을 쌓으면 1급 정신보건사회복지사 자격증을 딸 수 있다.

2·3급을 따기 위한 시험은 없다. 고등학교를 졸업한 이들이 보건복지부장관이 지정하는 교육훈련기관에서 24주 이상 사회복지사업에 관한 교육훈련을 받으면 3급을 취득하게 된다. 2급은 대학원·대학·전문대학·학점은행제에서 규정된 과목을 이수해야 취득할 수 있다. 3급에서 2급이 되려면 2급 기준을 충족하거나, 사회복지사 경력이 3년이 되어야 한다. 3급 자격증 취득자가 2급을 거치지 않고 1급 자격증을 딸 순 없다. 사회복지직 공무원이 되기 위해선 사회복지사 2급 이상의 자격증을 가지고 있어야 한다. 사회복지사 자격증을 취득하면 지역복지사업, 아동복지, 노인·장애인 복지 활동을 하는 민간 사회복지기관에 취업할 수 있다.

(5) 사회복지사의 처우와 전망은 어떻게 될까?

몇 년 전 "사회복지사 자격증만 있으면 무조건 취업이 된다"는 광고가 유행했다. 자격증 취득기관에서 퍼뜨린 거짓말이다. 사회복지사 자격증을 가지고 있는 사람 10명 중 2~3명 정도만 관련 업계에서 일하고 있다. 이 거짓말이 설득력 있게 들렸던 이유는 복지 제도의 확대에 대한 사회의 공감대가 크게 형성됐다는 반증이기도 하다. 복지 제도는 크게 확대되는데 그에 따른 인원 보충이 더디다는 지적은 반복된다. 현재 사회복지사 공무원들의 모습만 봐도 1명이 100~200명의 복지 대상자를 돌봐야 하는 '업무 과다'상황에 놓여 있는 것도 사실이다. 거꾸로 말하자면 사회복지사에 대한 수요는 늘 수밖에 없는 상황이다.

사회복지사에 대한 수요가 늘어도 그 처우가 크게 나아질 것이라고 기대하지 않는 시각도 많다. 현재 사회복지공무원을 비롯해 민간 복지센터의 사회복지사가 많은 보수를 받는 경우는 없다. 단 대기업이나 병원 등의 사회공헌팀에서 뽑는 사회복지사는 해당 기업의 직원과 같은 보수를 받기 때문에 좀 나은 편이다. 또 복지를 '권리'가 아닌 '시혜'로 보는 사회의 시각이 남아 있어 "세금이나 성금으로 사회복지사의 임금을 많이 줄 수 없다"는 편견도 존재한다. 종합하면 사회복지사에 대한 처우는 크게 늘지 않아도 사회복지사의 역할은 날로 커질 것으로 보인다(경향신문 곽희양 기자).

나는 사회복지사다

요즘 우리 노인복지관이 밤이면 유치원으로 바뀐다. 왜냐하면 직원들이 유치원생 복장을 하고 있고 '송아지' 동요가 반복적으로 흘러나오기 때문이다. 5일간의 긴 감사를 마치고 나서 우리 직원들은 오는 11일 부산사회복지사협회에서 주관하는 사회복지사 어울림 한마당 '나는 사회복지사다' 예선에 나갈 준비를 하고 있다. 공중파의 '사마귀 유치원'을 패러디한 시나리오를 작성하여 맹연습 중에 있다.

사회복지사가 되어 취업하고 결혼하는 방법을 주제로 잡았다. 몇 가지 시나리오 내용은 다음과 같다. 부산시내 두 개 대학을 제외하고 모든 학교에 있는 사회복지학과에 들어가서 파트타임 시급 4천320원으로 8년간 학교를 다닌다. 졸업 후 1급 자격증을 따기 위해서는 간단하게 매일 세 시간씩만 자면 된다. 공단에서는 프로그램으로 계산하는 국민연금을 수작업으로 계산하는 아주 쉬운 시험 8과목을 모두 60점 이상만 받으면 된다. 사회복지기관의 취업 경쟁률은 고작 사오십대 일 정도, 취업하고 나면 바로 '야근의 요정'이 된다. 그렇게 하고 받는 연봉은 4년제 대학 졸업 후 다른 직종과 비교 안 하는 것이 마음 편하다. 부산보다는 가까운 경남의 사회복지시설, 그리고 이왕이면 노인복지관 취업을 추천한다. 왜냐하면 연봉이 같은 직급에 300만원 이상 차이가 나기 때문이다. 결혼을 하게 되더라도 절대 사회복지사를 만나지 말아야 한다. 의지대로 안 되면 적어도 꼭 맞벌이를 구해야 한다. 이유는 맞벌이를 하지 않으면 수급자가 될 수밖에 없다 등이다.

현장에서 관장직을 하고 있는 나에게는 불편한 진실이다. 그러나 시나리오의 이런 내용들이 패러디이긴 하지만 실제 현장의 복지사들이 자신을 바라보는 시각일 것이다. 부산의 사회복지사는 약 3만 명이다. 과정의 차이는 있겠지만 복지관, 생활시설, 자활센터, 시니어클럽 등 400여 개의 기관과 단체에서 장애인, 노인, 빈곤가족 등을 위해서 전문가 사명을 가지고 복지 현장에 임하고 있다. 개념 없는 정치인들이 사회복지를 '세금 먹는 하마' 취급하며 표퓰리즘으로 매도할 때도, '도가니'라는 영화를 보신 분들이 현장의 사회복지사에게 뭐라 하실 때도 이들은 어르신들의 가을나들이를 위해 안내전화를 돌린다. 길고 긴 5일간 구청감사를 받으며 차량운행일지에 잘못 기재된 1km를 찾기 위해 계산기를 밤늦도록 두드린다.

복지는 '자선'과 '봉사'의 패러다임에서 '권리'의 개념으로 바뀌었다. 그리고 이젠 '당사자주의'가 복지 현장의 대세이다. 하지만 허울 좋은 '전문가'라는 명패로 '선생님'이라는 호칭만 있는 '사회복지사의 복지'는 아무도 이야기하지 않는다. 330만 부산 시민의 복지서비스를 전달하는 이들의 복지는 누가 이야기해야 하고 누구의 책임일까, 이제는 이들을 위한 정책과 정치를 공식적으로 논의해야만 한다. 3만 명은 적은 수가 아니다. 더욱이 이들에게서 서비스를 제공 받고 있는 어르신, 장애인, 아이들의 수를 생각해 본다면 시급한 일이다.

2004년 10월 정부는 지방자치단체의 자율성을 높이고 지역 실정에 맞는 복지사업을 실현하겠다며 국고보조로 운영되던 사회복지분야 67개 사업의 권한을 지방에 넘겼다. 그러나 지방이양의 결과는 지역 맞춤형 복지 실현이 아닌 부실 운영이었다. 정부는 분권교부세를 지방에 내려 보내 부족한 복지사업비에 쓰도록 했지만 역부족이었다. 2004~2009년 지방이양 복지사업예산은 연평균 16.5% 증가했지만 분권교부세의 증가율은 5.9%에 그쳤다. 당연히 지방 간 격차가 발생할 수밖에 없었으며, 생존권이라고 강조하는 복지의 부실 운영 책임은 국가가 아니라 사회복지기관을 운영하는 조직과 사회복지사에게 전가되기에 이른다.

이러한 환경이 사회복지사의 복지를 터부시하게 만든 주범이지만 이제는 정책적으로 논의하고 관심을 가져야만 한다. 지난 9월 국회에서 '한국장애인시설협회 주관 지방사업의 중앙정부 환원'이라는 주제로 토론회가 있었다. 이것 역시 하나의 방법이 될 수 있을 것이다. 나는 '크고 강한 부산' 보다는 '행복한 부산'을 바란다. 그 첫걸음으로 어렵고 힘든 이웃들에게 서비스를 제공하고 있는 사회복지사들이 자신의 직업에 만족하고 행복해질 수 있어야 한다. 이런 행복한 마음으로 전달하는 서비스가 우리 이웃을 행복하게 만들 수 있기 때문이다(김묘정 동명대 사회복지학과교수, 부산남구노인복지관 관장, 부산일보 2011. 11).

어느 사회복지공무원의 수기

사회복지전담공무원으로 일을 시작한 지 올해로 꼭 10년째 됩니다. 이제 서서히 일에 지칠 때도 되었다는 생각도 들지만, 한 편으로는 그동안 일을 하면서 나는 정말 사회복지사로서 합당한 마음가짐을 가지고 업무에 임했는가에 대한 의구심도 생깁니다. 그래서 근무하면서 어떤 보람이 있었는가를 사람들이 물어오면 선뜻 대답하기가 힘이 듭니다.

사회복지직공무원으로서 첫 발을 내딛는 사람이면 대개가 어려운 처지에 있는 사람들에게 그들의 욕구와 문제에 부응할 수 있는 지원을 해줘야겠다는 생각을 하게 되리라 생각합니다. 저 또한 다르지 않았습니다. 그러나 한해 두해 일을 하다 보니 어느 순간 도움이 필요한 대상자를 지원해주는 사람이 아니라 의심하고 편견 가득한 시선으로 바라보는 저 자신을 발견하게 되었습니다.

예를 들어, 기초생활수급자의 경우에 근로능력조사, 소득・재산조사 등 각종 지원에 필요한 소득 인정액을 조사하다보면 이 대상자가 필요한 것이 무엇인가를 파악하려는 것이 아니라 이 사람은 일을 할 능력이 충분한데 왜 일을 하지 않으려고 하는가를 따지게 되고, '저렇게 사니 저 꼴로 가난하게 살 수밖에 없지'라고 하는 부정적인 시각만 커지게 되는 것 같습니다. 일을 하면서 이런 부정적인 시각으로 대상자를 바라보는 저를 볼 때면, 초심을 잃은 저 자신에게 실망하는 저를 함께 보게 됩니다.

몇 년 전 저 자신에게 가장 크게 실망한 사건이 있었습니다. 북부동에 근무할 때였는데, 기초생활수급자였던 한 알콜중독자는 하루도 거르지 않고 저에게 전화를 걸어서는 돈을 더 달라, 쌀을 더 달라하며 괴롭혔습니다. 그런데 그렇게 저를 괴롭히던 아저씨가 제가 장유면으로 전근을 가게 된 후 얼마 되지 않아 또 전화를 해 그동안 괴롭혀서 미안하고 고마웠다는 인사를 하는 것이었습니다. 그러나 저는 그런 소리마저 귀찮게 여겨져 '됐으니까 이제 제게 다시 전화하지 마세요'하고 끊어 버리고 말았습니다.

그 순간에는 정말 지긋지긋하다는 생각 밖에 없었습니다. 그런데 얼마 지나지 않아 그 아저씨가 지병으로 인해 사망했다는 소식을 듣게 되었습니다. 그 순간 아! 그 전화를 받았을 때 조금만 친절하게 응대를 해 주었으면 좋았을 것을 하는 생각과 함께 사회복지사로서의 사명감을 소홀히 한 제 자신에게 정말 실망하지 않을 수 없었습니다.

그래도 일을 하다보면 소소하지만 보람을 느끼게 되는 경우도 많습니다. 매일 술 마시고 찾아와서 괴롭히는 사람이어서 다시는 오지 말았으면 하다가도 사탕을 하나 가지고와서는 살짝 내미는 사람, 다른 민원인으로부터 심한 욕설 등의 폭력을 당하고 있을 때 그래도 내 편에서 흑기사가 되어주는 아저씨, 정부에서 지원해 주는 돈인데도 마치 내가 주는 돈인 것처럼 내게 매번 고맙다고 인사하는 할아버지, 자신의 텃밭에서 가꿨다며 오이나 호박 등을 따다주시는 할머니 등 모두 나를 괴롭히는 사람들이기도 하지만 또한 보람과 감동을 느끼게 해주는 사람들이기도 합니다.

그러나 사회복지직공무원으로 일을 하면서 겪는 가장 큰 어려움은 무엇보다도 각종 사업에 대한 이해라고 할 수 있습니다. 읍・면・동에서 근무하는 사회복지직공무원은 사회복지업무와 관련해서는 만능인이 되어야 합니다. 노인, 장애인, 아동, 기초생활수급자 등 관련 사업에 대한 기본적인 지침서만 해도 20권이 넘습니다. 그것에 더하여 각종 세부 사업들까지 포함하면 다 숙지한다는 것은 거의 불가능합니다.

사회복지직공무원으로 일하면서 중요한 것은 도움을 요청하는 사람의 욕구를 정확하게 파악하여 지원 가능한 서비스를 최대한 연계하고 제공하는 것이라고 생각합니다. 그러나 각종 사업의 기본지침을 파악하는 데만 많은 시간이 필요하기 때문에, 그것에 더하여 다른 부처에서 시행하는 각종 사업 및 민간에서 행해지고 있는 서비스나 프로그램들을 파악하기에는 어려움이 많습니다.

그러나 일반인들은 사회복지직공무원들을 보고 항상 탁상행정만 하고 대상자의 실질적인 절박함은 소홀히 한다고 합니다. 그러나 실제로는 업무지침을 익히고, 새로운 시책에 맞추어 업무를 처리하기에도 급급한 상황입니다. 여기에 잦은 복지전달체계 개편과 더불어 시스템의 변경 등은 익숙해질 만하면 다시 새로운 과업을 부과해 안정적인 직업인으로 정착을 할 수 없게 합니다.

일단 사회복지직으로 일을 하면서 자신의 업무와 관련해서는 최고의 전문가가 되어야 한다는 생각으로 지침숙지에 최선을 다하고 있습니다. 그리고 타 부처나 각종 민간기관에서 시행하고 있는 서비스들을 파악하려고 노력하고 있습니다만 능력의 한계를 느끼게 됩니다. 또한 사무실 업무로 바쁜 중에도 나름대로 발로 뛰는 행정을 구현(?)하려고 일주일에 하루는 무조건 가정방문을 하는 날로 정해 놓고 책상머리에서 서류만 검토하는 것이 아니라 대상자들의 생활을 실질적으로 파악하고자 하는 노력도 합니다. 그게 이런저런 이유로 지켜지지 않을 때도 있었지만요.

마지막으로 일을 하면서 사회복지공무원의 역할 중 가장 중요하다고 느낀 점은 법규나 지침에 의하여 행해지는 업무에만 국한하지 말고 지역사회의 다양한 복지자원을 최대한 활용하는 것이라고 생각합니다. 흔히 민간 분야에서 일하는 사회복지사들은 행정에는 가용 재정이 충분하여 대상자에 대한 지원을 충분하게 할 수 있다고 생각합니다.

그러나 행정에서는 법적으로 정해 놓은 예산사업에 근거한 서비스만을 제공하는데 그칠 수밖에 없습니다. 예를 들어 기초생활수급자는 생계비, 의료급여, 교육급여 등 법적으로 인정된 급여에 대한 지원만 할 수 있습니다. 그러나 사람의 욕구라는 것이 최저생계비로만 충족될 수 없고, 즉 먹고, 입고, 자고하는 기본적인 욕구만 있는 것이 아니라 그 외에 부가적인 많은 욕구들이 있다는 것입니다. 사회복지공무원은 그러한 부가적인 욕구들에 부응하는 서비스를 최대한 찾아서 연계할 수 있는 역량을 가져야 한다고 생각합니다.

이상으로 10년간 사회복지직공무원으로 일하면서 느낀 점들을 적어 보았습니다. 솔직히 저는 사회복지학부의 학생시절부터 사회복지에 대한 정체성이나 사명감이 충만한 학생도 아니었고 사회복지직공무원이라는 직업도 어떤 큰 뜻이 있어서 선택한 것도 아니었습니다. 또한 내성적이고 소극적인 제가 이 일을 잘 해낼 수 있을까? 하는 두려움도 많았습니다. 그래도 10년의 세월은 그냥 돌아오지 않는 물처럼 흘러만 간 것은 아닌 가 봅니다. 나의 도움을 필요로 하는 사람들이 있고, 그들이 나를 찾아와 나의 도움을 청하고, 그들을 도와줄 수 있게 되고, 도움을 받고 난 후 그들의 환해 진 얼굴을 보게 되고, 그러한 것들이 사회복지공무원으로서의 하루하루를 지탱해주는 큰 힘입니다.

"고단한 사회복지사: 일이 많아 집에도 못가고 복지관 책상위에서 새우잠 자는 때 많아, 이렇게 남만 돕다가 내가 먼저 가겠구나 싶어"

"'착한 사람'이니 모든 걸 감내하라고요? 사회복지사야말로 복지의 사각지대죠." 복지관, 양로시설, 아동양육시설 등에서 사회복지업무를 하는 사람들을 '사회복지사'라고 한다. 사회복지사 자격증은 1, 2, 3급 세 종류가 있다. 1급은 사회복지학을 전공한 후 국가시험에 합격해야 딸 수 있다. 2급은 별도 시험 없이 교육기관에서 일정 학점을 이수한 후 사회복지기관에서 120시간 실습을 하면 취득할 수 있다. 2016년 말 기준으로 사회복지사 자격증 소지자는 전국적으로 80만명을 넘어섰다. 복지 수요가 커지면서 복지 인력에 대한 수요도 커지고 있기 때문이다. 하지만 현실은 열악하다. 인제대학교 사회복지전공 학생들로부터 현장에서 근무하는 사회복지사의 애환을 들어봤다.

24시간 내내 일에 '헉헉'

• 해도 해도 일이 끝이 없다. 어르신을 대상으로 요양사업, 주야간보호사업 말고도 여가활동 지원, 의료 지원, 김장 지원, 긴급 지원을 한다. 일이 너무 많아 힘들다. 일할 사람이 많으면 다행이겠지만 현실은 그렇지 못하다. 이래 가지고 어르신들에게 맞춤형 복지를 제공할 수 있겠는가? 정말 아쉬운 부분이다(33세·여).

• 대부분의 복지관이 인력이 부족하다. 만드는 데 4개월이 걸리는 통계보고서를, 사람이 부족해서 나 혼자 만들었다. 공간도 부족하다. 우리 복지관만 해도 건물이 좁아 멀리 떨어진 다른 지역의 센터에 물건을 보관하는데, 필요한 물품이 있을 때 그걸 가지러 이동하는 데만 한 시간이 걸린다. 이런 비효율이 또 어디 있겠는가(31세)?

• 복지관의 업무 시간은 악명이 높다. 일찍 끝나도 오후 9시다. 보통은 오후 11시나 12시쯤 되어야 퇴근한다. 새벽 4시까지 야근하는 경우도 있다. 주 7일 근무도 많다. 살인적인 노동시간에도 불구하고 보수는 야근수당까지 포함해도 월 200만원이 안 된다. 평가제도가 시행되면서 모든 실적은 문서로 기록해야 한다. 그래야 보조금이 나온다. 이 문서 작업은 보통 야간에 한다. 그러니 일찍 퇴근할 수 있겠는가(30세·여)?

• 한 어르신이 보건복지부에 우리 근무시간이 너무 많다고 민원전화를 넣기까지 하셨다. 그 어르신은 직원들이 밤 12시가 넘어도 퇴근을 못하고 혹사당하고 있다고 하셨다. 직원의 가족이 기관의 홈페이지에 항의성 글을 올리는 경우도 많다. 주말에도 퇴근 이후의 개인 삶이 없다. 그런 삶을 당연하게 여기게

되는 이 현실이 싫다(35세·여).

• 휴일도 없다. 하루 기본 15시간씩 '월 · 화 · 수 · 목 · 금 · 금 · 금'으로 근무한다. 한동안은 복지관 마룻바닥에서 하루 4시간씩만 자면서 일했었다. 그러다 대상포진에 걸리기도 했다. 면역체계가 완전히 무너진 것이다. 그렇게 일을 많이 했지만 신기하게도 일은 줄어들지 않는다. '남 좋은 일 하다가 내가 먼저 가겠구나'하는 생각을 한다(33세).

"자원봉사자 아닌 전문직입니다"

• 사회복지사는 여성이 아이를 낳고 키우면서 일하기 무척 힘든 직업이다. 출산휴가는 꿈도 꾸지 못한다. 연장근무를 해도 수당이 없다. 근로자라면 받아야 할 기본 혜택을 우린 받지 못한다. 상황이 전혀 개선되지 않으니 사회복지인력의 품질이 많이 떨어지게 되지 않을까 걱정이다(32세·여).

• 우리가 하루를 어떻게 보내는지 높은 분들이 알려고 노력했으면 좋겠다. 사회복지사에 대한 체계적인 교육과 지원이 필요하다. 연차가 높아지다 보면 연봉이 많아져야 하는데, 전체 사업비가 그대로이니 경험이 많은 사회복지사가 일을 그만두는 경우가 있다. 그분들이 오래 일할 수 있는 여건부터 만들어야 하지 않겠나(34세)?

• 사회복지사 일을 좀 하다 보니 '돈을 받는 자원봉사자'와 크게 다를 바 없다는 생각을 하게 된다. 뭐, 대기업에 다니는 친구들처럼 많은 월급을 바라진 않는다. 그렇게 될 리도 없고. 다만 다른 사람들에게 급여 문제를 말하면 '돈 때문에 일을 하는 거야?'라고 생각하며 속물처럼 볼까 봐 자괴감이 든다(33세·여).

• 우리도 사회에서 제 역할을 다하는 직장인이다. 연봉도 많았으면 좋겠고, 야근수당이나 성과급, 특별휴가도 있었으면 좋겠다. 남을 돕는 삶을 살고 싶어 사회복지사가 됐지만, 생계가 달린 일이기도 하다. 보람도 중요하지만 정상적인 '생활'도 돼야 하는 거 아닌가(28세·여)?

• 사회복지사가 되려고 공부 많이 했다. 실습도 하고 국가 자격시험도 봤다. 우리도 전문직이다. 그런데 이렇게 불안정한 전문직이 또 있겠는가? 다른 복지시설에서 일하던 여러 대학 동기들이 이미 일을 그만두고 일반 회사에 취업했다. 아무도 우리를 전문직으로 봐주지 않으니까. 미래도 없고…(28세·여).

• 사회복지사라고 했을 때 "좋은 일 하시네요"라는 말을 많이 듣는데, 속상하다. 아마도 직업이라고 생각하지도 않는 듯하다. 사회복지사도 자신의 자아성취를 위해 사는 사람이다. 나를 완전히 버리면서까지 일하고 싶겠는가? 대학원까지 졸업해야 사회복지사로 인정되는 형국으로 바뀌어 간다. 그런데도

전문직 대우는 안 해준다. 복지사는 기초수급대상자가 된다는 얘기가 나올 정도다(30세).

• 자격시험 제도를 정비할 필요가 있다. 평생교육원에서 야간에 몇 학점 이수하면 된다는 식의 돈벌이 광고를 많이 봤다. 서비스 품질을 유지하려면 무분별하게 사회복지사 자격증이 발급돼서는 안 된다. 또한 일 잘하는 사회복지사들이 묵묵하게 버티고 경력을 쌓기 위해서도 제도의 정비는 필수적이다(32세·여).

안전망 없이 폭행에 노출

• 사회복지사가 복지의 사각지대에 있다. 사람을 위해 한다는 복지가 정작 복지업무를 담당하는 사람은 보호해 주지 못한다. 우리도 다른 직장인들처럼 일이나 사람들 때문에 무척 피곤하고 힘들다. 스트레스도 많다. 우리가 '착한 사람'이니까 모든 걸 감내해야 한다고 생각하지 말아 달라(28세·여).

• 사회복지공무원 수준으로 우리 사회복지사 대우를 맞춰 준다고 한다. 하지만 어떤 복지관의 임원이 "여러분이 살아있는 동안에는 절대 이뤄지지 않을 것"이라고 말했다. 사회복지사가 사회복지공무원보다 훨씬 일을 많이 한다. 현장도 더 많이 다닌다. 그런데 왜 우리는 대우를 제대로 못 받는 건가(31세)?

• 사회복지사들을 위한 안전망이 없다. 우리는 피해를 입어도 신고할 수 없다. 남자 어르신 혼자 사는 쪽방에 들어가기가 겁날 때가 많다. 노숙인을 돕다 폭행을 당하는 사회복지사도 많다. 하지만 아무런 안전장치 없이 그들을 만나야 한다. 사회복지사들의 인권도 생각해 달라(32세·여).

• 행패를 부리는 '진상' 고객들이 있다. 기초생활수급자가 500명 있는데 쌀 100포대의 후원이 들어오면 순번을 정해 준다. 그러면 못 받은 사람 가운데 왜 먼저 안 주느냐고 거칠게 항의한다. 이미 쌀을 받았으면서도 다음 순번이 쌀을 받을 때 "난 왜 안 주느냐"며 행패를 부리는 사람도 있다. 심지어 칼을 들고 오는 사람도 있다. 정말 무섭다(30세·여).

• 민원을 제기하는 분들은 다들 억울함이 많다. 그분들은 크게 감정을 터뜨리지만 우린 그럴 수 없다. 스트레스를 많이 받는다. 이 일을 시작한 후 사람을 자연스럽게 대하는 게 쉽지 않다. 부모님이 염려하실 정도로 이성 교제가 어려워졌다. 누구를 만나든지 뭐든 들어줘야 할 것 같다는 걱정이 앞선다(31세).

"사회복지제도 개선 필요"

• 노인 일자리 공고가 나면 이미 혜택을 봤던 어른들이 재빨리 등록한다. 발대식이 끝나고 한참 후에야 진짜 도움이 필요한 어르신들이 일자리를 구하러 올 때가 있다. 그분들에게 다른 곳을 찾아서 지원

해 보라는 얘기밖에 할 수가 없다. 일자리를 더 늘리거나, 정보를 더 효율적으로 제공해야 한다(35세).

• 기업들의 후원도 현실에 맞아야 한다. 겨울이 되면 여러 기업이 연탄 지원을 한다. 하지만 요즘에는 연탄을 쓰는 노인은 일부 지역으로 제한돼 있다. 대부분의 힘든 노인은 일반 빌라나 주택에 산다. 그분들이 필요한 것은 기름이다. 하지만 기름을 지원하는 기업은 별로 없다. 실질적으로 도움을 줄 수 있는 기부를 고민해야 한다(27세· 여).

• 여든이 넘은 어르신이 있는데 아들 부부와 함께 산다. 아들 부부는 적어도 월 300만원 이상의 고정 수입이 있는 걸로 알고 있다. 하지만 어머니에게 전혀 경제적 지원을 하지 않는다. 어머니는 자식이 수입이 있으니 기초수급자격이 되지 않는다. 기초노령연금 9만 원이 전부다. 매일 컵라면을 드신다. 보기에 안타깝다. 수급자 자격 문제도 생각해 봐야 한다(30세).

• 노인들을 돌보기 위한 장기요양보험제도는 우리나라가 아주 잘되어있는 편이다. 하지만 점점 돈벌이 수단이 돼 버리는 것 같다. 정부의 관리가 제대로 안 된다. 요양기관들이 서류만 그럴듯하게 만들어 놓으면 국가는 실상을 알 수 없다. 시설에서 어르신들에게 사기를 치기도 한다. 대책 마련이 필요하다(33세).

• 노인복지센터가 운영하는 기본 사업부터 바뀌어야 한다. 가령 노인방문요양사업 같은 경우 서비스를 받으려면 노인이 직접 서류를 갖춰 신청해야 한다. 거동이 불편한 노인들은 신청을 못할 수도 있다. 게다가 이 서비스는 노인에게 1회에 3만원을 부담하게 한다. 돈이 없는 노인은 아예 이용할 수도 없다. 이런 부분부터 국가가 해결해야 진정한 복지가 아닐까 싶다(33세· 여).

• 생계만 챙겨주는 단순한 노인복지에서 벗어나야 한다. 그분들이 잘살 수 있도록 시스템을 연구하고 또 도입해야 한다. 그렇지 않으면 노인의 삶이 개선될 수 없다. 재능이 있는 분들은 사회적으로 기여를 할 수 있도록 하고 정당한 대가를 지급해야 한다. 정말로 힘겹게 사는 노인들이 어떤 것들을 필요로 하는지 찾아내서 그 부분을 도와야 한다(34세)(동아일보, 2014. 3. 7).

그대는 역량을 갖춘 사회복지사로 성장할 준비가 되어 있는가?

사회복지사는 사회복지를 수행하기에 적합한 선천적 재능 및 개인적 소질과 자질 외에 전문직으로서 갖추어야 할 일련의 가치체계와 윤리관, 체계적인 지식, 그리고 다양한 실천기술 및 기법을 가지고, 그것들로부터 적합한 원조방법이나 개입을 선택하여 클라이언트의 사회적 기능 향상 및 회복을 돕는 전문직이다.

사회복지사는 어려운 우리 이웃이 일상의 고단한 삶을 지탱하고 미래에 대한 희망을 가지는데 큰 힘이 되어주는 조력자라고 할 수 있다. 장애아동과 빈곤노인, 그 밖의 지역주민들이 경험하는 슬픔과 기쁨을 함께 나누는 삶을 살고자 하는 사람들이라면 꼭 권하고 싶은 좋은 직업이라고 할 수 있다. 그러나 한 편으로 사회복지분야는 타 직종과 비교하여 상대적으로 적은 급여와 잦은 야근, 휴일 근무, 장애인과 노인 등 사회적 약자를 대상으로 휴먼 서비스를 제공하는 과정에서 오는 정신적·육체적인 어려움 등 때문에 사회에서 흔히 좋은 직업의 조건으로 이야기하는 월급 많이 받고 융통성 있게 자기 시간을 가질 수 있는 직업이라고는 할 수 없다.

그런 면에서 단순히 사회복지학을 전공하고 사회복지사자격증을 취득했다고 해서 사회복지사로서 충분한 역량을 발휘할 수 있는 준비를 갖춘 것은 아니다. 사회복지전문직으로 성장하기 위한 자신만의 목표 설정과 그것을 이루고자하는 구체적인 계획 수립, 계획의 달성을 가능케 하기 위한 철저한 준비, 실천현장에서의 기획력과 왕성한 활동, 개입활동에 대한 슈퍼비전과 개선, 기타 자기발전을 위한 꾸준한 노력 등이 함께 어우러져야만 진정한 사회복지전문직으로 자리매김할 수 있다고 하겠다.

역량을 갖춘 사회복지사로 성장하기 위해 갖추어야 할 마음가짐 등 여러 가지 준비해야 할 사항들을 정리해 보면 다음과 같다. 첫째, 효율적인 사회복지실천을 위한 가치관과 윤리관의 토대 위에 사회복지와 관련한 전문지식을 갖추어야 한다. 둘째, 다양한 사회복지서비스와 프로그램에 대한 기획능력과 계획된 프로그램을 수행할 수 있는 추진력과 자원동원능력을 갖추어야 한다. 셋째, 적절한 사회복지서비스를 제공하기 위해 사회복지와 관련된 제반 법규와 제도에 대한 전문지식을 갖추어야 한다. 넷째, 기안문이나 홍보문, 보고서나 사업계획서, 사례관리기록 등을 작성하는데 필요한 문장력을 갖추어야 한다. 다섯째, 사회복지사로서의 업무수행에 필요한 체력과 운전능력, 컴퓨터 실력 등과 함께 페이스북, 트위터 등 SNS를 활용한 업무처리능력도 필요하다.

아울러 미래의 사회복지사로서의 직업적 목표를 갖고 있는 사람이라면 아래의 질문에 대한 대답을 할 수 있어야 한다. 첫째, 사회복지에 대한 확신을 갖고 있는가? 둘째, 사회복지사라는 직업을 천직으로 생각하고 평생 일하고 싶은가? 셋째, 사회복지사로 일을 하게 될 때 예상되는 어려움은 어떤 것들이 있으며 극복할 준비를 갖추고 있는가? 넷째, 사회복지사로서 이루고 싶은 삶의 목표는 무엇인가?

위의 질문에 스스로 명확한 방향과 해답을 가지고 있다면 이미 역량있는 사회복지사로서 성장할 준비가 되어있는 예비사회복지사라고 할 수 있다. 하지만 사회복지에 대한 확신과 사회복지사라는 직업에 대해 진지한 고민과 현실적인 판단 없이 사회복지사로서 취업하기만을 바란다면 취업의 문턱을 넘기도 쉽지 않을 것이며, 설사 취업이 되었다고 하더라도 사회복지사로서 업무를 수행하는 과정에서 오는 부담감과 무력감, 그리고 경제적 곤란 등으로 인해 애초에 목표한 성취를 기대하기 어려울 것이다.

사회복지전문직으로 성장하기를 원하는 예비사회복지사는 위의 질문에 스스로 해답을 찾아보고 자신이 하고 싶은 분야에 대한 뚜렷한 목표가 서 있어야 한다. 막연하게 노인복지를 하겠다거나 사회복지관에 취업하고 싶다거나 사회복지전담공무원이 되겠다는 것이 아니라 예비사회복지사로서의 자신의 현재 모습을 냉정하게 사정하고 그것에 기초하여 실현 가능한 장·단기적 목표를 수립하며 목표를 이루기 위한 구체적인 실천계획을 세우고 목표를 이루기 위한 과정 중에 겪게 되는 어려움들을 극복하기 위해 인내를 가지고 꾸준하게 노력해야 할 것이다. 사회복지에 대한 막연한 동경과 기대만 가지고 성공하는 사회복지사로 성장하기는 불가능하다. 그것은 철저히 자신을 뒤돌아보고, 부족하거나 미진한 부분에 대한 철저한 준비와 함께 자신의 미래를 스스로 설계하고 실천해가는 과정을 통해 획득할 수 있는 결과일 것이다.

사회복지사의 제 역할

"God is dead, but social workers have risen to take his place." - J. D. McCoughey

일반적으로 사회복지사란 클라이언트의 문제나 욕구를 파악하여 적절한 원조계획을 세울 수 있는 능력을 갖추고, 지역 내의 현재적이고 잠재적인 사회자원 및 사회적인 관계망에 대해 충분히 이해하고 있으면서 클라이언트는 물론 타 기관이나 단체들과 효과적으로 의사소통을 할 수 있는 능력을 갖추어야 하는데, 그러한 역할을 효율적으로 수행하기 위해서는 인간과 사회에 관한 정확한 이론과 지식을 익힘과 아울러, 또한 사회복지적 개입을 위한 다양한 실천기술을 습득해야 한다. 사회복지가 추구하는 목적을 효율적으로 달성하기 위하여 사회복지사는 다양하고 전문적인 역할들을 수행하고 있는데, 사회복지전문직들이 사회복지 실천현장의 여러 상황에서 경험하게 되는 다양한 역할들은 다음과 같이 제시할 수 있다.

1. active listener(경청자)
   클라이언트가 비판받거나 무시당하는 두려움을 느끼지 않고 자신의 생각을 솔직히 표현할 수 있도록, 클라이언트의 입장에 서서 클라이언트의 생각이나 기분을 이해하기 위해 적극적으로 듣는 역할을 수행한다.
2. activist(행동가)
   클라이언트의 권리를 침해하는 사회의 불평등을 인식하고, 사회적으로 바람직한 목표 달성을 위해 개인이나 집단의 지지를 얻어 정책에 영향을 미치고자 조직적인 노력을 하는 역할을 수행한다.
3. advisor(자문가)
   사건이나 상황의 적절한 해결 내지 개선을 돕기 위한 의견을 제공하는 역할을 수행한다.
4. advocate(옹호자)
   클라이언트가 정당하고 평등한 처우를 받을 수 있도록 클라이언트의 권리나 이익을 옹호 내지 변호하거나 클라이언트 스스로 주장할 수 있도록 돕는 역할을 수행한다.
5. analyst(분석가)
   문제적 상황을 분해하여 그 상황에 이르게 한 개별적 요인들을 명확히 하는 역할을 수행한다.
6. arbitrator/mediator(중재자, 조정자)
   집단 구성원들 간의 갈등 상황에 개입하여 화해 또는 타협을 이끌어내는 역할을 수행한다.
7. assessor(사정자)
   여러 가지 상황을 조사하고 심사하여 결정하는 역할을 수행한다.
8. behavior changer(행동수정가)
   클라이언트의 문제행동을 적절한 개입을 통하여 수정시키는 역할을 수행한다.

9. broker(중개자)

클라이언트가 필요한 서비스를 제공받을 수 있도록 연결하고 또한 서비스 전달을 위한 구체적 조건의 협상 및 조절을 하는 역할을 수행한다.

10. caregiver/caretaker(간호자)

환자를 간호하는 역할을 수행한다.

11. case manager(사례관리자)

스스로 해결할 수 없는 복잡하고 다양한 문제들로 고통을 겪고있는 클라이언트의 문제(부적응) 원인을 발견하고 개선하기 위하여 클라이언트의 특성, 생활사, 생활환경 등을 사정하고 클라이언트의 문제들을 전체적으로 관리하는 역할을 수행한다.

12. catalyst(촉매자)

클라이언트를 바람직한 방향으로 변화시키는 촉매로서의 역할을 수행한다.

13. change agent(변화 대행자)

개별 클라이언트 또는 집단구성원들에게 바람직한 변화를 가져오게 하는 역할을 수행한다.

14. collaborator(협력자)

문제 해결을 위해 클라이언트 및 관련인 들과 함께 노력하는 역할을 수행한다.

15. colleague(동료)

전문가로서 전문가윤리지침을 지키고 전문가조직에 참여하면서 동료 간에 지지하는 역할을 수행한다.

16. communication helper(의사소통 협력자)

집단 구성원들 간의 의사소통이 원활히 이루어 질 수 있도록 돕는 역할을 수행한다.

17. controller of internal relations(내적 관계 조정자)

클라이언트의 심리, 정서적 측면의 문제를 완화 내지 해결할 수 있도록 돕는 역할을 수행한다.

18. coordinator(조정자)

다양한 생각들과 제안들 사이의 관계를 설명하거나 이해시키고 명백히 하는 역할을 수행한다.

19. counselor/consultant/conferee(상담자)

클라이언트가 가진 문제상황을 해결할 수 있도록 상담을 통해 돕는 역할을 수행한다.

20. co-worker(동료)

집단 구성원의 한사람으로 함께 집단 공동의 문제해결을 추구하는 역할을 수행한다.

21. creator(제안자)

문제가 되는 상황의 개선을 위한 시도로서 어떤 생각을 제시하는 역할을 수행한다.

22. data manager(자료관리자)

미래의 참고를 위하여 자료를 보관하는 역할을 수행한다.

23. diagnosist(진단자)

문제의 상태 및 원인 등을 판단하는 역할을 수행한다.

24. direction giver(방향 지시자)

문제의 개선 내지 해결을 위해 바람직한 방향으로 유도하는 역할을 수행한다.

25. educater(교육자)

클라이언트에게 필요한 정보와 실질적인 지식을 제공함으로써 client를 교육시키고 올바르지 않는 개념이나 정보를 시정해주는 역할을 수행한다.

26. elaborator(부연설명자)

제안에 대한 설명을 하며, 먼저 제시된 제안에 대한 근거를 제시하고, 만일 그러한 착상과 제안이 집단에 의해 받아들여진다면 어떻게 작용을 할 것이라는 연역적인 추론을 하는 역할을 수행한다.

27. enabler(조력자, 가능케 하는 자)

집단 구성원들이 해결해야 할 과제를 측면에서 도와 해결이 가능하도록 하는 역할을 수행한다.

28. encourager(격려자)

개인 또는 집단 구성원들의 기여에 대해 따뜻함과 확고한 태도로써 칭찬·동의·이해·수용하는 역할을 수행한다.

29. energizer(활력소 제공자)

집단을 활성화하여 어떤 결정에 도달할 수 있도록 활력을 제공하는 역할을 수행한다.

30. evaluator/critic(평가자/비평자)

문제를 분석하여 절차나 내용 등을 비판하거나 의문을 제기하는 역할을 수행한다.

31. executive(행정가)

관련 법률에 근거하여 기관의 목적을 효율적으로 달성하기 위하여 조직 체제를 유지, 발전시키도록 기획하고 조정하는 역할을 수행한다.

32. exemplar(본보기)

클라이언트의 심리적 또는 행동 상의 문제를 개선할 목적으로 모범을 보이는 역할을 수행한다.

33. expeditor/gate-keeper(촉진자/문지기)

타인의 참여를 격려하거나 촉진함으로써, 혹은 대화가 잘 진행되도록 어떤 규칙을 제안함으로써 일의 신속한 진행이나 문제의 빠른 해결을 돕는 역할을 수행한다.

34. expert(전문가)

전문적인 지식이나 기술을 적절하게 활용하여 문제해결을 돕는 역할을 수행한다.

35. external group representative(집단 대표자)

대외적인 집단활동의 대표자로서 집단을 돕는 역할을 수행한다.

36. facilitator(촉진자)

집단활동이 신속하고 효과적으로 이루어 질 수 있도록 지원하는 역할을 수행한다.

37. follower(추종자)

집단의 결정에 순응하고 수동적으로 받아들이는 청중과 같은 역할을 수행한다.

38. Goalkeeper(수문장)

목표를 이루기 위해 세워진 원칙을 고수할 수 있도록 돕는 역할을 수행한다.

39. guide(안내자)

문제해결을 위한 방법 등을 소개하고 알려주는 역할을 수행한다.

40. harmonizer/compromiser(화합자)

문제 상황에서 양보를 하거나, 자신의 잘못을 시인하거나, 혹은 자신으로 하여금 집단의 조화를 유지하도록 타이름으로써 상대방과의 조화를 추구하는 역할을 수행한다.

41. ideologist(이상추구자)

집단이 추구하는 이상을 확립하고 추구하는 바에서 벗어나지 않도록 도와주는 역할을 수행한다.

42. information collector(자료수집자)

문제해결에 필요한 각종 관련자료를 모으는 역할을 수행한다.

43. information giver(정보제시자)

문제해결에 도움을 주기 위한 목적으로 자신의 경험을 일반화하여 제시하는 역할을 수행한다.

44. information seeker(정보모색자)

문제에 관한 다양한 정보들의 사실여부를 확인하는 역할을 수행한다.

45. initiator/contributor(창안자/공헌자)

문제나 목표에 관한 새로운 생각이나 변화된 방법을 제안 또는 건의하는 역할을 수행한다.

46. implementer(실천가)

문제의 해결을 위한 구체적 계획들을 실제로 적용하는 역할을 수행한다.

47. innovator(개혁가)

정해진 절차에 따라 비효율적이거나 불합리한 면을 새롭게 바꾸는 역할을 수행한다.

48. interpersonal problem solver(대인관계문제 해결자)

대인관계에서 발생하는 문제를 사회사업적 개입방법을 동원하여 해결을 도모하는 역할을 수행한다.

49. interpreter(해석자)

클라이언트의 행동과 감정에 관한 새로운 의미나 이유를 제시하는 역할을 수행한다.

50. investigator(탐색자)

클라이언트의 불합리한 생각이나 행동을 지적하고, 클라이언트 자신의 감정을 인식시켜 진정한 감정들을 경험하도록 돕는 역할을 수행한다.

51. locator(발굴자)

클라이언트의 욕구나 욕구를 해결하기 위한 자원을 찾아내는 역할을 수행한다.

52. mediator/resource person(조정자, 매개자/자료제공자)

개인, 집단, 지역사회에서 발생하는 갈등에 개입하여 구성원간의 상호이해를 도모하는 역할과, 구성원간의 원활한 상호작용, 상호원조를 위하여 사회자원과의 매개자, 자료제공자로서의 역할을 수행한다.

53. mobilizer(동원가)

문제 또는 문제상황의 개선을 위하여 인적 또는 물적 자원의 존재 여부를 확인하고 동원하는 역할을 수행한다.

54. negotiator(협상자)

관련된 개인이나 집단간의 협의를 통하여 문제의 해결을 위한 효과적인 방안을 찾는 역할을 수행한다.

55. observer/commentator(관찰자/해설자)

집단과정의 다양한 면을 지속적으로 기록하여 집단이 집단과정에 대한 평가를 할 때, 해석과 자료를 제공하는 역할을 수행한다.

56. opinion seeker(의견모색자)

집단이 지향하고 있는 가치관이나 제시된 제안이나 대안과 관련된 가치관을 명확히 하는 역할 을 수행한다.

57. opinion giver(의견제시자)

제시된 제안이나 대안과 관련된 자신의 신념이나 의견을 제시하는 역할을 수행한다.

58. organizer(조직가)

기관간의 협력과 조정을 용이하게 하기 위한 사전준비를 하고, 기관 및 시민과 함께 필요한 서비스를 계획하는 역할을 수행한다.

59. orienter(방향제시자)

집단 내에서의 상호작용을 요약하여 집단의 목표 달성과 관련하여 현재 그 집단의 위치를 알려주는 역할을 수행한다.

60. outreach worker(사례발굴자)

직접 지역사회로 나가 서비스가 필요한 클라이언트를 파악하고 적절한 서비스를 찾을 수 있도록 원조하는 역할을 수행한다.

61. planner(계획가)

서비스 관계 망과 클라이언트의 욕구를 충족시키기 위하여 사례계획, 치료, 서비스통합 및 기관의 협력을 설계하는 역할을 수행한다.

62. policy maker(정책입안자)

사회복지의 실천을 위해 필요한 정책을 제시하는 역할을 수행한다.

63. problem solver(문제 해결자)

구체적인 계획의 실시를 통하여 클라이언트가 가진 다양한 문제의 해결을 돕는 역할을 수행한다.

64. procedural technician(진행 기술자)

집단을 일상적인 업무를 수행한다거나, 유인물을 나누어주며 혹은 집단을 위해 어떤 물체를 작동하는 등의 집단의 움직임을 촉진시키는 역할을 수행한다.

65. program administrator(행정가)

전체적인 프로그램에 대한 책임을 지고 사례관리체계의 설계에 참여하고 기능, 책임 및 결정권을 구체화하는 계약에 참여하는 역할을 수행한다.

66. provider(제공자)
클라이언트의 욕구 충족을 위해 적절한 프로그램 및 서비스를 제공하는 역할을 수행한다.

67. purveyor of rewards and punishments(심판자)
클라이언트, 사회복지사, 또는 관련 프로그램이나 서비스 등에 대한 평가를 통하여 보상이나 비판을 하는 역할을 수행한다.

68. reality tester(현실성 측정자)
클라이언트의 문제해결을 위한 개입방법의 현실성 여부를 판단하는 역할을 수행한다.

69. recorder/reporter(기록자)
미래에 참고하기 위하여 모든 활동내용을 적어서 문서로서 남기는 역할을 수행한다.

70. researcher(조사자)
어떤 사실의 내용을 명확히 알기 위하여 자세히 살피거나 찾아보는 역할을 수행한다.

71. resource distributor(자원 할당자)
문제의 해결을 위해 수립된 계획에 따라서 인적 및 재정적 자원을 배분하는 역할을 수행한다.

72. scapegoat(희생양)
집단의 효율적 활동을 통한 바람직한 결과의 획득을 위하여 자신을 낮추는 역할을 수행한다.

73. service manager(서비스 관리자)
서비스의 효율적 활용을 위하여 지도하고 통제하는 역할을 수행한다.

74. standard setter(기준설정자)
집단이 제 기능을 다할 수 있게 하기 위한 기준을 제시하거나 집단과정의 수준을 평가하는데 있어서 어떤 기준을 제공하는 역할을 수행한다.

75. structurer(구조자)
개입 목적의 설정, 목표도달 방법, 개입의 규칙에 대한 설명, 클라이언트가 개입에 대해 올바른 기대를 갖도록 해주는 역할을 수행한다.

76. summarizer(요약자)
프로그램이나 서비스의 진행과정을 정리하여 전체적인 이해를 용이하게 하는 역할을 수행한다.

77. supporter(지지자)
클라이언트 자신이 이해 받고 받아들여지고 있다고 느껴, 사회복지사에 대한 불안감을 해소시켜 사회복지사와 클라이언트 간의 신뢰감, 친밀감을 증진시키는 역할을 수행한다.

78. teacher(교사)
클라이언트에게 사회기능이나 문제해결능력을 향상하는데 도움이 되는 정보를 제공하고, 적응기술을 익히도록 가르치는 역할을 수행한다.

79. tension reliever(긴장완화자)

긴장이나 갈등상황에 개입하여 집단활동이 순조롭게 진행되도록 도움을 제공하는 역할을 수행한다.

80. therapist(치료자)

의사결정과 계획에서 클라이언트를 돕기 위해 지지, 정신건강개입, 자문 등을 제공하는 역할을 수행한다.

81. trainer(훈련자)

전문가를 양성하기 위해 교육, 워크샵, 사례발표, 수퍼비전 등의 활동에 참여하여 전문가교육이나 훈련을 담당한다.

82. trust builder(신뢰구축자)

클라이언트와 사회복지사, 또는 사회복지사와 사회복지기관 간의 상호 신뢰적인 관계 구축을 위한 역할을 수행한다.

& much much more.

> 내 인생의 목적은 두 눈을 통하여 하나의 사물을 보듯,
> 나의 취미와 직업을 통합하는 것이오. 즐기는 것과 필요가 합쳐지고,
> 생업이 중대한 목적을 위한 놀이일 때에 비로소 행위는 과연 하늘과 미래를 위한 일이 되느니.
>
> *Robert Froust*의 "진흙철의 두 뜨내기 일꾼" 중에서

You' ll Need a Social Worker

When you come into the world too soon
When you can't find anyone to play with
When you are left home alone
When you have the new baby
When you don't think your teacher likes you
When you are bullied
When you don't want mommy and daddy to divorce
When you miss your big brother
When you don't like how the neighbor touches you
When you get into fights at school
When you don't make the team
When your best friend moves away
When you get poor grades
When you always fight with your siblings
When your friends pressure you to get high
When you can't adjust to the move
When you can't talk to your parents
When you want to quit school
When your friends don't like you anymore
When you didn't want this baby
When you feel like running away
When your friend swallows an overdose
When you are the only one that thinks you're fat
When you can't find someone who speaks your language
When you can't forget the assualt
When you can't decide on a career
When your family pressures you to marry
When your boss is hitting on you
When you can't stick to a budget
When you want to adopt
When you wonder if you are drinking too much

When you can't find good day care
When you think you are neglecting your kids
When you are hated because of who you are
When you lose your baby
When your community has gang problems
When your kids want to live with your ex
When your partner is unfaithful
When you want to meet your birthparent
When your child with a disability needs friends
When your step-kids hate you
When your mother won't speak to you
When you just can't face moving again
When your spouse wants a divorce
When you want to be a foster parent
When your city officials don't respond
When your best friend has panic attacks
When you find drugs in your son's room
When your job is eliminated
When your mother-in-law wants to move in
When your neighborhood needs a community center
When you find there is no joy in your life
When your car accident destroys your career
When you sponsor a refugee family
When your legislature passes a bad law
When your brother won't help care for dad
When your partner has a mild life crisis
When you are stressed by menopause
When your mom gets Alzheimer's
When you are caring for parents and children
When you want to change careers
When you lose your home in a fire
When you are angry all the time
When your nest really empties
When your partner insists you retire

When you can't afford respite care
When you can't find a job and you're sixty
When your kids demand you move in with them
When your daughter suddenly dies
When you are scared about living alone
When you can't drive any more
When your children ignore your medical decisions
When your retirement check won't pay the bills
When you learn you have a terminal illness
When you need a nursing home

Life's Challenges - Social Workers are There for You!

사회사업실천에 있어서 비전문적 속성

사회사업은 하나의 전문직으로 발달해 왔으며 거의 대부분의 사회사업실천가들은 사회사업이 하나의 전문직이라고 믿고 있다. 그러면서도 다른 일면에서는 사회사업이 하나의 전문직으로 받아들여지기에는 곤란이 있다고 느끼면서 현장의 사회복지사들은 사회사업이 하나의 전문직으로 확립되어지기를 강력하게 희망하고 있다. 그러한 시각에서 많은 사회사업관련 실천자들은 사회사업의 전문직적 속성에 관심을 가지고 전문성을 부각시키려고 노력해 왔다. 그러면서도 많은 사회복지사들은 사회사업실천의 전문화가 왜 부진하게 진행되고 있는가? 또는 전문화가 되고 있는 원인이 어디에 있는가를 규명하는데 적극적인 관심을 기울이지 않았다. 따라서 사회사업의 전문화에 대한 관심과 노력으로서 사회사업의 비전문적인 요소나 속성에 관심을 가지는 것은 매우 소중하다.

사회사업이 하나의 전문직인가? 혹은 아무나 개입할 수 있는 가장 보편적인 직종의 하나인가? 이에 대한 논의를 제기하는 것은 사회사업 실천가들에게 있어서 그리 생소한 것은 아니다. 역사적으로 미국의 경우를 본다면 하나의 전문직으로서 사회사업이 발돋움을 하기 시작한 1915년에 Abraham Flexner는 사회사업 관련 전국회의에서 '사회사업은 전문직인가?' 하는 제목으로 강연을 한 적이 있었다. 이때 Flexner는 사회사업은 의사나 법률가 등에 비교해 볼 때 여러 가지 면에서 전문직적 속성을 갖추고 있지 못하다고 주장하였다.

그 이후로 이에 대한 논의는 계속되어 왔다. 우리 사회에서도 1990년을 전후하여 사회복지관, 사회복지담당 전문공무원 등의 분야에서 사회사업실천이 질적, 양적으로 팽창하게 되면서 사회사업실천의 전문성에 대한 관심이 급격히 고조되고 있다. 그러한 관심에서 많은 사람들은 사회사업의 전문직적인 속성을 규정하려 하거나 전문적인 실천내용을 부각시키고자 노력해 오고 있다. 하지만 그와는 달리 사회사업이 왜 전문직으로 인식되어지는데 곤란이 따르고 있는가를 살펴보는 것도 사회사업의 전문성을 이해하고 확립하는데 아주 의미가 있는 것이라고 여겨진다. 이에 여기에서는 사회사업실천에 있어서 비전문적인 요인이나 속성을 간략하게 언급해 보고자 한다.

첫째, 사회사업실천 그 자체가 정의적이고 인간의 인간에 대한 보편적인 사랑을 바탕으로 하고 있다거나 그와 무관하지 않다는 점에 주목할 필요가 있다. 주지하다시피 전문 사회사업은 주로 미국에서 자선조직운동과 인보관 운동에서부터 태동하고 발달해 왔다. 뿐만 아니라 역사적으로 본다면 자선사업이나 박애사업, 구호사업과도 관련이 있으며 사회사업의 근본이념으로서 휴머니즘은 자선사업에서나 현대의 전문사회사업에서나 가장 핵심적인 것이라 하겠다. 이러한 사실은 무엇을 의미하고 있는가? 전문적인 사회사업실천이 자선조직운동이나 인보관 운동으로부터 비롯되었다는 것은 사회사업이 곧 인간에 대한 이웃의 사랑이나 인간문제에 대한 인정적인 접근을 바탕으로 하고 있음을 의미하는 것이다. 그리고 자선사업이나 박애사업은 그 자체가 곧 인간과 인간문제에 대한 관심의 표현이자 이웃에 대한 나눔 그 자체인 것이다.

이는 결국 사회사업에서 온정적, 개인적, 정의적 요소는 얼마나 개입되어 있는가? 하는 문제를 생각하게 하는 것이다. 그래서 사회복지 분야의 위대한 사상가 Jane Addams는 이렇게 말하고 있다. '사회사업가는 인간적이고 온정적인 면을 중시해야 하는가? 그래서 사회사업가는 모든 이들에게 성자나 목자로서 비치고 무언가를 항상 나누어주는 입장에만 있어야하는 것인가? 아니면 사회사업가는 냉철한 이성의 소유자인가?' 사회사업가들은 흔히 냉철한 이성으로 판단하고 합리적으로 클라이언트를 도울 것을 요구받는다. 냉철한 이성을 바탕으로 일을 하고자 한다면 그는 기업을 일으키는 사업가로서의 길이 더 잘 어울릴 것이다. 이는 무엇을 의미하는가? 이는 사회사업을 아무리 전문직이라고 규정한다고 해도 거기에는 원초적 굴레가 있음을 암시하고 있는 것이 아닌가?

둘째, 사회사업실천의 목표가 다소 추상적이고 모호한 면을 가지고 있는 것이다. 전문사회사업은 전문적인 지식과 이론 체계를 바탕으로 하고 있으며 이를 실천 속으로 개입시킨다. 그리하여 종국적으로는 모든 인간들이 개개인적으로 행복하게 되는 것을 추구한다. 여기에서 개개인의 행복이라는 것이 과학적인 지식이나 이론으로 구현될 수 있는 것인지를 따져 보아야 한다는 것이다. 행복이란 궁극적으로 심리적인 작용이며 심리적 작용이란 결국 변화무쌍하여 예측이 어려울 뿐만 아니라 지극히 주관적일 수밖에 없다. 이러한 면에서 과학적 지식은 매우 유용하기는 하지만 명백한 한계를 가질 수밖에 없다는 결론에 이르게 된다. 즉 인간의 행복을 과학화한다는 것은 많은 곤란을 내포하고 있다는 것이리라.

셋째, 뿐만 아니라 인간의 문제나 고통은 그 실체가 분명하게 드러나 있지 않는 경우가 대부분이며 그 내용 또한 실타래처럼 얽히고 설켜 있어서 전문적인 개입에 의해서 속시원하게 해결되기 어려운 성질의 것이라 하겠다. 이는 사회사업에서 실천적 개입의 대상의 모호성 때문에 여타의 전문직과는 달리 확실한 해답을 줄 수가 없는 것들이 있다는 것이다. 그래서 사회사업실천에서 우리가 접하게 되는 클라이언트들은 주로 장기간에 걸쳐서 도움을 필요로 하는 문제를 호소한다. 그리고 어디에서부터 손을 써야 할지 불분명한 문제들을 가지고 사회복지사를 찾아오는 경우가 허다하다. 인간의 문제는 주지하다시피 오랜 기간 동안 누적되고 보다 심화되어온 것들이 많아서 그것을 해결하기 위해서는 문제가 싹트고 진행되어온 기간만큼의 긴 시간을 필요로 한다. 온갖 개인적인 특성과 상황이 그 안에 용해되어 있는 것이기에 분석과 진단, 그리고 그 해결이 매우 어려울 수밖에 없는 것이다.

넷째, 그리고 또한 인간의 문제라는 것은 주로 일상생활 속에서 일어나는 미미한 것일 수도 있으며 계속적으로 진행되고 있는 것이라는 면에 주목하여야 한다. 이러한 일상생활의 문제는 과학적인 지식에 의존하여 해결하는 것보다는 오히려 개인의 직접적인 경험과 능력에 크게 의존하는 것이 때로는 효과적일 수 있기 때문에 전문가로서의 고유한 영역을 확보한다는 것은 그만큼 중요한 과제라 하겠다. 이를 달리 표현하자면 인생 경험이 풍부한 보편적 사회인이 전문지식과 이론으로 무장한 사회복지사보다 더 나을 수도 있다는 것이다. 그래서 많은 사람들은 특정한 사회문제나 인간의 고통에 관해서는 주저함이 없이 충고와 지도를 행하려 한다. 즉 일반인들의 그러한 처방은 어느 정도 경험적인 접근이기 때문에 사회사업 지식이나 기술보다도 효과성이 때론 클 수도 있는 것이다. 물론 사회사업학이 사회과학으로서 경험과학적 성격을 지니는 것으로 본다면 이러한 차이는 극복될 수 있다고 할지라도 현실적으로는 많은 사회복지사들이 업무를 과학적으로 처리하지 않고 있다고 한다면 이러한 문제는 여전히 심각한 것이 되고 만다.

다섯째, 마지막으로 우리가 검토하지 않으면 안 되는 것은 사회과학으로서 사회사업학이 안고 있는 한계에 관한 것이다. 인간은 근본적으로 자연과 사회 속에서 살아가고 있다. 그리고 사회과학은 인간이 살아가는 일상생활의 다양하고 구체적인 사실들을 그 연구의 대상으로 삼는다. 이는 자연과학이 별도의 실험이나 실습을 통하여 경험적인 지식을 축적해 갈 수 있는 반면에 사회과학자는 자신의 생활 속에서의 경험적 사실을 통해서 지식을 축적해 간다. 이에 사회과학은 본질적으로 인간생활에서 접하고 인식, 판단해 가는 상식과는 그 구분이 결코 용이하지 않다는 것을 의미한다. 우리 인간은 정치현상이나 경제활동의 원칙, 법률적 사실이나 사회적 약속, 도덕적 규준을 모르고 있으면 단 하루도 일상의 사회생활을 해 나가지 못하게 된다. 이러한 제 사실이나 약속, 규준들을 우리는 상식이라 부르고 있으며 이러한 상식은 사회과학에서 그대로 혼용하고 있는 것이다. 보다 구체적인 예를 들어보자면 우리가 일상생활에서 흔히 사용하고 있는 '관계'라는 말을 사회사업학에서의 그것과 의미를 구분하라고 한다면 그것은 쉬운 일이 아니다. 사회사업학에서 그 의미를 보다 명확하게 구분하기 위해서는 최소 한도로 몇 가지 수식어가 붙어야 한다. 즉 '전문적 관계' 라든지 '관계론', 관계형성' 등이 바로 그것이다. 이러한 용어들은 결국 상식적인 용어라 할 수 있는 '관계'와 그 의미를 바탕으로 해서 확립될 수 있는 과학적 용어인 것이다. 또한 사회과학에 있어서는 연구자의 입장이나 관점이 매우 중요하고 가끔 큰 문제가 된다. 자연과학과는 달리 사회과학은 처음부터 입장과 입장의 논쟁이 문제가 되는 것이다. 즉 사회과학자는 학문활동에서 아무래도 자기의 감정이나 의지가 투영되기 쉽다는 것이다. 그래서 사회과학은 입장의 과학이라고 불려진다. 모든 과학은 연구자의 인식을 기본으로 한다. 그러한 인식을 통해서 현실의 복잡다양한 사회생활현상의 관찰 속에서 이 통일적 원리 그 자체를 파악하지 않으면 안 된다. 특히 사회사업학도 인간문제와 사회문제에 대한 인식과학으로서 인간개체와 그들의 상호관계를 전체적으로 규명하고 있는 것이다. 그리고 나아가 구체적인 실천을 통해서 얻어진 경험을 바탕으로 제 사실들을 구성하고 기존의 사실이나 실제를 검증, 수정하여 새로운 일반적인 법칙이나 이치를 발견해 낸다. 이는 결국 주관적인 思辨(경험에 의하지 않고 순수한 사유만을 통하여 인식에 도달하는 일)이나 산물이어서는 안 된다는 것을 의미한다.

이와 같은 몇 가지 면에서 볼 때 사회사업실천을 위한 지식과 이론은 다분히 비전문적인 측면을 내포하고 있는 것임을 부정할 수가 없게 된다. 그래서 오늘날 우리사회에서 사회복지를 나누어주는 선한 사람 정도로 받아들여지고 있다. 그리고 실제로 사회복지사들은 그러한 수준을 넘어서지 못하는 일면도 가지고 있음은 주지의 사실이다. 이러한 현실은 한사람의 전문가로 인식되기 위해서는 넘어야 할 고비가 많이 있음을 암시해 주고 있는 것이라 하겠다(김수환 경성대학교 사회복지학과 교수).

사회복지조직과 고객

Marketing의 핵심철학은 조직이 하는 모든 일의 중심에 고객을 두는 것이다. 진정한 마케팅은 고객의 욕구를 철저히 이해하는 것으로부터 시작하여 고객의 욕구를 조직이 공급하는 서비스나 제품의 기준으로 삼는 것이다. 이러한 관점에서 마케팅은 고객의 욕구와 조직의 목표를 일치시키기 위한 노력의 과정이라고 할 수 있다.

사회복지조직에서 마케팅의 대상인 고객은 두 집단이 있다. 한 집단은 기부금을 제공하는 후원자(sponsor)들이고 다른 집단은 조직이 생산하는 서비스를 소비하는 클라이언트들이다. 많은 경우 전자의 후원자 집단은 고객으로 모시고 소중히 여기는 반면에 후자의 클라이언트들은 고객으로 대우하지 않는 경우가 많다. 그러나 사회복지조직에서 진정한 고객으로 대우받아야 할 대상은 클라이언트들이다. 그럼에도 불구하고 클라이언트가 고객으로 대우받지 못하고 무시당하는 이유는 다음과 같은 사회복지조직의 독특한 특성 때문이다.

첫째 사회복지조직들은 서비스 공급에 있어 경쟁적 위치에 있기보다는 독점적 지위(exclusive status; monopolistic position)를 차지하고 있는 경우가 많다. 즉 대부분의 사회복지조직들은 지역에서 서비스의 독점적 공급자 지위를 확보하고 있다. 지역별로 인구를 비례로 설치되어있는 사회복지기관이나 시설들은 지역 내에서 특별한 서비스 경쟁자가 없기 때문에 클라이언트들은 그 기관의 서비스에 전적으로 의존하게 된다. 특히 우리나라와 같이 사회복지서비스 공급이 제한되어 있는 사회에서는 클라이언트의 입장에서 다른 대안들이 없기 때문에 할 수 없이 특정 기관의 서비스를 이용하는 경우가 많다. 이 경우 사회복지조직들은 클라이언트의 욕구를 충분히 반영하지 않는 매너리즘에 빠지기 쉽다.

둘째 사회복지서비스는 항상 공급보다 수요(excessive demands)가 초과되는 특징이 있다. 더구나 공급이 수요를 재창출하는 경우가 많아 일단 서비스가 공급되면 수요가 급속하게 증가하는 것이 사회복지서비스의 특성이다. 이 경우 아무리 많은 서비스를 공급한다 할지라도 극히 일부의 욕구밖에 충족시킬 수 없기 때문에 사회복지조직은 클라이언트의 다양한 욕구를 반영하지 못하고 기존의 서비스만 반복적으로 제공하려는 유혹에 빠지기 쉽다. 결국 일부 클라이언트들은 사회복지조직으로부터 철저하게 무시당했다는 기분을 갖게 된다.

셋째 사회복지조직은 잘못하면 무의식중에 가진 자의 온정주의적 태도(compassionate attitude)를 취하기 쉽다. 특히 공급에 비해 수요가 매우 많아 극히 일부의 클라이언트만이 서비스를 받게 되는 경우에 이러한 태도를 갖기 쉽다. 서비스를 받게 된 사람은 선택된 소수이기 때문에 서비스를 공급하는 사회복지조직에 감사하는 태도를 가져야 한다고 생각하는 것이다. 따라서 클라이언트가 서비스에 불만을 표시하거나 불평을 하는 것은 온당치 못하거나 심지어 배은망덕 하다고 간주할 수 있다.

넷째 전문가의 자부심 (excessive self-confidence as a professional)이 클라이언트의 모든 욕구를 완벽하게 알고 있는 사람으로 착각하게 만들 수 있다. 사회복지조직에는 자신의 분야에서 고도의 훈련과 교육을 받은 고학력 전문인력이 많다. 이들이 사회복지의 가치와 철학에 투철하지 못한 경우에는 클라이언트의 욕구 판단에 지나친 자신감을 갖기 쉽다. 그리하여 클라이언트를 개별화하지 못하거나 다양한 개인의 욕구를 차별화하지 못하는 우를 범하게 된다.

다섯째 사회복지조직은 사명에 기초한 동기 (service motives based on mission)를 갖는 경우가 많다. 특히 종교성을 강하게 띠는 사회복지조직일수록 종교적 신앙의 관점에서 클라이언트의 욕구를 설명하려는 경향이 있다. 이 경우 클라이언트 본인의 욕구 인지와 사회복지기관의 욕구분석은 서로 상반될 수 있다. 이럴 때 클라이언트는 철저하게 무시당하는 느낌을 받는다.

이러한 이유들로 인해 혹자는 비영리조직이 태생적으로 고객의 욕구를 충족시키는데 한계를 지니고 있다고 주장한다. 그러나 최근 사회복지조직을 포함한 비영리부문에 상당한 변화가 일어나고 있다. 고객 욕구충족의 중요성에 대한 인식이 높아지고 있는 것이다. 사회복지실천은 고객 욕구에 대한 관심으로부터 시작된다는 사실을 명심해야 한다(정무성 카톨릭대학교 사회복지학과 교수).

사회복지사 1급 국가시험의 구성

시험과목 및 시험시간

구분	시험과목	시험영역	입실시간	시험시간	시험형식
1교시	사회복지기초 (50문항)	인간행동과 사회환경 사회복지조사론	09:00	09:30~10:20 (50분)	객관식 5지선다형
휴식 10:20~10:40(20분)					
2교시	사회복지실천 (75문항)	사회복지실천론 사회복지실천기술론 지역사회복지론	10:40	10:50~12:05 (75분)	객관식 5지선다형
휴식 12:05~13:15(45분)					
3교시	사회복지 정책과 제도 (75문항)	사회복지정책론 사회복지행정론 사회복지법제론	13:15	13:25~14:15 (75분)	객관식 5지선다형

과목별 문항수, 배점 및 과락 점수

교시	시험과목	영역	문제수	배점	합격자 점수기준
제1교시	사회복지기초	인간행동과 사회환경 사회복지조사론	25 25	25 25	인간행동과 사회환경 및 사회복지조사론 합이 40% 이상
제2교시	사회복지실천	사회복지실천론 사회복지실천기술론 지역사회복지론	25 25 25	25 25 25	사회복지실천론, 사회복지실천기술론, 지역사회복지론 합이 40% 이상
제3교시	사회복지 정책과 제도	사회복지정책론 사회복지행정론 사회복지법제론	25 25 25	25 25 25	사회복지정책론, 사회복지행정론, 사회복지법제론 합이 40% 이상
계	3과목		200	200	전과목 만점의 60% 이상

- 매 과목 40% 이상, 전 과목 총점의 60% 이상을 득점한 자를 합격예정자로 결정한다.
- 필기시험에 합격하고 응시자격 서류심사에 통과한 자를 최종합격자로 발표한다.
- 시험세부일정 및 관련정보는 한국산업인력공단 사회복지사 1급 홈페이지(www.Q-net.or.kr)와 한국사회복지사협회 홈페이지(www.welfare.net)에서 확인할 수 있다.

▸ 사회복지학과 졸업 후 진출분야 및 취득 자격증

· 진출 가능 분야

시・군・구청 및 읍・면・동사무소(7, 8, 9급 사회복지 전담공무원, 아동상담원 등), 사회복지이용시설(지역사회복지관 사회복지사, 대상별 전문 복지관 사회복지사, 탁노소 및 장애인 주간보호소 생활지도원 등), 사회복지생활시설(영유아 보육시설 보육사, 양로시설 및 노인요양시설 사회복지사, 장애인재활시설 사회복지사 등), 사회복귀시설(그룹 홈 지도자 등), 어린이집(보육교사), 병원(의료사회복지사), 정신병원(정신보건사회복지사), 여성복지시설(성폭력상담소 전문상담원, 모자원 및 쉼터 생활지도사 등) 학교(학교사회복지사), 교정시설 및 보호시설(교정사회복지사), 상담관련기관(전문 상담요원), 자활후견기관, 복지산업분야(실버타운, 유료요양시설 사회복지사 등), 기타 사회복지관련기관(청소년수련원, 평생교육원 등), 각종 시민단체(YMCA 등), 대학원 진학, 5급 행정고시 사회복지직, 사회보험관련공단(국민연금관리공단, 국민건강보험관리공단, 근로복지공단, 장애인고용촉진공단 등), 일반기업체 등

▸ 취득 가능 자격증

사회복지사, 정신보건사회복지사, 청소년지도사, 보육교사, 개호복지사, 보건교육사, 레크레이션지도사 등.

일반적으로 사회복지실천은 "사회복지사가 인간의 삶의 질을 향상시키기 위해서 개인, 집단, 가족, 지역사회를 대상으로 각자의 문제와 욕구를 스스로 해결할 수 있도록 돕는 전문적인 활동"으로 정의된다. 사회복지실천은 클라이언트 체계의 크기에 따라 미시실천(micropractice), 중범위실천(mesopractice), 거시실천(macropractice)의 세 가지 개입 수준으로 구분되는데, 첫째 미시 수준의 실천은 개인, 가족 및 소집단을 직접 상대하여 바람직한 변화를 이끌어내는 방법이고, 둘째 중범위 수준의 실천은 근린지역사회들과 같은 보다 큰 집단이나 체계들을 대상으로 개입하며, 셋째 거시수준의 실천은 입법부와 같은 보다 큰 체계 및 제도들을 대상으로 활동하는 방법이다. Pincus와 Minahan(1973)은 사회복지실천의 목적을 "개인의 문제해결능력과 대처능력을 향상하고, 사회자원과 서비스 및 기회를 제공하는 체계와 연결하며, 이 체계들을 효과적으로, 그리고 인도적으로 운영하도록 장려하고 촉진한다. 그리고 사회정책의 개발과 발전에 기여함을 목적으로 한다."라고 정의하였다.

(1) 개인에 대한 개입방법(개별사회사업, casework)

사회복지실천방법 중에서 가장 먼저 개발된 것으로 다른 모든 사회복지실천방법의 토대가 된다. 개인을 대상으로 한 사회복지적 개입은, 사회복지사와 클라이언트가 1대1(면대면)의 관계 속에서 클라이언트가 경험하고 있는 문제, 특히 사회적응 상의 문제(개인과 개인, 개인과 집단, 개인과 사회와의 갈등)를 사회복지사와 사회복지사가 속해 있는 기관의 자원과 지식, 기술들을 활용하여 문제해결을 위한 클라이언트의 역량을 강화(empowerment)시켜 궁극적으로 클라이언트가 자신의 문제를 주체적으로 해결할 수 있도록 돕는 방법이다.

(2) 집단에 대한 개입방법(집단사회사업, group work)

집단을 대상으로 한 사회복지적 개입은 집단내의 상호작용을 활용하여 집단 내 다른 구성원들의 지지와 수용을 통하여 클라이언트가 보다 긍정적인 자기이미지를 발달시켜 자신의 능력을 성장시키고 기능을 회복하도록 지원하는 기술이다. 유사한 문제를 가진 사람들로 이루어진 집단을 통한 활동은 클라이언트 스스로 자신을 객관화하여 관찰할 수 있는 기회를 제공하기 때문에 자신의 문제점을 객관적 시각에서 파악할 수 있고, 따라서 문제의 해결을 위한 동기가 부여된다. 결국 의도적이고 계획적인 집단경험을 통하여 개인의 사회적 기능을 향상시키고, 개인과 집단의 문제를 효과적으로 해결할 수 있도록 돕는 방법이다.

(3) 지역사회에 대한 개입방법(지역사회사업, community work)

지역사회란 사회복지실천이 이루어지는 개입의 대상이며 변화가 초래되는 매개체이자 수단인데, 지역사회를 대상으로 한 사회복지적 개입은 지역사회의 자원을 효율적으로 동원, 개발, 연결하여 클라이언트인 지역주민 스스로의 조직화를 통해 자신들의 욕구나 문제를 해결할 수 있도록 돕는 방법이다. 목표의 설정과 활동에 있어서 지역주민의 자발적인 참여가 기반이 되어야 하며, 지역사회조직 과정을 통해 지역구성원 간의 상호이해 및 단결력 등이 향상될 수 있기 때문에 과제의 달성 못지않게 달성에 이르는 전체 과정이 중요하다.

제5장 개별사회사업

1. 개별사회사업의 정의

개인이 환경과의 상호작용 중 경험하는 문제를 해결하기 위한 개입활동을 개별사회사업이라고 한다. 구체적으로 개별사회사업이란 사회사업의 가장 기초를 이루는 방법으로서, 사회생활에 있어서 가족문제, 경제문제, 환경이나 대인관계에서의 부적응 등의 문제로 어려움을 겪고 있는 개인 혹은 가족을 대상으로 다양한 사회자원을 동원하여 클라이언트 개개인과 환경간의 조정을 통하여 문제해결을 돕는 사회복지 실천의 한 방법이다. 사회복지실천의 이념은 개인의 가치와 존엄성의 인정이고, 목적은 개인의 인격발달과 사회적 기능향상이며, 기능은 부적응 기능에 대한 치료와 재활을 위한 원조이고, 방법은 제반 개입활동을 수행할 지식과 기술의 적용이다.

Mary Richmond는 "Casework이란 개인과 사회환경 간의 개별적이고 의식적인 조정을 통해서 개개인의 인격발달을 도모하는 과정"이라고 정의하여 개별사회사업이 개인의 욕구 충족과 인격 발달을 목적으로 한 미시적이고 치료적인 과정임을 강조했다. Swithun Bowers는 "Casework이란 클라이언트와 그 환경의 전체 또는 일부 간에 보다 나은 적응을 이루는데 필요한 개인의 내적 힘과 사회의 자원들을 동원하기 위해서, 인간관계에 대한 과학적 지식과 대인관계에 있어서의 기능을 활용하는 기술"이라고 하였다. Bertha Reynolds(1887~1978)는 "사회사업이란 사람들이 그들의 물리적, 사회적, 정서적 현실을 이해하고 현실의 변화를 위해 사회적 환경과 그들이 가진 자원을 활성화할 수 있도록 돕는 것"이라고 하였다.

2. 개별사회사업의 성격

> "한 家庭의 犧牲(희생)이라는 값비싼 代價를 支拂(지불)하고 나는 한 사람의 삶을 規則(규칙)이나 規定으로 管理(관리)할 수 없다는 事實을 깨달았다. 한 人間이 處한 어려움을 解決(해결)하려면 우선 그 사람의 삶 全體(전체)를 昭詳(소상)하게 把握(파악)해야 한다. 그 사람이 處한 狀況(상황)이라는 脈絡(맥락)을 理解하지 않고 섣불리 덤벼들면 失敗(실패)하기 마련이다." - Jane Addams의 'Twenty Years at Hull House' 中에서

(1) 스스로 해결하기 곤란한 문제를 가진 개인 및 그 가족이 대상이 된다.
(2) 문제에 대한 전문적 지식과 기술을 가진 전문가에 의해서 실시된다.
(3) 개별적으로 개입이 이루어지므로 대상에 따라 그 방법이 달라진다.
(4) 환경에의 적응과 인격의 성장, 발달을 돕기 위한 의식적이고 계속적인 노력이다.
(5) 사회복지사와 클라이언트 간의 인간관계에 기초한 양자의 협동적인 활동과정이 중요시된다.

(6) 접수, 자료수집(조사), 사정(진단), 개입(치료)으로 이어지는 일련의 과정이 있다.
(7) 문제의 예방보다는 재조정 또는 해결(치료)에 중점이 두어진다.
(8) 개인과 그의 사회 환경과의 상호작용이 중시된다.

3. 개별사회사업의 발달과정

(1) 전문적 사회복지실천의 출현(태동)기(1860년대~1900년대)

자선적 박애에서 과학적 실천으로 발전하기 시작하게 된 시기로서 자선조직협회(C.O.S.)의 활동(London, 1869; Buffalo, 1877)이 그 기원이라고 할 수 있는데, 자선조직활동의 구제대상은 빈곤의 여부보다는 인격적 감화의 가능성 여부에 의해서 결정되었다. 즉 우애방문원(Friendly visitor)에 의해 인격적 감화를 받을 수 없는 사람은 구제의 대상에서 제외되었으며, 무차별적이고 무계획적인 구제의 합리화와 조직화가 활동의 목적이었다. 그러나 후에 이르러 빈곤의 원인이 질병, 다수의 자녀, 불결한 개인위생, 불량한 주거환경, 저임금, 부채, 영양실조, 불충분한 교육 등에 기인하는 것이라는 것이 확인되었고, 따라서 빈곤을 개인의 책임으로만 돌릴 수 없음을 인식하게 되었다. 이와 같이 빈곤의 사회적 요인이 중시되게 되어 우애방문원 만으로는 효율적 업무수행이 어려워져 이들 외에 유급전임직원의 고용 및 배치가 이루어지게 되었다.

(2) 사회복지실천의 기초확립기(Progressive Era, 1890년대~1920년대)

① 실천의 체계화와 전문직업화 시도

자선의 조직화에 따라 구제의 조정과 합리화를 목표로 하는 제도나 활동이 체계적으로 전개되던 시기로 자선사업에서 탈피하여 도움의 구체적 기술을 과학적으로 체계화하고 그것을 전문 직업화하려고 시도하였다. 자선조직협회의 경우, 활동이 점차 전문화 및 조직화되어 감에 따라 봉사자 교육 및 조직, 관리 과정에서 일정한 기준과 지침서가 요구됨에 따라 전문적 교육의 필요성이 대두되었다.

② 교육 및 훈련제도 구축

사회학, 경제학, 심리학, 생물학 등의 다양한 분야의 과학적 지식들을 사회복지의 이론과 실천에 통합하려는 시도로 새로운 교육 및 훈련의 필요성이 제창되어 사회사업 전문교육의 출발점으로서 New York 자선조직협회에서 마련한 6주 훈련프로그램인 하기 강습회(1898) 등 각종 강습회가 개최되었고 이후 New York School of Philanthropy(New York 사회사업학교, 1909) 등의 사회사업 전문교육기관이 탄생하였다. 1919년에 이르러서는 미국 내에 사회복지전공이 설치되어 있는 대학의 수가 17개로 늘었고, 1920년대에 들어서는 대학원의 석사과정이 생겨나기 시작했다. 의료사회사업, 정신의료사회사업, 아동·가족사회사업(Child welfare and family casework)이 각각의 독자적 교육과정을 가지고 개설

된 사회사업분야 최초의 3대 정규교육과정이었다.

③ 전문직 협회 설립

미국사회사업가협회(National Association of Social Workers, 1920), 미국병원사회사업협회(American Association of Hospital Social Workers, 1918; 1934년에 American Association of Medical Social Workers로 개칭), 미국사회사업가협회(AASW, 1921), 미국방문교사협회(National Association of Visiting Teachers, 1919), 미국정신의료사회사업가협회(American Association of Psychiatric Social Workers, 1926), 미국사회복지교육협의회(CSWE), 미국집단사회사업가협회(1946)

✓ Abraham Flexner(1866～1959)

'사회복지는 전문직인가?(Is social work a profession?, 1915)'라는 제목의 논문을 통해 그는 "전문가는 책임감이 있어야 하고, 지적인 활동을 하며, 과학과 학습으로부터 지식을 도출할 역량을 갖추고, 실천을 위한 목적으로 지식을 사용하며, 전문직으로의 정체성이 있어야 하고, 교육적으로 의사소통이 가능한 기술을 사용하며, 직업적 역할의 수행경험의 축적에 따라 이타적인 동기가 강화되어야 한다."라고 주장했다. 1915년에 개최된 전미자선 및 교정학술대회(National Conference of Charities and Correction)에서 자신의 논문을 인용한 연설을 통해 사회사업분야에서 사회복지사는 교육적으로 전달할 수 있는 기술이 부족하기 때문에 사회사업은 진정한 전문직으로서의 특성을 갖추지 못하였다고 평가하였다. 그는 사회복지사들이 친절하고 활용하는 자원이 많으며 문제를 효과적으로 다룰 능력을 가지고 있음에도 불구하고 자신들만의 독자적인 기술을 소유하지 못했기 때문에 단지 중재자(mediator)에 불과하다고 지적하였다(Social work did not qualify as a profession because it lacked individual responsibility and educationally communicable techniques). 이 사건을 계기로 사회복지사들은 사회적 역할 수행보다는 전문직으로서의 이론적 기초를 마련하고 실천방법을 개발하며 사회복지사 양성을 위한 교육기관을 늘리고 교과과정을 표준화하며 전문가협회의 조직과 활동을 중시하는 등 전문직으로서의 자격을 갖추려는 노력을 강화하게 되었다.

✓ Mary Richmond(1861～1928)의 "Social Diagnosis(1917)" "What is social casework?(1922)"

Mary Richmond는 케이스워커들의 실제 경험들은 정확하게 분석되어야 한다고 주장하고 이를 위해 사례들에 대한 체계적이고 세부적인 검토를 장려했다. 또한 과도한 일반화와 고정관념 등을 경계하면서 모든 치료가 개별화되어야 한다고 주장하였다. 아울러 수많은 사례들로부터 얻은 광범위한 실증적 기반 위에서 치료전략들을 확인하고 평가하여 '자선사업의 과학화'에 기여하였다. 'Social Diagnosis (사회진단)'는 당시 사회기관의 사례자료에 관한 실증적 연구로 '상황 속의 인간'이라는 개념을 정립하여 개별사회사업의 구체적 방향을 제시하였고, 사회조사, 진단, 치료계획 등과 같은 전문적 원조과정의 발전을 이끌어 내었다. 따라서 사회복지실천이 실제 실천경험으로부터 수집된 정보에 기반한 과학적 기초를 갖게 함으로써 진정한 전문직으로 출발할 수 있게 되었다.

그러나 당시 유명한 Psychiatric social worker(정신의료사회복지사)이자 교육자였던 Mary Cromwell Jarett(1876~1961)는 Mary Richmond의 사회와 환경의 중요성에 대한 연구결과에 대하여 매우 비판적인 입장을 취하였다. Jarett는 '사회진단'에 나오는 사례들을 재분석한 결과 전체 사례 중에서 절반 정도는 사회문제가 아니라 명백한 정신의학적 차원의 문제라고 주장했다. 이는 차후 정신분석학의 발달과 더불어 사회복지실천이 문제를 가진 개인의 성격으로 관심을 집중하게 하는 하나의 요인이 되었고, 클라이언트의 사회적 행동의 심리적 측면이 강조되게 되었다(김기태 외, 2010).

"What is social casework?"은 사회복지실천을 위한 최초의 이론서로서 casework의 분명한 개념을 정립했고, 이론과 방법의 설명을 통하여 사회복지사만의 유일하고 명확한 역할을 제시하고자 하였다. 선의의 우애방문(friendly visiting)만으로는 클라이언트에게 충분한 원조가 제공될 수 없고 개인의 속성이나 의지가 빈곤과 기타 열악한 상황을 설명하는데 한계가 있음을 인식했다. 따라서 개인에게만 초점을 두는 것으로는 효과적 원조가 이루어질 수 없으며, 개인과 환경 간의 더 나은 적응을 위해서는 외부적 영향력도 함께 다루어져야 한다고 주장했다. 즉 클라이언트가 갖고 있는 문제의 다양성을 인정하고 개인과 환경 간의 조정을 통한 해결을 시도하였고, 사회개량에 초점을 두어 개인의 발달을 저해하고 있는 사회환경의 변화를 시도하였다. Richmond의 이상과 같은 연구업적은 심리사회적 모델을 포함하는 사회복지실천의 이론들이 지속적으로 발전할 수 있는 확고한 토대를 마련했다는 점에서 그 의의가 크다고 할 수 있다.

(3) 사회복지실천의 전문적 분화기(1920년대~1950년대)

① 사회복지실천 3대 방법론 확립

초기의 사회복지실천은 특정한 이론적 배경에 의해서 출발한 것이 아니라 가난한 사람들의 도덕성을 높이고 부적절한 사회환경을 개혁하려는 종교적인 가치관과 자원봉사자의 개인적인 사명감에 의해서 시작되었다. 그러나 우애방문원으로 불리어지던 초기 자원봉사자들이 유급인력으로 전환되면서 이들은 자신들의 전문성을 확보하기 위한 과학적 이론들이 필요하게 되었다. 이러한 사회적 환경에 의해서 당시의 사회복지인력들은 과학적 이론에 근거하여 자선의 과학화를 추구하기 시작하였다. 이 시기에 개별사회사업, 집단사회사업, 지역사회사업의 사회복지실천을 위한 3대 방법론이 확립되었다.

② 진단주의와 기능주의의 대립

20세기 초반에 Casework의 사회학적 기반은 성격발달에 관한 새로운 사고들로 인해 점차 경시되어지고, 특히 인간의 유아기적 경험의 중요성을 강조하는 Freud의 정신분석이론은 사회복지실천에 큰 영향을 미쳤다(psychiatric deluge, 정신치료의 범람). 사회복지사들은 클라이언트의 내면을 중요시하여 행동이나, 정서, 성격발달의 기저에 깔린 내면화되고 무의식적인 동기 혹은 갈등에 초점을 두고자 했다. 클라이언트가 가진 문제를 사정하고 개입함에 있어서 과거의 사회환경론적 관점에서 심리학 및 정신의학적 관점으로 전환하게 되었고, 따라서 개별사회사업의 중심과제를 '사회환경'에 대한 '성격의 적응능력 강화'에 두었으며 개별사회사업이 진단주의 개별사업과 기능주의 개별사업으로 양립되게 되었다.

㈎ 진단주의파(Diagnostic school) – 질병의 심리학(Psychology of illness)

1920년대에 개별사회복지사들은 정신분석적 접근방법에 매혹되었는데, 정신분석적 접근은 무의식, 저항, 그리고 정신적 결정론을 포함하는 Freud의 이론에 기초한 것이다(김혜련 외, 2004). Freud는 그의 정신분석학에서 인간의 정신구조를 id(개인의 본능적 충동의 원천), ego(자아), super ego(초자아)의 세 가지 구성요소로 설명하였는데, 그 중에서도 현실에 대한 적응적 기능을 가진 자아의 힘은 갖가지 작용에 의해 변화되고 강화될 수 있다고 주장하였다. 진단주의파는 Freud의 정신분석학에 근거하여 클라이언트의 자아(ego)의 힘이 개별사회사업가의 도움으로 강화될 수 있다고 보아 종래에 강조되어 오던 문제의 사회적 측면을 무시하고 정신적 내면세계 내지 클라이언트를 둘러싼 인간관계를 중요시하여 사회환경에 대한 클라이언트의 태도나 성격의 적응이 개입에 있어서 중심적인 관심대상이었다.

이 당시의 사회복지실천은 정신분석적 심리치료에 치중하는 개별사회사업을 가장 전문적인 사회복지실천으로 인식하였으며 사회복지사를 정신분석가와 동일시하기도 하였다. 진단주의 개별사회사업은 클라이언트의 자아능력을 강화하고 변화시키도록 돕는데 그 목적이 있었는데, 정신분석접근은 클라이언트의 개인력 조사에 근거한 진단과 클라이언트의 초기 아동기의 외상을 밝히고 이해하는 것에 기반한 치료를 강조했다. 즉, 클라이언트의 성격 구조를 과거에서 현재에 이르는 생육사와 생활력의 분석을 통해 규명하며, 나아가서 현재의 생활상태 하에서의 자아의 기능을 분석하고 강화시킴으로써 사회환경에 대한 성격의 적응력을 강화시키고자 하였다.

사회복지에 정신분석이론을 결합시켜 진단주의의 개념적 기초를 만들고 발전시킨 주요 인물인 Gordon Hamilton은 'Theory and practice of social casework(1940)'에서 '심리사회적'이라는 용어를 사용하였고 이를 '상황 속의 개인(person-in-situation)'이라는 개념으로 발전시켰으며, 후에 Florence Hollis에 의해 '심리사회적 모델(psychosocial approach)'로 체계화되었다. 주요 학자들로는 Gordon Hamilton(1892~1967), Florence Hollis(1907~1987), Annette Marie Garrett(1898~1957), Lucille Austin, Bertha Reynolds(1887~1978), Charlotte Towle(1896~1966) 등을 꼽을 수 있다. 진단주의모델은 현재 심리사회적 접근방식으로 불리어지고 있다.

㈏ 기능주의파(Functional school) – 성장의 심리학(Psychology of growth)

그동안 정신분석학을 근간으로 하여 진행되어왔던 사회복지실천은 대량의 실업과 빈곤, 그 밖의 다양한 사회문제를 설명하고 그 해결책을 제시하기에는 역부족이었다. 그 결과, 정신분석중심의 사회복지실천은 큰 비판과 함께 새로운 전환점을 맞게 되었다. 즉 사회정책이나 사회개혁운동에 대한 관심이 새롭게 대두하고 동시에 기존의 실천방법론에 대한 반성이 심도있게 진행되었다. 클라이언트를 치료의 대상으로 보던 진단주의적 시각에서 벗어나서 인간에 대한 낙관주의적 관점을 적용하여 클라이언트가 가진 인간으로서의 존엄성과 주체성을 강조하는 기능주의적 시각이 1930년대에 출현하였다. 기능주의적 접근은 "인간은 그의 잠재력을 최대한 실현함으로써 자기 자신을 성취할 수 있는 가능성을 가지고 있다."는 실존주의사상(existentialism)의 영향을 받은 개입기법이다.

'기능주의적 접근'은 인간을 기계적 또는 결정론적 관점에서 바라보는 것에 이의를 제기하고, 즉 클라이언트를 결함이 있거나 정상의 범주에서 벗어난 일탈적 존재로 간주하기보다는 어떤 구체적 서비스를 요청하는 능동적 존재로서 인정하고자 했다. 따라서 사회복지사를 정신분석가와 동일시하기보다는 구별시켜 사회복지의 전문직으로서의 정체성을 확립하는데 기여하였다. 기능주의모델은 클라이언트의 자아를 강조하는 자아심리학과 사회복지서비스 제공기관의 사회적 기능을 중시하는 이론으로서 주요 학자들로는 Julia Jessie Taft(1882~1960), Virginia Robinson(1883~1977), Smalley, Grace Marcus, Schweinitz 등이 포함된다.

자아심리학(Ego psychology)은 정신분석이론에 기초하고 있으면서도 다분히 Freud의 초기 개념들과는 구분되는 특징을 지녔다. 자아가 무의식적이고 원초적 힘의 영향을 받는다고 규정짓던 Freud식 사고와는 대조적으로 자아심리학에서는 자율성을 지닌 독립적 존재로서 자아를 보고자 했고, 인간은 과거의 최종적 산물이 아니라 성격 내의 조직하는 힘인 의지(will)를 행사함으로써 자신을 지속적으로 창조하고 개선하는 능력을 가진 존재라고 주장하였다. Otto Rank의 자아심리학에 근거하여 개개인의 성격을 현실적으로 구성하는 자아(ego)는 타인들의 작용에 의해 변화될 수 있는 성질의 것이 아니라 본래 개인이 내외적 경험을 스스로 발달시킬 수 있는 창조적 힘을 가지고 있다고 주장하였다. 따라서 문제를 해결하는 능력은 개별사회복지사에 있다고 하기보다는 클라이언트 자신에게 있으며, 개별사회복지사의 역할은 서비스를 클라이언트에게 제시하는 것으로 충분하고 클라이언트는 그 중에서 가장 적절한 것을 선택하면 된다고 보았다. 즉, 사회복지사는 클라이언트에 대해 적극적이고 의도적으로 작용하여 지시하거나 목표를 설정할 필요가 없고 클라이언트의 자아의 힘이 가장 효과적인 기능을 발휘할 수 있도록 자유로운 여건 만을 구비해 주면 된다고 주장하였다. Otto Rank는 과거사, 전이, 무의식, 실현되지 못한 내재적 소망 등을 강조하던 정통 정신분석학파와는 달리, 현재 경험, 의식수준과 개인의 의지를 중시했으며 치료자와 환자가 서로 동등한 형태로 치료에 상호 적극적으로 임할 것을 주장했다.

기능주의모델은 클라이언트의 '현재(here and now)'의 문제에 초점을 두고 '치료'라는 용어는 사회복지사가 클라이언트에게 일방적인 역할을 수행한다는 것을 의미하기 때문에 기피하였으며 기관의 기능을 강조하였고 지역사회의 자원에 대한 접근을 촉진시키고자 하였다. '치료' 대신에 '원조'라는 용어를 사용하였고, 또한 과거력에 대한 탐색, 해석 및 치료목표의 설정은 기능주의학파에서 행하는 활동이 아니었으며, '질병이론'이 아닌 '성장이론'으로 불리었고 의료모델(medical model)에서 생활모델(life model)로 전환되는 기초를 제공하였다.

✓ 자아심리학(Ego psychology)

Freud는 정신 내적 측면에 초점을 두고 성격의 발달을 논의하였는데 원초아(id)를 성격의 원형으로 봄으로써 자아(ego)를 원초아의 노예로 전락시켜버렸다. 즉, 자아를 인간행동의 조정자 또는 집행자로서 규정은 하였지만, 자아가 주인으로서의 자율적 위치에서 기능하는 것이 아니라 언제나 원초아의 노예 또는 보조적 역할을 수행하는 것으로 간주하였다. 이러한 Freud 이론의 제한점을 인식하고 전통적 정신분석이론에 수정을 가한 이론이 자아심리이론이며, 일생에 걸쳐 환경에 대한 지배감을 획득하기 위하여 노력하는 자아의 노력을 강조하는 자아심리학을 주장하는 대표적 학자가 Erik Erickson이다. 그는 모든 심리적 현상은 반드시 생물학적, 행동적, 경험적, 사회적 요인 간의 상호작용으로 이해되어야 한다고 주장하고, 사회적 힘이 성격 발달에 미치는 영향을 강조하였다. 자아정체감(ego identity)을 핵심적 개념으로 하는 그의 이론은 정신분석이론을 확대시켜 자아의 성장 가능성을 제시하였고 인간의 건강한 발달에 관한 새로운 통찰력을 부여하였다. 자아심리학의 영향으로 사회복지실천에서는 클라이언트가 자신의 환경을 지배하는 방법을 어떻게 학습하게 되는가에 초점을 두게 되었으며, 상황적 요인에 대한 성격적 적응 및 조화를 중시하게 되었다.

"There is nothing in a caterpillar that tells you it's going to be a butterfly."

진단주의와 기능주의의 비교

구분	진단주의	기능주의
배경	1920년대, Freud의 영향	1930년대, Otto Rank의 영향
주요 이론	정신분석이론(의료모델)	성장이론(생활모델)
인간에 대한 관점	결정론적, 기계론적 관점	창의적, 의지적, 낙관적 관점
개입초점	Caseworker에 의한 클라이언트의 자아 강화와 환경에 대한 성격의 적응력 강화	클라이언트 스스로의 의지(will)를 행사함으로써 자아를 발전시키도록 원조
주요 용어	질병, 치료	성장, 원조
발전이론	Hollis의 심리사회모델	Perman의 문제해결모델 Rogers의 클라이언트중심모델

✓ Milford Conference(1923~1929)

사회복지사, 기관행정가, 이사회 구성원들로 이루어진 연구집단이 사회복지가 각기 이질적으로 전문화된 집단인지 또는 통합된 방법과 기술을 가진 단일화된 전문직인지를 결정하기 위한 회합을 가졌다. 당시에는 각각의 분야 별로 독립된 사회사업교육기관에서 독자적인 교육과정을 가지고 사회사업교육이 실시되었기 때문에 사회복지사의 타 분야로의 이동은 사실상 불가능했다. 이러한 문제점을 개선 및 해결하기 위한 목적으로 사회사업 제 분야 간의 공통적 성격을 강조하면서 다양화되고 있는 사회복지전문직의 성격을 명확히 하여 전문직으로서의 위상을 정립하고자 하는 노력의 시도였다고 할 수 있다. 즉, 사회사업이란 서로 다른 요소들을 단순히 모아놓은 직종이 아니라 일련의 조직화된 체제를 갖춘 전문직이라는 의미이다(Social work is a unified profession and not an aggregate of specialties). 사회복지사들은 사회복지실천을 위한 단일화된 교육모델을 도입하고자 시도했다. 그러나 문제의 개인적 측면만이 강조되던 시기에 개별 사례와 특정 상황에 대한 실천 경험으로부터 일반화가 이루어지지 못했고, 따라서 이를 통한 전문직으로서의 지식기반의 확장도 이루어지기 어려웠다. 그러나 이 회의를 통하여 모든 기관에서 사회복지는 기본적으로 동일한 지식과 기술을 사용하고 있다고 평가하였고 따라서 이 회의는 사회복지가 전문직으로 평가받게 되는 중요한 계기가 된 것으로 판단된다. 1929년에 개최된 밀포드회의에서는 casework을 기본으로 8개 영역을 사회복지전문직의 공통요소로 정리하여 발표하였다.

✓ Porter R. Lee(1879～1939)

'사회사업: 원인과 기능(Social Work: Cause and Function, 1930)'이라는 제목의 논문을 통해 그는 사회사업의 '원인(Cause)'과 '기능(Function)' 논쟁을 제기했다. 여기에서 '원인'이란 개인의 문제에 영향을 미친다고 보는 환경의 변화를 추구하는 사회개량적인 접근방법을 말하며, '기능'이란 개인문제의 원인을 개인적인 성격의 결함에서 찾으면서 개인의 변화에 초점을 두는 접근방법을 의미한다. '원인'에 근거한 접근방법은 인보관운동에서 추진하는 사회개혁적인 방법론과 맥락을 같이하며, '기능'에 근거한 접근방법은 자선조직협회에서 추구하는 개인변화 방법론과 맥락을 같이 한다.

(4) 사회복지실천의 통합기(1950년대～1970년대)

① 통합적 방법론의 등장(1950년대)

다양한 요인들이 복합적으로 작용하는 사회복지실천의 제 영역에 하나의 기술이나 실천영역을 강조하는 사회복지전문직은 실제적인 문제에 효과적으로 대처하기 어려운 한계를 가질 수밖에 없었다. 사회의 급격한 변동에 따라 점점 복잡해지고 다양해지는 사회문제에 대해 과거의 방법론별 접근방식으로는 효과적인 대응이 어렵게 되자 각각의 실천방법론 간에 공통적인 요소를 찾으려는 시도들이 나타나게 되었다. 즉, 다양한 사회복지방법에는 사회복지사가 수행하는 어떤 공통적인 역할과 요소가 있다는 점에 착안하여 통합방법론이 등장하게 되었다. 또한 인간행동에 있어서 심리적 요인이 중요한 것처럼 사회적 요인도 중요하다고 하는 인식이 확산되기 시작했는데 이는 '정신의학의 범람' 시대에 무시되었던 Mary Richmond적 접근의 재발견이었다. 이 시기에 진단주의와 기능주의 개별사회사업을 통합하여 개별사회사업의 독자성과 주체성을 확립하려는 새로운 접근법으로 문제해결접근법(problem-solving approach)이 출현하였다.

✓ 문제해결접근법(problem-solving approach)(Helen H. Perman, 1957; Compton & Galaway, 1975)

진단주의에 기초한 진단 및 치료계획에 기초한 치료과정이 지나치게 경직되게 인식되어지는데 대한 반대의 입장에서 나온 보다 실용적이고 현재를 강조하고자 하는 노력에서 출발한 접근법이다. 문제해결접근법은 개인의 심리역동적인 측면을 중시하는 진단주의 입장과 클라이언트의 자아능력을 강조한 기능주의견해를 수용한 절충주의적 방식이라고 할 수 있다. Helen Perlman에 의해 개발되었고 'Social Casework: A Problem-Solving Process(1957)'를 발간하면서 사회복지분야에 소개되었는데, 삶이란 계속적인 진행을 본질로 하고, 그 과정 중에 발생하는 문제에 직면하고 문제를 해결하는 과정이라는 인식의 기초 위에, 개별사회사업의 목적은 치료(문제의 해결)가 아니고 현재의 문제에 대처하는 개인의 능력을 향상시키는 것이라고 하였다. 즉 문제는 병리적인 것이 아니라 삶의 일부라는 '환경 속의 개인'이라는 개념을 기반으로 한다. 클라이언트의 과거 경험에 의존해서 클라이언트를 평가함으로써 그들의 역기능성을 주로 부각시켰던 당시 진단주의의 결정론적 사고를 비판하고, 클라이언트가 장기간의 내적 성찰 없이도 당면한 사안들에 효과적으로 대응할 수 있도록 개인적 강점들을 활용하는데 초점을 둔 모델이다. 즉 종래의 병리적 인간관에서 벗어나 문제를 다룸에 있어서 인간의 능력과 강점을 강조했으며, 자아개념을 중시하면서 클라이언트 자신이 문제해결의 주체임을 강조하였다. 또한 문제의 발생이란 적절한 방법으로 문제에 대처하고자 하는 동기의 부족, 적절한 방법으로 문제에 대처하고자 하는 능력의 부족, 그리고 문제를 경감시킬 기회의 부족 등에 의해서 일어난다고 하고 이것들이 문제해결모델의 중심적 요소라고 하였다.

문제해결모델은 문제(problem), 사람(person), 장소(place) 및 과정(process)의 4대 요소로 구성되어 있다. 문제해결과정모델에서는 인간의 삶 자체를 문제해결과정으로 보고, 문제(사회환경과의 사이에 있어서 조정을 필요로 하는 적응 이상의 상태)가 있는 사람(사회적 측면이나 정서적 측면에 있어서 도움을 필요로 하는 개인)이 자신의 문제를 해결하고자 특정한 장소(문제를 가진 개인이 도움을 받으러 찾아오는 곳), 즉 사회복지서비스 제공기관에 찾아와서 도움을 요청할 때 사회복지사는 일련의 과정(개별사회복지사가 클라이언트의 문제를 해결하기 위하여 돕는 과정)을 거치면서 그 문제의 해결에 필요한 자원을 보완해주는 역할을 수행해야 한다고 하였다. 사회복지사는 의사가 환자의 질병을 치료하듯이 클라이언트의 문제를 일방적으로 해결해 주는 역할을 하는 것이 아니고, 클라이언트체계의 변화 및 성장과정에 참여하여 클라이언트가 자신의 삶의 문제에 대해 보다 효과적으로 대처할 수 있도록 클라이언트의 능력을 강화시킬 것을 강조한다. 이 개념은 1970년에 Germain과 Gitterman에 의해 더욱 발전되어 개인과 환경간의 지속적 교류작용을 강조하는 생태체계적 관점의 생활모델(Life model)로 발전되었고, 사회복지실천의 대상이 개인뿐 아니라 집단, 조직, 지역사회로 확대되게 되었다.

✓ **Planned Change** is the development and implementation of a strategy for improving or altering some specified condition, pattern of behavior, or set of circumstances that affects social functioning(Sheafor et al., 2000, p. 119). Planned change is a process whereby social workers engage a client; assess issues, strengths, and problems; and establish a plan of action, implement the plan, evaluate its effects, terminate the process, and do subsequent follow-up to monitor the client's ongoing status. Problem solving refers to the same process as planned change, although many debate the nuances of difference. Currently, the term planned change is more frequently used in generalist practice.

② 지역사회사업의 발전(1960년대)

정신분석이론을 기초로 한 심리학적 접근을 강조하는 미시적 실천으로는 대량의 실업과 빈곤, 인종차별문제 등 새롭게 발생하는 거대하고 다양한 사회문제들을 설명하고 그 해결책을 제시할 수 없었다.

즉 심리학적 개입은 효과성이 적고, 빈민과 억압된 계층의 욕구에 대응하기에는 불충분하고 과학적으로도 정밀성이 부족하다는 비판을 받게 되었다. 그 결과 지역사회사업이 발전하고 정책론이 강조되면서 개별사회사업도 변화를 하게 되었다. 전통적으로 사회복지실천의 대상으로 간주되었던 한정된 클라이언트뿐만 아니라 사회구성원 모두가 사회복지의 대상으로 인식되게 되었고, 이러한 클라이언트의 대상 확대는 개별사회사업의 기능 변화 및 확대로 연계되었다.

✓ The War on Poverty(1964), Lyndon Johnson

> "모든 사회구성원들의 최적의 삶의 질 보장에 기여하는 것을 목적으로 하는 사회복지실천이 실제로 가장 절실한 욕구를 가진 빈곤층이나 소외 계층을 외면하며, 근본적 원인보다는 현상적 문제에 관심을 가짐으로써 문제를 야기시키는 사회의 조건을 유지시키는데 기여하는 것은 사회복지실천의 존재가치에 근본적인 의문을 던지는 것이다." - Francis J. Turner, 1968

③ 통합방법론의 활용(1970년대)

1960년대 이후 미국정부의 탈빈곤화 정책과 프로그램의 확대로 공공서비스를 담당할 일반사회복지사 또는 준전문가들의 수요가 급격히 늘어났지만, 대학원 이상의 전문교육을 받은 사회복지사들은 심리치료전문가로서 가족치료센터나 의료시설에서 일하거나 개인개업(private practice)을 선택하면서 사회복지사들의 활동영역과 수준이 다양화되었다. 즉 개별사회사업이 사회복지의 실천성 강화를 추구한 사회사업실천(social work practice)과 사회복지의 전문성 강화를 추구한 임상사회사업(clinical social work)으로 구분되어 사회복지실천기술의 다양화 및 전문화가 촉진되었고, 전통적 의료모델(medical model)로부터 인간과 환경과의 관계를 중시하는 통합모델로의 전환이 이루어지게 되었다. 통합방법론을 활용한 모델들로는 문제해결모델, 4체계모델, 6체계모델, 생활모델(Life model), 단일화모델 등이 있다.

✓ Clinical social work movement

✓ 사회복지사의 다층자격 인정(multi-level licensing): 기초전문직(BSW) → 숙련전문직(MSW) → 독립전문직(MSW + 2년 이상 실천경험) → 고도전문직(박사학위취득자)

※ 사회복지실천(Social work practice)

사회복지실천이란 사회사업의 가치에 따라 사회복지서비스를 제공하기 위해 사회사업지식과 사회사업기술을 사용하는 것으로, 실천은 치료(remediation: 개인적, 사회적 문제를 해결하는 것), 회복(restoration: 사회적 기능이 손상된 사람을 재활시키는 것), 예방(prevention: 문제가 발생하기 전에 서비스를 계획, 조직, 제공하는 것)을 포함한다. 사회사업실천은 미시적 실천(micro practice), 중도 실천(mezzo practice), 거시적 실천(macro practice)으로 구성된다. 즉 사회복지실천이란 사회복지사가 개인, 가족, 집단, 지역사회의 수준에서 클라이언트를 원조하기 위해 행하는 모든 전문적 실천활동을 의미한다. 1990년대, 미국사회복지교육협의회에서는 사회복지실천을 "삶의 질을 향상시키고 빈곤과 억압을 감소시키기 위해 공적인 영역과 사적인 영역으로부터 권한을 위임 받아 다양한 분야에서 제공하는 전문적인 사회적 서비스"라고 정의하였다. 우리나라에서 '사회복지실천'이 공식적 용어로 채택된 것은 1998년 사회복지사업법 시행령 및 시행규칙 개정 당시 한국사회복지협의회가 사회복지교육의 필수과목으로 '사회복지실천론'을 채택하면서부터이다.

※ 임상사회사업(clinical social work)

일반적으로 임상사회사업이란 1970년대 미국에서 실천의 전문성을 중시한 사회복지사들에 의해 사용된 용어로서 개인, 가족, 소집단의 심리사회적 기능의 유지 및 강화를 목적으로 하는 모든 사회사업 실천을 의미하는데, 정서적·정신적 장애를 포함하는 심리사회적 역기능과 장애 및 손상을 예방·치료하기 위해 사회사업이론과 방법들을 전문적으로 적용한다. 주로 사회복지사의 사무실에서 이루어지는 개인, 집단, 가족에 대한 직접적인 사회사업 개입의 특수한 형태라고 할 수 있으며 심리치료 및 상담을 통하여 클라이언트의 심리사회적 기능 증진 및 유지를 도모한다. 상황 속의 개인에 대한 관점은 임상사회사업의 핵심이고, 대인관계, 정신 내적 역동 및 생활의 지지와 관리와 관련한 문제들에 대한 개입을 포함한다. 개입은 구체적으로 사정, 진단, 치료(정신치료 및 상담), 클라이언트 중심의 옹호, 자문, 평가 등으로 구성된다. 전문가로서의 자격보호와 관련된 규제(regulation), 서비스 비용청구, 개인개업(private practice) 등 임상사회사업은 개별사회사업보다 더 독점적인 특징을 가지고 있다. 그러나 '임상(臨床, bed-side)'이란 단어가 의학적 치료와 엘리트주의적인 측면을 나타낸다고 일부 사회복지사들에 의해 비판을 받기도 하였다.

미국의 경우에는 임상사회복지사가 직접적인 정신건강서비스 혹은 심리치료서비스를 제공하는 것이 가능하기 때문에 건강보험으로부터 해당 서비스의 보험수가를 청구할 수 있다. 현재 우리나라의 경우에는 의료사회복지사 혹은 정신보건사회복지사가 매우 제한적인 차원에서 건강보험제도의 적용을 받고 서비스를 제공하고 있다. 임상사회사업의 발전과 개업사회복지사의 출현은 클라이언트의 심리사회적 문제에 대해 사회복지사가 전문적이고 직접적인 서비스를 통해 개입하고자 하는 욕구를 반영하는 것이라고 할 수 있다.

✓ 생활모델(Life model, Carol B. Germain(1916～1995) & Alex Gitterman, 1975)

생활모델은 클라이언트와 환경 사이의 공유영역에 초점을 맞추는 생태체계이론을 사회복지실천분야에 도입하여 개발한 접근방법이다. 생태학적 관점은 환경의 제요소들과 끊임없이 상호 교류하는 인간의 적응적이고 진화적인 성격을 조명함으로써, 인간은 환경과 적절한 적응관계를 유지해야 한다고 보고 따라서 생활에서 발생하는 고통스러운 문제들은 인간과 환경간의 부정적 상호작용의 결과라고 주장한다. 클라이언트가 가진 문제는 성격장애로부터 기인한 것이 아니고 스트레스를 만들어내고 대처능력을 과중하게 부담시키는 생활상의 문제로 정의하고, 따라서 생활의 맥락에서 문제를 파악하는

데 관심을 두고 문제를 개인의 장애로만 파악하지 않는다.

만약 인간이 적절한 시기에 환경으로부터 적절한 자양분(투입, 자극, 정보, 에너지 및 자원)을 확보하지 못한다면, 그들의 생물적, 정서적, 사회적 발전이 지체되거나 손상을 받게 될 수 있고, 결과적으로 긴장과 혼란이 초래되는데 이러한 긴장은 세 가지의 상호 관련된 생활영역인 생활의 변천(life transition), 환경의 압박(environmental pressures), 대인관계 과정(interpersonal process)에서 일어난다고 보며, Life model approach는 이러한 인간생활의 문제에 전문적 기능으로서 개입하여 해결하고자 하는 접근방법이다. 이 접근방법의 적용을 통하여 개인과 집단은 스스로의 잠재능력을 발휘하고 또한 환경의 긴장요인을 줄여 성장과 교류를 촉진하게 된다. 즉 생활모델에서는 외부세계를 통제할 수 있는 인지능력을 강조하고, 사회복지실천의 목적은 환경과 개인의 상호교류가 적응적으로 이루어질 수 있도록 개인의 적응능력을 강화하고 환경에 영향을 미치는 것을 중시한다.

(5) 사회복지실천의 확장기(1970년대 이후)

① 일반주의사회복지실천 확립(1980년대)

전통적인 개별사회사업, 집단사회사업, 지역사회사업의 각각 분리된 영역을 추구하는 이론의 개발은 더 이상 이루어지지 않았고 통합화된 전문영역을 추구하는 이론들이 개발되었으며 이는 문제와 욕구 중심의 접근을 가능하게 했다. 이는 일반주의사회복지실천(generalist social welfare practice)이라는 통합화된 접근법의 출현을 가져왔고, 그 결과 클라이언트가 가진 복잡하고 다양한 문제와 상황에 효과적으로 대처하기 위해서 여러 방법 혹은 접근법들을 병행해서 사용할 수 있게 되었다. 사회복지실천은 여러 가지 사회적 단위(개인, 가족, 소집단, 조직, 지역사회 등)와 여러 가지 형태의 개입(행동수정, 정신요법, 사회계획 등), 여러 가지 인간집단(아동과 가족, 고령자, 정신질환자 등), 여러 가지 상황(학교, 직장, 공적부조 등)에 공통적이고 전문적으로 개입이 이루어진다.

✓ 일반주의사회사업(generalist or generic social work, advanced generalist social work)

광범위한 지식과 기술로 문제를 포괄적으로 사정하고 해결한다. 따라서 다양한 모델과 이론, 기법을 자유롭게 활용하면서 모든 클라이언트와 상황에 접근할 수 있다. 미시적인 수준에서 거시적인 수준에 이르기까지 개입 초점도 다양하다. 주로 영역별 전문가들 사이의 의사소통을 촉진하여 노력을 통합하고 보호의 지속성을 조성한다. 개별사회사업, 집단사회사업, 지역사회사업, 사회복지정책, 사회복지행정, 지도감독, 위원회활동, 연구계획서 작성, 프로그램개발, 법안 제정 등의 미시적(micro) 서비스를 비롯하여 거시적(macro) 및 간접적(indirect) 서비스를 제공한다.

✓ 전문주의사회사업(specialist or specific social work)

사회복지학문이 학문으로서의 깊이와 정체성이 부족하다는 비판에 대한 대응으로 실천분야별 전문성을 추구한다. 일반주의사회복지사로서의 역할을 수행할 수 있는 기본적 역량을 갖춘 후에 개개인의 특정한 실천분야에서 각 접근방법론별 전문성을 키워나간다. 개별 및 집단상담, 가족치료, 위기개입, 정신보건복지사업, 학교사회사업 등의 분야에서 미시적(micro)이고 직접적(direct)이며 보다 전문화된 서비스를 제공한다.

② 다양한 실천모델과 관점 등장(1990년대)

생태학적(ecological) 패러다임이 대두되었고, 역량강화(empowerment), 강점관점, 여성주의적 관점(feminist perspective) 등의 중요성이 강조되었다.

> 동물원에서 코끼리가 다리에 감긴 작은 족쇄에 묶여 있는 것을 본 적이 있는가? 그런데 그 족쇄는 종종 조그만 나사못이나 때로는 조그만 나무못으로 고정되어 있다. 놀랍지 않은가? "어떻게 그렇게 허술한 족쇄로 3톤이나 나가는 동물을 우리에 가둬둘 수 있을까?" 그런데 사실 코끼리를 우리에 가두어 두는 것은 그 족쇄가 아니다. 그것은 (　　　)이다.
>
> 상대방이 어떤 성취를 얻기를 원한다면 그가 그 성취를 위해 필요한 장점을 이미 가지고 있는 것으로 가정하고 공공연히 그렇게 대해 주어라. 자신이 인정을 받는다는 믿음을 갖게 되면 그 사람은 당신의 기대에 어긋나지 않도록 노력하게 될 것이다. 부자, 가난한 사람, 도둑, 그 밖의 어떤 인간이라도 좋은 평판이 나돌게 되면 자연히 평판에 어긋나지 않게 되려고 노력하는 법이다.

✓ 학습된 무기력(learned helplessness)

회피 불가능한 상황에서 일정 기간 이상 고통에 노출되면, 회피 가능한 상황 속에서도 고통을 피하려는 시도 자체를 하지 않게 되는 것을 의미하는데, 이 같은 무기력은 대개 '심리적 악순환 구조'를 만들어 낸다. 즉, 피할 수 있는데도 피하지 않아 당한 고통을 피할 수 없는 고통으로 단정하고, 고통의 반복을 당연하게 여기며 심지어 고통의 상황을 자초하기까지 한다는 것이다. 예를 들어 성적이 나쁘게 나온 것을 머리가 나빠서라고 생각하기 시작하면, 그만큼 노력을 덜 하게 되고, 노력을 덜 하니 성적이 더 나빠지고, 결국 스스로 머리가 나쁘다는 확신을 가지며 노력 자체를 포기하게 되는 식이다(김태훈 스토리텔링연구소장).

"Social work practice is empowering practice." → Social worker's job is helping clients to help themselves. 클라이언트는 일반적으로 사회적·경제적으로 취약하고 그러한 상황에 대해 스스로 익숙해져 있다. 또한 주변의 부정적 시선은 그로 하여금 무력감, 낮은 자존감, 박탈감 등을 갖기 쉬운 환경을 제공하기 때문에, 클라이언트에게 격려(잘 할 수 있다. 믿는다), 칭찬(잘 하고 있다), 인정(잘 하고 있는 것을 알게 해 준다) 등을 통한 역량강화는 클라이언트가 가진 문제의 극복에 필수적이다.

✓ 역량강화 또는 권한부여(empowerment, 강점관점, Strength-oriented perspective)

클라이언트 스스로 필요한 자원을 찾거나 통제할 수 있도록 원조하는 것을 의미하며, 의사결정과정에 클라이언트를 참여시키고 자립적으로 기능하는데 필요한 자원과 기술을 얻도록 돕는 것을 강조한다(helping others help themselves). 개개인은 이미 필요한 능력(잠재능력)을 소유하고 있기 때문에 학습할 수 있다는 것을 전제하고, 따라서 클라이언트가 현재 처해 있는 어려움은 사회경제적 지위, 성역할, 연령, 신체 또는 정신적 기능약화 등의 자원결핍이나 사회적인 장애에 기인한 외부적 억압에서 비롯되는 것으로 본다. 이 때문에 클라이언트는 무기력할 수밖에 없다고 가정하고 이를 극복하기 위해서 클라이언트 스스로 자신이 가진 잠재력을 발현하여 문제에 직면할 수 있도록 지원하고 궁극적으로 개인의 변화(미시적 변화)와 함께 정치·사회적 측면의 변화(거시적 변화)를 추구하는 이중 초점적 특징을 갖는다. 클라이언트는 자신이 처해 있는 상황을 주체적으로 결정할 수 있는 잠재력을 개발하고 역량을 강화시키는 과정에서 인간의 기본적인 존엄성과 가치가 고양되며, 자신의 삶에 영향을 미치는 사회적 맥락을 의식하고 자발적으로 변화과정에의 참여를 위한 접근 속에서 사회정의 구현을 위한 현실적 노력이 가능하다.

"他人에 의한 救援(구원)은 empowerment가 아니며 抑壓(억압)을 永續(영속)시킬 뿐이다." - Claude Steiner

✓ 여성주의적 관점(Feminist perspective)

클라이언트가 자신에게 영향력을 행사하는 외부의 체계들에 대응하는 방식과 스스로에게 힘을 부여하는 법 등을 배우도록 하는데 중점을 두는데, 특히 저소득 소수민족 여성들을 둘러싼 사회적 및 정치적 압력들을 인식시키고 클라이언트에게 스스로가 가진 힘 또는 통제력을 깨닫도록 권한을 부여(empowerment)함으로써, 자신의 환경체계들을 변화시킬 것을 강조하는 관점이다. 이러한 페미니스트 관점은 남성 대 여성의 억압구조에서 출발했지만 실제로 사회복지실천에서는 사회적 부조리로 인해 고통을 경험하고 있거나 위험에 취약한 사람들(장애인, 이주노동자, 결혼이민자, 탈북자, 특정 종교 구성원, 동성애자, AIDS 환자 등)을 위한 활동에서 포괄적으로 적용되고 있다(김기태 외, 2002 p. 74).

③ 2000년대 이후

신자유주의적 이데올로기의 확산, 인구고령화현상 등 사회환경의 변화에 의한 사회복지예산의 감축 추세로 인해 비용의 효율적 집행을 통해 서비스의 효과를 극대화하고자 하는 목적을 갖는 사례관리(case management)의 중요성이 강조되고 있고, 사회복지실천에 있어서 물질과 신체 뿐만 아니라 심리, 사회적 요소는 물론 영성(spirituality)까지도 개입의 대상으로 간주하고 있다. 또한 사회복지부문의 예산삭감에 의하여 해결중심의 단기개입(solution-focused brief therapy)위주의 실천이 이루어지고 있으며, 클라이언트를 지역사회 내의 다른 자원들과 연계하는 데 중점을 둔 접근들이 성행하고 있다. 아울러 증거기반실천모델(evidence-based practice model)이 강조되고 있는데, 사회복지사는 과학적으로 효과성이 입증된 방법으로 클라이언트를 사정하고 서비스를 제공해야 함을 의미한다.

✓ 사례관리(case management)

사례관리란 모든 잠재적 클라이언트들을 서비스의 제공에 앞서 선별해서 의뢰하며 또한 제공된 서비스는 효과성이 지속적으로 검증되어야 함을 의미한다. 사례관리는 전통적인 사회사업방법들을 통합한 사회사업의 새로운 실천방법 및 서비스 전달체계로서, 복합적인 욕구를 가진 클라이언트의 기능화와 복지를 위해 공식, 비공식적 지지망을 조직하고 조정 및 유지하는 것인데, 사례관리자는 복잡한 서비스 전달체계를 연결시켜 클라이언트로 하여금 적절한 서비스를 받을 수 있도록 지원하며, 사례발굴(outreach), 의뢰(referral) 등과 같이 클라이언트에게의 적극적인 접근을 강조한다.

✓ **해결중심단기치료(Solution-focused brief therapy)**

1978년에 미국의 위스콘신주 밀워키에 설립된 단기가족치료센터에서 개발한 가족치료모델로서 전통적인 의료모델을 기초로 하는 문제 중심의 관점에서 벗어나 문제해결에 초점을 두고 접근한다. 전통적 치료모델에서와 같이 클라이언트를 병리적인 관점에서 보는 대신에 문제를 해결할 수 있는 역량을 갖고 있는 존재로 보며 따라서 클라이언트와의 협력적인 관계형성을 강조한다. 이 모델에서 클라이언트는 이미 스스로 자원, 기술, 지식, 믿음, 동기, 행동, 증상, 사회관계망, 환경, 개인적인 특성 등을 가지고 있는 존재이다. 또한 클라이언트는 자신의 문제 해결을 위한 전문가로서 자신의 삶에서 무엇이 변화되기를 원하는지 생각할 수 있는 힘을 가진 존재로 정의된다. 이 모델에서는 과거의 문제나 문제의 원인에는 관심이 없고 사정도구이자 개입도구로서 사용되는 여러 가지의 해결지향적 '질문'들은 현재와 미래에 초점을 둔다. 이 모델의 긍정적이고 미래지향적이며 구체적인 접근(예외 탐색을 통한 구체적인 질문)은 목표의 설정을 용이하게 하고 대상자의 강점과 자원을 이용한 목표지향적 질문은 문제해결과정을 촉진한다.

✓ **증거기반실천모델(Evidence-based practice model)**

사회복지실천의 효과성에 대한 욕구의 증가에 따라 입수 가능한 모든 과학적 조사를 평가하고 응용하여 결과의 효과성을 극대화하기 위한 방법으로 증거기반실천모델이 활용되고 있다. 실천의 효과성을 증명하기 위해서는 사용된 개입방법이 바람직한 결과의 달성과 직간접적으로 연관되어 있다는 증거가 필요한데 이러한 경험적인 검증과정을 충실히 따르는 접근방식이라고 할 수 있다. 증거를 효과적으로 분석하고 사용하기 위해서 사회복지사는 비판적인 사고기술, 대인관계기술, 개인과 상황에 대한 통찰력, 정치 및 권력이슈에 대한 판단력, 열린 가치관 등과 같은 자질을 갖추어야 한다. 증거기반실천모델의 특징은 사회복지사가 클라이언트의 가치와 기대에 주의를 기울여서 이를 개입과정에 반영한다는 점으로, 따라서 클라이언트가 의사결정에 적극적으로 참여하도록 해야 한다. 사회복지사는 구조화된 관찰, 표준화된 실험, 클라이언트의 보고 등의 방법을 활용한 경험적인 검증을 사용하여 개입 효과성의 증진을 도모하고 있다.

4. 개별사회사업의 과정

클라이언트가 가진 문제를 효과적으로 해결하기 위하여 최소한으로 거쳐야 할 절차이다.

(1) **접수(intake) → 접촉(engagement)**

도움을 얻기 위하여 기관에 찾아온 사람에게 처음으로 접촉하여 그의 욕구가 무엇이며, 그 욕구를 충족시킬 수 있는 기관은 어느 곳인가를 결정하는 단계로서,

① 클라이언트의 문제의 성격을 명확히 하며 문제의 중요성과 원인을 확인한다.

② 클라이언트가 자신의 문제에 대해서 지금까지 시도해 온 노력과 방법이 어떠했는지를 살펴보며 그가 기대하는 바가 무엇인지 살펴본다.

③ 사회기관에서의 도움의 내용, 절차 등을 설명해 주며 클라이언트의 욕구에 부응하는 기관을 알선해준다.

(2) **조사(study) → 자료수집(data collection)**

클라이언트가 가진 문제의 해결을 위하여 필요한 사실을 수집하는 단계로서,

① 사회복지사와 클라이언트간의 전문적 대인관계 수립을 통해 조사를 진행한다.

② 클라이언트 자신이 가장 중요한 자료원이며, 클라이언트의 충분한 참가와 동의를 얻어 면접을 진행한다.

③ 클라이언트의 생활력을 중시하고, 객관적 사실과 주관적 사실을 명확히 한다.

(3) **진단(diagnosis) → 사정(assessment)**

제반자료의 분석을 통해서 문제의 성격이나 원인에 대한 종합적인 해석을 내리며 그 문제 해결을 위해 특정한 개입이나 치료전략을 수립하는 과정으로서,

① 사례조사를 통하여 수집된 자료를 비교 평가하여 의미 있는 사실을 끄집어낸다.

② 클라이언트가 가진 불만 요인들과 사회적 기능을 정상적으로 수행할 수 없게 한 각종 요인들 간의 상호작용 관계를 규명할 수 있는 진단(사정)을 시도한다.

③ 유형화(categorization) 등의 일련의 과정을 밟는다.

(4) **치료(treatment) → 개입(intervention)**

조사과정에서 수집한 자료와 정보를 분석 및 검토하고 문제의 성질과 내용을 명백히 하여 사정과정에서 수립한 개입계획에 따라 구체적이고 현실적으로 실천해 가는 과정으로서 두 가지의 방법으로 구분할 수 있다.

① 지지적 치료법(supportive treatment)

클라이언트에 대한 관심과 이해를 표현하고, 클라이언트가 괴로워하는 문제나 감정을 자유롭게 표현할 수 있는 기회를 제공하며, 클라이언트의 가치와 능력에 대한 신뢰를 동반하는 칭찬과 격려를 하고, 특정한 문제상황에 대한 조언 및 문제해결을 위한 구체적 서비스를 제공하는데 필요한 환경을 조성하며, 필요시에 보호적인 원조 및 전문적 권위를 행사하는 방법이다.

② 명확화(clarification) 치료법

행동에 영향을 미치지만 깊이 잠복해 있어서 이해되지 않는 자기의 태도를 뚜렷이 인식하도록 하여 자신을 보다 명확히 이해할 수 있도록 돕는 방법이다.

5. 개별사회사업의 이론적 기반

여러 이론적 접근법의 등장은 어떤 단일한 casework 이론체계가 절대적인 것이 될 수 없고, 클라이언트나 문제 상황에 따라 상대적으로 적절한 접근법이 요구되므로 이론이 다양화되어 감을 의미하는데, 1957년 이전까지는 진단적 접근법과 기능적 접근법의 전통적인 2대 접근법만이 존재했으나, 1957년에 이 두 가지 방법의 종합을 시도하는 문제해결접근법(problem-solving approach)이 나타났고, 1960년대에 들어서 빈곤의 재발견에 의한 비판적 인식의 증가와 새로운 이론의 개발 등에 의해, 이전의 casework의 3대 접근법도 더욱 다양화되어 심리사회적 접근법(psychosocial approach), 기능적 접근법(functional approach), 행동수정 접근법(behavioral modification approach), 가족집단치료 접근법(family-group treatment approach), 위기지향의 단기치료 접근법(crisis-oriented brief treatment approach), 성인사회화 접근법(adult socialization approach), 행동주의적 접근법(behavioral approach) 등의 새로운 접근법들이 개발되었다.

(1) 심리사회모델

심리사회모델은 인간의 문제를 심리적 혹은 정서적이고 사회적인 문제로 이해하면서, '상황 속의 인간'을 강조한다. 또한 클라이언트와 사회복지사의 관계를 중요시하며 이를 위해, 클라이언트가 있는 곳에서 출발, 개별화, 수용의 원칙을 중요시한다. 심리사회 모델은 정신분석이론과 대상관계이론을 배경으로 구성되었으며, 따라서 상황 속의 인간을 강조하지만, 개입에 있어서의 초점은 개인, 특히 클라이언트의 심리 내적인 과정에 있다. 따라서 클라이언트가 자신의 행동과 감정에 대해 이해하고 통찰함으로써 자신의 문제를 해결하기 위한 능력을 향상시키도록 원조하는데 초점을 둔다.

① 이론적 배경

(가) 정신분석이론

프로이드의 이론은 결정론적인 인간관을 통해 진단주의를 이끌고 있다. 이에 따르면, 모든 현상은 우연히 발생하는 것이 아니라, 선행 사건에 의해 결정된다고 본다. 따라서 정신병리, 실수 등과 같은 인간 행동도 우연히 발생하는 것이 아니라 원인이 있다고 본다. 물론 그 원인은 무의식에 있으며, 무의식 과정은 직접 관찰할 수 없기 때문에 정신분석이라는 특별한 방법을 필요로 한다. 정신분석은 문제 행동 혹은 정신병리의 원인을 찾아내며, 인간으로 하여금 보다 현실적으로 적응할 수 있게 해주는 방법이다.

프로이드에 의하면, 마음은 이드(id), 에고(ego, 자아), 슈퍼 에고(super-ego, 초자아)로 구성되어 있는데, 자아는 이드로부터 분리되어 외부세계와의 상호작용 과정에서 발달되는 것으로 6~8개월 이내에 자아분화가 시작되어 2~3세까지 이루어진다. 이후 초자아 분화는 10~11세가 되어야 확립되는데, 초자아는 현실보다는 이상적인 것을 추구한다. 이러한 마음의 세 가지 구조는 상호 조화를 이루어야 하는데, 만일 이드가 강하면 반사회적 행동이, 자아가 강하면 억압이, 그리고 초자아가 강하면 열등감, 죄책감, 수치심 등이 표출되는 문제가 발생할 수 있다.

이러한 성격구조를 통해 인간은 신경증적 불안, 현실적 불안, 도덕적 불안의 세 가지 불안을 근원적으로 가지게 되며, 이러한 불안으로부터 벗어나기 위해 방어기제(defence mechanism)을 사용한다. 방어기제를 사용하게 되면 일시적으로는 불안에서 해방되지만, 지나치게 방어기제를 사용하면, 또 다른 병리적 문제를 유발하게 될 수도 있다.

(나) 대상관계이론

대상관계 이론은 인간이 속한 환경과 경험에서 발전한 대인관계를 강조한다. 인간은 과거 경험에 의해 형성된 기대에 따라 현재의 대인관계를 맺으며 과거의 경험은 내부대상(internal objects)으로서 자신과 대상간의 관계에 대한 정신적 이미지로 남아 대인관계에 영향을 미친다. 특히 생애 초기에 경험하게 되는 애착대상과의 관계는 이후의 대인관계의 유형을 결정하는 중요한 요인이 된다고 한다.

태아는 자기와 외부를 구별할 능력이 없고 따라서, 자신을 보호하고 보살피는 어머니 또한 객관적인 외적 대상이 아니라, 자기 자신으로 체험하게 되는데 이러한 것을 자기 대상(self objects)이라고 한다. 이 때 어머니가 긍정적인 경우 긍정적 자기를 경험하며 반대로 부정적인 경우 부정적 자아를 경험한다.

이유기가 되면서 아기는 자신과 어머니를 구분하며, 어머니로부터의 분리를 위한 연습을 하게 된다. 물론 어머니로부터 완전히 분리되는 것은 아니며, 이때 어머니 대신 안정을 느낄 수 있는 대상으로 인형과 같은 과도기적 대상(transitional objects)을 갖는다. 아이는 만 2세가 지나면서 어머니와 분리되어 개별화를 경험하는데, 어머니는 이때 아이의 분리 개별화 과정을 적절히 지원해야 한다. 아이가 만 3세가 되면, 눈에 보이지 않더라도 어머니가 존재한다는 사실을 인지하게 되는데, 이렇게 눈에 보이지 않더라도 그 대상이 존재하는 것을 인식하는 것을 대상관계 영속성이라고 한다.

대상관계이론에 따르면, 적절한 부모 역할이 자녀의 분리 개별화를 돕게 되고 그럼으로써 아동은 독립적인 자기 개념을 형성하게 된다고 한다. 따라서 가정에서 부모와 자녀간의 관계를 특히 중요시하며 이 시기는 청소년기, 성인기 등으로 이어지는 중요한 기반을 가지는 시기이다.

② 심리사회적 모델의 개입

심리사회모델에서는 클라이언트의 과거 경험이 현재의 심리적 및 사회적 기능에 영향을 미친다고 본다. 따라서 클라이언트의 과거 그리고 현재의 경험과 관련한 내적 갈등을 이해하고 통찰함으로써 클라이언트가 성장하도록 할 수 있다고 주장한다. 심리사회모델에 의한 개입은 다음 여섯 가지로 구분될 수 있다.

㈎ 지지

클라이언트의 문제해결능력에 대해 확신감을 표현해줌으로써 클라이언트의 불안을 감소시키고 자아존중감을 증진시키는 과정이다. 언어적·비언어적 의사소통을 모두 동원해 클라이언트를 지지하며, 필요하다면, 클라이언트의 문제를 돕는 실질적인 활동을 통해 지지를 제공하기도 한다. 예를 들어, 만성질환자의 가족이 클라이언트이며, 가족이 수발을 위한 역할 수행에 어려움을 겪는다면, 간병인을 연결하거나, 혹은 경제적인 지원서비스를 제공한다.

㈏ 직접적 영향

클라이언트의 행동을 촉진하거나 향상시키기 위한 조언이나 제안 등을 통해 사회복지사의 의견을 클라이언트가 받아들이도록 하는 개입과정이다. 클라이언트의 자기결정권도 중요하지만, 때로는 직접적으로 영향을 미침으로써 보다 바람직한 결과를 얻을 것으로 판단될 때 사용한다. 물론 사회복지사가 원하는 것을 조언하는 것이 아니라, 클라이언트의 욕구에 따라 조언을 해야 하며, 충분히 문제 상황을 이해하고, 클라이언트가 있는 바로 그곳에서부터 출발해야 한다.

㈐ 탐색, 기술, 환기

탐색(exploration), 기술(description), 환기(ventilation) 등은 클라이언트의 문제와 관련하여 클라이언트의 환경, 혹은 환경과의 상호작용에 관련된 사실을 이해하고 설명하도록 원조하며, 나아가 사실과 관련된 감정을 표출하도록 도와줌으로써 감정적 해소를 경험하게 하는 것이다. 특히, 분노, 상실감, 죄책감, 불안 등의 감정적 반응에 적절하게 활용될 수 있다.

㈑ 인간과 상황에 대한 고찰

인간과 상황에 대한 고찰은 모두 여섯 가지로 이루어진다.

㉮ 다른 사람들, 건강, 상황 - 자신이 처한 상황과 가족 및 환경에 대한 이해가 정확하지 못한 경우가 있으며, 이를 질문이나 언급을 통해 클라이언트가 깨닫도록 해주는 것이다.

㉯ 클라이언트의 행동이 자신과 다른 사람들에게 미치는 영향 - 클라이언트가 미처 깨닫지 못한 결과에 대해 주의를 기울이도록 한다.

㉰ 클라이언트 행동의 성격 - 자신의 숨겨진 반응, 사고, 감정의 성격에 대해 이해하도록 원조함으로써 클라이언트가 자신의 감정에 대해 통찰을 가지도록 한다.

㉱ 클라이언트 행동의 원인 - 다른 사람들과의 상호작용이나 상황적 자극에 대해 나타낸 반응 행동의 원인을 이해하도록 원조하는 것이다. 예를 들어, 자녀가 기숙사로 떠나는 것을 반대하는 부모는, 자녀의 안전에 대한 걱정보다는, 자녀가 기숙사로 감으로써 자신들의 품을 떠나게 되는 이별이라는 개념을 가짐으로써 이별에 대한 불안과 두려움으로 반대를 하는 것일 수도 있다(분리불안).

㉲ 자기 평가 - 자신의 도덕과 양심, 자기 이미지, 가치 등에 관한 자기 평가를 원조함으로서, 자신의 가치를 명확히 이해하도록 돕는 것이다.

㉥ 사회복지사와 치료 과정 - 클라이언트가 가지고 있는 사회복지사, 치료, 기관의 규칙 등에 대해 클라이언트의 이해정도와 반응을 탐색함으로써 원조과정의 효과를 극대화하는 과정이다.

(마) 유형과 역동에 대한 고찰

클라이언트의 성격, 행동 유형과 심리 내적 역동에 대해 고찰한다. 방어기제의 유형, 내부대상에 대한 고찰도 포함한다.

(바) 발달적 고찰

성인기 이전의 생애 경험과 이러한 경험이 현재에 미치는 영향에 대해 고찰하는 것이다.

③ 환경에 대한 개입

심리사회모델에서는 필요하다면 클라이언트의 환경에 대해서도 개입하게 된다. 이때 사회복지사는 정보전문가, 자원연결자, 조정자, 중재자 등의 역할로서 활동하게 된다.

(2) 행동수정모델(behavior modification model)

1950년대 초에 정신분석적 접근방식에 회의를 가진 학자들이 도입한 행동주의적 개입모델로서 인간의 행동은 '긍정적 강화'와 '부정적 강화'에 의해 결정된다는 '행동강화이론'을 제시했다. Skinner, Watson, Hull, Pavlov 등의 연구를 기반으로 하여 실증적으로 확립된 학습의 원리를 의도적, 체계적으로 적용하여 행동의 수정을 도모하고자 하는 접근법으로 이 이론은 관찰되는 행동에 초점을 두고, 바람직하지 못한 행동은 줄이며, 바람직한 행동은 강화하도록 도움을 준다. 즉, 인간의 행동은 학습된 것이고 학습과정을 통해 바람직하지 못한 행동의 변화가 가능하다고 설명하는 모델이다.

(3) 위기개입모델(crisis intervention model)

개인이나 가족이 일상생활과정에서 지금까지 행해오던 대처방법으로는 감당하기 어려운 사건에 직면하거나 또는 지금까지 이루어 오던 균형 상태를 유지할 수 없는 위기상황에 직면했을 경우, 그때 나타나는 특유한 반응과 그 위기상황을 극복해 가는 과정에서 보이는 법칙들을 확인하고 그것에 입각해서 위기상황에 처해있는 개인이나 가족에 대한 원조활동의 원칙을 확립하고자 하는 것을 목적으로 삼고, 그 원칙을 체계화시킨 이론이다. 즉, 위기상황에 즉각적으로 개입하여 단기원조를 제공하기 위한 모델로 개입기간은 4～6주 정도로 시간 제한적이고, 개인의 대처양식 변화를 위한 심리적 접근과 환경의 특성을 변화시키는 환경적 접근을 병행한다.

정신역동 이론(Psycho-dynamic theory)

인간의 모든 행동에는 동기와 충동이 있다고 보고, 인간의 무의식적 동기 등 내면적인 힘과 그 힘들의 갈등을 중시하는 입장으로 Freud의 정신분석, Jung의 분석심리학, 신Freud 학파 및 자아심리학파 등을 포함하며 개인의 행동이 원초아, 자아, 초자아의 갈등에서 비롯된 긴장을 감소시키려는 추동(drive)에 의해 동기화된다고 가정하였다.

(1) Sigmund Freud의 정신분석적 성격이론

"人間의 모든 行動은 두 가지 動機, 卽 '性慾(성욕)과 위대해지려는 慾望(욕망)'에서 비롯된다." - Sigmund Freud(1856~1939)

① 기본 개념 및 가정

Freud는 인간 정신에 관한 최초의 과학적이고 체계적인 법칙을 수립했으며 일상의 생각과 행위 속에서 작용하는 무의식(스스로 인식하지 못하는 정신의 일부분)의 힘을 체계화한 최초의 정신분석학자로서 두 가지 기본적인 심리적 동기인 성적 충동과 공격적 충동이 개인의 심리적 기능에 미치는 영향을 중시하였는데, "인간이란 본질적으로 이성적이 아니고 인간의 행동은 의식의 세계로부터 의도적으로 숨겨진 잠재적 힘에 의하여 통제되고 있고, 이 같은 본능이 인간의 마음을 사실상 지배하고 있으므로 인간을 이해하기 위해서는 억압되고 숨겨진 잠재의식(꿈의 세계)을 알아내는 것이 가장 중요하다"고 주장하였다.

㈎ Psychic determinism(정신결정론)

유기체의 어떤 행동도 결코 우연히 일어날 수 없고 거기에는 반드시 원인들이 있다는 주장으로 사람들이 생각하거나 느끼는 모든 것에는 의미와 목적이 있으며 개인의 경험에 의해 이미 결정되어 있다는 가정이다.

㈏ Unconscious motivation(무의식적 동기)

마음의 구조를 빙산으로 비유하면서 지형학적으로 분석한 데서 나온 개념으로 무의식이란 욕구나 충동들이 들어있는 깊고 접근할 수 없는 빙산의 수면 밑에 잠겨있는 부분과 같은 곳으로 생각하고, 사람이 이러한 욕구나 충동을 의식하지는 못하지만 이들이 끊임없이 밖으로 표출되고 충족되고자 하는 힘이 있어서 인간의 행동과 생각, 정서를 지배하고 결정하는 힘을 발휘하는 것으로 가정한다. 의식, 전의식, 무의식으로 이루어진 인간의 정신을 집이라고 가정해 본다면, 의식은 우리가 생활하고 있는 부분이고 전의식은 서랍과 같은 것으로 필요할 때 사용할 수 있도록 정보를 넣어주며 무의식은 깊은 지하실이나 다락같은 곳으로 그곳에 가려면 사다리가 필요하다.

㉮ Preconsciousness(전의식)

수면 바로 밑에 위치한 부분으로 비유하였으며 개인이 주의를 기울여 자각하려고 노력하면 접근할 수 있는 기억과 재료가 저장된 곳을 의미한다.

㉯ Consciousness(의식)

개인이 의식할 수 있는 수면 밖의 부분으로 보았으며 인간의 감각, 지각, 경험, 기억, 언어, 감정표현 등을 대표하는 것으로 간주된다.

㈐ Instinct(본능) 또는 drive(추동)

인간을 폐쇄된 에너지 체계로 보고 신체 구조들이 흥분하여 정신 에너지가 나타나는 것으로 가정하였는데 이 소원들의 집합을 본능 또는 추동이라고 가정하였고 이 본능은 긴장의 감소를 목표로 하며 긴장의 감소는 쾌락으로 경험된다고 주장하였다.

㉮ Eros(삶의 본능)

인간행동의 긍정적이고 건설적인 힘의 토대가 되는 것으로 생명을 유지·발전시키고 사랑을 하게 하는 본능으로 성적 본능·배고픔 등의 신체적 욕구와 미술·음악·협동·사랑 같은 창조적 구성요소를 포함하며 삶의 본능(성적 본능)의 에너지를 리비도(libido)라고 불렀다.

✓ Libido

Freud가 주장한 인간의 생물학적·성적 에너지로서, 구순기·항문기·남근기·성기기 등의 단계로 발달하며, 모든 행위는 이 libido의 에너지에 의한 것으로 행위가 장애에 부딪치면 libido는 고착 점까지 퇴행하여 만족을 얻으려고 하며, 퇴행이 억압을 수반하면 노이로제가 생긴다고 했다. 반면에 Jung은 이것을 단지 생활에너지나 심적 에너지에 불과한 것으로 생각하고 Freud와 대립했다.

㉯ Thanatos(죽음의 본능)

인간의 어둡고 파괴적인 힘의 토대로 생물체가 무생물체로 환원하려는 본능이며, 죽음의 본능 때문에 생명은 결국 사멸되고, 살아있는 동안에도 자기를 파괴하거나 처벌하며, 타인이나 환경을 파괴시키는 공격적 행동을 한다.

② 성격의 구조 및 역동

마음의 세 영역인 의식, 전의식, 무의식에 영향을 주는 힘들이 원초아(id), 자아(ego), 초자아(super-ego)의 세 체계로 구성된다고 하고, 각 체계의 정신적 구조는 각자의 기능(function), 활동원리(operating principle), 고유성(property), 기전(mechanism) 등을 가지고 있으며, 또한 상호 밀접한 관계를 유지하고 있는데, 정신이 건강한 사람은 이 세 체계가 통합되고 조화를 잘 이룸으로서 환경에 잘 적응할 수 있게 되고, 반면에 세 체계가 조화된 조직체로서 협동적인 사명을 다하지 못했을 때는 환경 간에 부적응을 초래한다고 하였는데 성격형성의 결정시기를 출생 후부터 아동기까지로 보고 있다.

(가) 원초아(id)

㉮ 원시적인 생물적 본능·충동의 원천을 원초아라고 하는데 이는 개체의 존속과 만족을 위한 생물학적 욕구와 충동으로 구성된 원초적 본능, 즉 성격의 타고난 부분을 가리키며, 생존에 필요한 음식·공기·물·영양분을 찾는 본능적 욕구로서의 기능, 체온을 유지하고 신체조화를 유지하는 기능, 생식, 자기보전, 종족보존의 기능을 가진다. id에게 유일한 현실은 이기적인 욕구 뿐으로 이것은 쾌락원칙을 떠받치고 있는 원천이다. 항문기, 구강기, 남근기 등의 발달단계를 거칠 때, 유아는 점차 자신이 원하는 것을 즉각적으로 얻을 수 없다고 하는 '밖에 존재하는' 현실을 깨닫게 되고, 사회에 적응하기 위해 id의 욕구를 억압하기 시작한다.

㉯ 원초아는 인간이 외부로부터의 경험을 갖기 전부터 내적으로 가지고 있던 선천적이고 생물적인 소산으로 성격의 가장 기초적인 부분으로 결과를 고려하지 않고 즉각적으로 흥분·긴장 또는 에너지를 방출시켜 긴장을 감소시키고 만족을 얻으려는 경향이 있으며 Freud는 이를 쾌락원리(pleasure principle)라고 불렀으며 일차적 과정(primary process)이라고 하고, 원초아는 좌절을 참지 못하며 제지가 되지 않고 현실과 무관하게 자기의 충동을 충족하기 위해 환경과 싸우게 되는데 이 때문에 ego가 발달하게 된다.

(나) 자아(ego)

㉮ 자아란 우리가 의식적으로 조정할 수 있는 마음의 부분이며, 우리가 사는 현실(외계)과의 관계를 수립하는 마음의 부분으로 환경과의 접촉에 의해서 현실을 감지하는데서 형성되기 시작한다.

㉯ 자아는 현실에 맞도록 개인을 조정해 가는 집행부로서 감각을 통하여 외계를 지각하고, 따라서 지각, 사고, 기억, 감정, 행동 등을 통해서 환경과 접하며, 평가, 판단, 타협, 해결, 방어 등에서 성격의 특징을 나타낸다.

㉰ 자아는 맹목적인 본능의 충동과 초자아의 양심과 사회환경으로부터의 영향에 대해 중재자로서 기능하여, 현실적으로 허락될 수 있는 행동으로 향하도록 하기 위해 억압 등 방어기제를 사용하며 개체로 하여금 객관적 현실을 이해하고 판단력을 갖게 하며 현실적인 생활을 하게 사회규범을 따르게 하는데 이를 이차 과정(secondary process)이라고 한다. 즉 논리에 따라 행동하고 상반된 생각들의 공존이 허용되지 않도록 하며, 감정보다 이성에 의해 행동이 결정된다.

(다) 초자아(super-ego)

㉮ 원초아와 대조되는 자아의 기능을 관찰하고 평가하는 마음의 부분으로 사회적 이상이나 처벌을 포함하는 도덕적 측면이나 양심의 일부분을 의미하는 개념으로, 초자아는 현실과 관계되는 자아경험에서 발달된다.

㉯ 초자아는 자아의 행동에 대해 감독자·검열자로서 기능하므로 원초아 만큼 자아에 대해 위협적 존재가 되는데 좋은 행동에 대해서는 보상을 하고 나쁜 행동에 대해서는 처벌을 하는 사회적 법칙이나 관습에 따라 사람들이 행동하도록 기능한다. 초자아는 옳고 그름의 느낌과 자부심, 죄악 등의 감정

을 주고, 자신뿐만 아니라 사회적으로 받아들여질 만한 행동을 하도록 유도하며, 아주 강력한 수준에서 자아가 완벽할 것을 강요한다.

③ 성격의 발달과 특징

㈎ 심리성적 발달이론

Freud는 생후 5, 6년 동안의 경험이 성격 형성에 중요한 영향을 준다는 심리성적 발달을 주장했는데, 이 가정은 유아가 생물학적으로 결정된 발달을 할 때에 본능의 원천이 신체의 어느 특정 부위에 집중된다고 보았고 이를 성감대(erogenous zone)라고 불렀고 흥분의 원천과 에너지가 특정 성감대에 집중되면, 유아는 그 부위를 통해 흥분을 감소시키려 하며 이 과정이 얼마나 적절하고 안정적으로 이루어 지느냐에 따라 성격발달이 영향을 받는 것으로 생각했다.

단계		연령	특징	중요 활동
1	구강기 (oral stage)	0~1년 6개월	입주위에 흥분이 모아지는 시기	feeding(수유), 손가락 빨기
2	항문기 (anal stage)	2~3세	항문이나 변의 움직임으로 흥분을 느끼는 시기	toileting(배설)
3	남근기 (phallic stage)	4~5세	흥분과 긴장이 성기에 집중되는 시기	Oedipus complex, Electra complex
4	잠복기 (latency)	12~13세	성적 충동이나 libido가 완화되며 동성끼리 잘 어울리게 되는 시기	schooling (학교생활)
5	생식기 (genital stage)	사춘기	생화학적 호르몬의 변화로 공격적이고 활발한 성적 본능이 나타나는 시기	sexual intercourse (성행위)

✓ Oedipus complex

남자아이가 무의식중에 자기와 동성인 아버지를 미워하고, 어머니의 사랑을 구하려고 하는 태도로, 이는 자신을 아버지와 동일시하고 어머니를 애정의 대상으로 유지함으로써 해결된다.

Ref.(참조) castration anxiety(거세불안)

✓ Electra complex

여자아이가 어머니를 미워하고 아버지의 사랑을 독차지하려는 경향으로, 이 시기의 여아는 어머니와 동일시를 함으로써 아버지를 얻을 수 있을 것으로 생각하고 이 갈등을 해소한다.

Ref.(참조) penis envy(남근선망)

✓ Identification

감정적인 결합의 결과, 다른 사람과 자신을 같은 것으로 굳게 생각하는 것으로, 자신과 유사한 사람의 특성, 성공한 사람, 상실된 대상의 회복, 처벌을 회피할 수 있는 권위 등에 대해 일어나며 초자아가 발달하는데 영향을 준다.

④ Freud의 공헌 및 Freud에 대한 비판

(가) 공헌

㉮ 유아기의 경험이 인격발달에 미치는 영향과 중요성을 밝혀내었다.
㉯ 무의식의 존재와 그것이 인간행동에 미치는 영향을 밝혀내었다.
㉰ 자신의 자아를 보호하기 위해 끊임없이 사용하는 방어기제의 작용을 증명하였다.
㉱ 진짜 생각과 감정을 이해하는데 있어 꿈의 중요성을 설명하였다.
㉲ 문제에 대해 이야기하는 것이 실제로 문제를 해결하는 데 도움을 준다는 사실을 밝혀내었다.

(나) 비판

㉮ 성을 지나치게 강조한다.
㉯ 주장들이 모호하고 부정확하며 아주 적은 자료에 의존한다.
㉰ 정신분석은 증상을 악화시킬 가능성이 있고, 아주 폐쇄적인 태도를 취하여 분석가가 아니면 이론의 정확한 이해가 어렵다.

> "어떤 社會든지 家族 間의 關係를 規定하기 위해 性에 關한 法律을 必要로 하며, 이는 文化와 意思疏通(의사소통)의 土臺(토대)가 된다." - Sigmund Freud(1856~1939)

(2) Anna Freud(1895~1982)의 방어기제 이론

정신역동적인 방어기제에 관한 최초의 체계적 이론을 수립하여, 성격발달에서 방어의 역할에 관한 이해의 확대에 기여하였으며 주요 개념들은 다음과 같다.

① 불안(anxiety)

성격구조들간의 갈등으로 생기며 세 가지로 구분된다.

(가) 신경증적 불안(neurotic anxiety)

자신의 본능적 충동이 자신의 통제를 벗어나서, 처벌받을 수 있는 행동을 일으킬까 두려워하는 것을 의미한다.

(나) 현실적 불안(reality anxiety)

외부세계에서 현실적인 위험에 대하여 느끼는 두려움을 의미한다.

(다) 도덕적 불안(moral anxiety)

개인의 행동이나 생각에서 받아들일 수 없다고 느껴지는 것들에 관한 양심의 가책이나 죄책감과 관련된 불안을 의미한다.

② 방어기제(the mechanisms of defense)

불안(고통스러운 긴장상태)이 현실적인 방법으로 효과적으로 대처될 수 없을 때(욕구가 저지되었을 때, 현실문제의 해결이 곤란할 때, 자기의 열등성이 의식되었을 때 등), 유기체는 자아를 지키기 위하여 무의식적인 비현실적인 방어를 하게 되는데 이런 방어기제들은 개인의 본능적 동기나 갈등을 숨기거나 위장하는 역할을 수행한다.

(3) Alfred Adler(1870～1937)의 개인 심리학

아들러는 신경증의 원인이 억압된 성적 충동에 있다는 프로이드의 생각에 동의하지 않았고, 본능적 충동이나 무의식적 과정보다 사회적 충동이나 무의식적 사고를 더 중요시하고 기관 열등감(organ inferiority)과 사람들이 그것을 어떻게 보상하는지에 관심을 가져 그러한 열등감을 극복하려고 시도하는 노력이 생활양식의 일부를 형성하게 되고 우월이나 권력에의 추구 등의 특징적인 성격기능의 한 면을 이루게 된다고 주장하여 성격발달에 있어 생물학적 측면보다 사회적인 측면을 강조했다.

(4) Carl Gustav Jung의 분석심리학적 성격발달이론

Freud가 지나치게 성욕을 강조한다고 비판하고, 성본능보다는 사회적 환경의 역할을 중요하게 생각하고 자아의 기능을 중요하게 생각했으며, Freud의 무의식의 개념에 집단 무의식(collective unconsciousness)의 개념을 추가하였는데 집단 무의식 속에는 개인 무의식과 과거세대의 누적된 경험(사고하고 느끼는 방식, 인생과 세계를 인식하는 방식, 신과 인류에 대한 인식 등에 영향을 주는 기본성향)이 저장되어 있다고 하였고 집단 무의식을 구성하는 요소는 원형(archetype)으로 원형의 종류에는 Persona(타인에게 제시하는 얼굴로 인습적 역할 대표), Shadow(인간의 어둡고 사악한 동물적 측면), Anima(여성적 측면), Animus(남성적 측면), 및 자기(self: 여러 상반되는 원형이나 성격 요소들이 조화를 이루거나 통합될 수 있도록 하는 요소) 등이 있다.

(5) Erik H. Erickson(1902～1994)의 심리사회학적 성격이론

① 성격의 발달

㈎ 기본적으로 Freud의 심리·성적 발달(psycho-sexual development)이론을 발전시킨 것으로 정신분석학적 입장을 그대로 고수하고 있으나, 주목할만한 차이점은 유아기부터의 발달이 성욕을 중심으로 이루어진 것이 아니라 대인관계, 사회적 접촉 등 사회적 발달을 중심으로 이루어진 것으로 전제한다.

㈏ 성격의 발달은 전체 생애에 걸친 과제로서 영아기에서 노년기까지 8단계로 구분되고 각 단계마다 발전시켜야 되는 긍정적인 성격특성과 긍정적인 특성을 발전시키지 못하게 될 때 형성되는 부정적인 성격특성이 있으며 다음단계로의 발달은 현 단계까지의 축적적인 발달에 의존하게 된다.

② 심리사회적 자아발달의 특징

㈎ 유아기부터 노령기까지의 일생에 걸친 성장과 관련된 주된 쟁점을 규명하고 구별하였다.

㈏ 인간이 생물학적 혹은 환경적 영향에 전적으로 좌우되지 않는다고 가정하였는데, 즉 인간은 매 단계의 심리적 발달을 주도하는 능력을 가지고 있으며, 자신을 보호하고 자신의 삶의 과정을 지시함으로써 경험을 통합하며 조직화한다고 가정한다.

㈐ 개인의 성장에 문화가 기여하는 것을 중시하였는데, 즉 사회가 양육의 패턴을 전수하고 교육기회를 제공하며 성욕·친밀·일에 대한 가치와 태도를 전달한다고 간주한다.

③ 심리사회적 자아발달의 여덟 단계

단계	연령	심리사회적 위기	중요과업	바람직한 결과
①구강기(유아전기, infancy)	0~1년 6개월	신뢰 대 불신 (trust versus mistrust)	먹기 (feeding)	희망 (hope)
②항문기(유아후기, early childhood)	1.5~3세 미만	자율성 대 수치 (autonomy vs. shame, doubt)	배설 (toileting)	의지 (will)
③남근기(아동기, play age)	3~6세 미만	주도성 대 죄의식 (initiative versus guilt)	보행 (locomoting)	목표 (purpose)
④잠복기(학동기, school age)	6~13세 미만	근면성 대 열등감 (industry versus inferiority)	학교생활 (school)	만족 (competence)
⑤청소년기 (adolescence)	13~18세 미만	동일시 대 동일시 혼란 (identity vs. identity confusion)	친구관계 (peer relationship)	성실 (fidelity)
⑥청년기(young adulthood)	18~30세 미만	친밀감 대 고립감 (intimacy versus isolation)	연애(love relationship)	사랑 (love)
⑦장년기(middle adulthood, maturity)	30~65세 미만	생산성 대 자아탐닉 (generativity vs. self-absorption)	부모역할과 생산 (parenting and creating)	배려 (care)
⑧노년기 (old age)	65세 이상	자아통합 대 절망 (ego integrity versus despair)	삶의 수용 (reflecting on & accepting one's life)	지혜 (wisdom)

- 신뢰(trust): 양육자의 동일성과 연속성에 자신이 의존할 수 있음을 아는 것뿐만 아니라 자신과 충동을 다루는 자기 신체기관의 능력을 신뢰하는 것을 의미한다.
- 불신(mistrust): 부모로서의 역할이 부족하다고 유아가 느끼게 되는 경우에 유아가 갖게 되는 감정을 의미한다.
- 자율성(autonomy): 제 발로 서고 손을 사용하는 능력이 발달하면서 아동이 스스로 외부세계를 탐색하기 시작하고 자기 세계를 갖게 되는 것을 의미한다.
- 수치, 회의(shame, doubt): 사회의 기대와 압력의 과도한 의식에서 비롯되며, 수치심은 다른 사람의 눈에 자신이 좋게 보이지 않으리란 느낌이고, 회의는 다른 사람이 반드시 자기를 통제하리라는 느낌에서 비롯된다.

- 주도성(initiative): 아동이 스스로 계획을 세우고, 목표를 설정하며, 이를 달성하려고 노력하는 것을 의미한다.
- 죄의식(guilt): 아동이 질투와 경쟁을 경험하는 과정에서 불가피하게 겪게 되는 실패의 결과로 체념, 죄의식, 불안 등이 생긴다.
- 근면성(industry): 세상을 살아가는데 필요한 인지적·사회적 기술을 학습하게 되는 시기로서 사회의 생산적 성원이 되기 위한 근면성이 발달하게 된다.
- 열등감(inferiority): 아동이 자신의 무능력이나 하찮음을 지각하면서 생기고, 사회적·문화적 요소들도 열등감을 조장할 수 있다.
- 동일시(identity): 생리적으로 큰 변화를 경험하는 청소년들이 사회적 역할을 강화하려고 시도하면서 직면하게 되는 새로운 자아 정체감을 의미한다.
- 동일시 혼란(identity confusion): 급격한 신체적 성장이나 거대한 사회질서가 가하는 요구에 적절히 대처하지 못하면 정체감 위기 혹은 역할 혼란을 경험할 수 있다.
- 친밀감(intimacy): 개인적 정체감이 확립된 후에 사랑, 친교, 안정된 관계를 맺는 능력 등이 발달하게 된다.
- 고립감(isolation): 자아정체감을 확립하는 과정에서 실패한 사람은 친밀감을 가질 수 없어 고립감에 빠질 수 있다.
- 생산성(generativity): 다음 세대를 양육하기 위해 노력하는 것을 의미한다.
- 자아탐닉(self-absorption): 개인적 욕구나 안위를 주된 관심으로 하는 자아도취의 상태에 빠지는 것을 의미한다.
- 자아통합(ego integrity): 자기의 과거 및 현재의 인생을 바라던 대로 살았다고 받아들이고 만족스럽게 여기고 의미있게 생각하며 앞으로 다가올 죽음을 인정하고 기다리는 태도를 갖는 것을 의미한다.
- 절망(despair): 자기의 인생을 후회스럽고 불만스럽게 생각하며 남은 시간이 짧아 불안, 초조해하며 절망적인 태도를 갖게 되는 것을 의미한다.

정신분석이론과 정신건강

정신분석이론은 대부분의 정신과 의사들이 환자의 행동을 설명하고 정신치료를 통해 행동의 변화를 이끌어내기 위해 사용하는 이론적인 준거 틀이다. 하지만 정신분석이론의 패러다임 속에서 건강한 정신이란 무엇인가 하는 데에 대한 본격적인 이론을 제시한다는 것은 상당히 어려운 작업이다. 왜냐하면 정신분석이론은 주로 문제행동이나 병적인 행동의 원인이 무엇인가 하는 문제에 매달려 왔고, 건강한 정신을 규명하고 거기에 도달할 수 있는 방법에 대한 연구는 매우 드물었기 때문이다.

정신분석이론은 역사적으로 이드심리학(Id Psychology), 자아심리학(Ego Psychology), 대상관계이론(Object-relations Theory), 자기심리학(Self Psychology)이론으로 발전되어 왔는데, 이러한 이론의 변천은 대중들의 사고방식에도 많은 영향을 미쳤을 것으로 짐작된다. 이드심리학은 초기 프로이드의 이론으로 병적인 행동의 원인이 억압당한 이드의 욕동(drive)에 있다고 생각했다. 즉 불안의 원인은 다름 아닌 꽉 막힌 리비도(dammed-up libido), 다시 말해 리비도를 댐으로 꽉 막아두었기 때문이라고 보았다. 이러한 프로이드의 생각이 성해방이론에 많은 영향을 주었을 것임은 쉽게 짐작할 수 있다. 거의 100년이 지난 오늘날에도 정신건강에 대한 대중들의 생각 중 많은 부분이 여기에서 비롯됨을 볼 수 있다. 참으면 병이 된다. 욕망을 발산하고 화가 나면 풀어버려야 한다는 등의 생각들이 그것이다.

하지만 프로이드는 몇 년 안 가서 그것이 모두가 아님을 알게 된다. 누구나 다 이드를 가지고 있고 사회를 구성하기 위해서 일정부분 그것을 억압할 수밖에 없는데 왜 누구는 병이 되고 누구는 괜찮은가 하는 것이다. 그래서 나온 것이 자아심리학이론과 유명한 삼중구조이론이다. 즉 인간의 정신은 이드, 자아, 초자아라고 하는 삼중의 구조로 형성되어 있는데, 성적 욕망과 공격적 욕망과 같은 이드의 원본능(하고 싶다: want), 당위(해야 한다: should)와 금지(하면 안 된다: should not)로 구성되어 있는 초자아의 내적인 요구 및 외부현실의 급박한 현실적 요구 사이의 갈등을 매개하고 통합하는 기능을 가지고 있는 것이 자아이며 이러한 자아의 방어기제가 건강하게 기능하지 못할 때 병적인 행동을 하게 된다고 설명하고 있다. 이러한 이론적 배경에서 건강한 정신이란 자신을 잘 통제하고 외부현실에 잘 적응하는 것이라는 생각이 가능할 것이다.

그렇다면 건강한 자아는 어떻게 가능한가 하는 의문이 제기된다. 여기에서 아동기의 양육환경의 중요성이 대두된다. 즉 건강한 애착(attachment)에 기초한 양육자(주로 어머니)와의 건강한 대상관계가 건강한 정신의 발달에 필수적이라는 생각이 나타나기에 이른 것이다.

어머니와 안정적인 애착관계가 형성될 때 유아는 건강한 분리개별화 과정을 거치게 되고, 그것을 통해 자율성(autonomy)이라고 하는 중요한 정신기능을 획득하게 되며, 자율성의 획득을 통해 안정적인 대상관계를 할 수 있을 때 타인을 사랑할 수 있는 능력을 가질 수 있게 된다. 이것이 대상관계이론의 주요한 내용인데, 건강한 정신이란 무엇인가 하는 문제와 관련하여 여기에서 강조되는 것은 분리개별화와 자율성, 즉 확실한 자기정체성을 형성하는 것을 통해 일을 할 수 있는 능력을 가지는 것과 사랑할 수 있는 능력을 가지는 것이라고 말해진다.

이즈음에서 일단의 분석가들이 이견을 제시한다. 대상에서 완벽하게 분리되고 자율적인 정신이란 허구라는 것이다. 인간은 몰두할 대상을 필요로 한다. 오히려 정신분열병과 같은 정신증 상태에 있는 경우에는 그 무엇에도 몰두하지 못한다. 영유아기에는 몰두할 어머니가 필요하고 자라면서 존경하고 숭배하는 대상과 자신을 이해해 주고 인정해 줄 대상을 필요로 한다. 그것은 청소년기의 스타나 숭배하는 인물일 수도 있고, 연인, 배우자, 자식과 같은 인간적 대상 뿐 아니라 종교, 철학적, 혹은 정치적 이론일 수도 있다. 이렇게 자기(self)는 자기붕괴의 불안(Disintegration Anxiety)을 극복하고 안정성과 일관성, 통일성을 유지하기 위해 몰두할 대상을 필요로 하며 이를 자기대상(Self-object)이라 한다. 자기심리학이 출현한 것이다.

건강한 정신은 건강한 자기대상과의 관계를 통해 형성된다. 건강한 자기대상과의 관계를 통해 건강한 정신이 발달될 때 한편으로는 가치와 이상의 영역이 발달하고 이를 통해 자기통제의 힘이 생긴다. 반대로 가치와 이상의 영역이 건강하게 발달하지 못할 때 감정이나 충동에 대한 통제력이 충분히 발달되지 못하여 만성적인 불안이나 불면, 중독적 행동, 일탈적 행동에 빠지게 된다. 자기심리학적 이론에서 건강한 정신이란 명확한 목적의식을 가지고 그것을 열정적으로 수행해 나가는 능력이라고 말할 수 있겠다.

이상에서 간략한 정신분석이론의 역사와 그 패러다임의 변천에 따른 정신건강 개념의 변화를 살펴보았다. 프로이드는 건강한 정신이란 일을 할 수 있는 능력과 사랑할 수 있는 능력이라고 함축적으로 말한 바 있으나 자신의 그러한 이념은 자신의 고전적인 이론(이드심리학과 자아심리학)보다는 오히려 대상관계이론과 자기심리학의 발달과 함께 더 풍부하게 이론화되었다고 할 수 있다(김경승 울산알코올상담센터 정신과 전문의, 울산사회복지, 2003 제5호).

※ 정신적으로 건강한 상태는 무엇인가?

- id는 충족되었는가?
- ego는 원만하게 기능(자신의 통제 + 환경 적응)하고 있는가?
- 건강한 애착에 기초한 건강한 대상관계 형성으로 자율성(자기 정체성)이 획득되었는가?
- 몰두할 대상(자기 대상)을 통한 자아 완성이 이루어졌는가?

Philip Pinel (1745~1829)

기원전 4세기 경 이전의 사람들은 우울증을 신이 내리는 고통으로 여겨, 의사들이 고칠 수 있는 문제가 아니라고 보았다. 그런데 히포크라테스는 최초로 기분 변화의 원인을 신보다는 자연에서 찾으려고 했다. 히포크라테스는 뇌가 정신기능을 담당한다고 생각했고, 그래서 정신기능이 제대로 이뤄지지 않는 것은 뇌가 고장났기 때문이며, 정신질환은 온 몸을 순환하는 '네 가지 체액(humors, 가상의 액체)'의 불균형을 뇌가 겪고 있기 때문이라고 추측했다.

중세에는 정신질환에 대한 초자연적인 이론이 부활하였다. 고대의 신들은 잊혀진 지 오래였지만 마녀나 별들의 나쁜 영향이 고대 신들의 자리를 차지하게 되었다. 그래서 정신병자는 악마의 혼이 들렸다고 생각되었다. 르네상스시대를 시작으로 하여 정서장애의 원인이 자연으로 영원히 옮겨갔다. 그렇지만 정서장애의 원인을 자연에서 찾기 시작했다고 해도 정신질환이 마법이나 악마에 의한 것이라는 대중적인 믿음이 완전히 사라지지는 않았다.

결국 16세기 중반에 이르러 우울증과 조증에 뇌가 관련된다는 통찰이 있었음에도 불구하고 정신질환의 치료에는 별다른 변화가 없었다. 하지만 이런 통찰이 환자를 돌보는데는 중요한 질적인 변화를 일으켰다. 이전까지의 잔혹성이 없어지고 훨씬 더 인간적인 환자보호가 시작되었다.

18세기 말 프랑스에는 필립 피넬이라는 정신의학자이자 정신과의사가 있었다. 그는 수줍음과 겁이 많았지만 분명한 소신을 가진 사람이었다. 당시의 정신병 환자들은 난폭한 불치의 환자로 간주되어 수년을 쇠사슬에 묶여 토굴 속에 갇혀 지냈다. 피넬은 정신병 환자들이 공기와 자유를 박탈당했기 때문에 난폭해진다고 생각하고, 그들의 쇠사슬을 풀어 주었다. 매질과 쇠사슬 대신 햇빛과 신선한 공기와 깨끗한 환경을 제공하고, 친절과 이해로 그들을 대했다.

피넬은 영국에서 이루어진 정신병자에 대한 도덕요법(moral treatment)에 흥미를 갖고, 프랑스혁명 중인 1793년에 공립 비세트르 정신병원에 근무하면서 정신병자의 치료법 개량에 최선을 다했으며, 40명의 병자들을 쇠사슬에서 풀어 해방시켰다. 또 1795년에 사르베트리엘로 이사해서, 그 곳에서도 병자들에게 똑같은 인도적인 처치를 감행했다. 피넬의 이러한 행위는 프랑스 대혁명기 당시의 다른 대 변동들과 마찬가지로 혁명적인 것이었다. 이때까지의 정신병원은 발광하는 사람들을 가두어 두는 곳으로, 끊임없는 신음소리와 난폭한 소리가 들리는 무서운 장소였다. 그러나 이후 정신질환자에 대한 보호는 질적인 면에서 크게 변화해 왔다. 지금까지 정신병원은 정신질환자들을 수용하는 곳으로 계속 존재해 오고 있지만, 정신장애를 질병으로 인식하고, 정신질환자들을 악마같은 힘에 사로잡힌 인간 이하의 존재가 아니라 고통받고 있는 인간으로 인식하게 된 새로운 시대의 문을 열게 된 것이다. 피넬은 철학적 질병론(Nosographie philosophique, 1798)과 정신병에 관한 의학 및 철학론(Traite medicopbilosophique sur l' alienation mentale, 1804)을 발표하면서, 명실공히 근대 정신의학의 창시자가 되었다. 정신병에 대한 인도주의적 치료의 신기원은 이렇게 열렸고, 피넬은 불후의 명성을 정신의학사에 남겼다(백병원보, 2003. 7).

클라이언트의 자아방어기제(ego defense mechanisms)

Anna Freud(1895～1982)는 정신역동적인 방어기제에 관한 최초의 체계적 이론을 수립하여, 성격발달에서 방어의 역할에 관한 이해의 확대에 기여하였는데, 방어기제(the mechanisms of defense)란 불안(고통스러운 긴장상태)이 현실적인 방법으로 효과적으로 대처될 수 없을 때(욕구가 저지되었을 때, 현실문제의 해결이 곤란할 때, 자기의 열등성이 의식되었을 때 등), 유기체가 내적 긴장을 완화하고 자아를 지키기 위하여 무의식적인 비현실적인 방어를 하게 되는 것이라고 보고, 이런 방어기제들은 개인의 본능적 동기나 갈등을 숨기거나 위장하는 역할을 수행한다고 하였다.

방어기제는 어릴 때부터의 인격발달과정을 통하여 얻어지는데 무의식의 세계에서 선택되고 자동적으로 작동되는 자아기능으로, 모든 사람들은 불안, 스트레스, 생활상의 문제에 직면하여 단일, 혹은 여러 개의 방어기제를 동원하는데, 이러한 방어기제의 사용은 개인의 현실인식능력과 대인관계능력을 손상시킬 수 있고, 따라서 현실적인 문제해결에 장애가 될 수 있다. 특히 사회복지사들은 원조과정에서의 갈등상황과 개입전략에 대해 클라이언트가 보이게 될 반응을 예견하기 위해 다양한 유형의 방어기제에 대한 이해가 필요하다.

☞ 방어(비합리적, 병리적 대처)

저항 - 적극적, 능동적 방어, 남의 탓(투사, 합리화 등);

억압 - 소극적, 수동적 방어, 자기 탓(퇴행, 억압 등)

1. acting out(행동화)

스트레스와 내부갈등을 제거하기 위해 미리 행동을 하는 것을 의미한다.

예 직장에서 스트레스의 제공자인 상사를 오히려 공격하거나 남편의 구타를 예상한 아내가 먼저 남편을 자극하여 매를 얻어맞음으로써 예상된 구타로 야기되는 스트레스를 해소하는 경우.

2. blocking(차단)

몇 가지 서로 연결된 생각들 가운데서 앞선 것은 알지만 뒤를 잇는 생각이 억압을 당해 도저히 기억이 나지 않는 것을 말하는데, 불쾌한 생각이나 느낌들을 의식화시키지 않으려는 노력이다.

3. compensation(보상)

어떤 바람직한 특성을 강조하여 약점을 극복하거나 어떤 영역에서의 욕구불만을 다른 영역에서의 과잉만족으로 대신하려는 것을 의미한다.

예 체구가 작은 아이가 오히려 공격적이고 지배적인 경우.

4. conversion(전환)

심리적 갈등이 신체감각기관과 수의근육계의 증상으로 표출되는 것을 의미한다.

예 화가 나서 상관을 칠까 고민하던 사람의 팔이 마비되는 경우.

5. counter transference(逆轉移)

대상자의 전이에 대한 치료자의 무의식적인 반응, 즉 치료자의 감정, 태도, 사고(思考)를 말한다. 넓은 뜻으로는 치료자가 환자에 대해 품는 의식적, 무의식적인 감정반응 전체를 말한다. 역전이는 치료자의 무의식적 갈등에서 생기는 상황이 많아, 치료자의 중립성을 방해하고 환자에 대한 공감이나 이해의 방해가 되어 치료과정에 큰 영향을 준다.

예 부모에게 거부당한 감정을 해결하지 못한 사회복지사가 냉담한 클라이언트와 좋은 관계를 맺기 어려운 경우.

6. denial of reality(현실부정)

자신에게 주어지는 위협을 회피할 수도 없고 공격할 수도 없을 때, 전적으로 현실을 인정하지 않고 부인하는 것으로 남이 보기에 뻔히 그런 것도 아니라고 하는 경우를 의미한다.

예 말기 암환자가 자신의 병을 인정하지 않는 경우.

7. displacement(전치)

본능적 충동이 진짜 대상에서 그 보다 덜 위협적인 대상으로 옮겨가는 것을 의미한다.

예 남편에게 화가 난 아내가 당사자에게는 화를 못 내고 대신 만만한 아이들을 야단치는 경우.

8. dissociation(해리)

괴롭고 갈등을 느끼는 인격의 일부분을 인격의 다른 부분과 분리하는 것을 의미한다.

예 지킬박사와 하이드씨

9. empathy(공감)

그 사람이 되지 않고서도 마치 그 사람이 된 듯 그가 느끼는 것을 느낄 수 있는 일시적이고 한정적인 건전한 형태의 동일시를 의미한다.

예 의사가 환자의 고통을 이해하는 자세를 갖는 경우.

10. emotional isolation(정서적 고립)

경험이 감당하기 어려울 정도의 정서적 고통을 수반할 때 감정을 의식으로부터 제거, 분리시키는 것을 의미한다.

예 부모의 죽음을 접하여 매우 냉담한 반응을 보이는 경우, 이 사람은 부모의 죽음이 야기시키는 고통스러움을 감당하기 어려워 그 감정을 자신으로부터 분리시킴으로써 자신을 보호하고자 하는 것.

11. fantasy(공상)

갈등을 회피하고 고통을 만족으로 대치시키기 위해 자폐적인 태도로 현실적이 아니거나 또는 실현될 가망이 없는 것을 멋대로 상상하는 것을 의미한다.

12. humor(농담)

타인에게 거부하고 불쾌한 감정을 느끼지 않게 하면서 자신의 느낌을 공개적으로 표현하는 것을 의미한다.

13. identification(동일시)

자기 이외의 사람과 같이 느끼기도 하고 타인의 현실이나 특성을 자기의 것으로 받아들여 불안으로부터 자아를 보호하려는 무의식적 경향을 의미한다.

14. intellectualization(지성화)

강하게 일고 있는 자신의 감정을 감당할 수 없는 사람들이 그것에 대해 감정을 분리시키고 추상적, 이론적으로 냉담하게 사고하는 태도를 취함으로서 자신을 보호하는 것으로 자신의 상황에 대한 감정적 반응을 배제하고 이성적으로만 설명하려는 태도이다.

15. internalization(내면화)

다른 사람, 특히 부모의 태도, 규범, 가치관을 자기 자신의 성격으로 흡수하는 것을 의미한다.

16. introjection(투입)

투사와 반대되는 개념으로 외부의 대상을 자기 내면의 자아체계로 받아들이는 것, 즉 외부대상에 대한 적대적이거나 부정적인 감정을 자신에게로 지향시키는 것을 의미한다.

예 어머니를 미워하는 것이 자아에 수용될 수 없기 때문에 자신을 미워하는 것.

17. isolation(격리)

과거의 고통스러운 기억과 연관된 감정을 의식에서 떼어내는 것, 즉, 감정과 사고를 분리시키는 것을 의미한다.

예 한 청년이 자기 아버지의 죽음에 대해 말할 때는 슬픈 감정을 느끼지 않으면서 아버지를 연상시키는 권위적인 남자가 죽는 영화를 보았을 때 비통하게 우는 경우.

18. projection(투사)

원치 않는 충동이나 감정을 타인에게 전가시키고 그렇게 투사한 그 감정에 비추어 그에게 반응하는 것으로, 즉 자신의 용납할 수 없는 충동·생각·행동을 무의식적으로 다른 사람이 그러한 충동·생각·행동을 느끼거나 행한다고 믿고 남의 탓으로 돌리는 것을 의미한다.

예 남자들에 대해 자기가 느끼는 강한 성적 감정을 받아들이기에 곤란을 겪는 여성이 모든 남자들이 성적으로 그녀에게 관심이 있으며, 끊임없이 그녀를 원한다고 느끼는 경우.

19. rationalization(합리화)

용납할 수 없는 태도, 신념 또는 행동을 개인적 또는 사회적으로 정당화하기 위한 시도로 주로 자책 또는 죄의식으로부터 풀려나기 위하여 자기의 생각이나 행동을 합리적으로 설명하고자 현실을 최소한도로 왜곡하는 것이며 이 기제의 작용이 무의식적으로 발생한다는 점에서 거짓말과 구별된다.

예 남이 하면 불륜, 내가 하면 로맨스.

20. reaction formation(반동형성)

억압과 마찬가지로 어떤 충동을 의식에서 추방하는 것인데 그 방법이 무의식 속의 용납할 수 없는 충동을 반대의 감정으로 대치시켜 표현하는 것이다.

예 부인에 대한 용납할 수 없는 성난 감정을 잠재의식적으로 억압하는 남편이 각별하게 애정이 깊은 것처럼 행동하는 경우.

21. regressio(퇴행)

잠재적 외상(trauma)이나 실패가능성이 있는 상황에 처하게 될 때 해결책으로 현재의 성숙의 수준에서 책임이 덜 요구되고 스트레스가 적은 초기의 발달단계나 행동양식으로 후퇴하는 것, 즉 어릴 때 효과적이고 위안이 되었던 행동으로 되돌아가 갈등이나 스트레스를 피하는 것을 의미한다.

예 배변훈련이 충분히 된 아동이 동생이 태어난 후 부모의 관심이 동생에게 집중되자 대소변을 못 가리게 되는 경우.

22. repeatition compulsion(반복강박)

경험에서 배우지 못하고 계속 일정한 병적 행동양상을 반복하는 것으로 무의식에 의해 행동이 결정되는 것을 의미한다.

예 결혼에 계속 실패함에도 전과 같이 알콜중독자와 또 결혼을 하는 행위(의식적으로는 그 상태가 싫다고 하지만 무의식에서는 그 상태에 계속 남아 있고 싶은 욕구가 있는데 왜냐하면 그 상태에 익숙해 있기 때문이다.)

23. repression(억압)

불안에 대한 일차적 방어기제로, 사회적으로 위협을 주는 용납할 수 없는 충동으로 인해 야기되는 불안, 죄의식이 자아가 감당할 수 없는 수준에 이르렀을 때, 이 마음에서 받아들이기 힘들거나 고통스러운 충동을 의식에서 밀어내 무의식의 세계에 가두어 놓음으로써 자아를 방어하는 것이다. 정신적 충격을 준 사건 혹은 고통스러운 감정과 관련된 사건은 불안을 일으키기 때문에 억압의 대상이 될 가능성이 크다.

24. resistance(저항)

무의식의 내용을 의식화할 때 심층에서 이 의식을 방해하는 것을 의미한다.

예 정신분석 도중에 환자가 침묵, 연상불능, 꿈의 망각, 의자가 불편하다고 트집 잡는 것 등.

25. restitution(상환)

잃어버린 대상을 다른 대상으로 대치하는 것을 의미한다.

예 사랑하는 부인과 사별한 남편이 그 부인에게서 얻은 무의식적, 의식적 욕구를 채워줄 수 있는 여인을 만나는 경우.

26. reversal(역전)

감정·태도·특징·관계·방향을 반대로 변경하는 것으로 반동형성보다 더 일반적인 기제이며 더 광범위한 행동을 포함한다.

예 극도로 수동적이며 무력한 어머니에게 무의식적으로 반항하면서 자신만만하고 유능하게 된 여성이 자신의 성공에 대해 책임감과 불안을 경험하는 경우.

27. splitting(분단)

자신과 남들의 생각과 태도에서 전적으로 좋은 것과 전적으로 나쁜 것이라는 두 개의 상반된 정서를 자아가 가지는 것을 의미한다.

28. somatization(신체화)

심리적 갈등이 신체감각기관(sensory organ)과 수의근계(voluntary muscular system)를 제외한 기타 신체 부위의 증상으로 표출되는 것을 의미한다.

예 사촌이 땅을 사면 배가 아픈 경우.

29. sublimation(승화)

Libido를 성적 목표로부터 보다 고상한 사회적 목표로 전환하는 것으로 용납할 수 없는 소원들을 사회적으로 바람직한 행동으로 표출하는 가장 성숙한 방어기제이다.

예 창조적 예술작품이나 경쟁적 운동에서의 성취는 성적 또는 공격적 본능의 승화.

30. substitution(대치)

정서적으로 아주 귀중하지만 받아들일 수 없는 대상이, 심리적으로 용납되는 비슷한 다른 대상으로 무의식적으로 대리 형성되는 것을 의미한다.

예 오빠에 매력을 느끼는 여동생이 오빠와 비슷한 용모를 가진 사람과 사귀는 경우. 꿩 대신 닭.

31. suppression(억제)

받아들이고 싶지 않은 욕구나 기억을 의식적으로 잊으려고 노력하는 것을 말하며, 따라서 무의식적 억제와는 구별된다.

예 실연, 창피 당한 기억들을 머리에서 지우려고 하는 경우.

32. symbolization(상징화)

어떤 사람이나 사물에 부착된 감정적 가치를 어떤 상징적 표현으로 전치시키는 것을 의미한다.

예 꿈, 공상, 신화, 농담 등.

33. transference(전이)

일반적으로 어떤 사람이나 사물에 대해서 느낀 감정과 똑같은 감정을 다른 사람이나 사물에 대하여 느끼는 것인데, 구체적으로 과거의 의미 있는 대상과의 관계에서 일어났던 무의식적 소망과 기대 혹은 좌절 등이 현재의 대상과의 관계에서 활성화되면서 반복되는 현상을 의미한다.

예 클라이언트가 다른 사람과 과거의 경험에서 비롯된 감정을 사회복지사에게 보이는 경우.

34. turning against self(자기에게로의 전향)

공격성 같은 본능적인 충동이 자기에게로 향하는 것을 의미한다.

예 부부싸움을 한 남편이 화가 나서 자기의 머리를 벽에 부딪치는 경우.

35. undoing(취소)

용납할 수 없거나 죄책감을 일으키는 행동·사고·감정을 상징적인 방법을 통해 취소 또는 무효화하는 것을 의미한다.

예 비서에게 성적으로 끌리는 것을 깨달은 남자가 부인에게 줄 비싼 선물을 사는 경우.

& much much more.

'자기 합리화'는 왜 문제이고 어떻게 고칠 수 있는가?

자신이 져야 할 책임을 타인을 비롯한 특정 대상에게 떠넘기고 그 결과 문제를 해결하기는커녕 오히려 흔히 문제를 키우게 되는 결과를 낳게 되는 태도를 자기합리화라고 하는데, 이 자기 합리화의 태도는 비록 정도의 차이는 있을지언정 사실은 모든 사람들이 갖고 있는 문제이다. 왜냐하면 인간은 늘 양면적인 존재이기 때문이다. 사람의 심리에는 어떤 문제가 가로막아 설지라도 해결을 하려는 불굴의 정신도 있지만, 또한 불편한 상황을 모면하기 위해서 또는 자신에게 쏟아지게 될지도 모를 비난을 피하기 위해서 어떤 잘못도 비판 없이 용납하고, 책임을 전가하고, 또는 문제 안에 안주하고자하는 기질도 있다.

그렇다고 모든 합리화를 부정적으로 볼 수는 없다. 흔히 이솝우화의 '여우와 포도' 이야기를 부정적인 합리화의 대표적 예로 사용한다. 그러나 여기에는 의문이 있다. 만일 여우가 포도를 얻으려는 노력을 하지도 않고 포도가 덜 익었을 거라며 지나쳤다면 부정적인 합리화라고 보아야 할 것이다. 그런데 여우는 무더운 여름날 수차례의 점프를 통해 포도를 따는 것이 자신의 능력 밖의 일이라는 것을 깨달았다. 그렇다면 할 수 없는 일에 대해 억지를 부리지 않고 체념한 것은 비록 그 이유가 궁색할지라도 '합리적 합리화'라고 할 수 있다.

우리가 경계해야 할 것은 이와는 달리 자신의 힘으로 할 수 있는데도 불구하고 하지 않거나 자신이 책임져야 할 것도 타인에게 떠넘기려고 하는 부정적인 합리화이다. 이러한 부정적인 합리화는 문제를 크게 하고 또한 상황을 악화시키게 마련이고 이를 무마하기 위한 더 큰 자기합리화를 필요로 하기에 습관이 될 가능성이 크다.

습관적으로 자기합리화를 하는 사람들은 대략 몇 가지 유형으로 나눌 수 있다. 첫째는 투사(投射)형이다. 이들은 자신의 문제나 잘못을 원래 그렇게 타고 났기 때문에 어쩔 수 없다고 여기거나 또는 외부의 탓으로 돌리고 비난한다. "원래 이렇게 밖에 할 수 없도록 태어난 것을 어떻게 해?" "당신 때문에 내가 이렇게 됐어"와 같은 식이다.

둘째는 억지 소신(所信)형이다. 이들은 자신의 문제를 문제로 보려고 하지 않고 자신의 철학에 의한 것임을 강조한다. 이들은 투사형보다 좀 더 심각하다. 문제에 대한 책임은커녕 문제라는 것조차 인정하지 않기 때문이다. 예를 들어 게으름이 문제라면 이들은 "나는 게으름뱅이가 아니라 귀차니스트야"라고 소신을 부여한다.

셋째는 조건형이다. 이들은 자신의 문제를 흔히 어떤 조건이 부족하거나 상황이 여의치 않아서라고 이야기한다. 즉, "내가 조금만 저 젊었다면~" 등의 자기합리화를 시도한다. 이들은 최적의 조건이란 무작정 기다리기만 하면 찾아오는 것이 아니라 오직 스스로 만들어가야 한다는 사실을 모른다.

넷째는 자기혐오형이다. 자기 비난 역시 자기합리화이다. 왜 그럴까? "이러는 내가 싫어요" "난 무능한 인간이에요"와 같은 자기비난은 애초부터 자기반성과는 무관하다. 문제를 개선하거나 책임지려는 의지가 포함되어 있지 않기 때문이다. 사실 이러한 비난에는 스스로 자신에게 이만큼 벌을 주었으니 잘못에 대한 대가는 치르지 않았느냐는 고도의 자기합리화가 깔려있다. 잘못을 저지르고 몸으로 때우면 된다고 생각하는 사람처럼 이들은 비난으로 비난을 방어하고 있는 것이다.

자기합리화는 타인에게는 물론이고 본인에게도 부정적인 영향이 크므로 고쳐야 한다. 자기합리화 습관을 고치려면 첫째, 이것은 정말 나의 선택인가? 라는 질문을 해야 한다. 자기합리화에서 벗어나려면 야구의 수비수가 "My ball!"이라고 외치는 것처럼 "My choice!"라고 외쳐야 한다. 왜냐하면 사람은 스스로 선택한 것에 대해서만 최선을 다하고 책임을 떠넘기지 않기 때문이다.

둘째, 종이를 준비해서 습관적인 자기변명을 적어본다. 글로 적을 때 사람은 비교적 자신을 객관화할 수 있으며 그럴 때 자기변명을 찾을 수 있다.

셋째, 이번에는 자기변명을 자기긍정의 마음으로 바꿔 적어본다. "~ 때문에 못 하겠어." 대신에 "~ 하더라도 ~을 하겠어!" 라거나 "하지만 어떻게 하면 할 수 있을까?" 라는 문장으로 바꿔본다. 예를 들면 "나이가 많아서 못하겠어!" 라는 합리화 대신에 "늦었더라도 해 보겠어." 혹은 "나이가 많지만 어떻게 하면 할 수 있을까?" 라는 마음으로 바꿔서 적어본다(문요한의 나! 리모델링 중에서).

제6장 | **집단사회사업**

1. 집단사회사업의 정의

(1) 인간은 사회적 존재이며 인간의 전 생활과정은 크고 작은 많은 수의 집단과 밀접한 관계를 갖고 있다는 전제 하에,

(2) 인간이 경험하는 대부분의 심리·정서적인 어려움은 대인관계에서 비롯되므로 문제의 해결 역시 다른 사람들과의 협력적 관계 속에서 이루어져야 한다는 전제 하에 인간의 문제를 집단적 차원에서 다루려는 사회사업의 직접적 개입의 한 방법으로,

(3) 유사한 관심과 공동의 문제를 가진 소수의 사람들이 정기적으로 모여서 성원들이 함께 결정한 목표를 달성하기 위하여,

(4) 의도적인 집단경험을 통하여 개인의 건강한 발달과 사회적 기능 회복 등의 바람직한 변화를 성취하고, 나아가서 집단, 지역사회의 성장과 발전을 도모하기 위한 것으로,

(5) 문제의 예방적 기능과 함께 치료적 기능을 가진다.

2. 집단사회사업의 기원 및 발달

(1) 청소년단체

① YMCA(Young Men's Christian Association, 기독교청년회)

세계적인 기독교 평신도 운동단체로서 1844년 6월 영국 런던의 히치콕로저스 상점의 점원이던 George Williams(1821~1905)가 12명의 청년들과 함께 당시 산업혁명 직후의 혼란한 사회상 속에서 청소년노동자들의 정신적 및 영적 상태를 살피고 개선시키려는 목적으로 설립하였다. Williams가 처음 의도했던 것은 일자리를 찾아 고향을 떠나 런던에 온 가난한 청년들이 편안하게 쉬면서 가벼운 마음으로 성서도 읽고 기도도 할 수 있는 장소를 마련해 주려는 것이었다. YMCA에서는 청소년들을 무신론, 나태, 무절제, 부도덕 등으로부터 보호하고 그들의 인격과 지도력을 배양하기 위한 교육과 훈련을 실시하였고 청소년 문화사업 등도 전개하였다.

② YWCA(Young Women's Christian Association, 기독교 여자청년회)

세계적인 기독교 여성운동단체로서 1877년에 영국에서 최초로 설립된 YWCA는 1855년 영국 런던에서 Emma Roberts를 중심으로 억압받는 여성들을 위해 기도할 목적으로 결성된 Prayer Union(기도협회)과 같은 해인 1855년에 Arthur Kinnaird(1814 - 1887)를 중심으로 젊은 여성들을 위해 기숙사를

마련하고 직업교육을 실시할 목적으로 설립된 General Female Training Institute(일반부인 수양회)가 연합한 단체이다. 설립 목적은 여성들의 삶을 향상시키고 사회를 발전시키는 것이었고 주요활동으로는 기독교 신앙심 고취와 아울러 여성노동자 근로환경 개선 등 여성의 인권향상을 위한 다양한 활동을 수행하였다. YMCA와 YWCA는 인간의 성장발달단계에서 가능성과 잠재력이 발휘될 수 있도록 지원하는 성장집단으로서의 중요한 역할을 수행한 집단활동이었다. 고향을 떠나 열악한 노동조건하에서 일하는 청소년들에게 기독교 신앙을 심어주며, 클럽활동이나 여가활동을 통해서 정신적 혹은 신체적인 건강, 생활, 기술지도 등을 제공하여 많은 청소년들을 좌절과 갈등에서 탈피케 하며, 심신을 건전하게 성장 및 발전케 하는 일에 크게 기여하였다. 당시에는 집단사회사업이라는 명칭이 사용되지 않았지만 이들의 활동을 집단사회사업의 기원으로 볼 수 있다.

(2) 사회개량운동(인보관 운동, Settlement House Movement)

① Toynbee Hall

Samuel Barnet목사(1844~1913)에 의해 1884년 London의 East End지역에 세워진 세계최초의 인보관(隣保館)인 Toynbee Hall은 상류층 또는 중산층 출신의 신앙인, 개혁가 등 지식인들이 빈민거주지역으로 이주하여 빈민들과 접촉하고 함께 생활하면서 빈민의 어려움을 같이 나누고 상호이익을 도모하는 사회개량운동을 전개하였다. 빈민거주지역으로 이주(settle)한 지식인들은 주민들에게 물질적 지원과 함께 지식과 정보를 제공함으로써 산업화시대의 사회구성원으로서의 성장을 원조하는 역할을 수행하였다.

② Hull House

Hull House는 Jane Addams(1861~1935)와 Ellen Gates Starr(1859~1940)에 의해 1889년 미국 Chicago지역에 세워진 인보관이다. 산업혁명으로 인한 자본주의의 성립과 더불어 나타난 빈부의 격차, 농촌과 도시간의 격차, 주택문제, 빈민가 문제, 범죄문제 등의 각종 사회문제를 해결할 목적으로 집단을 중심으로 다양한 활동을 수행했다. 인보관을 통한 활동은 문제해결 중심이라기보다는 문제의 근원을 바로잡기 위해 사회개혁을 통한 사회정의의 구현에 초점을 맞추었고, 이후의 집단사회사업과 지역사회조직의 모체가 되었다.

☞ Dr. Grace Longwell Coyle(1892~1962)은 1923년 Case Western Reserve 대학교 사회복지대학원에서 최초로 '집단사회사업'을 강의하였고 1946년에는 미국집단사회복지사협회가 설립되었다.

3. 집단사회사업의 기본요건 (by H. Trecker)

"集團(집단)은 個人의 善한 屬性(속성)이든 惡한 屬性이든, 그것을 極大化(극대화)하는 傾向이 있다. 集團構成員의 心理的 性向은 集團을 自身의 延長(연장)으로 생각하고, 集團과의 共同運命 意識이 强하며 이런 心理가 行動을 左

右한다는 것이다."

(1) 집단(Group)

사회복지사는 구성원 간에 상호작용이 이루어지는 집단을 통해 구성원 각자에게 접근하고 집단의 정확한 이해를 통해 집단활동의 성과를 획득할 수 있다.

① 집단의 역사, ② 집단의 특성, ③ 집단내의 개인, ④ 사회복지사와 집단과의 관계,
⑤ 프로그램, ⑥ 개인의 목적과 집단의 목적, ⑦ 집단의 발전단계

(2) 집단 구성원(Group member)

사회복지사는 집단의 원활한 운영을 위해 인지능력과 의사소통능력, 그 밖에 성별, 나이, 학력과 욕구나 문제의 수준 등이 비슷한 성원들로 집단을 구성해야 한다. 이는 집단성원들 사이의 수준에 차이가 많을 경우에 수준이 낮은 성원이 집단에 부적응함으로써 전체 집단에 부정적인 영향을 미칠 수 있기 때문이다. 또한 사회복지사는 집단구성원 개개인에 대한 개별화를 통하여 개개인의 욕구와 문제에 대해 충분한 이해를 갖고 있어야 한다.

① 연령, 성별, 직업, 교육배경, ② 집단, 단체, 지역사회 내에서의 지위, ③ 인간관계,
④ 흥미와 능력, ⑤ 과거의 집단 경험, ⑥ 가정 및 사회환경, ⑦ 집단 활동의 참가정도,
⑧ 창의성, ⑨ 지도력, ⑩ 타 집단에서의 활동경험

(3) 프로그램(집단활동)

집단 경험의 내용을 결정하는 중요 요소로서 개인 및 집단의 욕구를 충족시키기 위해 집단 내에서 계획되고 실행되는 활동이며, 상호원조를 포함한 상호작용 및 그 밖의 경험들을 포함하는 준비에서 평가에 이르는 전 과정이다. 프로그램의 목적은 구성원 간에 활발한 상호 관계를 촉진케 하며, 아울러 구성원 개개인의 성장과 사회적응능력을 강화시키기 위한 풍부한 집단경험을 제공하는데 있다.

(4) 집단사회사업가(Group-worker)

집단의 상황과 집단성원의 욕구를 파악하고, 활동할 장을 설정하여 해당 집단이 갖는 목적에 따라 프로그램을 전개하는 역할을 수행해야 한다.

① 가능케 하는 사람(Enabler)

집단 구성원들이 이루고자 하는 과제의 달성을 위한 간접적 지원을 통하여 그것을 가능케 하는 역할을 담당한다.

② 변화를 일으키는 사람(Change agent)

집단 구성원들이 바람직한 변화를 할 수 있도록 지원하는 역할을 담당한다.

③ 매개자 또는 자료제공자(Mediator or Resource person)

필요에 따라 집단구성원과 사회자원과의 매개자, 자료제공자의 역할을 담당한다.

"한 集團(집단)의 指導者가 構成員들을 힘으로 눌러 願하는 方向으로 끌고 갈 수 있다고 하더라도, 그들에게 보낸 메시지가 自發的(자발적)으로 受用(수용)되지 않는다면 創意的(창의적)이고 獻身的(헌신적)인 協力(협력)은 期待(기대)할 수 없다."

4. 집단사회사업의 과정(발전 단계)

(1) 준비단계(preparatory stage, 집단구성단계) – 선수 선발

집단의 욕구를 사정하고 잠재적 집단 성원과 후원자를 고려하며 집단의 목적을 확인하는 단계로, 개인의 문제해결에 집단을 효과적으로 활용하기 위해 유사한 내용의 문제를 가진 개인들의 접수 및 집단 구성에 관한 조치가 행해지는 단계이다.

(2) Orientation 단계(집단활동 계약단계) – 규칙 설명

개인과 집단의 목표를 명백히 하고 달성되어야 할 과제를 계약하는 단계로 성원들 각자가 발전시켜 온 행동규범을 집단에 가지고 와서 집단의 목적과 활동과제를 설정하는 과정에서 공통적 가치와 태도에 기초한 집단에서의 규범과 행동방식 등을 결정하는 단계이다.

(3) 탐색과 시험단계(exploring and testing stage, 집단활동 도입단계) – 탐색전

상황에 대한 탐색과 시험 그리고 조화와 갈등의 상호작용을 통하여 응집력 있는 집단이 형성되는 단계로 집단의 목적이 분명해지고 목표 지향적 활동이 현저하게 진행되는 단계이다.

(4) 문제해결단계(problem solving stage) – 목표달성을 위한 역량발휘의 극대화

집단성원의 상호의존성과 집단의 응집력이 높은 수준에 이르고, 집단의 목적에 대한 충분한 일치성과 그 달성을 위한 고도의 협동체계가 나타나며, 문제해결능력이 고도화되는 단계로 성원들은 많은 경험을 함께 했기 때문에 보다 확고한 전통과 분명한 규범을 갖게 되며, 따라서 성원에 대한 집단의 영향력도 높은 수준에 이르게 되는 단계이다.

(5) 종료단계(termination stage) – 경기 종료

집단활동을 평가하고 종결하는 단계로 네 가지로 그 경우를 나눌 수 있다.

① 목적이 달성되어 집단이 더 이상 존속해야 할 필요가 없어져서 끝을 맺게 되는 경우.
② 처음부터 집단이 일정 기간 동안 설치되도록 계획되어 그 기한이 도래한 경우.
③ 집단의 응집력이 약화되어 집단이 분절되는 경우.
④ 집단이 외적, 내적 환경의 압력에 효과적으로 반응치 못한 부적응의 결과로 끝을 맺는 경우.

5. 집단사회사업의 모델(by C. P. Papell & Beulah Rothman, 1966)

(1) 사회적 목표(Social goal, 과업 달성형) 모델

집단의 선을 추구하고 '사회적 책임 실천' '사회적 정의 구현'의 목적 달성을 위한 활동을 통해서 바람직한 시민의식을 기르고, 민주적 과정의 습득을 추구하는 모델이다.

예 인보관, YMCA, 지역사회 대표자 모임 등.

① 사회의 변화와 사회적 기능의 강화를 추구한다.

② 적극적 사회참여를 통한 사회적 행동을 지향한다.

③ 사회적 행동의 부차적 효과로서 개인의 치료(문제해결)를 달성한다.

④ 사회복지사는 사회적 목표를 성취하기 위하여 집단 구성원들에게 사회적 행동기술 습득과 사회변화에 필요한 행동방법 등을 습득하도록 원조하는 교사, 가능케 하는 자(enabler), 조력자, 역할 모델의 역할을 수행한다.

(2) 치료적(교정적, Remidial) 모델

개인의 선을 추구하는 모델로 일반적으로 가정이나 학교, 지역사회 등에서 부적응하는 사람들로 집단을 구성하여 이들의 변화를 추구하는 모델이다.

예 정신병원, 교정기관, 상담기관, 학교 등.

① 문제를 가진 사람들에게 그 전문성을 발휘할 수 있는 영역으로 개인의 치료가 가장 중요한 목표이며 개인의 변화를 달성하기 위하여 집단성원간의 원활한 상호작용이 중요하다.

② 집단이 치료(문제해결)의 수단이 되며 또한 치료를 위한 환경이 되므로 집단의 조직이나 과정에서는 집단구성원이나 사회복지사의 의도적인 개입이 중시된다.

③ 집단구성원은 사회복지사의 치료(개입)계획에 따라서 사전에 진단(사정)을 통해 선택되며 이어서 치료적인 집단활동이 실시된다.

④ 사회복지사는 개입의 전략을 세워 변화를 초래케 하는 사람 즉 변화촉진자(change agent)로서의 역할을 수행한다.

(3) 상호작용(매개, Reciprocal, 성장형) 모델

집단과 개인의 바람직한 상호작용, 공생을 추구하는 모델로 집단성원들 개개인이 집단활동을 통하여 스스로의 성장을 추구하는 모델이다.

예 사회복지관의 청소년 모임, 주부모임, 대학의 다양한 동아리모임 등.

① 집단의 특정한 목적을 처음에 설정하는 것이 아니라 집단사회사업의 과정을 통한 상호작용 중에서 설정한다.

② 집단은 상호원조체계로서 구성원들은 서로 지지하고 동등하게 권한을 공유하는 방법이 활용된다.

③ 개인과 집단은 상호의존적이며 사회복지사는 집단구성원이 적정수준의 사회화를 성취하도록 성원

간의 상호지지와 상호이익이 되는 결속된 상호지지체계를 형성하는데 초점을 둔다.

④ 사회복지사는 개인과 집단뿐만 아니라 소집단과 큰 집단 또는 지역사회간의 조정을 하는 조정자 또는 매개자(mediator)의 역할을 수행한다.

집단의 기능에 따른 모델

	사회적 목표 모델	치료적 모델	상호작용 모델
집단의 목적	사회의식과 사회적 책임 향상	집단을 통한 개인의 치료	개인과 집단 간의 상호원조체계 달성(초기에는 특정 목표 없음)
사회복지사 (집단지도자)의 역할	가능케 하는 사람 (enabler)	변화를 일으키는 사람 (change agent)	매개자 또는 자료제공자 (mediator, resource person)
집단구성원의 유형	시민, 이웃	문제 해결을 원하는 사람	공동의 목표를 달성하기 위해 협력하는 구성원
활동의 장	지역복지관, 시민조직	사회복지시설, 병원, 교정기관 등	사회복지관, 학교 등
대표적 집단		치유집단	지지집단

6. 집단사회사업의 발달에 영향을 미친 이론들

(1) 일반심리학(General Psychology)

일반심리학에서 다루어지는 동기이론, 학습이론 등이 집단역학에 큰 공헌을 하였다. 특히 인지이론(Cognitive Theory)이 많은 영향을 미쳤는데, 어떻게 인간이 그 사회에 대한 정보를 받아들여 통합하며, 그 정보는 인간의 행위에 어떻게 작용하는가에 관한 연구는 인간과 집단의 관계를 구명하는데 좋은 시사가 되었다. S. E. Asch, L. Festinger, F. Heider, D. Krech, R. S. Crutchfield가 대표적인 연구를 수행하였다.

(2) 상호작용이론(Interaction theory)

R. F. Bales, G. C. Homans, W. F. Whyte 등에 의해서 발전된 이론으로 집단을 상호작용 하는 개인들의 체계로 보고 활동(activity), 상호작용(interaction), 감정(sentiment) 등의 세 가지 요소간의 관계를 명백히 함으로서 집단행동의 모든 면이 이해될 수 있다고 주장했다.

(3) 체계이론(System theory)

집단의 복잡한 과정을 이해하기 위하여 시도된 이론으로 T. M. Newcomb, J. G. Miller, R. M. Stogdill 등에 의해 연구되었다. 이 이론에서는 집단을 지위나 역할과 같은 상호 결합된 요소들의 개방체계(open system)로 설명하고 있고, 특히 체계(집단)의 다양한 투입(input)과 산출(output)을 강조했다.

집단

(1) 개념 및 특징

심리학의 발전은 인간의 성격(personality)을 다분히 사회적 환경과의 상호작용의 산물로서 보게 하였다. 즉 인간을 하나의 독립 또는 고립된 개체(isolated unit)로 보는 것이 아니라 그가 놓여져 있는 사회적 관계 속에서 파악하고자 하는 것이다. 여기서 인간이 놓여져 있는 사회적 관계란 개개인과 관련을 맺고 있는 가장 기초적인 집단으로부터 파악될 수 있다. C. H. Cooley는 인간의 사회적 인격 형성은 가족집단(family group)을 통해서 가능하다고 보고, 기초집단(primary group)의 개념을 주장했다. 그런데 집단이 단순히 사람들의 모임이 아니라 집단으로서의 기능을 수행하기 위해서는 다음의 조건들이 충족되어져야 한다. 그것들은 각각 구성원의 동질성(common identity), 구성원으로서의 인식(awareness of membership), 구성원들의 사회적 상호작용(social interaction) 등이다.

대체로 집단은 ① 공유하는 정서(shared sentiments), 공통적인 태도(common attitude), 공동목표(common goals) 및 동일한 행동유형 등의 요소를 포함하고 있으며, ② 이런 집단을 형성하거나 참여하는 인간은 집단 내에서 상호간에 기술(記述)되고 관찰될 수 있는 관계(descriptive & observable relation)를 가지며, ③ 이러한 사회적 상호작용(social interaction)이나 상호의존성(interdependency)을 통하여 집단의 목표와 개인의 욕구, 기대 등이 충족되고, ④ 이를 위해 편의상 서로 어느 정도의 고정된 역할과 지위 및 신분관계를 가지며, ⑤ 집단에서 해결이 필요한 중요 사안에 있어서 그들의 행동을 규제하는 일련의 가치관과 규범을 공유하는 사람들로 구성된 사회적 단위(a social unit)를 말한다.

이와 같이 집단은 인간에 의하여, 인간을 위하여 구성된 것이기 때문에, 집단을 평가하는 객관적 범주도 ① 상호작용의 빈도(frequency of interaction), ② 소속집단에 대한 구성원으로서의 인식(membership), ③ 구성원간의 신뢰감 및 협동심, ④ 타인에 의한 membership의 인정 등으로 제시할 수 있다. 집단은 지속적인 의사소통 등 협동적 노력을 통하여 집단 내에서 지도력이 형성되며, 구성원들은 소속감(belongingness)을 갖게 됨으로써 집단으로서의 뚜렷한 정체성(正體性)과 응집성(凝集性)을 갖게 된다.

집단 응집성(group cohesiveness)은 집단역학의 이론에서 가장 중심적인 개념으로 구성원을 집단에 남아 있도록 작용하는 모든 힘의 결과라고 정의할 수 있다. 응집성이 높은 집단은 구성원들에게 강한 소속감을 느끼게 하고 구성원들로 하여금 집단의 발전에 기꺼이 참여하도록 하며, 나아가 그 집단의 잠재력과 활력을 높이는 데 기여한다. 집단에 대한 응집성은 ① 동기요인 - 소속욕구, 인정(recognition), 안전 등, ② 유인요인 - 집단목표, 활동, 구성의 특징, 운영의 방법 등, ③ 기대요인 - 주관적인 가능성, 보상 등, ④ 비교요인 - 다른 집단과의 비교에서 나타나는 특징의 네 가지 변수에 의하여 결정된다.

일반적으로 집단 내에서의 상호작용이 빈번하면 할수록 집단구성원들의 친밀성의 정도가 증가하게 되는데 집단이 응집력을 갖게 되는 데에는 다음과 같은 요인이 작용한다.

① 집단구성원의 유사성 - 가치관, 관심, 태도, 믿음 등의 유사성이 구성원 상호간의 친밀감을 높이고 집단응집력을 높여 준다.

② 집단의 목표 - 각 집단들은 서로 다른 목적을 갖는데, 해당 집단 특유의 목적은 집단응집력과 깊은 관련을 갖는다.

③ 구성원간 상호의존성 - 만약 구성원들이 집단의 목표를 수용하고 이를 이루기 위한 활동에 동의한다면 집단응집성은 높아지게 된다.

④ 집단활동의 내용 - 집단이 어떤 활동을 하고 있는 가와 관련한 문제로 대부분의 연구들을 통하여 일에 대한 만족과 집단에의 소속감이 상관관계가 높은 것으로 나타나고 있다.

⑤ 집단지도자의 리더십 - 집단의 지도자와 의사결정과정에 관한 연구들은 민주적 지도자와 참여적 지도자, 그리고 집단중심의 지도자가 집단에 대한 매력을 증가시킨다고 보고하고 있다.

✓ 일반 집단의 효과적인 집단활동결과 도출을 위한 3대 조건

일반 집단의 경우에 집단활동을 통해 효과적인 결과가 도출되기 위해서는 세 가지 조건이 만족되어야 한다. 첫째, '다양성'의 조건이다. 의사결정에 참여하는 개개인들이 다양한 사람들이어야 한다. 다양한 성별, 나이, 직업, 취미, 가치관 등을 가지고 다양한 배경지식 하에서 다양한 판단을 내릴 수 있어야 한다. 둘째, '독립성'의 조건이다. 타인에게 휩쓸리지 않는 의사결정을 할 수 있어야 한다. '집단지능(collective intelligence, Wisdom of crowds)'을 발휘하는 각 개개인들이 독립적으로 사고하고 판단할 수 있어야 한다. 셋째, '분산화'의 조건이다. 분산된 각 개개인들이 판단한 결과를 적절히 통합할 수 있는 방법(메커니즘)이 존재해야 한다. 이것은 한 사람에 의해 개개인의 판단 결과가 집계되지 않아야 함을 의미하는 것이다. 이상의 세 가지 조건들이 구비된 상황에서 주어진 문제에 대해 개개인들이 자신의 만족을 위해 판단을 반복적으로 수행한다면 한 명 또는 소수의 엘리트에 의한 판단보다 집단의 판단이 더 현명한 결과를 낳을 수 있다(경북대교수 하성호).

(2) 유형

① 1차(자연) 집단(primary, natural group)

자연적으로 일어난 사건, 개인 간의 친분, 또는 성원들 상호가 지각한 욕구 등에 의하여 자발적 형태로 함께 모인 집단을 의미한다.

㈎ 면대면의 접촉을 하기에 충분할 정도로 작고, 이 접촉은 형성된 관계를 위하여 상당한 시간 동안 계속되어야하며, 이들 관계는 상호간의 동일시와 영향을 야기하는 집단이다.

예 가족.

㈏ 일정한 시간에 걸쳐 함께 생활하고 혹은 함께 의미있는 경험을 하는 인간의 다른 여러가지 소집단이다. 예 아동기와 청년기의 동료집단, 양로원 수용노인들 등.

✓ Gemeinschaft(공동사회) - 경험적인 분리에도 불구하고 본질적으로 계속 결합하는 집단.

② 2차(형성) 집단(secondary, formed group)

㈎ 어떤 외부의 영향이나 중재에 의하여 특별한 목적을 위하여 모인 집단을 의미한다.

예 정당, 국가 등.

㈏ 공통된 장애에 대한 관심 또는 공통된 생활상황을 가진 사람들이 모인 집단이다.

예 팀의 지지자, 전문직의 성원들 등.

㈐ 형성 집단은 그 조직 목적에 따라 다시 집단 성원들의 사회 정서적 욕구(교육, 성장, 행동변화 혹은 사회치료 등)의 충족이 목적인 치료집단(treatment group)과 집단 성원의 욕구와 직접적 관련이 없는 과제 집단(task group)으로 구분되어질 수 있다.

✓ Gesellschaft(이익사회) - 모든 결합에도 불구하고 본질적으로 분리되는 집단.

1차 집단과 2차 집단의 차이점

	1차 집단 (primary group)	2차 집단 (secondary group)
규모(size)	소규모(relatively small: usually ten or fewer)	대규모 (may be several dozen or more)
접촉(interaction)	면대면의 접촉(face-to-face)	간접적 접촉(often indirect)
유대감(type of involvement)	정서적으로 강한 유대감 (engages whole personality of individual members)	정서적으로 약한 유대감 (engages only a limited part of a member's personality)
사회적 관계(social relations)	정서적(emotional)	기계적(instrumental; goal-oriented)
상호작용의 빈도 (frequency of interaction)	빈번(frequent)	가끔(less frequent)
관계의 지속기간 (length of relationship)	장기간(long-term)	단기간(short-term)

브레인스토밍(Brainstorming, 自由聯想)

Brainstorming이란 집단토의의 한 유형으로 어떤 문제의 개선 및 해결 방안을 놓고 여러 사람이 공동으로 아이디어를 모으는 대표적인 토의방식인데 제기된 문제나 주제에 관련된 아이디어면 무엇이든지 자유롭게 발표하여 문제해결을 시도하는 방법이다. 이 방법은 일반적인 집단토의에서 자신의 의견이 있더라도 쉽게 나서지 않는 사람들에게도 의견을 얻을 수 있는 방법으로서, 하나의 아이디어가 나오면 사람들은 그에 반응하여 다양한 아이디어를 생각해 낼 수 있다는 원리에 기초하고 있다. 특히 이 방법은 아이디어를 수렴하는데 그 목적이 있으므로, 발표된 아이디어에 대하여 현장에서의 찬반의 평가가 이루어져서는 안 된다(질보다 양을 추구하고 의견에 대한 비판 금지). 따라서 이 방법에서는 자유롭게 이야기할 수 있는 분위기의 형성을 위하여 집단구성원들은 서로 어느 정도 알고 있어야 하며, 그 구성원의 수가 면대면의 토의를 할 수 있을 정도로 제한되어야 한다. 이 방법의 구체적 장단점은 다음과 같다.

장점들로는 ① 참여자들이 자유롭게 그들의 의견을 발표할 수 있으며, ② 즉각적인 피드백이나 결과를 제공하며, ③ 짧은 시간에 비교적 다수의 사람들로부터 의견을 얻을 수 있고, ④ 다른 사람의 관점을 들을 수 있는 기회를 제공하며, ⑤ 상대적으로 조직하기가 쉽다는 점이다. 반면에 단점들로는 ① 제시된 아이디어의 상대적 중요성을 파악하기 힘들며, ② 익명성이 보장되지 않고, ③ 회의 진행을 위한 전문성이 요구된다는 점이다.

Ref. Freud의 'Free association technique(자유연상법)' - 정신분석치료방법 중의 하나로 환자가 제한 없이 자신이 느끼는 그대로를 말하게 하여 치료하는 기법

GOALS: To show how to use brainstorming.

Step 1. The leader describes the purpose of brainstorming and its ground rules, as explained in this chapter.

Step 2. The leader gives the class an issue or problem to brainstorm. If the class is very large, subgroups of ten to fifteen students may be formed. The issue or problem should be one that the class has some awareness of and background on. One possible topic: "What do you see as the major problem(without naming any person) in our social work program?"

Step 3. The most important problem should be singled out after the brainstorming is completed. For example, each class member could list his or her choices for the five most serious problems on a notecard. A tally could then be made, and the problem receiving the most votes would then be declared the most serious problem.

Step 4. After the most serious problem is determined, a second brainstorming exercise is conducted to generate a list of strategies to resolve it. Following this brainstorming, the most viable strategies should be identified.

Step 5. A discussion obtains the views of the class as to the strengths and shortcomings of brainstorming.

Examples of Self-Help Groups

Organization	Service Focus
Abused Women's Aids in Crisis	For battered wives and other abused women
Adoptee's Liberty Movement Association	For adoptees searching for their natural parents
Alcoholics Anonymous	For adult alcoholics
American Diabetes Association	Clubs for diabetics, their families, and friends
Brain Tumor Support Group	For persons with brain tumors or their loved ones
Burns Recovered	For burn victims
Caesarian Birth Association	For those expecting a caesarian birth
Candlelighters	For parents of young children with cancer
Checks Anonymous	For persons in dept
Concerned United Birthparents	For parents who have surrendered children for adoption
Depressives Anonymous	For depressed persons
Divorce Anonymous	For divorced persons
Emotions Anonymous	For persons with emotional problems
Emphysema Anonymous	For those with emphysema
Fly without Fear	For people who are afraid of flying
Fortune Society	For ex-offenders and their families
Gam-Anon	For families of gamblers
Gray Panthers	An intergenerational group
Make Today Count	For persons with cancer and their families
Naim Conference	For widowed persons
The National Conference of Stutters	For adult stutterers
National Organization for Women	For women's rights
Overeaters Anonymous	For overweight persons
Parents Anonymous	For parents of abused children
Phobia Self-Help Groups	For persons with phobias
Prison Families Anonymous	For family members of prisoners
Resolve	For support group for infertile people
Stroke Clubs	For those who have had strokes and their families
Survivors of Suicide Victims	For the relatives and friends of suicide victims
We Care	Support group for divorced and separated persons

Note: Alan Gartner and Frank Riessman in Help: A Working Guide to Self-Help Groups (New York: Franklin-Watts, 1980) describe more than two hundred self-help groups. (Zastrow, p.245)

Starting A Self-Help Group

(1) What are the goals of the group?

(2) What kinds of services should be provided to meet the goals?

(3) What are the criteria for membership?

(4) What are the costs; for example, will dues be charged?

(5) Where will the group meet?

(6) How will potential members be contacted?

(7) What are the procedures for joining and leaving the group?

(8) What kind of organizational structure should the group have?

Reference paper

Personal interaction in group

By Hee-Nyon Kim

In the same manner with the beginning of the last semester, I felt that I had tension in the beginning of the class. Since I had difficulty with the language, I've been so depressed that I couldn't express my own thoughts and feelings during the class. Even though I tried to listen carefully and respond correctly, I wasn't able to catch the professor's lecture or my classmate's words. Especially I had a problem taking notes during a lecture. Therefore, each time the class finished, I was busy with borrowing the class notes of other classmates for the make up of the class. But, I felt little more comfortable than the last semester. I will describe my thoughts, feelings, perceptions and interactions which I had through the class as a group member.

In the first class, we had exercises according to Dr. Klenowski's directions that were a kind of psychotherapy practices. All of the class proceeded to make themselves as comfortable as possible. Myself, I leaned back in my chair and closed my eyes. This position afforded me the greatest amount of comfort in this case. No one destroyed the silent atmosphere in the room and I felt I could have fallen deeply into sleep at this time. While the light was out, I felt more comfortable than when it was on. After the exercises, some people said they felt comfortable and relaxed while others felt lonesome and deserted. I could sense everyone had different feelings and emotional reactions under the same situation.

I found people responded to the same topic or situation in different ways. When we touched hands with our partner mine was a woman who was unfamiliar with me. As she touched my hands, I felt a little bit awkward rather than comfortable. Probably I regarded her not as a client but as a woman. Actually, I am not accustomed to touching and being touched by the opposite sex. If she had been a friend or acquaintance of mine, it would have been a little more comfortable to me. I next had a male partner. I felt more comfortable with him than with the female partner. In addition, we practiced interview skills which included eye contact, facial expression, voice tone and gesture. This was done very seriously by us both.

In the one of the small group discussions, we discussed the meaning of the client's message and gave him/her an appropriate empathic answer by observing the client's speech, drawing and poetry. I felt that the picture of the man, which was drawn by his child, looked like that of a swindler or a burglar, but other group members said he seemed like kind and funny person. It was an interesting fact that people can have an opposite view by seeing the same picture.

I have had small group discussions with some of my classmates during almost every class. We have discussed our own autobiographies which included the turning point of our life. I felt awkward before I discussed my private affairs and thoughts because my past was so different from theirs. As we reflected about childhood memories, I revealed the facts of my childhood. My father's employment often took him and my mother to other parts of Korea. As a result, I was raised by my grandparents during my parents absence. I became very dependent on them and became the center of their world. We had very strong bonds of love as a result of my upbringing. Therefore, the death of my grandparents was a great shock to me. In addition, I told about the very strong family relationships in my country. Until my great grandmother died when I was fifteen, our family was composed of four generation that all lived together. That was a typical Korean extended family structure. As I told my story, I felt comfortable because the members in my group seemed to listen my story with deep interest. After we each revealed something about ourselves, I felt comfortable because it seemed that I had contributed my part to the discussion.

Our group usually worked well together without conflict. I felt lucky to have had the members that were in our group. They all had something contribute to the project. On all occasions, I felt that I was more comfortable with the person who could understand my circumstance with empathy. Classmates that had been in a class with me last semester seemed to understand my inability to participate as much as I would have liked to. For this, I was very grateful. Whenever we had a discussion, it took a little longer to make sense to my classmates as well as to carry out my objective. During most of the discussion I was a passive participant. However, because I was occupying a space, I felt obligated to express some opinions to the group. I was made to feel by many that my views and opinions were important and valid.

Some people seemed to enjoy being in groups more than others. I noticed that some people had difficulty giving constructive criticism regarding appropriate responses. There were others that had problems when they could not control the groups views. Also, the size of the group is a important factor in establishing rapport, because some people feel more comfortable in a smaller group than others. In a larger group, each person has less opportunity to talk, and some people feel inhibited and reluctant to talk as I did. Sometimes, I felt isolated. However, my team mates encouraged and supported me. I preferred to take the role of observer. In this way I could perceive what was expected of me. It made me feel more comfortable.

As a group member, I learned about giving best responses to the client in terms of appropriate and inappropriate responses. We watched a film which portrayed the story of people who commit suicide. One part was an interview with two people who had attempted suicide, and the other one was the story of the boy who had committed suicide. His story was very painful as he tried to fight himself in order to overcome his adversity. Some of my classmates and I had lamentable feelings as the boy died by taking his own life. I felt intimacy in the class when a person or situation would arouse sympathetic feelings in us.

During the small group experiences, we usually expressed our views in relation to some situations. After I expressed my opinion, I would feel comfortable when they would agree with and understand my suggestion. If this was not the case however, I would have an open mind to their suggestions and consider their point of view. I learned many things by approaching each situation in this way. Through the group discussions, I noticed many different ways of thinking between American people and Oriental people. Sometimes, I really wanted to express my own opinion to the group members, but I hesitated, wondering whether I could express my opinion well or not. That vexed me. Frankly, I often felt that I was floundering in group sessions because I was an inexperienced member who should express oneself in English in terms of dyad, triad or quad situations. Whenever I participated with some groups, I could not shake off the idea that I was a burden to other members of the group. Sometimes, I could not make myself understood. Therefore, some of my patterned behaviors were dysfunctional in that those eroded my self-esteem as a group member and seemed to be destructive to relationships among the group members. Periodically, I was afraid of being labeled by other members as a stupid, though they did not say this. Frankly, I was anxious to know how they thought of me even though they helped and understood me.

In the one of the group sessions, we discussed the strong points about ourselves. I said I usually made others feel comfortable in everyday situations. They agreed that it was a really good point of my personality. But I was concerned as to whether or not this was what they really thought of me. When we exercised empathic responses as a group, everyone burst out laughing as soon as one person made a joke. This kind of situation really made me uncomfortable and embarrassed me due to the fact that I could not even understand the meaning of his words.

When we took our mid-term exam, the people were more quiet than usual, looking over their notes before the class started. I felt tension whether I would be able to express what I thought clearly enough. I tried to relax and calm my fears. I sat in the front row of the room as usual. I took my exam and was the last person to finish. We received the test score in the next class. Contrary to my expectations, I had done poorly and the score was low. I was very depressed for a while, but I tried to search for a self-reliance and tried to assure myself I would keep trying and would do better in the future.

Though the group discussions, I found that the role of a group leader was important to assist in carrying out the assigned tasks successfully. Understanding, helping and empathetic listening by giving positive feedback of the opinions of group members was important to accomplish the tasks. On the other hand, it must be considered that there are some dysfunctional behaviors, such as criticizing, blaming, interrupting or rejecting the other people's idea that are also important.

I felt there were some indigenous leaders in the group discussions. They considered other people's opinions and would value their differences. But I could not volunteer my opinion and I was not involved in the decision making process, even though the group members encouraged me to participate in the discussions. The reason seemed to be that, to say nothing of my poor background, I could not accurately perceive what others were saying and I could not seek clarification quickly enough to accomplish this goal. Therefore, I could not respond openly and positively to constructive feedback. The other problem is in my personality. I have a tendency not to express myself in the public even though I want to say something that I have a strong opinion about. It has been a barrier to construct harmonious social relationships with people. Since I have been in the United States, I really wanted to correct my shortcomings. However, this has not been the case as I would have liked it to have been.

As a member of the group, I learned a lot about myself in terms of feelings, perceptions, behaviors and interactions. Frankly, it was hard for me to express my perceptions, thoughts, behaviors and interactions as a group member. To say nothing of my writing ability, I sometimes confused how much I understood of lectures.

Even though I encountered many obstacles and negative moments, the group discussion created some very positive feelings. I felt that it was a great experience to evaluate myself, and a good opportunity for group members of different backgrounds to work cooperatively as a group. I also feel that if I have helped even one classmate to have positive feelings concerning interactions with people from other cultures, I have accomplished something worthwhile. Although I did not understand every aspect of the discussions, I have learned many things that I will always remember.

제7장 지역사회사업

1. 지역사회사업의 정의

개인이나 집단과의 사회사업보다 더 많은 수의 사람들을 포함하는 지역사회의 주민이 직면하고 있는 문제와 욕구를 그 지역사회 전체가 조직적으로 해결해 나갈 수 있도록 일정한 과정을 통해서 지역사회복지사가 가진 지식과 자원을 활용하여 돕는 전문적 사회복지실천방법의 하나이다. 개인이나 가족복지보다 넓은 차원의 개념이며, 아동복지, 청소년복지, 노인복지라는 대상층 중심의 복지활동보다는 지역성이 뚜렷하다. 특히 지역사회에서 생긴 문제나 욕구를 지역사회 스스로가 그들 자원의 동원이나 개발을 통하여 효과적으로 문제에 대처하고 해결하기 위한 지역사회의 자주적 협동 활동을 지역사회조직(community organization)이라고 한다.

2. 지역사회사업의 이념

(1) 정상화(normalization)

특별한 장애나 욕구를 가진 사람도 지역사회나 분리된 시설이나 병원이 아닌 일상적인 삶을 유지할 수 있는 생활환경과 방식을 지속하는 것을 의미한다. 정상화는 1960년대 스칸디나비아 국가들에서 지적 장애인을 위한 서비스 실천원칙으로 제기된 이념으로 시설보호 반대, 정상적인 생활패턴 유지, 정상적인 발달경험, 인생주기에서의 선택의 자유, 이웃과 함께 하는 가정에서의 삶, 지역사회에 통합된 삶 등을 지향한다. 그러나 이러한 변화를 가로막는 걸림돌로 획일적인 집단보호체제, 시설운영자의 정상화에 대한 인식 결여, 사회적 자립에 대한 제약, 보조금 부족, 시설 설비의 제약, 지역주민의 편견과 몰이해 등을 들 수 있다.

(2) 사회통합(social integration)

정상화의 궁극적인 목표로서 사회의 전반적인 불평등을 감소시켜 사회구성원 간의 갈등의 가능성을 줄이고 삶의 질을 제고하는 것을 의미한다.

(3) 탈시설화(deinstitutionalization)

생활시설의 폐지를 의미한다기보다는 소규모의 다양한 형태로 변화시켜가는 것으로 시설의 운영을 지역주민이 참여하는 개방적인 형태로 변화시켜가는 것을 의미한다.

(4) 주민참여(citizen participation)

주민의 욕구와 문제해결의 주체로서 주민의 주체성을 강조한다.

(5) 네트워킹(networking)

지역주민의 조직화, 보건의료·복지의 연계, 사회복지기관·시설의 연계 등을 포함한다.

✓ 당사자주의(adversary system)

'소비자주의'라로도 불리고 '전문가주의'와는 상대되는 개념으로 사용되고 있는 당사자주의는 서비스대상자의 자기결정권(self-determination)을 지지하고 지키기 위한 인식과 실천을 의미하는 개념이다. "Do nothing about us, without us(우리를 배제하고, 우리에 대해서 말하지 말라)"라는 문장으로 분명하게 표현되는 것처럼, 예를 들어, 장애인 관련 정책이나 서비스의 수립과 수행 시, 관련한 결정권이 전문가에게 있는 것이 아니고 장애인 당사자에게 있으므로, 모든 절차에 장애인의 참여와 경험이 보장되어야 한다는 것이다. 그리고, 그것이 가능하려면 장애인이 스스로 필요로 하는 서비스를 구매할 수 있는 능력을 갖추어야 하기 때문에 장애인 기초연금이나 추가 비용, 서비스 구입비용(바우처) 지급 등을 통한 지원이 필요하다.

아울러, 장애인에게 발생하는 문제들은 장애인 개인에게 국한된 문제라기보다는 그러한 요소를 문제화시키는 사회적 환경에서 비롯되는 것이기 때문에 환경의 개선도 병행되어야 한다. 장애가 있다고 하더라고 장애인은 한 사람의 국민으로서 비장애인과 함께 살아갈 권리가 있기 때문에, 가정이나 사회, 생산활동 등에서 독립적인 생활이 유지될 수 있도록 도움이 제공되어야 한다. 이는 궁극적으로 정상화(normalization)의 궁극적인 목표인 사회통합(social integration)의 달성을 가능케 할 수 있다.

3. 지역사회사업의 원칙

(1) 지역사회의 자주성 중시의 원칙

지역사회의 목적 설정이나 활동에 대한 지역주민의 자주적인 참가와 협동이 중요하다.

(2) 과정지향의 원칙

지역의 구체적인 과업의 달성도 중요하지만 지역의 과업성취에 이르는 전 과정을 통하여 지역사회의 통합이 이루어진다.

Ref.: "하면 된다." → "No", "안 되면 되게 하라." → "Oh! No."

(3) 조정의 원칙

주민간의 마찰이나 대립되는 상황도 주민간의 상호작용방법 여하에 따라 조정이 가능하다.

(4) 합의의 원칙
지역사회의 문제 해결이나 목표 달성을 위해서는 전체 주민의 의견일치가 중요하다.

(5) 능력부여자로서의 역할의 원칙
사회복지사는 지역주민에게 문제를 스스로 해결할 수 있는 힘과 용기, 지식과 정보를 제공한다.

4. 지역사회사업의 과정

(1) 사실(사회적 욕구) 파악
지역사회내의 각종 사회복지문제나 욕구와 그것에 대한 주민의 의식의 정도나 문제의 성격에 대하여 지역실태조사, 주민토론회 등을 통해 면밀히 검토 및 파악한다.

(2) 계획 수립
문제 해결이나 욕구 충족을 위해서 어떤 사실에 대하여 어떤 사람들이 어떤 방법으로 얼마의 경비와 시간을 들여 그 목표를 달성할 수 있을 것인가와 관련한 계획을 수립한다.

(3) 계획 실행: 계획 실시의 촉진
지역사회를 위한 사회사업계획에 대한 인식의 보급, 활동의 동기를 불어넣을 수 있는 홍보활동, 조직내부의 상호협력관계를 유지 및 강화할 수 있는 조정활동 등을 전개한다.

(4) 계획 실행: 자원 동원 및 활용
계획을 구체적으로 수행하기 위하여 인적, 물적, 사회적, 기타 각종 자원을 발굴, 동원, 연계, 활용한다.

(5) 활동 평가
수행한 활동의 전체 과정을 측정하여 잘된 점과 개선이 필요한 점을 점검하고 활동의 결과를 평가한다.

5. 지역사회사업의 3대 모형(3 models of community organization practice(1968) by Jack Rothman)

1960년대에 이르러 사회문제들의 발생이 급격히 증가하게 되면서 종래에 강조되어오던 미시적 실천방법 만으로는 문제를 해결하는데 근본적인 한계를 나타내게 되었고, 따라서 새롭게 발생하는 사회문제들을 거시적 차원에서 해결할 수 있는 방법의 개발을 필요로 하게 되었다. 이처럼 사회변화를 위한 지역사회조직(Community organization)에 의한 활동 전개의 필요성이 인식됨에 따라 구체적 개입 방법을 유형화한 이론이 등장하게 되는데 그 가운데 가장 포괄적인 모델이 Rothman에 의해 주장된 지역사회변화를 위한 3가지 접근모델이다.

그러나 현실적으로 특정 모델이 발생 가능한 모든 상황에 적절하게 대응하기는 어려우므로, 문제 상황과 개입 목적, 목표, 강조점에 따라 모델을 개별적으로 적용하는 것이 필요하다. 즉 여러 문제 상황들 중에서 공공 자원이 현저하게 부족하거나 제한되어 있는 상황에서는 '지역사회개발모델'의 적용이 바람직하고, 고도의 복잡한 구조를 지닌 지역사회의 문제적 상황에서는 '사회계획모델'의 적용이 효율적이며, 사회 내의 자원, 권력, 서비스의 배분, 공급이 불평등한 상황에서는 '사회행동모델'의 적용이 필요하다. 또한 목적, 목표, 강조점에 따른 모델 적용의 경우에 주민으로서의 책임과 능력을 향상시키기 위해서는 지역사회개발모델을, 개별적으로 중소규모의 기본적인 문제 해결을 지향할 때는 사회계획모델을, 장기적으로 일반성이 결여된 제도적 · 구조적 변혁을 시도할 때는 사회행동모델을 적용하는 것이 효과적이다.

(1) 지역사회개발(community development)

지역사회의 바람직한 변화를 위한 목표설정과 실천행동 등에 주민들의 참여를 강조하는 과정 중심의 모형으로 인구 구성이 동질적이고 목표에 대한 합의를 쉽게 달성할 수 있는 지역사회에서 적절한 기능을 수행할 수 있다. 지역사회 구성원들 사이의 사회적 결속력을 강화시켜주고, 시민들의 자조활동을 유도하고, 책임감 있는 지역 지도자를 훈련시키며, 지역시설을 신설하거나 활성화하기 위한 전문가와 지역사회 주민의 노력을 중시하는데, 예를 들어 개발이 낙후된 지역에 있어서 주민의 종합적인 생활개선을 위한 정부와 주민의 협동활동 등을 들 수 있다. 사회복지사는 관련되는 제 집단 간의 연락조정과 합의형성을 측면에서 원조하는 조력자, 매개자, 조정자, 교육자, 안내자의 역할을 수행한다.

예 사회복지관의 지역개발사업, 주민조직화사업, 평화봉사단 활동 등.

(2) 사회계획(social planning)

효율적으로 사회자원을 배분함으로써 과제를 달성하는 것을 목적으로 하는 결과 중심의 모형이고, 이를 가능하게 하는 계획의 수립을 기본적인 기능으로 한다. 따라서 일정한 사회자원이 존재하면서 주민 간 욕구와 이해가 엇갈리는 상황에서 활용될 수 있다. 보건, 주택, 고용, 여가분야 등과 같이 그 규모나 복잡성 때문에 해결을 지역사회의 민주적 과정에 맡길 수 없는 문제들이 있을 때, 전문적 지식을 갖춘 활동가를 통해 기술적인 과정을 통하여 문제해결을 도모하게 된다. 사회계획에서는 지역사회개발에서 강조하는 주민참가를 촉진시키는 기법을 활용하기보다는 문제해결방안과 개관적인 최선책을 계획하는 전문적인 능력이 중시된다. 이 모델에서 서비스대상의 범위는 지역 내의 빈곤아동, 비행청소년, 장애인, 독거노인, 영세민 등을 들 수 있고 전문가에 의해 이들의 욕구와 문제의 해결이 도모된다. 사회복지사는 사실의 발견 및 분석자, 계획의 실행 및 촉진자, 조직가, 행정가로서의 전문기술을 갖추어야 한다.

예 정부 각 부처의 기획담당부서, 도시계획국, 지역사회복지협의회, 보건관계기관 등.

(3) 사회행동(social action)

사회정책 및 제도의 바람직한 변화와 사회적 서비스의 향상을 목적으로 하는 개인이나 집단의 활동으로, 사회와 경제 등의 기초적인 제조건과 정세 등에 힘을 미쳐서 대중적인 제반 사회문제의 해결과 사회적 복지수준의 향상을 의도하는 조직화된 집단의 노력이라고 할 수 있다. 즉 사회적으로 바람직한 것으로 믿어지는 목표 달성을 위해 교육, 선전, 설득, 압력 등을 활용하여 현행의 사회 관행 또는 상태를 변화시키고자 하거나 또는 변화를 막고자 하는 노력이며, 이것은 개인들이나 집단의 지지를 얻어 여론이나 현재의 정책과 행정 측면에 영향을 미치고자 하는 조직적인 노력을 수반한다. 사회복지사는 운동가, 변호자, 중개자 등의 역할을 수행하며 진정, 청원, 재판, 직접행동(데모, 스트라이크, 보이콧 등) 등의 운동과 관련한 다양한 기술의 습득이 요구된다.

예 소수인종 및 민족집단(racial and ethnic minorities), 학생운동, 여성해방 또는 여권신장운동, 급진정당, 노동조합운동, 복지권 운동(welfare rights movement), 소비자보호운동, 환경보호운동 등.

"만약 自己의 意見을 들어주는 合法的(합법적) 手段(수단)이 拒絕(거절)되었을 때에는 國民은 暴力으로 呼訴(호소)할 權利가 있다." - 앙드레 모로아(1885~1967)

	지역사회개발모델	사회계획모델	사회행동모델
개념	주민참여	범죄, 주택, 정신건강 등 사회문제해결	불우계층에 처한 주민들의 처우 개선, 기존 제도와 현실에 대한 근본적 변화
강조	자조정신, 자발적 협동, 민주적 절차, 교육, 토착적 지도자의 개발	문제해결을 위한 합리적인 계획수립, 정책집행의 효과성과 효율성 강조, 공식적인 계획과 준거틀에 대한 설계	권력, 자원, 지역사회정책 결정 역할 재분배
목표	과정 중심	과업 중심	과업, 과정 모두
실천가의 역할	촉매자, 조정자, 교육자	전문가, 조사자, 분석가	옹호자, 행동가, 조직가

지역사회조직모델에 따른 사회복지사의 역할 분류

지역사회개발모델		사회계획모델		사회행동모델	
Ross	Lippitt	Morris & Binstock	Sanders	Grosser	Grossman
guide(안내자) enabler (조력자) expert(전문가) therapist (치료자)	catalyst(촉매자) expert(전문가) implementer (실천가) researcher (조사자)	planner (계획가)	analyst(분석가) planner(계획가) organizer(조직가) program administrator (행정가)	enabler(조력자) broker(중개자) advocate(옹호자) activist(행동가)	organizer (행동조직가)

"實踐의 어려움을 모를 때, 大衆은 激烈해진다." - Eric Hoffer(1902~1983)

지역사회

(1) 정의

같은 지역에서 태어난 사람들이 일상생활을 영위해 가는 지역적 통일을 이루고 있는 사회로서, 개인들과 가정들이 그들의 공통적인 욕구를 충족시키기 위해서 함께 계획하고 실천하는 구성원들의 결합체이다. 지역사회 내에서 특정한 생활욕구만을 충족하는 것이 아니라 구성원들의 모든 생활이 자족성을 가지고 일상적인 면에 상호 긴밀한 관계를 갖고 협력을 하여 공통의 관습, 전통, 가치관이 생기게 되어 전체 구성원이 공유하는 감정을 가짐으로써 타 집단과 지역적, 문화적, 사회적으로 차별성을 갖게 된다. Gilbert & Specht는 지역사회가 수행하는 기능들로 생산(production)·분배(distribution)·소비(consumption)의 기능, 사회화(socialization)의 기능, 사회통제(social control)의 기능, 사회통합(social integration)의 기능, 상호부조(mutual support)의 기능을 제시했다.

(2) 종류(by Ross)

지역사회는 다른 지역과는 다른 특수성과 분리성을 나타내는 물리적 지리성 및 지역적인 경계를 가지는 지역사회와, 사회적 혹은 문화적 동질성(homogeneity), 합의성(consensus), 자조성(self-help), 혹은 다른 형태의 집단행위와 상호작용을 갖는 지역사회의 두 가지 형태의 지역사회로 구분할 수 있다.

① 지리적 지역사회(geographic community)

같은 지리적 영역 내에 살고 있는 모든 주민을 포함하는 사회이다.

② 기능적 지역사회(functional community)

공동의 관심과 기능을 함께 하는, 즉 사회 문화적 동질성을 가진 사람들로 이루어진 사회이다.

예 정당, 교회, 전문적 단체 등.

(3) 구분(유형화의 기준)

① 인구의 크기 : 대도시, 중소도시, 읍, 작은 부락 등.

② 경제적 기반 : 광산촌, 산촌, 어촌 등.

③ 정부의 행정구역 : 특별시, 광역시, 도, 시, 군, 구, 읍, 면, 동 등.

④ 인구구성의 사회적 특수성 : 도시 저소득층지역, 외국인촌, 장애인 밀집지역 등.

(4) 지역사회의 자원

① 지역사회를 구성하는 인적 자원

(가) 지도자 집단

㉮ 여론지도자 : 타인에게 공식적 비공식적으로 영향력을 행사하는 집단.

㉯ 활동지도자 : 다른 사람들의 행동을 유발시키는 집단.

㉰ 대표지도자 : 외부사람들에게 지역사회의 대표로 인식되는 집단.

(나) 지식 집단

㉮ 특정 분야의 전문가집단

예 교수, 변호사 등.

㉯ 특정 신념의 보유 집단

예 정치평론가, 종교지도자 등.

㉰ 지역사회에 대하여 독특한 관점을 가지고 있는 집단 예 경찰관, 소방관 등.

(다) 대규모 집단

일반 지역사회주민

② 지역사회를 구성하는 물적 자원

자연으로부터 주어진 생태학적 환경 및 인간이 만들어낸 제도나 시설 등을 포함한다.

예 기후(기온, 우량 등), 토지 및 토양조건, 농 · 공 · 상업과 관련된 산업자원, 천연자원, 유형문화재 및 관광자원, 각종 도로 및 교통망, 각종 기존시설 및 시설물 등.

(5) 지역사회를 바라보는 관점

① 기능주의적 관점(functionalism perspective)

사회는 다수의 상호 연관적이고 상호의존적인 부분들, 즉 경제, 종교, 가족 등으로 구성되면서 동시에 각 부분들은 합의된 가치와 규범에 따라 변화되고, 전체가 성공적인 기능을 발휘할 수 있도록 기여한다고 주장한다.

② 갈등주의적 관점(conflict perspective)

갈등을 사회적 과정의 본질로 보고 갈등과 투쟁의 역학에 의해 다양한 사회적 현상들이 표면화된다는 가정 하에, 따라서 지역사회내의 사회구성원들 간의 경제적 자원, 권력, 권위 등의 불평등한 배분관계에 의해 갈등이 발생하며 이러한 갈등관계를 통해 지역사회의 변동이 초래된다고 주장한다.

(6) 지역사회의 4가지 모델(도시화의 정도에 따라 community 형성과정 설명)

① 전통형 모델(traditional model)

전체 사회의 급격한 변동으로 인하여 붕괴 및 해체되어가는 전통형 지역사회(오랜 세월에 걸쳐 형성된 마을)에 적용되는 모델로서, 고연령층이나 저학력층 등에 이런 특징이 많이 나타나는데, we-feeling으로 지탱되는 강한 정서적 밀착관계(구성원 간의 무언의 약속, 강한 공동체 의식, 외부환경과의 교류 부재로 인한 폐쇄적 체계 유지 등)를 유지하며 한 덩어리로 뭉쳐서 결속하는 촌락회, 부락회 등의 조직은 정치와 행정과정의 말단장치적 역할을 함과 동시에 친목, 제례, 노력봉사, 상호부조 등 구성원 상호간의 조직적 연대기능을 수행하는 역할을 한다. 지역사회의 전통과 관습에 정통하고 권위를 인정받는 명망가형 리더가 지역의 지도자로서의 역할을 수행한다.

② 아노미 모델(anomie model)

개별 모델로 변화하는 과정에서 발생하는 과도단계의 모델로서, 도시화의 과정 속에서 증가하는 '전통형 지역무관심층'이 주민의 유형이며 급속히 변화하는 대도시 부근 농촌지역이나 도・농 복합지역인 해체화지역 또는 혼합지역에 널리 출현하며, 하층 화이트칼라 계층이나 미조직 육체노동자층에 많이 분포한다. 지역주민은 지역사회에 대한 관심과 애정이 없고 구성원 상호간의 연대가 약하여 소외되고 고립되어 불안정한 생활을 영위할 가능성이 크다. 촌락회, 부락회 등 전통적으로 지역사회 구성원 상호간의 연대기능을 수행하는 조직의 역할이 급격히 약화되고, 따라서 지역공동작업에의 참여를 촉진하는 지역적 규제도 실종된 상태이다.

✓ 아노미(anomie) 현상

사회 변동은 일반적으로 가치의 변동을 수반하고, 결과적으로 그 사회의 규범 체계에 혼란을 가져온다. 혼란의 정도는 사회 변동의 속도와 폭에 비례한다. 즉, 빠르고 포괄적인 변동을 겪는 사회에서는 여러 가지 가치와 규범에 있어서의 갈등이 사회 전반에 걸쳐 나타나는 것이 일반적이다. 많은 경우, 이러한 갈등은 사회 발전의 힘이 되기도 한다. 하지만 전통적인 것이든 새로운 것이든 뚜렷한 지배적 가치지향이 없는 상태에서 일어나는 가치 혼란은 지나친 이기주의를 가져온다. 때로는 인간을 소외시키고 사회를 해체시키는 결과를 초래하기도 한다. 이와 같이 아노미란 사회적 규범의 동요, 이완, 붕괴 등에 의해 일어나는 혼돈상태 또는 구성원의 욕구나 행위의 무규제 상태, 즉 행위를 규제하는 집단 공통의 가치나 도덕기준이 없는 혼돈상태를 의미하는데, 개인 차원으로는 불안, 자살, 무력감 따위에서 볼 수 있는 현실에 적응하지 못하는 현상을 의미한다. 아노미 상태에서의 사회적 불안과 혼란은 흔히 범죄를 증가시키는 것으로 알려져 있다. 뒤르켕은 아노미를 사회가 개인의 자연발생적인 욕망을 통제하는 능력을 잃어버림에 따라 발생하는 것이라고 분석하였다.

③ 개별 모델(individual model)

전통형 모델과 대조적인 위상을 가진 모델로서 계획적으로 단기간에 형성된 마을(대규모 아파트단지 등) 등 큰 규모로 이루어진 사회의 경우와 같이 지역사회내의 공동체적 가치질서가 완전히 붕괴, 소멸한 뒤에 성립된다. 주민으로는 고학력층이나 젊은 층 등이 많고 의식면에서는 시민으로서 최저한(civil minimum)의 권리의식을 매개로 한 개인주의적 자각을 특징으로 하는데, 이는 공동체에 종속적인 we-feeling과는 정반대의 의식으로서 전통적인 '특수적-폐쇄적 주민의식'을 대신하는 새로운 '보편적-개방적 주민의식'이 생성되게 한다. 자치회, 촌락회 등의 조직은 주민 스스로의 생활욕구를 실현하는 수단으로서 선택되고 활용되며, 이러한 '권리요구형 주민층'에 대응하는 지역지도자는 조직지도능력과 대외연계능력을 가진 조직활동가형 리더이다.

"都市에서는 友情이 뿔뿔이 흩어진다. 이웃이라는 가까운 交際(교제)는 찾기 어렵다." (Francis Bacon, 1561~1626)

④ 공동체 모델(community model)

도시화의 성숙에 따라 위의 3개 모델이 발전한 모델로 구성원 개개인의 자율과 상호의존이 적절한 균형을 이루는 개방적 체계이다. 주민은 도시화의 진전에 따라 상대적으로 고학력과 경제적으로 안정된 계층의 정신노동종사자층을 중심으로 주민 전체에 광범위하게 펴져 있다. 지역사회와의 관계는 '태어나서 사는 사회' 또는 '권리와 요구 실현의 통로'로서 보다는 주민 전체의 생활기반으로서 인식되고 선택된다. 주민 주체의 생활기반을 창출하는 과정에서 주민 상호간의 연대가 깊어져 행정과의 자주적 대응이 시도된다. 주민조직은 행정과정과의 자주적 대응 및 주민생활의 다원화, 고차원화에 상응하는 친목, 학습, 문화활동 등 다양한 소집단활동을 기초로 한다. 주민 한 사람 한 사람의 개성과 능력을 각각의 분야에서 다양하게 발휘할 수 있는 유한책임형 리더가 지역의 지도자로서의 역할을 수행한다.

※ 지역사회의 4가지 모델

	전통형 모델	아노미 모델	개별모델	커뮤니티 모델
도시화논리의 대응	후퇴적	일탈적	적응적	선행적
주민유형	전통형 주민층	무관심형 주민층	권리요구형 주민층	자치형 주민층
주민의식	주민 공동의식	방임, 방관적 의식	시민형 권리의식	주민 주체자 의식
지역지도자	유력자형 리더	행정가형 리더	조직활동가형 리더	유한책임형 리더

지역사회조사의 내용

연구대상으로서의 지역사회, 조사방법으로서의 과학성, 그리고 조사결과의 활용이라는 세가지 요소를 포함하고 있는 연구방법의 한 유형으로서 지역사회에 대하여 의도적인 목적을 가지고 체계적으로 지역사회를 이해하고자 하는 실천적 조사활동이다. 구체적으로 지역사회의 일반적 특징이나 실태를 파악하고, 특수한 사업계획을 수립하며, 어떤 사실을 발견하거나 여러 사실들 간의 관련성을 확인하는 일 등으로 구성된다.

1. 지역사회의 기본적 특성

(1) 지역사회의 면적이나 크기

예 용도별 면적 등.

(2) 지역사회주민들이 함께 모이는 장소

예 약수터, 공원, 학교, 성인교육시설, 교회 등.

(3) 주요 특징물

예 용두산공원, 태종대, 오륙도, 해운대, 자갈치시장 등.

(4) 지역사회의 일반적 모습

예 청결도, 도로상태 등.

(5) 지역사회의 자연적 특성

예 기후, 지형과 지세 등.

(6) 지역사회의 인구규모와 인구변동 추세

예 Bed-town, 상업지역 등.

(7) 지역사회의 인구학적 특성

예 연령별, 성별, 교육수준별, 생활수준별 등.

(8) 지역사회주민의 평균 거주기간

(9) 가족의 평균 자녀수 및 가족의 특성

예 국민기초생활보장제도수급자의 수, 이혼율 등.

(10) 인구밀도

2. 지역사회의 기능

(1) 물리적/생리적 욕구

① 의식주 활동에 대한 접근성

② 의료시설

③ 도로와 교통체계

④ 대기 및 수자원

⑤ 하수 및 쓰레기 처리

⑥ 이들 물리적/생리적 욕구의 유지정도

(2) 사회적/감정적 욕구

① 지역사회 주민들의 안전감 예 치안, 소방 등.

② 지역사회에 대한 자부심

③ 지역사회에 대한 감정(자부심, 당혹감, 두려움, 즐거움 등)의 근원

④ 주민들의 문제해결 능력

⑤ 지역사회 일에 대한 참여의지

⑥ 지역사회 주민들의 자조적 조직체 예 조기축구모임, 낚시모임 등.

⑦ 일탈행위에 대한 주민들의 반응 예 폭주족, 불건전 이성교제 등에 대한 인식 등.

⑧ 주민의 여가활동 및 여가지원

(3) 정치적 욕구

① 지역사회 주민들의 협동심

② 시민권리 의식

③ 지역사회 문제에 대한 공식적 의사결정 구조

④ 공식적 행정구조 및 장의 이름, 직위

⑤ 지역사회 문제에 대한 비공식적 의사결정과정

⑥ 의사결정에 대한 비공식적 영향력 행사자

⑦ 지역사회 주민들의 문제인식도

⑧ 권력의 기초

(4) 경제적 욕구

① 재화와 용역에 대한 접근방법 예 주요 쇼핑장소 등.

② 특정집단의 소득과 직업 예 여성의 부업유형, 노인층의 소득원 등.

③ 아직 개발되지 않은 경제적 자원

④ 지역사회내 상공업 유형의 발전추세

⑤ 지역사회 경제에 대한 외부의 영향력

(5) 교육적, 커뮤니케이션 욕구

① 지역사회에 대한 주민들의 학습방법

② 지역사회 주민들의 소문이나 사실의 확인방법 예 주요 정보습득원 등.

③ 지역사회 내에서 신뢰성있는 인사

④ 지역사회 주민들을 위한 교육 및 훈련 프로그램의 질, 재정지원, 접근성

⑤ 지역사회내 언론기관의 유형 및 편집이념, 철학적 배경, 신뢰성

⑥ 지역사회 주민들이 타인과의 대화를 즐기는가, 어떻게 이를 알 수 있는가

From Promoting Community Change: Making it happen in the real world by Homan, S. Mark, Brooks/Cole Publishing Company, 1994, pp. 79～107.

사회복지관

(1) 정의 및 목표

지역 내에서 일정한 시설과 전문 인력 및 자원봉사자를 갖추고 주민들의 복지수요에 부응하여 지역사회의 문제를 예방, 치료하고, 복지 증진을 위한 종합적인 사회복지사업을 수행하는 사회복지시설을 말한다. 사회복지관은 종합적인 사회복지사업을 통해 저소득층의 자립능력을 배양하여 중산층으로 유도하고, 지역사회문제를 예방·치료하며 지역사회 및 주민의 연대감을 조성하는 매체로서 지역사회주민의 복지증진을 위한 종합복지센터의 역할을 수행하여야 한다(사회복지관설치·운영규정, 1989. 6. 29, 보사부훈령 제568호, 개정 1992. 3. 13, 훈령 제634호, 1993. 4. 3, 훈령 제681호).

(2) 역사

① 1900~40년대: 1906년 원산의 인보관운동을 현대 사회복지관사업의 시작이라고 할 수 있다. 이후 1921년 서울의 태화여자관이 우리나라 최초의 사회복지관으로 설립되었으며, 이후 보혜여자관, 동부인보관 등이 설립되었다.

② 1950년대: 6.25 전쟁이 끝난 후 1956년 이화사회복지관의 설립으로 대학부설 사회복지관이 등장하게 되었다.

③ 1960년대: 종합사회복지서비스가 실시되었으며 사회문제가 발생되는 특정 지역에 직접적 서비스를 제공하는 등으로 사회복지관의 활동 영역이 확대되었다.

④ 1970년대: 대학에서 운영하는 사회복지관이 증가하기 시작하면서 산학협력을 통한 서비스의 전문성 향상을 도모하고 사회복지사업의 영역을 확대하였다.

⑤ 1980년대: 1983년 사회복지사업법의 개정과 사회복지관 국고보조금사업지침이 수립되었고, 1989년 사회복지법인 한국사회복지관협회가 설치되면서 사회복지관 활동이 전문화 및 체계화되었다.

⑥ 1990년대: 전국의 시군구에 사회복지관이 급속도로 증가되었고, 1997년의 IMF로 인한 노숙인, 실직자의 문제해결에 사회복지관이 중요한 역할을 수행하였다.

⑦ 2000년대: 2016년 현재 전국에 459개(경남 30개) 사회복지관이 설치되었고 지역적 특성과 지역주민의 욕구에 맞는 복지서비스가 제공되고 있다.

(3) 운영의 기본원칙

① 전문 인력에 의한 사업수행의 원칙

사회복지 관련 분야의 전문적인 지식과 임상기술을 가지고 있는 전문인력에 의해 수행되어야 한다.

② 기준시설 확보의 원칙

주민과의 상담, 교육, 훈련 등의 종합적인 복지서비스를 제공하기 위하여 관계법령 등에서 정한 기준시설을 확보해야 한다.

③ 인도주의와 수혜자 존엄유지의 원칙

정치활동, 영리활동, 특정 종교활동 등으로 이용될 수 없으며, 인도주의적 원칙 하에 사회복지관을 이용하는 주민의 존엄성이 유지되도록 하여야 한다.

④ 주민의 욕구와 지역사회 실정에 맞는 서비스 실시의 원칙

대상 지역사회주민의 당면 욕구 및 지역사회 실정, 특히 주민 공동욕구와 특수성에 따라서 운영되어야 하며, 주민의 적극적 참여를 유도함으로써 주민의 역할과 책임을 조정하여야 한다.

⑤ 치료 및 예방사업 병행 시행의 원칙

빈곤이나 비행 등은 상호 연관되어 있으므로 기존 사회문제에 대한 치료적 차원의 사업이 필요함과 동시에 예방적 차원의 사업이 필수적으로 병행되어야 한다.

⑥ 사업의 연계적 운영의 원칙

주민의 복지욕구는 상호 연계되어 있으므로 복지욕구 해결을 위한 서비스는 연계적 운영에 의하여 종합적으로 개선되도록 하여야 한다.

⑦ 지역사회 복지자원 활용의 원칙

주민욕구의 다양성에 따라 다양한 기능 인력과 재원을 필요로 하기 때문에 지역사회의 복지자원을 최대한 동원·활용하여야 한다.

⑧ 평가의 원칙

주민들의 생활 향상과 변화의 효과, 재정투입의 효과, 사업내용 및 방법의 적합성 등이 지속적으로 평가되어야 하며, 평가 결과가 새로운 사업수행에 환류·활용되도록 하여야 한다.

(4) 역할 및 기능

① 지역사회의 실정과 주민의 욕구파악 및 평가

지역사회의 인적·물적 환경의 특성과 주민들이 당면한 복지욕구를 합리적으로 파악·평가하여 사회복지관의 사업개발과 주민의 참여를 위한 동기를 조성한다.

② 주민의 성장과 자립을 위한 종합복지서비스 제공

주민생활의 현장에서 주민들의 성장과 발전, 그리고 사회적인 자립을 직접·간접으로 돕는 종합복지센터의 역할을 수행한다. 여기에서 자립이란 자신의 욕구와 결정을 존중받으면서 지역사회에 통합되어 인간답게 살아가는 것을 의미한다. 그렇게 되기 위해서는 욕구와 결정을 존중받기 위한 사회적 태도와 시스템이 필요하고 지역사회에 통합되기 위한 적절하고도 세심한 지원이 필요하다.

③ 지역사회통합의 매개 역할

지역사회 주민들 상호간이나 조직 상호간의 지역공동체의식을 고취하고 주민의 자발적 참여로 주

민 상호간의 익명성·배타성을 탈피하여 지역사회의 발전을 도모한다.

④ 지역사회 잠재자원의 발굴 및 활용

자원봉사자 등의 적극적인 개발 및 활용으로 사회복지에 대한 주민의 자발적인 참여와 연대의식을 고취하여 사회복지관의 한정된 예산과 인력을 보완한다.

⑤ 주민을 위한 사회교육의 매체

저소득층 주민들의 생활향상과 자기실현을 위하여 새로운 생활정보의 보급, 지식 및 교양의 증대, 자립의욕의 활성화를 돕기 위한 동기 조성, 지역사회 소속감의 부여를 위한 사회교육의 모체로서의 기능을 수행한다.

(5) 사업대상

① 국민기초생활보장제도의 수급자나 그 가족으로서 현금·현물지원 이외에 가정불화, 소득원 부족, 자립의욕 저하, 사회심리적 취약성, 편부·편모가정 등으로 가정기능이 약화 내지 해체되어 '빈곤의 악순환'이 예측되는 가정과 주민.

② 국민기초생활보장제도의 수급자로 책정은 되어 있지 않으나, 가정불화·직업·의료·자녀교육 문제 등으로 인해 수급자로 전락하거나 또는 빈곤의 악순환이 예측되는 가정과 주민.

③ 특수문제 가정으로서 빈곤문제 이외에 심신장애인 문제·가정갈등문제·비행문제·노인문제 등으로 가정의 결속력과 사회대처능력이 저하되는 가정과 주민.

④ 직업·부업훈련 및 교육의 필요성이 있는 가정과 주민.

⑤ 유아보호 및 교육의 필요성이 있는 가정과 주민.

⑥ 일반 지역사회 주민으로서 생활정보, 교양교육 및 주민결속력 강화를 필요로 하는 주민과 불우 가정.

Ref. '빈곤의 악순환(vicious circle of poverty)'은 Ragnar Nurkse(넉시, 1907~1959)에 의해 최초로 사용된 개념이고, Big push이론은 로젠슈타인로단이 주장한 이론으로 빈곤의 악순환을 단절하기 위해서는 발전의 시발국면에서 과감한 결단과 투자가 필요함을 주장했다.

(6) 사업내용

① 사례관리기능

㈎ 사례발굴: 지역 내 보호가 필요한 대상자 및 위기개입 대상자를 발굴하여 개입 계획 수립.

㈏ 사례개입: 지역 내 보호가 필요한 대상자 및 위기개입 대상자의 문제와 욕구에 대한 맞춤형 서비스가 제공될 수 있도록 사례 개입.

㈐ 서비스 연계: 사례개입에 필요한 지역 내 민간 및 공공의 가용자원과 서비스에 대한 정보 제공 및 연계, 의뢰.

② 서비스 제공 기능

㈎ 가족기능강화

㉠ 가족관계증진사업: 가족원간의 의사소통을 원활히 하고 각자의 역할을 수행함으로써 이상적인 가족관계를 유지함과 동시에 가족의 능력을 개발·강화하는 사업.

㉡ 가족기능보완사업: 사회구조의 변화로 부족한 가족기능, 특히 부모의 역할을 보완하기 위하여 주로 아동·청소년을 대상으로 실시되는 사업.

㉢ 가정문제해결·치료사업: 문제가 발생한 가족에 대한 진단·치료·사회복귀 지원사업

㉣ 부양가족지원사업: 보호대상 가족을 돌보는 가족원의 부양부담을 줄여주고 관련 정보를 공유하는 등 부양가족 대상 지원사업.

㉤ 다문화가정, 북한이탈주민 등 지역 내 이용자의 특성을 반영한 사업.

㈏ 지역사회보호

㉠ 급식서비스: 지역사회에 거주하는 요보호노인이나 결식아동 등을 위한 식사제공서비스.

㉡ 보건의료서비스: 노인, 장애인, 저소득층 등 재가복지사업대상자들을 위한 보건·의료관련 서비스.

㉢ 경제적 지원: 경제적으로 어려운 지역사회주민들을 대상으로 생활에 필요한 현금 및 물품 등을 지원하는 사업.

㉣ 일상생활 지원: 독립적인 생활능력이 떨어지는 요보호대상자들이 시설이 아닌 지역사회에 거주하기 위해서 필요한 기초적인 일상생활지원서비스.

㉤ 정서서비스: 지역사회에 거주하는 독거노인이나 소년소녀가장 등 부양가족이 없는 요보호대상자들을 위한 비물질적인 지원서비스.

㉥ 일시보호서비스: 독립적인 생활이 불가능한 노인이나 장애인 또는 일시적인 보호가 필요한 실직자·노숙자 등을 위한 보호서비스.

㉦ 재가복지봉사서비스: 가정에서 보호를 요하는 장애인, 노인, 소년소녀가정, 한부모가족 등 가족기능이 취약한 저소득 소외계층과 국가유공자, 지역사회 내에서 재가복지봉사서비스를 원하는 사람에게 다양한 서비스 제공.

㈐ 교육문화

㉠ 아동·청소년 사회교육: 주거환경이 열악하여 가정에서 학습하기 곤란하거나 경제적 이유 등으로 학원 등 다른 기관의 활용이 어려운 아동·청소년에게 필요한 경우 학습내용 등에 대하여 지도하거나 각종 기능 교육.

㉡ 성인기능교실: 기능 습득을 목적으로 하는 성인사회교육사업.

㉢ 노인여가·문화: 노인을 대상으로 제공되는 각종 사회교육 및 취미교실운영사업

㉣ 문화복지사업: 일반주민을 위한 여가·오락프로그램, 문화소외집단을 위한 문화프로그램, 그밖에 각종 지역문화행사사업

㈑ 자활지원 등 기타

㉠ 직업기능훈련: 저소득층의 자립능력 배양과 가계소득에 기여할 수 있는 기능훈련을 실시하여 창업 또는 취업을 지원하는 사업.

㉡ 취업 알선: 직업훈련 이수자 기타 취업희망자들을 대상으로 취업에 관한 정보제공 및 알선사업

㉢ 직업능력 개발: 근로의욕 및 동기가 낮은 주민의 취업욕구 증대와 재취업을 위한 심리·사회적인 지원프로그램 실시사업.

㉣ 그밖의 특화사업.

③ 지역조직화기능

㈎ 복지네트워크 구축: 지역 내 복지기관·시설들과 네트워크를 구축함으로써 복지서비스 공급의 효율성을 제고하고, 사회복지관이 지역복지의 중심으로서의 역할을 강화하는 사업(지역사회연계사업, 지역욕구조사, 실습지도)

㈏ 주민조직화: 주민이 지역사회문제에 스스로 참여하고 공동체의식을 갖도록 주민조직의 육성을 지원하고, 이러한 주민협력강화에 필요한 주민의식을 높이기 위한 교육을 실시하는 사업(주민복지증진사업, 주민조직화사업, 주민교육).

㈐ 자원개발 및 관리: 지역주민의 다양한 욕구 충족 및 문제 해결을 위해 필요한 인력, 지원 등을 발굴하여 연계 및 지원하는 사업(지원봉사자 개발·관리, 후원자 개발·관리).

⑺ 운영의 문제점

① 가족 통합적 개입을 위한 전문인력의 부족으로 가족중심의 복지서비스 제공이 곤란하다.

② 수용시설 운영의 비합리성(불투명성)과 그에 따른 폐쇄성으로 인해 지역사회중심의 복지체계 구축이 곤란하다.

③ 노후시설, 시설의 불안전성, 직원들의 열악한 사무환경 및 처우 등의 개선이 필요하다.

④ 바람직한 보호와 서비스 제공을 위한 전문인력의 배치가 필요하다.

⑤ 지역복지센터로의 전환을 위해 시설서비스의 다양화가 필요하다.

⑥ 수용자수에 의한 보조금 교부를 지양하고 정기적인 시설평가를 통해 우수시설에 대한 추가 보조금 교부제 실시의 도입이 필요하다.

⑦ 자원봉사자들에 대한 철저한 기본교육의 실시와 효율적 관리 및 다양하고 효과적인 프로그램의 개발이 필요하다.

⑻ 발전 방향

① 사회복지관에 대한 인식변화와 홍보

공무원들의 사회복지관에 대한 의식개혁과 지역주민들에 대한 지속적인 홍보를 통한 사회복지관의 사업목표 및 내용 등에 대한 적극적 홍보활동이 전개되어야 한다.

② 지역특성에 적합한 프로그램과 지역별 균형적인 설립

획일적인 종합적 사회복지사업의 시행을 지양하고 사회복지관이 위치하고 있는 지역사회의 특성을 고려한 프로그램의 실시 및 개발이 요망된다.

③ 합리적 운영체계의 확립

지역사회주민들의 다양한 복지욕구 해결을 위해 사회복지협의회, 사회복지사협회, 의료기관, 행정기관 등의 시설과 기관이 협력관계를 유지해야 한다.

④ 독립적인 재정의 확보

사회복지관에 대한 충분한 예산지원으로 사회복지사 및 사회복지관의 전문성을 발휘할 수 있도록 하고, 사회복지관의 운영에 소요되는 비용을 지역사회의 차원에서 자율적으로 해결하는 방법이 개발되어야 한다.

⑤ 사회복지관 종사자의 전문성 확보

사회복지관이 지역사회에서 종합복지센터로 역할을 다하고 지역주민의 다양한 복지욕구를 충족시켜 주기 위해서 사회복지사를 비롯한 사회복지관 종사자들의 전문성 확보를 위한 노력이 필요하다.

지역복지발전과 사회복지사의 사명

현재 부산지역은 산업구조의 취약성, 재정적자, 경제성장의 둔화 등 경제적 문제와 실업, 빈곤, 노인 문제, 상대적 박탈감 등 사회문제로 이중적인 어려움을 겪고 있다. 특히 젊은 연령층이 직장과 보다 나은 삶을 찾아서 수도권으로 이탈하고 있는 현상은 부산시의 미래를 어둡게 하고 있다. 그러나 현재의 어려움은 사회경제적 취약계층에게 최소한의 기본적 생활의 보장만을 통해서 극복하려고 한다면 지역복지발전은 기대할 수 없다. 그리고 지역복지가 특수계층을 대상으로 하는 복지프로그램의 개발에만 치중하는 경우에도 그 효과는 미미할 것이다. 또한 정부가 사회복지의 발전에 대한 책임을 전가할 목적으로 민간복지 주체의 다양화, 지역복지의 발전, 자원봉사자의 활성화를 중심으로 복지정책을 재편한다면 지역주민의 사회복지와 삶의 질은 개선되기 어렵다. 10년 이상 사회복지에 종사하고 있는 한 사회복지사가 게시판에 올린 글을 읽고 사회복지사들을 양성하고 있는 한 사람으로서 나는 많은 책임감을 느끼고 있다. 그의 글의 요지는 사회복지사가 전문직인가에 대한 회의와 함께 사회복지를 전공한 것에 대한 자책감에 빠져 있는 자신에 대한 안타까움을 토로하고 있다. 일반기업의 직원과 사회복지사를 비교하면서 "몇 백만원의 예산을 단위 프로그램에 투입해 조마조마한 마음으로 프로그램을 진행하는 복지인과 수백억원 아니 수천억원처럼 상상하지 못할 금액을 기획하여 영업에 투입하는 대기업체의 기획실 직원과 어찌 상대가 되겠습니까!"하는 것이었다.

그 글을 읽고 나는 스스로 "학생들에게 복지와 사회복지의 개념을 혼동하도록 가르치고 있는 것은 아닌가?" 혹은 "의식적 혹은 무의식적으로 사회구조의 변동, 지역적 불평등, 사회문제의 발생원인 등에 무관심하거나 비전문적인 복지프로그램의 개발에만 열중하도록 한 것은 아닌가?" 하는 질문을 던져본다. 그의 사회복지에 대한 회의와 자책감은 한편으로 우리의 사회복지의 현실을 반영하는 것 같아 안타까움도 있지만 다른 한편 그는 근본적으로 복지와 사회복지를 구분하지 못한 결과라고 생각하기 때문이다. 희소한 자원의 문제를 다루는 경제학, 인간관계와 사회구조의 변동을 다루는 사회학, 인간심리를 다루는 심리학, 사회적 규범과 가치를 다루는 인문과학, 인간행동질서의 확립을 추구하는 법학, 인간의 관심사를 관철시키는 방법들을 대상으로 하는 정치학 등 모든 학문들은 인간의 복지와 삶의 질을 개선하는 수단과 제도들을 다루고 발전시킨다. 그러나 이러한 학문들의 발전은 사회복지의 발전에 대한 전제조건일 뿐 필수조건은 아니다. 사회복지는 복지와 사회적 연대행위를 결합한 역사적 산물이기 때문에 복지와 삶의 질의 개념만을 가지고 사회복지의 영역과 전문성을 확정할 수는 없다.

사회복지사의 사명은 상하간의 불평등을 제거하고, 지역 간의 격차를 균등화하며, 세대간의 불평등을 제거하고, 사회적 참여 및 사회적 가치와 규범에서의 격차 등으로 인해서 발생하는 사회문제를 해결할 수 있는 전문성을 배양하는 것이다. 특히 사회복지사의 전문성은 자력으로 안정된 삶을 영위할 수 없는 사회경제적 취약계층에게 사회적으로 지원하여 그들의 욕구를 충족하고, 그들의 생활조건과 삶의 질을 개선하며, 자립능력을 강화해 주는 방법들을 개발하는 것에 놓여있다. 그러므로 사회복지사는 사회적 연대행위를 통해서 시장소득을 정의롭게 분배하고, 일자리를 나누며, 교육기회를 균등히 하고, 주거의 질을 재분배함으로써 모든 사회구성원이 더불어 살아갈 수 있는 사회를 만들어 가는 전문직이다. 즉 사회복지사는 최우선적으로 생활환경을 재분배하는 과제를 실천할 목적으로 상담기술을 배우고, 사회복지실천방법을 투입하고, 사회적 병리현상의 치료 및 예방방법을 발전시키며, 자원을 동원하고, 효율적인 행정전달체계를 구축하는 과제를 갖고 있다. 누가 이러한 사실을 망각하고 사회복지의 기획능력과 전문성을 물질적 크기와 금액의 높낮이에서 발견하거나 투입과 산출의 관계로만 이해한다면 그는 사회복지사의 자격을 상실한다.

사회복지사가 지역의 사회복지와 지역 주민의 삶의 질을 개선하려고 한다면 물질적 부의 확대보다는 개인의 삶의 조건과 삶의 질에 대한 욕구와 만족도에 더 많은 관심을 가져야 한다. 모든 사회구성원이 그의 책임과 상관없이 기본적 생활을 영위하며, 다양한 사회적 위험으로부터 보호되고 '경제적 강요로부터 자유'와 능동적인 삶을 영위할 수 있도록 지역사회를 변화시키는 방법들을 개발하는 것이 중요하다. 물론 사회복지사도 자신의 삶의 조건과 삶의 질에 대해 관심을 표명하여야 하고 자신의 삶을 돌아볼 수 있는 시간적 여유와 다른 사회구성원이 누리고 있는 복지수준과 전문직으로써의 사회적 인정 그리고 보수수준 등에 관심을 갖는 것은 당연하다. 지역사회가 사회복지사들에게 낮은 봉급, 격무, 열악한 근무조건에서 사회복지를 제공하도록 강요한다면 질적으로 높은 사회복지를 제공할 수 없다. 소위 '사회경제적 취약계층이 사회경제적 취약계층을 지원하도록' 강요한다면 지역의 사회복지발전에 대한 전망은 밝지 않다. 자신의 삶의 조건과 삶의 질에 만족하지 못하는 사회복지사가 이타주의와 봉사정신 그리고 열정에 입각하여 사회경제적 취약계층이 자력으로 그들의 삶을 영위할 수 있도록 돕는 것에는 한계가 있기 때문이다.

결론적으로 사회복지사는 지역의 사회복지발전을 위해 일시적 혹은 영구히 자신의 삶을 자력으로 영위할 수 없는 지역주민에게 기본적 생활보장을 넘어서 안정된 삶을 영위할 수 있으며 지원하면 자립할 수 있는 능력을 회복할 수 있도록 프로그램을 개발할 의무가 있다. 사회복지사의 사명은 '지역복지발전'에 놓여있는 것이 아니라 사회적 연대행위를 강화할 수 있도록 전문성을 지속적으로 개발하고 실천하여 '지역사회의 사회복지발전'에 기여하는 것이다. 이를 위해서 사회복지사 스스로 사회복지대상자의 선정, 상담기법의 활용, 지원 프로그램의 기획, 조직, 자원동원 및 효율적 사용, 전달체계의 구축 그리고 가치관의 개발 등에 보다 많은 관심과 노력을 보이길 기대한다(*安洪淳* 신라대학교 사회복지학과교수).

제4부 | 통합적 사회복지실천

제8장 | 통합적 사회복지실천

1. 통합적 사회복지실천의 개념

"Social welfare is the art of adjusting human relations. Social workers attempt to understand the interactions of individuals and families with their environment through the lenses of ecology and systems."

사회복지실천은 과학(science, 知: 지식)과 예술(art, 智: 지혜)의 조화이다. 과학적 지식에만 의존하는 실천은 기계적인 수행에 그치게 되며 과학성이 결여된 예술성만으로는 효과적인 실천이 이루어질 수 없게 된다. 따라서 과학성과 예술성은 서로 대립되는 개념이 아니라 상호보완적이며 의존적인 관계이다. 사회복지실천의 과학적 기반은 효과적인 개입을 위해서 사회현상, 사회적 조건과 관계, 사회정책과 프로그램, 사회복지전문직, 다양한 실천이론과 관련된 지식에 바탕을 두고 이를 적용, 활용하는 것을 의미한다(인간에 대한 이해, 사회적 환경에 대한 이해, 인간과 환경의 상호작용에 대한 이해, 개입을 위해 필요한 전문적 지식에 대한 이해 등). 반면에 예술적 기반은 사회복지사의 개인적인 특성이나 예술적 혹은 직관적 능력 등을 과학적 기반과 더불어 적절히 활용하는 것을 의미한다(감정 이입, 경청, 수용, 자기노출, 진실성, 온화함 등).

통합적 실천(eclectic practice)이란 개인, 집단, 지역사회를 대상으로 개입하던 기존의 방법을 통합하여, 공통의 원칙과 지식, 기술에 따라 모든 클라이언트를 대상으로 개입하는 방법으로, 클라이언트와 환경이나 상황과의 관계를 무엇보다도 중시하며, 이러한 상호관계에서 문제를 조명하고 해결방법을 모색한다. 통합적 실천을 위해서는 인간행동과 사회환경에 관한 지식, 사회복지정책과 서비스에 관한 지식, 사회복지실천방법에 관한 지식, 조사와 연구에 관한 지식 등이 요구된다.

사회복지실천의 통합적 방법이란 모든 사회복지사들이 개인, 집단, 지역사회 수준에서 나타나는 사회문제에 대처할 때 사용할 수 있는 공통된 하나의 원리와 개념을 제공하는 방법의 통합화를 의미하는 것으로서, 즉 전통적 방법의 전부 또는 일부를 조합하여 교육함으로써 사회복지사가 여러 실천방법들을 통합적으로 사용하여 클라이언트에게 효율적으로 개입이 이루어질 수 있도록 하는 것이다. 또한 통합적 접근은 사회복지실천분야에서 개인과 사회환경 사이의 관계를 파악하고 개입의 방향을 제시하는 대표적이고 포괄적인 관점들인 일반체계적 관점(이론)과 생태체계적 관점(이론) 등에 기초하여 종래의 심리학적 패러다임에서 벗어나 환경을 중시하는 실천, 또한 균등한 기회의 보장, 공평성의 확보, 연대성의 강화 등 사회정의를 추구하는 것에 특히 강조점을 둔다.

> **〈사례〉** 이혼을 하고 혼자 두 아이를 키우며 살고 있는 여성이 있다. 큰 아이는 지적 장애를 갖고 있어서 학교에 다니지 못하고 집에 있다. 이 여성은 신체적으로 특별히 아픈 곳은 없지만 우울증이 있고 자주 술을 마신다. 그 때문인지 집안 살림은 엉망이고 예전에 다니던 교회에도 나가지 않고 있다. 큰 아이도 잘 챙기지 못하고 초등학교 2학년인 작은 아이도 숙제, 등하교, 심지어는 끼니도 제대로 챙겨주지 않는 경우가 많다. 그래서 작은 아이는 학교에서도 집에서도 마음을 붙이지 못하고 밖으로 돈다. 큰 아이를 돌보느라 변변한 직업도 구하지 못하고 매달 정부로부터 받는 기초생계지원금으로 근근이 살아가고 있다. 부모·형제나 그 밖의 친척들과 연락이 끊긴지 이미 오래 되었고 동네 사람들도 엄마가 무책임하고 너무한다고 비난만 할 뿐 도와주는 사람이 없다. 희망이라고는 없어 보이는 이 여성의 삶이 개선될 가능성은 없는가?

2. 통합적 사회복지실천의 등장배경

사회복지실천학문은 통일된 체계로 발전하지 못하고 아동, 가족, 의료, 정신의료, 학교사회사업 등 대상 분야에 따라, 그리고 개입 대상의 규모에 따라 개별사회사업, 집단사회사업, 지역사회사업 등으로, 그밖에 사회복지행정, 사회복지정책, 사회복지계획, 사회복지조사 등으로 나뉘어 각각 독자적인 이론적 배경과 지식체계 등을 가지고 발전되어 왔다. 그리고 이러한 전통적 방법은 주로 제한된 특정 문제에만 개입을 할 수 밖에 없었기 때문에 클라이언트가 가진 다양한 문제를 해결하기에 어려움이 있었고, 따라서 전통적 방법을 통합하려는 시도가 이루어지게 되었다. 즉 클라이언트의 다양한 욕구와 문제를 파악하고 개선 및 해결을 시도하는 사회복지실천의 제 영역에는 많은 요인들이 복합적으로 작용하는데, 하나의 특정한 실천방법이나 영역만을 강조하는 접근법의 사용은 문제에 효과적으로 대처하지 못하게 되는 결과를 낳게 했다는 것이다.

전통적 방법은 문제를 전체로 보지 못하고 단편화시키는 경향이 있었고, 전통적 접근방법을 사용하는 사회복지사는 클라이언트의 문제에 대해 포괄적으로 개입하기보다는 사회복지사 본인의 능력 범위 내에서 또는 본인의 주관적 입장을 가지고 자의적으로 처리하거나 해결될 가능성이 있는 문제(soluble problem)만을 골라 부분적으로 개입할 수밖에 없었다. 그 결과 클라이언트가 갖고 있는 문제들의 효율적 해결이 쉽지 않았고, 그 밖의 사회복지 내외의 여러 가지 환경적 욕구에 의해서 통합적 방법(integrated; unitary; generalist approach)이 사회복지실천의 주요 방법론으로 등장하게 되었다. Harriett M. Bartlett(1897∼1987)은 'The common base of social work practice(사회사업실천의 공통기반, 1970)'를 통하여 사회사업지식과 가치가 다양한 방법을 포괄하고 있음을 강조하면서 그 공통된 기초를 묶어 내었다.

Scott Briar는 전통적 사회복지접근방법의 한계를 다음과 같이 설명했다.

① 전통적 방법은 그것이 형성, 발달하여 체계화되어 온 그 어느 단계에서도 주로 제한된 특정 문제 중심의 개입을 했기 때문에 모든 문제의 해결에 이바지할 수 없었으며, 특히 현대사회에서 발생하는 복잡한 문제 상황에 대해 적절히 개입하기 어려운 상황이 초래되었다.

② 전통적 방법은 지나친 분화와 전문화로 서비스의 파편화 현상을 초래함으로서, 다양한 문제와 욕구를 가지고 있는 클라이언트가 여러 기관이나 사회복지사들을 찾아다녀야 하는 불편함을 야기함으로써 최선의 서비스를 제공하기 어려웠다.

③ 공통 기반을 전제로 하지 않은 분화와 전문화는 각각 별개의 사고와 언어 및 과정을 보여줌으로서 사회복지 전문직의 정체성 확립에 장애가 되었고, 전문화 중심의 교육훈련은 사회복지사들의 분야별 직장이동에 도움이 되지 않았다.

의료모델이 갖는 속성과 관련해서 전통적 모델이 갖는 한계를 다음과 같이 설명할 수 있다.

① 정신분석론적 관점

전통적인 모델들은 Freud의 정신분석론에 많이 의존했고, 따라서 이것들은 개인의 정신 내적 측면에 지나치게 집중하도록 하는 한계를 가지고 있다. 문제를 진단할 때 사회환경적 관련성은 도외시하고 또한 '상황 속의 개인'이라는 개념을 유지하기가 어렵다.

② 병리적 관점

전통적 사회복지실천의 기반이 되었던 의료모델은 클라이언트의 상황을 병리적 현상으로 보는 태도를 반영한다. 따라서 문제는 클라이언트의 심리병리학적 결함에 있으며 문제의 해결을 위해서는 클라이언트의 병리현상을 치유해야 한다는 견해이다.

③ 단선론적 관점

전통적 모델은 Freud이론의 단선론적 설명에 근거를 두었다는 한계가 있다. 단선론은 문제의 원인이 진단에 의해 밝혀지면 이에 대응한 치료방법이 자동으로 처방될 수 있다는 인과적 가정을 전제로 한다. 이 논리는 현대 사회복지개입을 위한 이론적 틀로서는 적합하지 않다.

✓ 단일 인과관계(single causation)의 원리, 즉 모든 결과는 근본적으로 하나의 원인으로부터 발생한다는 주장으로 따라서 문제의 근본 원인이 밝혀지면 해결책의 제시가 가능하다고 설명한다. 반면에 다중 인과관계(multiple causality)의 원리에 의한 다중결정론(multi determinism)은 클라이언트가 경험하는 문제는 여러 가지 요인들이 복합적으로 영향을 미치고 있고, 따라서 문제 해결을 위해서는 다양한 접근방법이 활용되어져야 한다고 설명한다.

④ 과거 지향

정신분석이론은 원래 사회복지를 위해 개발된 이론이 아니므로 실천에 적용하기 어려운 점이 많다. 전통적 모델은 과거를 매우 중시하여 클라이언트의 과거 자료를 수집하고 해석하는데 많은 노력을 기울이지만 사회복지의 목표는 과거가 아닌 현재의 문제를 해결하는 것이다. 따라서 사회복지의 이론틀은 현재 클라이언트가 처한 환경을 충분히 고려하고 설명해 주어야 하며, 과거에만 몰두하는 정신분석이론은 사회복지의 이론적 틀로서 부적합하다.

※ Medical Model(의료모델)

From the 1920s to the 1960s most social work programs used a medical model approach to human behavior. The medical model approach was developed by Sigmund Freud which views clients as being "patients." The task of the provider of services is to first diagnose the causes of a patient's problems and then provide treatment. The patient's problems are viewed as being inside the patient.

In regards to emotional and behavioral problems of people, the medical model conceptualizes such problems as being "mental illness." People with emotional or behavioral problems are then given medical labels, such as schizophrenic, psychotic, neurotic, or insane. The medical model approach provided a more humane approach to treating people with emotional or behavioral problems. The medical model approach emphasized intra-psychic processes and focused on enabling patients to adapt and adjust to their social situations (Zastrow & Kirst-Ashman 1988, p. 10).

3. 통합적 사회복지실천의 특성

> "社會福祉士는 人間과 環境에 對한 同時的 觀心을 特徵(특징)으로 하는 援助專門職(원조전문직, helping professional)이다."

Miley, K. K.(1995)는 통합적 관점이란 사회복지실천의 목적을 달성하기 위한 현대적 접근방법이며 이러한 관점은 개별적 접근의 한계를 넘어 다양한 인간체계에 대한 개입으로 사회복지실천영역의 확장이라고 하였다. Skidmore(2000)는 통합적 접근방법을 다양한 인간 시스템, 즉 사회, 공동체, 이웃, 복잡한 조직, 개인 등을 변화시켜 사회적 기능을 최대화시키는 접근이라고 하였다. 통합적 방법의 특징은 다음과 같다.

① 통합적 방법은 사회복지실천의 본질적인 개념, 활동, 기술, 과업 등에 공통적인 기반이 있음을 전제한다.

② 통합적 방법의 가치는 클라이언트의 잠재성을 인정하며, 이 잠재성(potential; latent powers)이 개발될 수 있다고 보고 미래지향적인 접근을 강조한다.

③ 사회복지지식은 과거의 심리 내적인 정신역동적 측면으로부터 상황 속의 인간을 이해하고자 하는 일반체계이론까지 확대된 개념을 사용한다.

④ 전통적 개입은 주로 인간에게 초점을 두거나 환경에 초점을 두는 상호 배타적인 두 가지 별개의 접근으로 이루어져 왔으나, 통합적 방법은 이 둘의 상호작용에 초점을 둠으로써 인간과 환경의 공유영역, 즉 사회적 기능수행영역에 사회복지사가 개입해야 함을 강조한다.

⑤ 통합적 방법은 클라이언트의 존엄성을 인정하고 클라이언트의 참여, 자기결정, 개별화를 강조하며 실천과정의 계속적인 평가를 중시한다(김융일 외, 1995).

※ 정신분석이론과 심리사회이론

Freud의 정신분석이론은 환경보다는 지나치게 개인집중적이며 분석적이고 과거 결정적이고, 특히 의학적 질병모델에 지나치게 의존하고 있다는 비판을 받고 있으나, 아동기 발달에 대한 중요성을 입증하고 체계화했으며 性과 무의식에 대한 논의를 이끌어 내었다는 점에서 그 중요성을 인정받고 있다. 반면에 Erickson의 심리사회학적 이론은 정신분석학에 뿌리를 두고 있지만 자아기능의 발달 그리고 의식에 관심을 가지고 있고, 인간이 생의 주기마다 성취해야만 하는 과제에 대한 지식과 인간이 건전한 발달과제를 경험함에 있어 사회환경이 차지하는 중요성을 인식시켰다. 인간은 전 생애를 통하여 새로운 과업이 생겨나고 새로운 생물학적 변화를 경험하며, 동시에 새로운 심리사회적 욕구가 생겨나게 되는데, 이처럼 인간에게 생애주기적으로 나타나는 변화는 개인의 성장과 변화를 위한 새로운 기회를 제공한다는 것이다.

Freud는 성격이 본능과 부모에 의해 영향을 받는 것이라 생각한 반면, Erickson은 인간의 성격은 부모, 형제, 또는 다른 사람들을 포함한 사회의 모든 구성원에 의해 영향을 받는다고 보았다. 또한 Freud는 성격이 4~5세 이전의 유아기에 거의 형성된다고 믿은 것에 반해 Erickson은 성격은 지속적으로 사회와 관계되어 발달한다고 보아 인간을 심리적 존재로서만이 아니라 사회적 존재로 파악하였다. 즉, 환경 속의 인간이라는 의미 속에 포함되어 있는 '인간'이라는 개념은 개인의 '성격(personality)'과는 다른 의미를 가지며 성격은 전체 인간의 한 구성 성분에 불과하다고 하였다.

Freud를 계승한 정신분석학자들 중에는 노이로제, 신경증, 정신병, 알코올 중독, 비행이나 범죄까지 묶어서 모든 문제를 모자관계의 탓 등 어린 시절의 부정적 체험에 기인하는 것으로 해석하는 경향이 많다. 즉 현재의 모든 문제들은 유아기의 심리적 상처나 무의식적 억압 때문이라는 것이다. 정신분석학자들은 사람의 언동에는 겉으로 표현되지 않는 감추어진 동기가 있다는 기본적인 시각에서 출발하여 환자 본인의 진술을 신뢰하지 않는 경향이 있다. 즉, 환자 자신은 이렇게 진술을 하고 있지만 환자의 무의식에는 정반대의 심리가 들어 있다고 진단한다. 예를 들어 어떤 사람이 도둑질이나 강도행위를 했을 경우에, 그 사람이 실컷 놀고 싶어서 라든지, 무엇을 차지하고 싶어서라든지 등의 범인이 저지른 행위의 표면적 동기, 즉 범인 스스로 진술한 이야기를 신뢰하기보다는 범인이 유아기 때 부모의 애정을 받지 못해서, 다시 말해서 먼 과거에 원했지만 얻지 못한 것에 대한 보상으로 지금 남의 금품을 훔치는 등의 범죄행위를 저지르는 것이라고 해석한다. 또한 사회제도 및 권위 등에 대한 반항을 범인의 마음 속에 억눌려 있던 아버지에 대한 반발(Oedipus complex)이 형태를 달리 해서 나타나는 것으로 해석한다(요리후지 가츠히로의 '현명한 이기주의' 중에서).

아직까지 클라이언트의 심리사회적 문제해결 또는 사회적 기능수행의 문제 사정과 개입계획을 위한 구체적 지침이 표준화되어 있지 않은 까닭으로, 실천현장의 사회복지사들이 '환경 속의 개인'이라는 시각으로 문제에 접근하는데 어려움을 겪고 있다. 따라서 사회복지실천현장에서 클라이언트들이 제기한 사회기능 수행 상의 문제를 기술, 분류 및 기록하고, 사회복지사와 다른 대인서비스 전문가가 활동하는 다양한 실천현장에 활용하기 위한 적절한 사정분류체계의 개발이 요청되었다. 그 결과, 개인-환경의 상호작용의 맥락 속에서 문제를 분류할 수 있는 새로운 체계가 개발되었는데, 미국정신의학협회(APA)의 정신장애진단분류체계인 DSM(Diagnostic and Statistical Manual for Mental Disorder)이 클라이언트가 가진 정신의학적인 문제들에 대한 질병 및 병리적 개념에서 문제를 분류하려는 체계라면, PIE(Person In Environment) System은 개인과 환경 모두에 초점을 두고 활동하는 사회복지실천에 부합되는 문제분류체계로 개인의 역할기능 수행과 아울러 개인 주변으로부터의 지지 상황 모두를 고려하여 문제를 분류하는 체계이다.

PIE(Person-in-Environment) Scale

PIE 척도는 클라이언트가 경험하는 다양하고 복잡한 문제들을 구체적으로 정확하게 분류하려는 시도에서 출발했는데, DSM-IV의 경우와 같이 진단을 위한 도구라기보다는 한 개인이 사회적으로 기능하는 가운데 경험하는 모든 문제들을 포괄적으로 사정할 수 있도록 관련된 정보를 수집하고 정리하는 도구라고 할 수 있다. PIE 척도는 '상황 속의 개인(Person-in-Environment)'이라는 관점을 도입하고 또한 다양한 사회복지 실천이론들을 포괄적으로 수용함으로써 문제해결을 위한 다양한 개입방법을 활용할 수 있게 하였다. 사회적 역할이론에 기초하여 클라이언트의 사회적 기능문제를 파악하는 것에 척도의 중점을 두었는데, 구체적으로 문제에 대한 클라이언트의 대처능력과 장점을 측정하는데 초점을 둔다. PIE 척도에서 언급하고 있는 '환경'의 범위는 클라이언트가 거주하고 있는 지역사회로 규정할 수 있다.

PIE 척도는 사회적 기능수행과 관련한 문제, 환경과 관련한 문제, 정신건강과 관련한 문제, 신체적 건강과 관련한 문제의 4가지의 세부 척도로 구성되어 있다. 첫째, 사회적 기능수행과 관련한 문제인 'Factor I'에서의 '사회적 기능'은 개개인의 역할 수행과 관련된 내용으로서 가족 내에서의 역할, 일반 대인관계상의 역할, 직업상의 역할, 그리고 기타 특별한 생활상황에 따른 역할로 구분된다. 각각의 역할은 PIE 척도 내에서 'Factor I'이 가지는 문제영역을 의미하며, 각 문제 영역 내에서의 문제 유형은 권력(power), 양가감정(ambivalence), 책임(responsibility), 의존(dependency), 상실(loss), 고립(isolation), 희생(victimization), 혼합형태(mixed)와 그밖에 기타로 구분된다.

환경과 관련한 문제인 'Factor II'에서의 '환경'은 한 개인이 생활하고 있는 물리적인 맥락이나 사회적인 맥락 모두를 의미하며, 자연적인 환경이나 인위적인 환경 모두를 포함하는 개념이다. 구체적으로 경제적/기본적 욕구 체계, 교육훈련 체계, 법적 체계, 건강・안전・사회서비스 체계, 자발적 모임 체계, 정서적 지지체계로 구성된다(James M. Karls & Karin E. Wandrei, 1994). 정신건강과 관련한 문제와 관련된 영역인 'Factor III'는 DSM-IV의 Axis I, II를 그 내용으로 하고, 신체적 건강과 관련한 문제와 관련된 영역인 'Factor IV'는 DSM-IV의 Axis III의 내용과 동일하다.

PIE 체계에서는 클라이언트의 사회적 기능수행과 관련한 문제와 환경과 관련한 문제를 정리하고 사회복지적 개입의 필요성을 결정하기 위해 심각도 지표, 지속기간 지표, 대처능력 지표의 세 가지 유형의 지표를 활용한다. 심각도 지표(Severity Index)는 역할, 관계, 일상 속에서 일어나는 변화의 범주나 혼란의 정도 및 이에 따른 사회복지적 개입의 필요성 정도를 측정하기 위한 것이다. 지표는 ① 문제 없음, ② 낮음, ③ 보통, ④ 높음, ⑤ 매우 높음, ⑥ 극심함의 전체 6개의 선택지로 구성되어 있다.

지속기간 지표(Duration Index)는 문제가 얼마나 최근에 발생한 것이며 지속기간은 얼마인가를 파악하기 위한 것으로, 심각도 지표와 함께 사용하여 문제에 얼마나 긴급히 개입해야 하는 가와 대처능력 지표와 함께 사용하여 문제해결의 예후를 측정하기 위한 것이다. 지표는 ① 5년 이상, ② 1년 이상~5년 미만, ③ 6개월 이상~1년 미만, ④ 1개월 이상~6개월 미만, ⑤ 2주 이상~1개월 미만, ⑥ 2주 미만의 전체 6개의 선택지로 구성되어 있다.

대처능력 지표(Coping Index)는 클라이언트가 내적 자원을 통해 문제를 조절할 수 있는 능력의 정도, 클라이언트의 문제해결능력과 자립적 행동능력, 클라이언트 자신의 자아강도, 통찰력, 지적 능력에 대한 종합적 평가로 구성된다. 지표는 ① 매우 뛰어난, ② 뛰어난, ③ 보통, ④ 다소 부적절, ⑤ 부적절, ⑥ 대처능력 부재의 전체 6개의 선택지로 구성되어 있다.

PIE 척도는 문제를 가진 클라이언트를 개인과 환경의 두 가지 측면에서 사정하는 도구이다. 전술한 바와 같이 클라이언트의 문제를 사회적 기능, 환경, 정신건강, 신체건강의 네 가지 요인으로 나누고, 각 요인마다 세부적이고 구체적인 영역을 부여하고, 또한 각각의 영역에서 문제의 심각도, 문제의 지속 기간, 문제에 대한 대처능력을 파악하도록 되어 있다. PIE 척도의 특징은 PIE 체계의 기본 과정이 사회복지실천의 기본 관점인 '환경 속의 인간'에 대한 사정을 용이하게 할 수 있도록 도와주고 사회복지전문직에게 보다 객관적이고 체계적인 사정의 관점을 제공할 수 있다는 점이다. 아울러 다학문적인 접근(multi-disciplinary team approach)으로 타 전문분야와의 의사소통이 용이하게 이루어질 수 있다(이용창, 태화기독교사회복지관 부장, "PIE체계를 활용한 사례관리기법(pp. 25～85)", 사례관리를 통한 지역사회보호사업 전문성 증진 방안(2005), 한국사회복지관협회주최 제17회 전국사회복지관 직원교육).

4. 통합적 사회복지실천의 주요 관점

전통적인 방법론은 지나치게 개인적 측면에 초점을 두어, 개인의 과거나 병리에 치우쳤으며, 지나치게 단순한 인과관계이론으로 사회환경을 경시했다는 점에서 비판을 받았고, 그 결과 새로운 이론적 관점과 실천방법의 개발이 요청되었다. 통합적 사회복지실천은 사람들이 생활과업을 성취하고 고통을 극복하며 소망과 가치를 실현할 수 있도록 돕기 위하여 인간과 그를 둘러싼 사회환경 간의 적절한 상호작용이 이루어질 수 있도록 다양한 방법을 활용하여 원조를 제공하는 활동이다.

(1) 환경(상황)속의 개인(Person-in-environment[situation])

> "The social environment involves the conditions, circumstances, and human interactions that encompass human beings. A person-in-environment focus sees people as constantly interacting with various systems around them."

> "상추를 심었는데 잘 자라지 않더라도 상추를 탓하지 마세요. 왜 잘 안자라는지 이유를 찾으세요. 비료가 부족할 수도 있고, 물이 더 필요하거나, 햇빛을 줄여야 할 수도 있습니다. 결코 상추를 탓하지 마세요." - 틱낫한(Thich Nhat Hanh, 釋一行, 1926~)

사회복지사의 활동은 개인과 사회환경의 공유 면에서 일어나는 욕구들 사이의 조합이 원만히 이루어질 수 있도록 돕는데 그 초점이 맞춰져야 한다(the art of adjusting human relations). 이러한 활동은 한편으로는 개인의 성격, 역기능, 능력 및 기술부족 등에 대한 치료를 위주로 개입하는 개인변화 촉매인의 역할이 될 수도 있고, 다른 한편으로는 사회의 자원과 기회가 공정하게 배분되도록 힘쓰며 개인의 기본적 욕구충족을 위한 각종 사회복지정책 및 행정의 변화 및 개혁을 시도하는 사회변화 촉매인의 역할이 될 수도 있다 (엄명룡 외, 2000. p.78).

① 사회복지실천의 목적은
㈎ 클라이언트의 문제 해결 및 대처능력을 향상시키고,
㈏ 클라이언트를 서비스와 자원을 제공하는 체계들과 연결시키고,
㈐ 클라이언트가 그런 체계들을 적절하게 활용할 수 있도록 지원하며,
㈑ 사회복지전문지식과 기술, 사회정책과 제도의 발전에 기여하는 것이다. 따라서,

② 사회복지실천의 준거틀은 관련된 세 가지의 사회적 상황에 초점을 두어
㈎ 사람들이 당면하는 생활과업과 이 과업을 처리하게 하는 자원과 조건,
㈏ 사람들과 자원체계들간의 상호작용, 자원체계 내부의 상호작용, 자원체계들간의 상호작용,
㈐ 개인문제와 그것과 관련된 공공문제와의 관계로 개인의 문제를 사회문제화하고 공공의 문제를

개인의 차원에서 이해하고 설명할 수 있어야 한다(윤현숙 외, 2001. p.77).

☞사회복지실천의 준거틀(frame of reference)

클라이언트의 변화를 이끌어내기 위한 관념적인 구도로서 실천을 전제로 한 지식의 체계나 이론적 형상을 의미한다. 즉 준거틀이란 특정한 조건과 상황 하에서 클라이언트가 어떻게 변화할 것이며 그러한 변화가 바람직한 것이 되기 위해서는 사회복지사가 무엇을 어떻게 해야 하는가? 그러한 변화의 구체적인 모습은 어떤 것이며 거기에 도달하기 위한 과정과 방법은 얼마만큼 객관적인가? 등과 같은 질문에 관한 보편적인 믿음이나 가정, 또는 업무지침을 말한다.

③ 사회복지실천을 위한 이론들은

㈎ 원조대상인 클라이언트와 클라이언트를 둘러싼 사회환경의 속성에 대한 설명을 제공하는 이론들,

㈏ 그러한 속성들의 변화 가능성 및 변화원리에 대한 설명을 제공하는 각종 실천의 관점들,

㈐ 클라이언트와 사회환경의 변화를 위해 사회복지사들이 어떻게 개입해야 하는가를 설명하는 개입이론이나 모델들을 모두 포함하는 개념이다(엄명룡 외, 2000. p.82).

Life-span perspective (인생주기적 관점)

인생주기적 관점은 사람이 전체 생애를 통하여 신체적, 정서적, 사회적, 인지적, 영적으로 변화 및 발달하는 것을 설명한다. 이 관점은 인간이 생의 단계별로 갖게 되는 욕구를 확인하고 이해할 수 있도록 하여 효율적 사회복지실천을 가능케 한다. 발달적 관점에서 인간의 욕구는 두 가지 방법으로 정의된다. 첫째, 각각의 생의 단계적 발달은 각 연령에 맞는 특정한 방법으로 이루어져야 하며, 이를 위해서는 특별한 조건들이 충족되어야 한다는 것이다. 둘째, 생의 특정 단계에서 일어날 것으로 기대되는 발달이 일어나지 않게 되면 다음 단계로의 발달 지연 등의 문제가 발생하게 된다는 것이다. 발달적 관점에서 욕구에 대응한다는 것은 발달이 순조롭게 진행될 수 있도록 필요한 조건들을 제공하고 발달에 장애가 되는 요인들을 제거해 가는 것이다. 이러한 조건들은 주로 개인과 개인을 둘러싼 환경 간의 상호작용에 달려있다. 인간의 욕구에 대응하기 위해서 사회복지사는 인간의 발달에 대해 포괄적이고 구체적인 이해가 필요하다.

① 정의

The life-span perspective views human behavior in terms of developmental tasks that characterize various stages of growth. Thus, although the life span is continuum, the life-span perspective tends to look at it in definable segments: gestation and birth, infancy, the preschool years, later childhood, adolescence, young adulthood, middle adulthood, and old age (Pillari 1988, p.27).

By looking at the development of a person from birth to death, we begin to understand how each period of development and behavior has its own challenges and frustrations and how it relates to other periods of development. The infant and the preschooler learn how to control their behavior and develop a sense of self in relation to the world of family and play. The schoolchild adjusts to a new environment(school) and a new adult(teacher) while learning to read, write, and develop friendships with peers. The adolescent comes to grips with himself or herself in terms of the world of work, career, and social development. The young adult further clarifies vocational direction and lifestyle and may begin intimate social or family relationships. The middle-aged adult consolidates self-growth and development by generating activities that support and strengthen career, social, and family associations. Finally, the aging adult faces the prospect that life will be over and that death is inevitable.

☞ 인간의 성장발달을 결정짓는 2대 요인

Historically, there has been a controversy about the relative importance of heredity and environment in the development of a person. However, the human development can be understood only in terms of the interaction between genetic and experiential forces.

㈎ 유전(Heredity) refers to the genes that are passed on from parents to children at the time of conception.

㈏ 환경(Environment) refers to the wide array of experiences to which an individual is exposed from the time of conception to death.

㉮ The physical environment comprises the built world as well as the natural world.

㉯ The social environment comprises the network of human relations at various levels of organization.

㉰ Both the physical and the social environment are affected by the cultural values, norms, knowledge, and beliefs that pattern social interaction and determine how we use and react to the physical environment(Germain, 1979).

② 인생의 각 주기별 욕구·발달과업 및 문제·위기상황

Life cycle needs(N) and tasks(T)	Typical problems and crises
(1) **Infancy(유아기),** 0～3 In childbearing family (2) N: Parenting, care, basic skill learning T: Basic trust(신뢰) vs. mistrust(불신) Autonomy(자율성) vs. shame(수치), doubt(의심)	Inadequate parenting(부적절한 자녀양육), Absent father, mother(한부모), Rejection by parents(자녀 유기), Neglect, abuse(방임, 학대), Handicap, mental retardation(육체·정신 장애)
(2) **Preschool(학령전기),** 3～6 In family with preschool children (3) N: Learning, socialization, play T: Initiative(주도성) vs. guilt(죄의식)	Inadequate socialization(부적절한 사회화), Lack of supervision(소홀한 보호), Behavioral disorders(행동장애)
(3) **Grade school(아동기),** 6～13 In family with school children (4) N: Intellectual and social stimulation Social inclusion T: Industry(근면성) vs. inferiority(열등감)	Learning failures(학습장애) Deviant group membership(아동비행)
(4) **High school(청소년기),** 13～18 In family with teen-agers (5) N: Achievement, partial separation from parents T: Identity(동일시) vs. identity diffusion(동일시 혼란)	Identity crises(동일시 위기) Alienation(소외) Addictions, delinquency(약물중독, 과실·범죄·태만) School maladjustment(학교 부적응)
(5) **Young adult(성인초기),** 18～21 In family as launching center (6) N: Opportunities for self-fulfillment in adult roles T: Intimacy(친밀감) vs. isolation(고립감)	Unwed parenthood(미혼부모) Overdependency on family(부모에의 과다의존) Marital conflict(결혼생활 갈등) School-work maladjustment(학교-직장 부적응) Crime(범죄)

(6) **Mature adult(장년기),** 21 ~ 65 In childbearing family (1) and family of middle years (7) N: Expanding opportunities for self-development in life roles T: Generativity(생산성) vs. stagnation(자아탐닉)	Family breakdown, divorce(가족해체, 이혼) Financial need or mismanagement(경제적 곤란) Household mismanagement(가사관리 문제) Parent-child conflict(부모-자녀갈등) Work career failure(직장 문제) Disability, personality disorganization(육체 · 정신적 문제) Disasters(재난)
(7) **Aged adult(노년기),** 65 and over In aging, retirement family (8) N: Opportunities for self-development in roles of aged T: Integrity(자아통합) vs. despair(절망)	Widowhood(배우자 사별) Chronic disability(만성적 질병 · 장애) Retirement maladjustment(퇴직 부적응) Social isolation(사회적 고립)

앨런 파슨스 프로젝트의 'Old and Wise'

나이가 들면 현명해지는 것일까요? 그래서 나이가 들면 타인의 쓴 말들에 흔들리지 않고, 서늘한 가을바람이 가슴을 두드려도 그냥 스쳐 지나가게 비켜서 줄 수 있을까요? 떠나간 사람으로 인한 슬픔도 떠나보내고, 그냥 함께했던 시간에 감사할 수 있게 될까요?

앨런 파슨스는 비틀스, 핑크 플로이드 등의 음악을 녹음해준 음향기사 출신의 음악가입니다. 'Old and Wise(나이가 들고 현명해지면)'는 전주가 멋지죠. 또 영화 '비열한 거리'에 삽입되어 우리에게 더 친숙해진 노래입니다.

여러 연구 결과들을 종합해 보면 50세 때보다 75세 때 이타주의, 유머 등의 성숙한 방어기제가 더 증가되고, 타인을 탓하는 투사나 수동적인 공격성 등의 미성숙한 방어기제는 감소한다고 합니다. 따라서 정신건강도 좋아진다고 하죠. 물론 평균적으로 그렇다는 이야기입니다.

이기적인 본능을 억제하고, 더 좋은 세상을 만들기 위해 타인들을 위하고, 고통과 상처를 이 세상에 위로와 도움이 되는 것들로 승화시키거나 웃어넘길 수 있는 성숙한 어른이 현명한 어른인데, 그렇게 되기가 참 힘듭니다. 그런데 나이가 들면 대부분의 경우 뇌가 저절로 그렇게 된다니 이 얼마나 다행입니까? 물론 그만큼의 처절한 고통과 회한과 수긍이 필요한 것이겠죠?

성숙하고 현명한 노인이 되기 위해서는 다음과 같은 삶의 단계에서 요구되는 과제들을 잘 수행해야 합니다. 먼저 청소년기를 벗어나 성인이 되면 부모의 것이 아닌 자기만의 독립된 가치와 견해를 가져야 합니다(정체성). 내가 나의 삶을 살고 있다고 믿는 것이 성숙의 기본 조건이니까요.

그 다음은 다른 사람들과 함께 서로 의지하고 도우며 어울려 살 수 있는 능력을 얻는 것입니다(친밀감). 가만히 있으면 아무도 다가오지 않기에, 자신만의 세계에서 벗어나 먼저 타인에게 도움이 되는 언행을 해야 하죠. 타인과의 관계를 잘 유지하고 발전시킬 수 있어야 직업적인 안정도 얻을 수 있습니다.

이렇게 성인의 기본 조건을 갖추면 대부분 자녀를 가지게 되거나 최소한 공동체의 주요 인물이 되고, 그래서 공동체나 우리의 아이들을 돌보고 책임지는 역할을 하게 됩니다(생산성). 타인들의 공감을 끌어내서 발전적인 방향으로 이끄는 역할을 하는 것이죠.

그 다음은 생산과 발전에서 조금은 뒤로 물러나 공동체의 가치와 의미, 문화, 윤리를 몸소 실행하며 본을 보여서 다음 세대에게 전수하는 역할을 해야 합니다(의미의 수호자). 그러는 과정을 통해 스스로의 삶의 가치와 의미도 통합하게 되는 것이죠(통합).

그냥 나이가 들면 현명해지는 것이 아니라, 이 괄호 안의 발달 단계들을 성공적으로 성취해야 비로소 성숙해지고 현명해지는 것이죠. 그런데 이 과정을 방해하는 것은 마음속에 남아 있는 상처와 분노입니다. 상처와 분노는 나를 이해해주고 사랑해주는 사람들과의 긍정적인 경험들을 통해 희석되죠. 결국 혼자 현명해지려 노력하는 것보다, 나를 사랑해주는 사람들 사이에 나를 끼워놓으려 노력하는 것이, 현명해지는 데 훨씬 더 효과적인 방법인 것입니다. 저도 그러려고 노력 중입니다. 현명해지기를 간절히 원하니까요(김창기 전 동물원 멤버 정신건강의학과 전문의).

(2) 일반체계적 관점(general systems perspective)

> *"Systems theory provides social workers with a conceptual perspective that can guide how they view the world. A system is a set of elements that are orderly and interrelated to make a functional whole. A person, class, family, college are all systems. Each involves many components that work together in order to function."*

1937년에 생물학자인 Ludwig von Bertalanffy에 의해서 체계를 구성하는 요소들의 속성과 이들 간의 상호작용의 속성을 이해하기 위해 개발된 일반체계이론은 현상을 설명하고 예측하고 통제할 수 있는 이론적 모형을 제시해 주는 기능을 수행한다. 모든 유기체(有機體: 많은 부분이 일정한 목적 아래 통일되고 조직되어 그 각 부분과 전체가 필연적 관계를 가지는 조직체)는 체계이며 하위체계로 구성되어 있는 동시에 상위체계의 일부분이라는 개념(Holon: 특정 체계가 그 체계를 구성하고 있는 보다 작은 체계의 입장에서 보면 전체 체계인 동시에 그보다 큰 체계의 입장에서 보면 그 큰 체계의 부분이 되는 현상)을 확장하여 체계가 적용될 수 있는 여러 분야에서 일반적으로 관찰되는 체계의 속성과 법칙을 묶은 것이 일반체계이론이다.

체계는 부분들로 구성된 전체로서 부분 간, 또한 외부체계와의 원활한 상호작용을 통해 안정상태를 유지하고 발전하거나, 취약한 상호작용으로 인해 불안정해지고 쇠퇴하는 개체를 의미한다. 체계이론은 전통적 사회복지실천에서 정신역동이론이 환경을 고려하지 않는데 대한 비판으로부터 사회복지실천에 적용되기 시작하였다. 일반체계이론은 추상적인 면이 있지만 현실을 관찰하고 구성 요소들 간의 관련성을 파악하여 조작화할 수 있는 방법을 제시해 줄 수 있기 때문에 모든 형태의 인간연합체에 적용될 수 있다.

일반체계이론은 체계의 변화기능을 강조한 이론으로서 외부로부터 단절되어있는 폐쇄체계(closed system)개념을 인간에 적용하면 유전자나 육체적 특질, 과거의 경험 등이 인간의 행동을 결정한다고 보게 되지만 개방체계(open system)개념을 적용하게 되면 외부세계와의 끊임없는 에너지와 자원의 교환에 의하여 안정된 상태(steady state)를 유지하는 동시에 변화와 발전이 가능한 존재로서 인간을 볼 수 있게 된다. 일반체계이론은 원조관계에서 수집한 정보를 조작화하고 통제할 수 있는 방법을 제시하기 때문에 인간행동을 이해하는데 매우 유용한 기준을 제공해 준다.

체계이론에서의 체계(system)란 상호의존적이며 상호작용(interaction)하는 부분(구성요소)들로 구성된 전체로서, 기능하고 성장하고 발달하고 또한 다른 체계와 상호작용을 한다. 체계의 한 부분에 미치는 영향은 체계를 구성하는 다른 요소에 전해지고, 반대로 체계의 다른 구성요소에 미치는 영향은 체계의 한 부분에 영향을 미치기도 하는데, 결국 한 부분의 변화는 전체 체계에 파급적 효과를 갖는다. 이러한 체계의 내적 원칙을 '상호성(reciprocity)이라고 한다. 인간을 체계를 구성하는 하나의 요소로 볼 때 개인은 여러 체계와 상호관계를 맺고 영향을 주고 받는다. 대표적으로 인간에게 영향을 미치는 체계는 가족, 집단, 조직, 지역사회, 문화 등이 있다. 이러한 체계는 스스로 규정한 안정상태(steady state)를 유지하려는 경향을 가지는데 이것을 항상성(homeostasis)이라고 한다. 체계는 외부 혹은 내적인 영향에 대해 적응적인 방법 혹은 비적응적인 방법으로 안정상태를 회복하려는 경향, 즉 항상성의 원리에 의해 작용한다.

체계이론적 접근은 문제에 대한 보다 전체적인 시각을 제시하여 문제를 개인과 사회 및 환경이 상호작용하는 총체로 보게 하여 개입을 위한 다양한 가능성을 제시해 준다. 즉 문제의 원인이 개인의 병리가 아닌 사회체계에서의 부적응 또는 역기능적 상호작용에서 비롯된다고 본다. 따라서 사회사업의 기능은 사람의 문제 혹은 자원체계에 있는 것이 아니라, 사람과 자원체계 그리고 자원체계간의 상호능력에 있는 것이다. 사회복지실천에 있어서 사회체계론적 접근방법은 사회를 하나의 체계로 생각하는 체계이론을 적용하여 사회복지의 전통적 모형, 즉 개인, 가족, 소집단 및 지역사회 등을 크기가 서로 다른 체계로 보아 과거 전통적 방법의 기초가 되는 지식, 기술 및 가치관의 유사성을 알게 됨으로써 세 가지 방법에 모두 타당한 일반적 원리와 실천모형을 제시하려는 것이다.

이상의 기본 개념들을 사회복지실천의 과정에 대입해 본다면 체계이론은 사정의 과정에서부터 그 유용성을 갖는다. 즉 사회복지사는 문제를 사정할 때 클라이언트에게 밀접한 환경이 다른 부분에 어떻게 영향을 미치는 가를 예측할 수 있다. 한 개인의 문제와 증상이 개인에 국한된 것이 아닌 체계와의 상호작용에 기인한 것으로 보기 때문에 이를 분석하여 문제의 원인을 파악하는 것이 가능하다. 이러한 개념에 의해 사정된 문제에 대한 개입에 있어서 문제의 원인을 제거하는데 초점을 두기보다는 체계 내부의 부분들 간의 상호작용이나 체계와 환경 사이의 관계를 변화시킴으로써 문제를 해결하는데 초점을 두게 된다. 따라서 체계의 역기능적인 구조적 특성, 진화적 속성, 그리고 행동적 속성의 변화를 통하여 문제가 발생하고 유지되는 기본적 환경을 제거함으로써 그 결과로 문제를 해결하는데 목적을 두고 진행된다. 체계적 접근방법의 기본적 개입단위는 개인이 아니라 그 개인이 맺고 있는 체계 모두를 포함한다. 여기에는 공식적인 지원체계 뿐만 아니라 비공식적 지원체계도 고려된다. 사회복지사는 체계적 접근에 있어서 변화대리인으로 기능한다.

체계이론은 사회복지분야에 1960년대부터 도입되었으며, 1970년대에는 Meyer, Goldstein, Pincus, Minahan, Siporin을 중심으로 대대적으로 전개되었다. 또한 일반시스템이론의 기초개념인 '개방시스템과 폐쇄시스템', 'input과 output', 'entropy', '항상성', '정보 · 자원처리시스템' 등을 사회복지실천을 해석하는 용어로 그대로 사용하였다.

① 주요 개념

일반체계이론에서 사용되는 주요 개념으로는 체계의 구조적 특성을 나타내는 개념인 경계(boundary), 개방체계(open system), 폐쇄체계(closed system), 위계(hierarchy) 등과 진화적 특성을 나타내는 개념인 안정상태(steady state), 항상성(homeostasis) 등과 행동적 특성, 즉 에너지의 흐름과 관련된 개념인 투입(input), 산출(output), 환류(feedback) 등이 있다.

(가) 체계의 구조적 특성: 체계는 어떤 구조로 이루어져 있는가?

살아있는 체계는 정보의 교환을 통하여 조직되고 기능하는 물질과 에너지로 구성되며 경계를 갖고 있는데, 경계는 체계의 내부와 외부 또는 한 체계와 다른 체계를 구분(규정)짓는 구획, 선 혹은 침투성을 지닌 한계(limits)로서 체계를 외부 환경으로부터 구별하고 독특한 정체성을 제공하는 선정된 변수들을 둘러싼 폐쇄된 둘레로서 정의된다. 이 경계는 적어도 부분적으로는 침투할 수 있으며 그들 간의 에너지와 정보의 전달이 허용된다. 모든 생물학적 및 사회학적 체계들은 개방체계이며, 이들의 경계는 침투성에 있어서 경계를 넘어 문제와 에너지, 정보의 상호교환이 가능하지만 체계마다 개방성의 정도는 다르다.

㉮ 경계(boundary)

경계는 체계의 내부와 외부 또는 한 체계와 다른 체계를 구분(규정)짓는 구획, 테두리, 선 혹은 침투성을 지닌 한계(limits)로서 경계선은 체계 내부로의 에너지 흐름(투입)과 외부로의 에너지 유출(산출)을 규제하는데, 예를 들어 가족의 경우에 경계는 명확하면서도 융통성이 있는 것이 바람직하며, 경계가 지나치게 경직 또는 혼란되어 있는 경우는 가족 내 문제가 발생할 가능성이 높다. 가족의 경계가 '명확'하다는 것은 가족원간이나 가족 하위체계 간 혹은 가족과 외부체계 간에 독립성과 자율성이 인정되면서도 동시에 상호 융통성 있는 의사소통이 이루어 질 수 있음을 의미하고, 가족의 경계가 '경직'되었다는 것은 체계들이 상호 분리, 고립(disengaged boundary)되어 있어 융통성있는 의사소통이 어렵고 다른 체계에 대한 관심과 지지가 이루어지지 못한 경우를 말하며, 가족의 경계가 '혼돈'되었다는 것은 가족원 및 가족의 하위체계간에 독립성과 자율성이 결핍되어 지나친 밀착상태(enmeshed boundary)에 있어 체계간 경계를 구분하기 어려운 경우를 의미한다.

㉯ 개방체계(open system)

개방체계는 투과성이 있는 경계를 갖고 있는 체계로서 외부로부터 성장 및 발달에 필요한 정보나 에너지를 자유롭게 받아들임으로써 체계 자체의 기능을 유지 발전시킬 수 있다. 개방체계 내부에서는 구성 요소들 간의 질서가 증가하며, 구성 요소 나름대로의 다양성이 증가하여 각자의 잠재적 능력이 최대한 발휘될 수 있다. 체계의 조직과 질서를 유지시키는 힘, 조직이 살아 움직이며 발달하게 하는 힘이 작용하고 있는 상태를 negative entropy 또는 negentropy 상태라고 한다. Negentropy란 체계 외부로부터 에너지를 가져옴으로써 이용 불가능한 에너지가 감소되는 것을 의미한다. 체계가 해체 또는 소멸로 진행하는 과정을 저지하는 현상으로 체계의 외부로부터 에너지를 가져옴으로써 이용 불가능한 에너지가 감소되고 체계를 유지하고 발전을 도모하고 생존하는 힘이 된다. 즉, 체계가 개방되어 있을 때 체계는 자신이 쓰는 것보다 많은 에너지가 유입될 수 있다.

㉰ 폐쇄체계(closed system)

폐쇄체계는 다른 체계와 상호교류가 없는 체계로서 정보나 에너지의 투입(input) 또는 산출(output)이 거의 없다. 폐쇄체계를 구성하고 있는 부분들은 시간이 지나감에 따라 구성원들 사이의 구별이 없어지게 되며 점차 동일성을 띠게 된다. 따라서 체계 내의 조직 구성 및 그 기능이 쇠퇴하게 된다. 이러한 상태를 entropy라고 하는데 이러한 상태가 지속되면 조직은 결국 소멸된다(엄명룡 외, 2000. pp.90~91). Entropy란 질서는 감소하고 무질서는 증가한다는 의미로 쓸 수 있는 에너지가 쓸 수 없는 에너지로 바뀌는 현상이다. Entropy는 작업으로 전환될 수 없는 에너지의 양으로 체계가 쇠약해지는 경향성을 나타내는데, 따라서 체계는 더욱 무질서해져서 조직된 작업을 할 수 있는 능력이 더욱 적어진다. 폐쇄체계에서만 발생하는 현상이다.

예를 들어, 아버지가 실직을 한 후에 지나치게 알코올에 의존하는 가족의 경우에, 아버지의 음주문제에 대한 친지, 이웃들의 지적과 비난을 피하기 위해 점차 외부와의 사회적 교류를 줄여나가게 될 가능성이 크다. 또한 음주로 인해 점차 아버지가 화를 잘 내고, 폭력을 휘두르게 됨에 따라 자녀들은 친구들을 집으로 불러오는 것을 그만두게 될 것이다. 이러한 과정을 거쳐 이 가족은 점차 고립되고 폐쇄적인 가족체계가 되어 갈 것이며, 이러한 폐쇄 체계적 특성으로 인해 문제의 해결을 위한 도움을 체계의 외부에 요청하지 않을 것이기에 문제는 더욱 심각해질 수밖에 없다. 사회복지사의 개입은 폐쇄 체계에 새로운 긍정적 변화가 가능한 에너지, 정보 등을 제공함으로써 개방체계로 변화시켜 엔트로피를 감소시키는 역할을 수행하게 된다.

㉣ 위계(hierarchy)

체계의 부분들은 여러 가지 방식으로 서로 연결되어 있는데, 위계의 개념은 모든 체계의 기본 단위들이 활동이나 에너지 기능들을 위해서 그것의 상위체계에 의존하며, 또한 그것의 하위체계에 방향을 제시해 주어야 하는데 그러한 하위체계, 체계 및 상위체계들 사이의 관계를 의미한다(윤현숙 외, 2001. p. 81).

㈏ 체계의 진화적 특성: 체계는 어떻게 유지 · 발전될 수 있는가?

체계는 계속적으로 변화하고 또한 때때로 보이는 것 이상으로 혼란스럽고 예측하기 어렵지만, 역동적 평형 또는 안정 상태를 유지하고자 하는 방향으로 기능한다. 그러나 상대적으로 안정된 시점은 매우 일시적이고, 자연적으로 성장과 발전을 추구하면서 동시에 동일한 정도의 안정성을 유지하고자 하기 때문에 갑작스러운 변화는 거부한다. 중요한 변화가 발생했을 때 체계는 보다 빨리 기능의 안정적인 수준으로 이동하여 새로운 안정 상태를 확립하려는 경향이 있으며, 따라서 빠르고 광범위한 변화에 대해 모든 체계들은 내재된 저항이 있다.

㉮ 항상성(homeostasis)

자동정상화장치(自動正常化裝置)라고도 하며 homeo(same)와 stasis(to stand or to stay)의 합성어로서 외부환경과 생물체내의 변화에 대응하여 매 순간 생물체내의 환경을 일정하게 유지하려는 현상을 의미한다. 체계는 지속적으로 변화의 상태에 놓여 있는 동시에 또한 역동적인 균형상태(dynamic equilibrium)를 유지해야 하는 데, 항상성이란 체계가 생존을 위해 환경과 성공적으로 타협하는 능력을 의미한다. 즉 항상성은 체계의 일관성을 유지하려는 노력으로 체계를 안정시킬 뿐만 아니라 외부로부터의 간섭을 적절히 통제함으로써 체계를 혼란과 무질서로부터 보호한다. 이는 체계의 일관성을 유지하기 위해 일정한 범위 내에서만 변화함을 의미하며, 이 범위를 항상성의 범위라고 한다. 예를 들어, 조직은 정해진 규칙을 구성원들이 준수함으로써 유지되고, 이 규칙의 범위 내에서의 각자의 활동을 통해 성과를 획득하며 생활할 때, 이 규칙을 조직의 항상성의 범위라고 할 수 있다.

㉯ 안정상태(steady state)

살아있는 체계는 정적이지 않고 계속적으로 움직이고 있다. 안정상태란 부분들의 관계가 약화 및 붕괴되지 않도록 에너지가 계속해서 사용되는 상태로서 항상성의 유지가 가능한 범위이다. 안정상태에 있는 체계의 유지는 에너지의 활용과 지속적인 성장과정이 동시에 이루어지는 것을 특징으로 한다. 즉 일정 정도의 질서와 안정성을 유지하면서 체계 자체의 목적을 달성하기 위해 꾸준히 나아가는 것을 의미한다. 예를 들어, 안정상태는 제 자리에 서 있을 때는 균형을 잡을 수 없지만, 목적지를 향해 페달을 밟아 나아갈 때 균형을 잡는 자전거와 같은 것이라 할 수 있다.

㉰ 순환적 인과성

한 성원의 변화는 다른 성원에게 자극이 되고, 그 자극은 또 다른 성원에게 영향을 주어 결국 전체 집단에 영향을 미치게 된다는 것으로, 집단 내 각 요소 간의 상호작용을 통해 원인을 제공한 성원이 동시에 결과에 영향을 받는 성원이 되는 것을 의미한다.

(다) 체계의 행동적 특성: 체계와 외부 환경과의 상호작용은 어떻게 이루어지는가?

체계는 외부환경과의 상호작용과정에서 체계유지에 필요한 에너지의 투입(input)을 받고, 이를 변환(through-put)시키고, 환류(feedback)작용에 의해 자체의 '동적인 균형상태(dynamic equilibrium)' 즉 안정상태(steady state)를 유지하려는 목적지향성을 갖는다. 이 동적 균형상태가 바로 항상성의 개념이고 이런 상태를 유지하게 하는 체계의 원칙이 상호성(reciprocity)이다. 특히 체계의 변화과정의 결과와 관련한 원칙으로서 동일결과성(equifinality)은 시작상태가 다르고 상이한 경로를 거치더라도 결과적으로 동일한 상태에 이를 수 있다는 의미이고, 다원적 결과성(multifinality)은 유사한 상황으로부터 시작하더라도 상이한 결과를 낳을 수 있다는 의미이다.

㉮ 투입(input) - 변환(through-put) - 산출(output)

투입이란 체계가 환경으로부터 에너지, 사물, 정보 등을 받아들이는 것으로서, 생물학적 및 심리사회적 생존과 성장은 투입과정을 통해 이루어진다. 투입체는 일단 체계의 내부로 들어오면 영향을 받아 규제받고 변형되어 체계의 기능수행을 위해 활용된다. 전환이란 투입물이 체계 내에서 산출을 위해 활용되어지는 단계를 말하며, 일단 이러한 처리과정이 시작되면 체계는 적극적으로 환경에 반응하게 된다. 산출이란 환경에의 적극적 반응으로서, 이 같은 반응은 환경에 직접적인 영향을 미치며 다른 체계에 대해 투입으로 작용하게 된다.

✓ Energy is the natural power of active involvement among people and their environments. Energy can take the form of input or output. Input is a form of energy coming into a person's life and adding to that life. Output, on the other hand, is a form of energy going out of person's life or taking something away from it. Interface is the exact point at which the interaction between an individual and the environment takes place.

㉯ 환류(feedback)

환류란 투입의 결과(산출)를 되돌려 주는 것으로, 정보의 투입에 대한 반응, 즉 투입된 정보에 따른 체계의 작동을 점검하고 이상 유무를 판단하여 바람직한 방향으로 진행될 수 있도록 이끄는 작용을 의미한다. 긍정적(정적, 적극적) 환류(positive feedback)를 통하여 체계의 평형을 유지시키거나 또는 부정적(부적, 소극적) 환류(negative feedback)를 통하여 변화를 촉진시켜 체계를 변화시키게 된다. 예를 들어 서로 갈등하고 있는 인간관계에 대해 긍정적인 환류를 하게 되면 그 갈등관계는 계속해서 유지될 가능성이 크고, 부정적 환류를 하게 되면 갈등관계가 완화되거나 해소될 수 있을 것이다. 사회복지개입과정에서 이루어지는 환류의 예로는 슈퍼비전, 클라이언트의 만족도 조사 등을 들 수 있다. 한편 체계와 외부 환경과의 상호작용이 증가하여 체계 내의 에너지양이 증가하는 현상을 상승작용(synergy, negative entropy)이라고 한다.

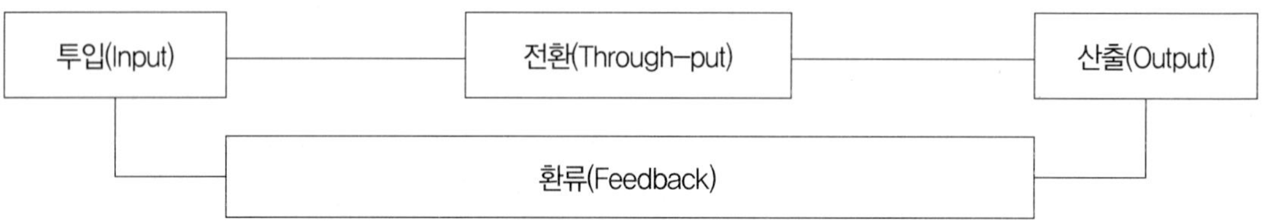

✓ 동귀결성(동등종결, equifinality)

'다양한 형태로 출발해서 동일한 결과에 도달' 한다는 의미로서, 체계들의 초기상황이 다르더라도 그 체계들이 개방되어 있어 주변의 체계들과 목적 지향적인 교류를 지속하게 되면 결국 의도했던 동일한 결과에 이를 수 있다는 것이다. 즉, 체계들이 개방되어 있어 서로 교류를 하고 있을 경우에 동일한 목적을 달성하는 방법은 여러 가지가 있을 수 있다는 것을 의미한다.

✓ 다중귀결성(다중종결, multifinality)

'똑같은 형태로 출발해서 다양한 결과에 도달' 한다는 의미로서, 유사한 상황에 있는 체계들이라 할지라도 체계 내 구성요소들 간의 상호작용 양상, 또는 체계들 간의 상호작용 양상이 다르면 최종상태도 서로 달라질 수 있다는 것이다. 즉 한 가지 원인이 여러 결과를 유발할 수 있다는 개념으로, 유사한 문제를 갖고 있는 클라이언트라 하더라도 문제의 종결상태가 항상 동일하지는 않다는 것을 의미한다.

※ 가족치료접근

- 구조적 가족치료: 경계선, 위계질서에 초점을 두고 가족을 재구조화시키는 치료법이다.
- 다세대 가족치료: 자아분화에 초점을 두고 탈삼각화와 정서적 불안을 감소시키는 치료법이다.
- 경험적 가족치료: 자아존중에 초점을 두고, 가족규칙과 의사소통을 향상시키는 치료법이다.
- 전략적 가족치료: 행동유형에 초점을 두고, 관계 간 상호작용을 기능화시키는 치료법이다.
- 해결중심 가족치료: 문제해결에 초점을 두고, 문제해결을 할 수 있도록 지원하는 치료법이다.

※ 열역학법칙(thermodynamic laws, 熱力學法則)

> "世界의 有用한 에너지는 끊임없이 無用한 에너지의 形態로 分散된다. 人間은 가장 먼저 손에 넣을 수 있는 에너지부터 쓰기 시작한다. 그러므로 後代의 사람들은 앞선 사람들보다 더 求하기 어려운 에너지에 依存해야 한다. 나무를 베는 것보다 石炭을 캐고 處理하는 게 더 힘들다. 油田을 開發하고 石油를 뽑아 올리는 것은 더 어렵다. 原子力發電은 더 더욱 어렵다."

열역학(thermodynamics)은 열(thermo)과 동력(dynamics)의 합성어로서 열과 역학적 일의 기본적인 관계를 바탕으로 열 현상을 비롯해서 자연계 안에서 에너지의 흐름을 통일적으로 다루는 물리학의 한 분야이다. 열에너지를 기계적인 에너지로 전환시키는 과정이나 사이클을 이용하여 경제성 및 효율성을 추구하는 추상적인 학문을 말한다. 생물계나 무생물계를 막론하고 모든 자연현상을 에너지의 흐름이라는 관점에서 생각할 때 없어서는 안 될 학문분야로, 화학이나 공학방면에서 많이 이용한다. 19세기 중엽 열기관의 개량을 기술하기 위해 시작된 학문으로 N. 카르노를 비롯해서 J. 줄, R. E. 클라우지우스, 켈빈 등에 의해서 경험적으로 기초가 되는 열역학 제 1법칙과 제 2법칙이 세워졌다. 그 후 J. 맥스웰과 L. 볼츠만, J. W. 깁스 등은 이 법칙이 가지는 의미에 대해 통계역학적으로 해명했다. 열역학법칙은 위에 제시된 2개의 법칙에 제3법칙과 제0법칙이 추가되어 모두 4개의 법칙으로 구성된다.

열역학 제 0법칙은 열역학의 기본 개념을 정의하는 법칙으로 열적 평형을 설명한다. 1, 2법칙보다 늦게 정의되었지만, 1, 2법칙이 정의되기 위해서는 0법칙이 먼저 정의되어야 했기 때문에 열역학 제 0법칙이라 명명되었다. A, B, C라는 세 종류의 물체가 있다고 가정했을 때, A와 B가 열적 평형에 있고, B와 C 역시 열적 평형에 있다면, A와 C는 열적 평형에 있다고 볼 수 있다는 것이 열역학 제 0법칙이다. 온도를 예로 들면, A와 B가 20도로 같고 B와 C도 20도로 같다면 A와 C는 20도로 같다는 것으로 즉, A=B이고 B=C이면 A=C가 된다는 것이다. 또 다른 예를 든다면, 추운 겨울날에 나무와 쇠를 밖에 놓아두었다면, 쇠가 더 차갑게 느껴지지만 (열전도율의 차이) 실제로 두 물체의 온도는 동일(나무와 밖의 공기, 쇠와 밖의 공기가 접촉되어 있는 것으로 간주)하다는 것을 설명하는 법칙이다.

열역학 제 1법칙은 에너지 보존의 법칙으로 총 에너지는 새로 생성되거나 없어지지 않고 다만 그 형태가 변할 뿐이라고 설명한다. 다시 말해, 소비된 에너지와 공급된 에너지의 총량은 언제나 동일하다는 것으로 에너지의 전환과 같은 과정에서 에너지는 절대 소멸되거나 생성되지 않는다는 법칙이다. 즉 우주 안의 모든 물질과 에너지는 불변하며, 따라서 창조될 수 없고 단지 그 형태만 바뀔 뿐이라는 것이다. 전기에너지가 열에너지나 빛에너지로 변환되는 것을 예로 들 수 있다. 또한 우주를 예로 든다면, 원래 우주는 한 '에너지 덩어리(별떡)'이었는데 Big Bang으로 인해 현재의 우주가 생성되었고, 약 천억 년이 경과하게 되면 우주는 다시 수축하게 되어 대붕괴(Big crunch)가 발생하게 되고 결국 Big Bang 이전의 상태로 되돌아가게 된다고 설명한다.

열역학 제 2법칙은 비가역과정의 존재를 입증하기 위해 에너지의 방향성을 제시한 엔트로피(entropy)법칙이다. 예를 들어, 실내에 일반 대기보다 높은 온도의 커피를 놓아두면 커피가 식게 된다. 이처럼 커피가 본래의 뜨거운 상태로 유지되지 않고 대기의 온도와 같아지는 낮은 온도로 변하고자 하는 성질을 개념화한 것이다. 또한 이 법칙은 에너지에서 양이라는 개념뿐만 아니라 질이 존재한다는 것을 증명한다. 상대적으로 고열원(높은 온도)을 고질의 에너지로 볼 수 있고 저열원(낮은 온도)을 저질의 에너지로 볼 수 있는데, 이 두 열원이 만나게 되면 고열원(높은 온도)은 온도가 낮아지고 저열원(낮은 온도)은 온도가 높아지는 쪽으로 에너지가 흐르게 된다. 이렇게 물질과 에너지는 한 방향으로만 변한다. 즉 어떤 현상이든 간에 그것은 질서 있는 것에서 무질서한 것으로, 간단한 것에서 복잡한 것으로, 사용가능한 것에서 사용 불가능한 것으로, 차이가 있는 것에서 차이가 없는 것으로, 분류된 것에서 혼합된 것으로 진행된다는 것이다. 현대물질문명을 예로 든다면, 기술의 발전이나 역사의 진보라고 하는 것도 엔트로피법칙의 지배를 받기 때문에 결국 에너지 소비를 증가시키고 무질서한 상태로 나아가는 것에 불과하다고 보는 것이다.

열역학 제 3법칙은 절대 영점에서의 엔트로피 법칙이다. W. H. 네른스트는 절대영도(0K)에서의 엔트로피에 관한 정리(네른스트의 열정리)를 발표했는데, 이 정리는 M. 플랑크에 의해 열역학 제 3법칙으로 확립되었다. 열역학 제 3법칙은, '계의 엔트로피는 절대온도가 0도에 접근할 때 일정한 값을 갖는다' 는 것이다. 엔트로피를 정량적으로 정의하면 엔트로피의 변화량은 열에너지의 변화량을 온도로 나눈 값이라고 할 수 있다. 바로 엔트로피에 대한 정의 그 자체에서 열역학 제 3법칙의 설명이 가능하다. 엔트로피의 정의에서 분모에 온도가 들어가게 되는데 그 온도는 절대온도 T[K]를 사용한다. 그런데 엔트로피에서 분모에 온도가 들어가게 되어 온도가 0K가 되어 버리면, 엔트로피를 정의할 수 없게 된다. 따라서 엔트로피 법칙에 의하여 온도가 0K에 가까이 접근할 수는 있지만, 절대 0K가 될 수 없게 된다. 결국 T가 0K로 접근하게 되면 엔트로피는 어떤 일정한 상수 값에 접근하게 된다는 법칙이다.

※ 엔트로피와 환경

열을 대상으로 하는 자연의 지배법칙 중에는 에너지(일을 할 수 있는 능력)의 절대량에 관련된 에너지보존의 법칙이 있고 에너지의 이동에 대한 엔트로피(무질서도)법칙이 있다. 전자의 경우 사물이 가지는 자연적 변화는 가역성 혹은 대칭성이라는 일반적 현상으로 존재하지만, 후자의 경우 에너지는 무질서가 증가하는 방향으로만 흐른다는 일방통행식의 아리송한 법칙이다.

그러나 에너지의 비대칭성을 기본으로 한 이 엔트로피의 법칙은 이미 태고 적부터 있어왔던 현상으로, 열과 빛을 발산하며 타버린 석유가 발산해버린 양만큼의 에너지를 공급받는다 해도 석유로 되돌아올 수 없다는 평범하고 일반적인 진리인 것이다. 여기서 석유는 정돈되고 질서를 가진 에너지 상태에 있고 석유를 태워 발생된 물과 이산화탄소는 혼돈의 높은 무질서도를 가진 '석유의 타고남은 재'에 해당된다.

시간의 방향은 언제나 미래를 향하고 있으며 이것은 엔트로피의 증가와 같은 방향이라고 할 수 있다. 이것은 과학자들이 아무 의심 없이 시간의 역방향을 마이너스부호를 첨가하여 표현하는 물리적 현상과는 다르다. 이것은 마치 다 큰 어른이 어린이로 되돌아 갈 수 없는 것과 마찬가지로 삶은 탄생에서 죽음까지의 모든 과정이 엔트로피의 증가로 이어진 자발적 과정의 한 자락이라고 볼 수도 있다.

그러나 에너지 순환과정의 마지막은 초기상태로 돌아가야 한다. 탄생이 시작을 알리는 숫자인 0이라면 아이러니하게도 무질서도가 무한히 증가하게 되면 다시 처음의 상태라고 할 수 있는 0에 수렴해버린다는 수학적 결과는 이 열역학법칙이 죽음까지도 또 다른 시작이라고 하는 종교적 표현과 일맥상통한다고 볼 수도 있다.

인류의 역사는 어느 세대이건 에너지를 사용해왔다. 그리스신화에서 프로메테우스가 그의 동생 에피메테우스에게 시켜 제우스의 대장간에서 훔쳐 인간에게 주었다는 불은 인간을 에너지를 다룰 수 있는 집단으로 발전시켰다. 이 불이 바로 문명의 기원인 것이다. 그러나 지금까지 어느 한 문명사회가 사용했던 에너지의 절대량은 평형에 의해서 다시 복원되었으며 그것으로부터 발생된 혼돈의 에너지를 적절한 자연적 장치를 이용하여 스스로 환원시켜왔고, 이 메커니즘이 작동되고 있는 한 지난해의 봄은 올해의 봄과 같은 색깔로 우리 앞에 다가올 수 있는 것이다.

그러나 이 평형은 언제 교란이 올지 모른다. 현재의 지구환경을 가장 크게 위협하고 있는 것은 연간 20조 달러를 웃도는 화석연료의 사용이다. 여기서 쏟아져 나오는 화석연료의 타버린 재는 실로 심각한 엔트로피의 증가를 가져와 자발적 평형의 한계를 넘어서고 있으며 이것은 더 이상 자연이 정화될 수 있는 자발적 과정 속으로 도망칠 수 없게 만드는 한계에 가깝게 도달했다고 볼 수 있다.

이제 우리의 과학은 보존과 개발을 두고 심각하게 고민해야만 한다. 전자의 경우 자발적 정화과정의 열역학적 평형을 유지해 보고자 하는 마지막 수단이 될 수도 있다. 그러나 개발은 우선적인 경제효과를 기대할 수는 있지만 궁극적으로는 파생된 문제를 수습하기 위해서 더 많은 비용의 손실도 감안되어야 할 것이다. 따라서 우리의 미래가 문명사회로 남아 있기를 원한다면 효율적인 에너지 기술의 개발과 자연에 대한 깊은 배려가 성숙된 사회적 인프라로 발전되어야만 한다. 자연스러움이란 평형을 향해 가는 흐름이다. 평형을 이루기 위해서 계(system)는 인위적 흐름으로부터 보호되어야만 한다(김정균, 동아대학교 화학과 교수, 부산일보, 2004. 4).

② 일반체계적 접근: 4체계 모델(Pincus & Minahan, 1973); 6체계 모델(Compton & Galaway, 1983)

체계이론을 사회사업실천에 응용한 접근방식으로서, 이 접근방법에 의하면 인간이 만족한 삶을 영위하기 위해서는 주변 환경 속에 존재하는 여러 가지의 다양한 체계에 의존해야 하므로 사회복지실천은 클라이언트의 욕구 및 문제의 효과적 해결을 위해 이러한 체계를 중시해야 한다고 주장한다. 인간을 둘러싸고 삶에 영향을 미치는 환경은 세 가지의 체계로 구분할 수 있는데, 첫째는 가족이나 친구, 동료 같은 비공식적 또는 자연적 자원체계이고, 둘째는 회원제로 운영되는 지역사회내의 협회 같은 공식적 자원체계이며, 셋째는 병원이나 학교 같은 사회적 자원체계이다. 그러나 도움을 필요로 하는 클라이언트는 일반적으로 이와 같은 지원체계를 활용할 능력이 없으므로, 사회복지사는 클라이언트와 그를 둘러싼 환경 속의 각각의 체계 사이에 어떠한 요인들이 클라이언트의 정상적인 기능수행에 문제가 되는지를 파악해야 한다.

Allen Pincus와 Anne Minahan은 사회복지실천에 공통적으로 적용할 수 있는 중심기술과 개념이 요구된다고 하며 사회복지사에게 요구되는 공통된 핵심기술로 사정기술을 들었다. 체계적 관점에서의 사정기술은 문제의 복잡성과 상호관련성을 이해하기 위해 클라이언트의 문제는 표출하는 문제보다 더 넓은 차원에서 파악하고 이해되어야 함을 강조했다. Pincus와 Minahan은 사회복지사가 실천현장에서 함께 활동하게 되는 복잡하고 다양한 대상을 포괄적이고 전체적인 관점에서 변화매개체계(Change agent system), 서비스대상체계(Client system), 표적체계(Target system), 행동체계(Action system)의 네 종류의 체계로 분류하여 제시하였고, 이 네 가지의 체계가 어떻게 상호작용하는지에 관심을 가졌다. 후에 Compton과 Galaway에 의해 개발된 6체계 모델은 4체계 모델에 전문가체계(Professional system)와 문제인식(의뢰-응답)체계를 첨가한 것이다.

사회사업의 기능은 사람의 문제, 혹은 자원 체계에 있는 것이 아니라, 사람과 자원체계 및 자원체계간의 상호작용에 있고, 따라서 사회사업은 그 사회 환경간의 상호작용(interaction)에 관계하며, 이러한 관계는 그들의 생활의 제 과제, 고통의 완화, 열망이나 가치의 실현을 달성코자 하는 사람들의 능력에 큰 영향을 미치는 것으로 파악했다. 즉 사회복지사는 그가 상대하는 다양한 유형의 사람들과 상호작용을 하는데 있어서, 그의 목적과 관계가 어떤 것이어야 하는가를 결정해야 한다. 사회복지사는 그의 변화노력으로 혜택을 받을 사람은 누구이며, 변화를 위해 일할 수 있는 권리 또는 책임을 누가 부여했으며, 변화하여 영향을 받을 필요가 있는 사람은 누구이고, 변화노력에서 여러 다른 목표들을 달성하기 위해 누구와 함께 일을 해야 할 것인지를 분명히 해야 할 필요가 있다(윤현숙 외, 2001. p.83). 클라이언트의 문제와 관련이 있고 문제해결에 필요한 체계들을 끌어들여 문제해결능력과 대처능력을 강화하는 것에 중점을 두는 이 모델은 미시 대 거시, 또는 치료 대 사회행동이라는 전통적인 기존의 이분법적 사고를 뛰어넘어 사회복지사는 여러 수준의 다양한 체계들과 연결되어 일한다는 점을 강조한다.

(가) 변화매개체계(change agent system)

계획적 변화를 목적으로 특수하게 고용되어 활동하는 사회복지사가 변화매개인이고 사회복지사를 고용하는 기관과 조직이 변화매개체계이다(Change agent system is the individual who initiates the planned change process.).

(나) 클라이언트체계(client system)

서비스를 기대 또는 요청하는, 즉 도움을 필요로 하고 서비스를 제공받는 개인, 가족, 집단, 기관 및 지역사회가 클라이언트체계이다(Client system is any individual, family, group, organization, or community that will ultimately benefit from generalist social work intervention.).

(다) 표적체계(target system)

변화매개인들이 그들의 목표를 달성하기 위해 영향을 주거나 변화를 시키는 것이 필요한 사람들이 표적체계이며 때로는 클라이언트체계와 중복이 된다(Target system is the system that social workers need to change or influence in order to accomplish goals.).

(라) 행동체계(action system)

변화매개인들이 변화노력을 달성하기 위해 서로 상호작용하는 사람들이 행동체계이며 가족, 이웃, 전문가 등이 해당된다(Action system includes those people who agree and are committed to work together in order to attain the proposed change.).

(마) 전문가체계(professional system)

사회복지사의 활동에 정당성을 부여하고 사회복지사들이 기본적으로 갖추어야 하는 가치체계와 윤리강령을 마련하고 사회복지사로 하여금 그것을 실천하게 하는 전문가단체 및 전문가를 육성하는 교육체계 등이 전문가체계이다.

(바) 문제인식(의뢰-응답)체계

의뢰-응답체계는 잠재적 클라이언트가 사회복지사의 개입이 가능하도록 행동하는 체계인데, 클라이언트가 다른 사람의 요청이나 법원, 경찰 등에 의해 강제로 의뢰되는 경우에 일반 클라이언트 체계와 구별하기 위해 사용된다. 서비스를 요청한 사람을 의뢰체계라고 하고, 법원이나 경찰, 외부 전문가 등의 요청에 의해서 기관에 오게 된 사람을 응답체계라고 한다.

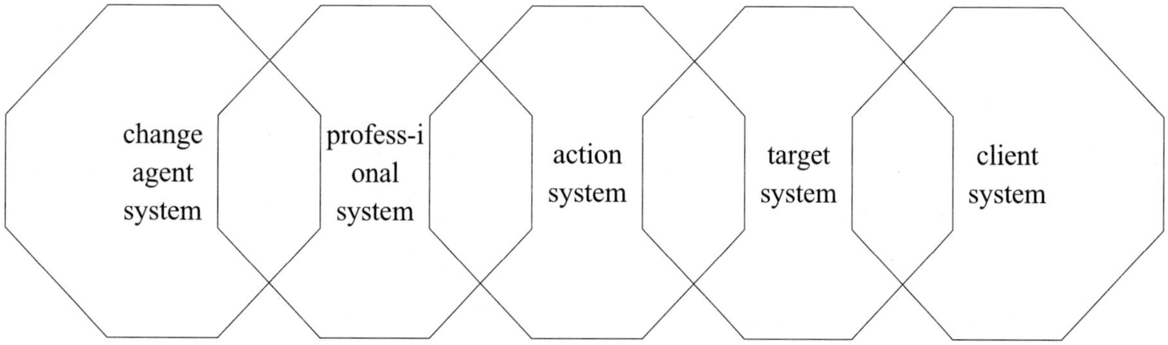

✓ 관계망 치료(network therapy)

한 개인의 문제란 사실 개인의 문제이면서 가정의 문제이고 또한 사회의 문제가 상호작용하여 한 개인에게 발생할 수 있다. 관계망 치료란 개인, 가족, 또는 소집단 내에서 문제가 발생했을 때, 한자리에 모여서 클라이언트의 가족을 포함한 클라이언트와 관련을 갖고 있는 집단의 구성원 개개인이 클라이언트가 가진 문제의 해결을 위해 어떤 도움을 제공할 수 있는가를 확인하고 문제해결을 위한 지원을 제공하기 위한 치료방법이다. 클라이언트의 가족 구성원들이나 이웃들, 급우, 직장동료, 목회자, 전문가 등이 포함될 수 있다.

✓ 단일화모델(Unitary model, Goldstein, 1973)

단일화모델은 사회체계모델, 사회학습 또는 문제해결모델, 과정모델을 준거틀로 하여 결합된 모델로서 이 중에서도 특히 과정모델의 내용을 강조한다. Goldstein은 과정모델을 조사와 평가, 의뢰와 중재 및 평가적 전략이라고 하여 사회복지실천과정의 여러 가지 다른 단계들, 즉 역할유도단계, 핵심단계 및 종결단계를 통하여 반복적으로 일어나는 것으로 설명하였다. 그리고 전체 과정모델을 여러 가지 표적의 형태인 개인, 가족, 집단, 조직 및 지역사회로 구분하여 구체화된 단계와 연계시켰다. 단일화모델은 유기체로서의 개인과 개인과 사회와의 역동적인 상호관계에 초점을 두며, 4체계모델이 클라이언트체계와 자원체계, 사회복지사와의 상호작용을 중요시하는데 비해 단일화모델은 사회학습에 관한 사회복지사의 기능을 중시한다. 사회학습을 매우 광범위한 일반적인 의미로 제시하여 중요한 변화목표로서 개인이나 소집단체계에 한정시키지 않고 사회학습과정을 통해 조직, 지역사회 등의 더 큰 체계들이 변화될 수 있음을 강조한 것이다. 또한 사회복지사의 자원 확보와 폭넓은 활용을 통하여 사회변화가 가능함을 강조하였다.

(3) 생태체계적 관점(eco-systems perspective: 생태학이론 + 일반체계이론)

> *"Human-beings are extremely dependent on the environment for the fulfillment of basic needs. Social work practice thus is directed to the interface between people and their environments."*

E. H. Hekel(1869)에 의하여 최초로 사용된 개념인 생태학(生態學)이란 생물의 생활 상태 및 생물과 환경과의 관계를 과학적으로 연구하는 생물학의 한 부분으로 유기체와 환경 간에 적응적 적합성과 유기체의 역동적 균형이 유지되는 방법을 연구하는 학문분야이다. 즉 종(species)들이 어떻게 환경을 활용하며 그것을 파괴하지 않고 자신의 욕구에 맞게 변형시킴으로써 자신을 유지하는가, 그리고 이러한 적응과정이 환경의 다양성을 어떻게 증진시키며, 생명을 지지하는 환경의 속성을 어떻게 향상시키는가를 이해하고자 하는 이론이다.

전통적 사회복지가 오랫동안 '환경 속의 인간'에 관심을 가져왔음에도 불구하고 대부분의 직접적인 실천은 개인, 집단, 가족을 중심으로 이루어져 왔고 인간과 사회 환경, 문화와의 상호관계에 대해서는 소홀히 취급되어져 왔다. 인간의 욕구와 문제들이 인간과 환경간의 상호교류에 의해서 발생한다고 보는 생태학적(ecological) 이론은 1970년대에 도입되었으며, 생태학을 기반으로 Life model(생활모델) 개념을 체계화한 Germain과 Gitterman의 공저 '사회사업실천에 있어서의 라이프모델(1980)'을 출판한 후부터 일반화되었다.

생태학은 유기체와 그의 생물학적, 물리적 환경 사이의 관계에 초점을 맞추어, 상호의존성, 상호교환, 상호관련성 등을 묘사하고 설명하는데, 인간과 환경은 별개로 분리된 것이 아니고 서로 지속적으로 상호교류하며 존재한다고 보고, 사회문제를 다룸에 있어 개인, 환경, 개인과 환경간의 상호적 관계 모두에 동시적 초점을 둔다. 생태체계적 관점은 인간과 다른 생물체계 그리고 그들 간의 교류를 설명하고 분석하기 위해 사용되는 체계이론이다. 즉 일반적인 체계의 구조와 성질을 설명해 주는 일반체계이론에 생태학의 인간주의적이고 실천적인 차원을 더하여 사회복지실천을 위한 이론틀로서 유용성을 갖는다. 또한 체계의 변화속성만을 강조하는 일반체계이론에 비해 생태체계적 관점은 변화와 동시에 체계의 유지기능을 동등하게 중시한다.

생태체계적 관점이란 사회문제를 다룸에 있어서 개인, 환경, 개인과 환경간의 상호적 관계 모두에 동시적인 초점을 두는 관점으로서 개인과 그를 둘러싼 환경은 문화적, 역사적 맥락 속에 공존하는 요소들, 즉 생태체계 내에 함께 존재하는 요소들로 간주된다. 따라서 개인과 환경 모두는 특정 상황 속에서 양자가 끊임없이 영향을 주고받는 관계라는 측면에서 관찰되고 파악되어야만 충분히 이해될 수 있다. 이러한 상호성은 인간과 그 주변 환경이 동일 생태체계 안에서 영향을 주고받으며 생활해 가는 가운데 공동의 운명을 형성해 감을 의미한다.

생태체계적 관점은 과거의 어떤 실천모델보다도 넓은 관점과 관심영역을 포괄하여 문제에 대한 총체적인 이해를 가능하게 해 준다. 사회복지사의 개입이 이루어지는 전체과정에서 존재하는 다수의 상호작용 요소들에 주의를 갖게 하며, 단선적 사고가 아니라 체계적 사고를 유지케 하여 관점을 확장시키는 효과를 낳게 된다. 즉 미시적이고 거시적이며, 일반적이고 전문적이며, 이론적이고 또한 실천기법을 제시하여, 클라이언트체계가 대처하고, 생존하며, 필요한 자원을 위한 경쟁을 위해 변화하는 환경에 적응하는 다양한 방법을 이해할 수 있도록 돕는다. 상황적, 환경적 맥락에서 클라이언트체계를 보기 때문에 사정과 계획단계에서 유용하게 활용될 수 있다. 예를 들어 클라이언트가 특정한 이웃, 지역사회, 문화적 환경에 적응하고 그 안에서 기능해야 한다는 것을 사회복지사에게 상기시켜주며, 가족을 원조하는 사회기관과 프로그램은 특정한 경제적, 정치적 배경에서 운용하고 자원을 획득해야 한다는 것을 일깨워 준다.

> "자연이 인간의 근원이라면, 생명의 하나인 인간도 자연입니다. 그러니 자연과 자연이 합쳐서 살아야 하는 것이 우주의 법칙이고 섭리입니다. 이보다 더 완벽한 것은 없어요." - 박경리(1926~2008)

✓ 생태계(生態系)

어떤 환경 안의 생물군 및 이를 유지하게 하는 환경이 포함된 복합적 체계로서, 생물권에서 생물 군집이 비생물 환경과의 사이에 끊임없는 작용과 반작용을 주고받으며 유기적으로 통합된 단위를 생태계라 한다. 생태계는 크게 생물 군집과 비생물 환경으로 나눌 수 있으며, 생물 군집은 생산자·소비자·분해자로 구성된다.

In the 1960s social work began questioning the usefulness of the medical model. Environmental factors were shown to be at least as important in causing a client's problems as internal factors. Social work shifted at least some of its emphasis to a reform approach. A reform approach seeks to change systems to benefit clients.

The ecological approach integrates both treatment and reform by conceptualizing and emphasizing the dysfunctional transactions between people and their physical and social environments. Human-beings are viewed as developing and adapting through transactions with all elements of their environments. An ecological model gives attention to both internal and external factors. It tries to improve the coping patterns of people and their environments so that a better match can be attained between an individual's needs and the characteristics of his/her environment.

The ecological model views individuals, families, and small groups as having transitional problems and needs as they move from one life stage to another. A central concern of an ecological model is to articulate the transitional problems and needs of individuals, families, and small groups. Once these problems and needs are identified, intervention approaches are then selected and applied to help individuals, families, and small groups resolve the transitional problems and meet their needs (Zastrow & Kirst-Ashman 1988, pp.10～11).

① 주요 개념

㈎ 적응(adaptation)

개인과 환경의 적절한 결합을 의미하는데, 유기체는 생존하기 위해 환경의 변화에 적응해야 하며, 또한 생명체들은 환경이 그들의 욕구에 적합하도록 환경을 변화시키고 이러한 변화에 적응해야만 한다. 그런데 유기체가 환경을 너무 심하게 파괴시킨다면 환경은 더 이상 유기체가 요구하는 것을 제공할 수 없게 되고, 유기체의 생존이 위협받게 될 것이다. 양자 간의 상호적합(mutually fit)이 잘 이루어진 상태에서는 인간과 환경이 상호 긍정적인 영향을 주고받으면서 상호적응적 기능이 향상되는 반면, 적응이 잘 되지 않은 상태에서는 개인 건강의 파괴와 사회적 기능의 위축 등으로 인해 개인의 성장과 발전이 지체되며 개인과 상호작용하는 환경도 그에 따라서 손상을 입게 된다.

✓ 교류(transaction), 상호의존성(reciprocity), 상호성(mutuality; reciprocity), 상호연관성(interrelatedness)

(나) 공생(symbiosis)

상호작용을 통하여 한쪽 혹은 상호 유익을 얻는 두 종간의 빈번한 상호작용의 세 가지 유형을 말하는데, 상호부조공생(mutualism)이란 악어와 악어새의 관계와 같이 두 종 모두가 상호작용으로부터 유익을 얻는 형태이고, 편리공생(commensalism)이란 큰 물고기의 배 밑에서 함께 이동하는 작은 물고기처럼 다른 종에게 유익이나 해를 끼치지 않으면서 한 종이 도움을 얻는 유형이며, 기생공생(parasitism)이란 동물의 체내에서 생존하는 기생체처럼 숙주가 해를 입는 반면 기생하는 쪽이 유익을 얻는 형태를 말한다.

(다) 전문화(specialization)

경쟁적이며 변화하는 환경에 성공적으로 대처하기 위하여 종은 적응적이 되어야 하는데, 이러한 적응의 한 형태가 전문화이다. 전문화는 경쟁을 감소시키는 결과를 가져오는 이점이 있는 반면에 고도로 전문화된 종은 급변하는 환경의 영향에 더 취약할 가능성이 크다.

> "專門家는 그 定義 上 特定 分野를 매우 잘 아는 사람이다. 하지만 그렇게 特定 分野를 너무 잘 알다보면 모든 狀況을 그 分野의 視覺으로만 바라보게 되고 다른 觀點을 가진 사람이 볼 수 있는 것을 보지 못하기 쉽다. 專門家는 自身의 分野에 갇힌 想像力(상상력)을 解放(해방)시켜 다른 視覺으로부터의 指摘(지적)이 自身이 미처 보지 못한 意味를 가리키고 있는지 省察(성찰)해야 한다." - 이상욱 한양대 철학과 교수.

(라) 활동공간(niche, 適所)

Niche란 원래 작은 조각품이나 꽃병 등을 올려놓기 위해서 벽면을 오목하게 파서 만든 장식용 공간(벽감)을 의미하는 말이었는데, 생태학적으로는 종이 가장 효과적으로 기능할 수 있는 특정한 장소나 환경을 의미하고, 다시 말해서 생태계의 한 개체가 환경 속에서 갖는 역할, 기능, 위치 및 지위를 의미한다. 즉 모든 생물은 환경 속에서 자기만의 독특한 공간, 구체적으로 역할이나 지위를 차지하고 있다는 개념이다. 특정한 종이 생태체계 안에서 생존하며 건강을 유지하고 재생산을 하기 위해서는 적절한 수준의 물리적, 화학적, 생물학적 요인들이 요구된다.

✓ **Adaptation** is the capacity to adjust to surrounding environmental conditions. It implies change. Coping is a form of human adaptation and implies a struggle to overcome problems. Although adaptation may involve responses to new positive or negative conditions, coping refers to the way we deal with the problems we experience. Interdependence is the mutual reliance of each person on each other person.

② 생태체계적 접근

인간과 환경은 분리될 수 없으며 지속적인 상호작용(transaction)을 통하여 서로에게 적응하고 긍정적 영향을 미치는 호혜적 관계를 유지하고 있다. 인간은 사회 내에서 살아갈 때 스스로의 생활상의 욕구를 충족시키기 위해 타인과 관계를 맺고 현존하는 다양한 종류의 사회자원을 활용한다. 이때 만약 인간이 스스로의 필요를 충족시키기 위한 사회자원이 부족하면, 욕구를 충족하고 만족하게 살아가기 위해 물심양면의 사회자원을 창조해 나가게 된다.

자연계의 동물, 예를 들면 작은 새는 먹이조달이 용이하고 외부의 적으로부터 자신을 지키기 쉬운 장소에다 자신과 새끼들이 살기에 적합한 둥지를 만들고, 또한 물고기가 수질과 온도에 따라 이동하며 환경을 선택하는 것처럼, 인간생활도 생존조건의 창조가 인간 삶에 있어서 큰 과제라고 할 수 있다. 단지 인간의 경우에는 정주성이 있어서 개체가 진화하는 데 오랜 시간을 필요로 하기 때문에 동물적인 적응양식보다는 그 두뇌와 기술을 살려서 시대와 함께 변화하는 생존조건으로서의 사회복지제도, 사회기관과 인적서비스 네트워크 등을 스스로 창조하게 된다. 즉 인간은 주어진 자연조건에 적응하는 것뿐 아니라 보다 능동적으로 자신의 사회생활기능을 살려서 사회구조를 생존을 위해 변혁시켜 나간다.

생활주체로서의 인간은 인간적, 물리적인 전체 환경 안에서 양분을 흡수하고 성장, 발달, 또는 퇴화를 한다. 그러나 생활주체가 환경에 적응하는 능력(coping ability)이 기능부전, 미발달, 또는 환경이 인간의 욕구를 충족시킬 수 있을 만큼의 양분을 가지고 있지 못하거나 또는 유해할 때, 인간의 생활은 발달이 지체되고 갈등이 생기며 약화되게 된다.

개체는 그 자체가 환경을 창조하는 힘을 가지고 있고, 태어나서 자란 가정환경이 풍족하고 생활에의 편의성이 확보된 시대의 국가나 지역에서 살고 있는 경우, 그 개체는 생태학적으로는 위기로부터 보호될 확률이 높다고 할 수 있다. 그러나 산업구조의 변화로 도시화가 진행되고 가족원의 생활의 장이 분산되어 가족지원기능이 약화되게 되면, 그 결과로 고립화되어버린 독거노인이나 유기된 영유아, 가족원조를 기대할 수 없는 중증신체장애인 등이 발생하게 되고 이들은 개체 스스로의 생활능력에 한계를 가질 수밖에 없다. 따라서 이렇게 자립능력을 갖추지 못한 개체를 보호하기 위해서는 인적, 물적, 사회제도적 네트워크의 확보를 통해 개체의 욕구를 만족시킬 수 있는 힘을 환경이 가지게 해야 된다.

사회복지제도와 대인서비스 등은 이렇게 스스로의 힘으로 스스로의 삶을 책임질 능력을 갖추지 못한 개체를 보호하는 생태학적인 外皮(외피)의 역할을 한다. 그리고 그것들을 사회의 책임차원에서 의식적으로 만드는 인간의 시도가 사회복지의 충실을 기하기 위한 정책의 추진력 또는 운동일 것이다. 생태학적 사회사업의 관점에서 보면 장애인이 지역사회 안에서 살며 연금으로 생활비가 충당되고 지적생활의 향상을 위해 교육의 기회가 확보되고, 또한 일과 여가의 기회도 확보되는 일련의 장애인복지정책을 갖는다는 것은 그 지역이 장애인에게 있어 응답성이 있는 자양분 풍부한 지역으로 성장했다는 것을 의미한다.

생활의 질이란 인간이 어떤 가치관으로 세계를 보느냐 하는 심리적 요소에 좌우되는 바가 크다. 그러나 '생활의 질'의 고양은 단순히 본인의 의식변혁만 가지고 이루어지는 것이 아니고 어떤 환경적 조건을 갖는가에 크게 좌우된다. 예를 들어 장애를 가진 사람들에게 생태학적 適所, 즉 욕구의 충족이 효율적으로 가능한 場이 제공 될 수 있도록 하는 환경이 갖는 다섯 가지 측면을 지적한다면, 물리적 환경(건물, 주택, 도로, 공간 등), 경제적 환경(소득보장, 수당, 연금 등), 법・행정적 환경(법적 권리옹호, 공적 서비스 등), 심리적 환경(정신위생, 장애수용, 대인관계 등), 정서적 환경(종교, 여가, 스포츠, 문화 등)을 꼽을 수 있다.

Marx는 사람을 사회적 관계의 총체라고 했다. 그러나 이는 정치·경제적인 측면에서 말한 것뿐이고 온전하게 말하자면 사람은 사회적 관계와 생물학적 관계의 총체, 그리고 자연적 관계의 총체라고 해야 할 것이다. 이는 평범한 말처럼 들릴 수도 있지만 우리는 지금까지 사람을 이런 관계의 한 측면에서만 보거나 아니면 이들을 따로따로 떼어서 봐왔다. 그런 관점의 병폐를 오늘날 끊임없는 정쟁과 환경오염, 빈부격차, 의료의 상품화, 궁극적으로는 인간소외라는 결과에서 확인할 수 있다.

대다수의 비장애인이 장애인을 배려하지 않고 만들어 낸 사회는 장애인에게 있어서는 생존에 필요한 자양분을 가지지 못한 환경과 같은 것이다. 이러한 인식 하에서 장애인 자신이 자력으로 사회자원을 활용하고 스스로의 존재를 타인에게 인식시켜 협력을 구하는 것과 같은 사회생활 기능력(social functioning ability)을 획득하게 하기 위한 원조, 그리고 장애인의 생활에 대해 응답성(responsiveness)이 높은 환경이 되도록 변화시키려는 노력이 필요하다. Ecological social work에 있어서 개인과 환경에의 동시적 접근은 더불어 사는 삶, 즉 공생체험이 적은 한국사회 안으로 외국인노동자를 받아들일 때 국제사회복지정책을 수립함으로써 다민족 공생사회의 실현을 지향하는 전략과도 통한다.

※ 생태체계의 구성

- 미시체계: 전체의 물리적·사회적 환경 중에서 개인이 일상생활 속에서 직접 접촉하고 상호 교류할 수 있는 환경을 의미한다. 예 가족
- 중간체계: 전체 환경 중에서 미시체계에 직·간접적으로 영향을 주어 미시체계의 성격과 기능을 결정하는 환경을 의미한다. 예 이웃, 종교단체, 학교 등
- 거시체계: 사회구성원 모두에게 공통적으로 해당되는 환경으로, 전체 사회의 물리적·사회적·문화적·경제적·정치적 환경 등을 의미한다.
- 외부체계: 외부환경이 영향을 미치는 과정 및 관련성, 개인의 생활에 간접적인 영향을 미치는 체계를 의미한다. 예 부모의 직장, 사회정책 등

생태체계적 관점의 요약

특징	• 인간과 환경은 분리된 것이 아니라 상호 간의 지속적 교류 하에 존재한다고 설명 • 인간의 존엄성에 대한 인정과 상황 속에서의 다양한 변화 가능성 제시 • 클라이언트체계의 강점을 기반으로 참여, 자기결정 강조
문제를 보는 시각	• 문제(problem)는 병리적 상태의 반영이 아니고, 주위 사람, 사물, 장소, 조직, 정보 등을 포함하는 생태체계의 여러 요인 간의 상호작용의 결과로 발생한다고 설명
클라이언트가 겪는 어려움의 근원	• 생활상의 변천, 발달상의 문제, 지위나 역할의 변화와 위기, 클라이언트에 대한 반응이 부적절한 환경 상의 어려움, 대인관계상의 어려움 등
개입방법	• 특정한 개입방법이 아닌 문제해결에 적절한 통합적(eclectic) 방법의 적용
개입 초점	• 개인, 환경, 개인과 환경 간의 상호교류작용

환경의 개념	• 개인적, 가족적, 사회문화적 환경
사회복지사의 역할	• 조력자, 교사, 촉진자, 중재자, 옹호자, 역량강화자, 자문가 등
주요 개념	• 적응(adaptation): 개인과 환경 간의 상호작용을 통한 적절한 결합 • 적응적합성(goodness of fit): 개인의 적응 욕구와 환경 또는 사회적 요구 사이의 조화와 균형 정도 • 생활환경(life environment; 거주환경): 특정한 문화적 배경 내의 물리적 · 사회적 상황 • 활동공간(niche): 개인이 가장 효과적으로 기능할 수 있는 특정한 환경 • 상호작용(transaction; 상호교류): 환경이 다른 사람과의 의사소통 등의 관계 • 유능성(competence): 개인이 환경과 효과적으로 상호작용할 수 있는 능력 • 스트레스(stress; 도전): 개인과 환경 간의 상호교류 상의 불균형 • 대처(coping): 문제의 극복을 위한 노력으로 적응의 한 형태 • 공생(symbiosis): 개인과 환경 간의 상호작용을 통한 생존 유형으로 상호부조공생(mutualism), 편리공생(commensalism), 기생공생(parasitism)으로 구분 • 전문화(specialization): 변화하는 환경에의 성공적인 대처를 위한 적응의 형태

체계이론, 생태학, 생태체계관점의 비교

구분	성격	주요개념	공통점
체계이론	유기체와 환경 간의 체계적인 상호작용과 상호관련성에 대해서 전체성, 상호성, 개방성의 개념으로 설명과 분석 추구	체계, 경계, 전체성, 상호인과성	인간과 환경간의 상호작용 강조
생태학	생물과 환경 사이의 상호작용 연구	생태	
생태체계관점	유기체가 환경 속에서 어떻게 역학적인 평형상태를 유지하고 성장하는지 설명	적응, 스트레스, 평형	

※ 생태계와 생태권

우리 주변을 포함하여 지구에는 수많은 생명체와 미생물, 그리고 무생물이 뒤엉켜 존재하고 있으며 그 각자는 나름대로 스스로의 존재 가치를 가지고 있다. 이들 중 하나라도 없으면 다른 개체도 존재할 수 없게 된다. 그런데 지금까지 우리 인간은 이 모든 것이 유기적으로 연관되어 있다는 것을 무시하고 오로지 인간중심으로만 생각해 왔다. 이제 이들 모두의 진정한 가치와 상호의존성을 인식해야 한다.

자연에는 죽은 동식물을 먹이로 하여 살아가는 또 다른 소비자가 있다. 이러한 생물은 죽은 동식물을 작은 물질로 만드는, 즉 분해하는 역할을 하는데 이들을 분해자라고 부른다. 지구상에는 인간을 포함한 동물 및 식물 등의 생물적 요소와 햇빛, 공기, 물, 흙과 같은 비생물적 요소가 있다. 이들은 상호작용을 통해 균형과 조화를 이루고 있는데, 이를 생태계라고 한다.

이런 생태계가 인위적인 인간의 활동에 의해 깨어지고 있다. 그리고 그 피해는 결국 지구상에 있는 모든 생명체가 입게 되는 것이고, 그 중 인간이 가장 큰 영향을 받고 있다. 이 과정에서 생겨난 개념이 생태권이다.

'생태권'이란 인간을 포함한 모든 생물과 그를 둘러싼 환경의 유기적 관계를 강조하는 '생태'개념과 그것을 지키는 것이 인간의 생존을 위해 기본권만큼이나 중요하다는 '인권'개념의 합성어이다. 이는 '인권 개념의 오랜 기간에 걸친 발전 과정'과 '인류의 존립 자체를 위협할 정도로 생태계가 파괴되고 있다는 세기말적 현실'을 동시에 반영한다. 따라서 이것은 21세기에 대한 강한 불안감과 함께 새로운 인간관과 인간의 세계관의 모색을 함축한다.

인간과 자연의 유기적 관계를 강조하는 생태주의와 인간의 상관성을 강조하는 진화론에 입각해 동물을 인간의 관점에서 보고 인간을 동물의 한 부류로 보는 새로운 자연관이 요청된다. 궁극적으로 생태권은 인간을 지구적 차원에서, 지구를 우주적 차원에서 보는 '온 생명'의 우주론을 함축한다.

※ 야생동물 '먹이주기행사' 생태계 해친다

추운 겨울이 성큼 다가온 숲은 다른 계절과 비교해서 무척 조용한 날을 보내고 있다. 겨울은 숲에서 생활하는 야생동물에게도 휴식의 계절이다. 저마다 특색이 있는 네 가지 계절을 가진 우리나라의 야생동물들은 수천만년 동안 해마다 겨울을 준비해 왔으며, 또 그렇게 다음 세대를 가르치고 있다. 우리나라를 거쳐가는 철새들도 마찬가지이다. 지구의 반 바퀴를 여행해야 하는 그들에게 우리나라의 어느 강과 숲은 생명을 걸고 쉬어 가야 하는 휴게소나 다름이 없다.

겨울이 다가오면 이러한 야생동물들이 굶어 죽는다고 먹이를 주거나 인공적으로 집을 지어주는 행사가 곳곳에서 벌어진다. 우리나라 어느 산을 찾아가도 곳곳에서 인공 새집을 쉽게 찾아볼 수 있다. 하지만 이러한 행사들이 진정 그들에게 도움을 주고 있는지 꼭 한번 생각해 보아야 할 일이다.

'야생'이란 무엇인가? 동물이나 식물 등이 자연 안에서 스스로 자라나는 것을 의미한다. 야생은 자연 안에서 스스로 변화하고 순환하는 원동력이다. 따라서 야생은 사람에 의해 가꾸어지고 다듬어지는 애완동물이나 가축과는 다른 자연 그대로의 아름다움을 가지고 있다. 이러한 야생동물이 야생성을 상실한다면 어떠한 일들이 벌어질까? 한번 야생성을 잃어버린 동물이 스스로 생활할 수 있는 능력을 회복하기란 여간 어려운 일이 아니다. 인간이 놓아준 먹이와 지어준 집에 몇 번 맛을 들인 야생동물들은 더 이상 스스로 무엇인가를 해내려는 의지를 상실하게 되고 인간에게 의지하게 된다. 결국 야생성을 잃어버린 동물들은 가축이나 애완동물도 아닌 생태계의 건달들로 변해갈 것이며, 우리는 끊임없이 그들에게 먹이와 집을 제공해야만 하는 상황을 맞이하게 될 것이다.

이것이 하나의 생물에만 국한된 문제라면 다행이겠지만, 숲은 그렇지 못하다. 특정한 나무는 새들이 그 열매를 먹고 배설하지 않으면 다음 세대를 만들어낼 수 없다. 또 어떤 야생동물들은 그 나무가 없으면 먹이를 구할 수 없거나 집을 지을 수가 없다. 숲은 우리가 생각하는 것 이상으로 복잡하고 다양한 관계들을 형성하고 있다. 따라서 새들에게 먹이를 주는 하나의 행위가 숲에는 커다란 변화를 가져올 수 있다. 다양한 생물들이 함께 만들어 가는 풍성한 숲이 될 수 있는 가능성을 막아버리는 행위가 되기 때문이다.

새를 보려면 그 새가 살 수 있는 환경을 만들어주어야 한다. 그것은 그 새를 위해서 먹이를 놓아주거나 집을 만들어주는 것을 의미하는 것이 아니다. 오히려 그 새에게 관심을 가지고 그 새와 관계를 맺고 있는 나무들이 잘 자랄 수 있도록 해주는 것이다. 문제는 인간의 관점으로 자연을 바라보고 인간의 생각 안에 자연을 끼워 맞추기 시작하면서부터 나타나게 된다. 더 이상 일회성 혹은 광고성 행사를 위해 숲을 망쳐서는 안 된다. 숲이라는 자연을 올바르게 이해하고 그 관계를 맺어갈 수 있는 방법을 연구하여 실천하는 것이 더욱 필요한 때이다. 새를 보려면 숲을 가꾸어야 한다(김신회, '숲연구소 실장, 조선일보, 2004. 11. 25).

"The forest is magnificent yet it contains no perfect trees."

[논제] 현대사회 구성원들 중의 상당수에게는 자연적, 선천적인 것이 좋다는 낭만적 믿음이 굳건히 자리잡고 있어서 자연을 보호하는 것이라면 도덕적이며 무조건 옳다고 보려는 경향이 있다. 따라서 도시적 문명보다는 전원에서의 생활을 동경하고 전통 사회를 그리워하게 된다. 그러나 문명 이전의 원시사회가 목가적 낙원이었다는 믿음은 '아름다운 사람들의 신화'에 불과한 것일 지도 모른다. 현대인들은 환경에 대해 신화에 사로잡혀 있는 것은 아닐까? "옛날에는 자연과 생태적 조화를 이루고 살던 착하고 아름다운 사람들이 있었고, 그들은 서로 평등했고 전쟁도 없었으며 어머니인 대지에서 꼭 필요한 것만을 취하고 남는 것은 되돌려 주었다. 그러던 어느 날, 산업화, 도시화, 자본주의, 과학주의, 제국주의라는 악이 들어와 이들을 덮쳤고 공동체는 와해되고 고통이 시작되었다…." 과연 그런 것일까?

현재 우리 사회에는 다양한 유형의 환경운동이 열성적인 환경운동가들의 주도 하에 활발히 전개되고 있다. 그러나 생태계보호를 위한 환경운동은 이상만을 고집하고 막대한 재정적 손해를 초래하는 결과에 대해 책임을 지려하지 않는 운동이 되어서는 안 된다. 즉 이루고자 하는 목적만 선하다고 하면 비용이 얼마나 드는 지는 상관하려고 하지 않는 또는 상관할 필요가 없다는 듯이 비쳐지는 운동가들의 모습은 결코 도덕적일 수만은 없다. 그것이 비록 지구상에 존재하는 모든 생명을 존중하고 생태계의 조화를 추구하는 노력이라는 선한 의미를 내 세우는 경우라고 할지라도 맹목적인 근본주의의 위험을 경계하면서 생태적 이상과 경제적 현실 사이의 균형의식을 갖는 것이 중요하다고 판단된다. 생태체계적 관점에서 오늘날의 환경운동에 대한 당신의 생각은?

통합적 방법론이 적용되는 제 실천모델 비교

모델명	4체계 모델	단일화모델	문제해결모델	생활모델	역량강화모델
학자	Pincus & Minahan	Goldstein	Compton & Galaway	Germain & Gitterman	Saleebey
초점	• 인간과 사회환경과의 상호작용	• 유기체로서의 개인, 역동적 사회관계 및 양자의 상호작용	• 개인과 상황 의 포괄적 상호작용	• 인간과 환경간 상호교류속의 적응과 균형	• 개인의 강점관점과 인간과 환경간 생태학적 관점
목적	• 클라이언트의 문제해결과 대처능력 강화 • 클라이언트와 자원체계의 결합 • 체계의 효과적 및 인도적 활용 • 사회정책의 개선과 발전	• 사회적 학습의 촉진 및 강화 • 사회변화 (자원의 확보 및 활용)	• 문제해결 • 클라이언트와 사회복지사의 공동관계 형성 • 합리적 과정 수행	• 인간생활상의 문제해결 • 인간적응능력의 지지 및 강화 • 스트레스 경감	• 문제에서 도전으로 • 병리관점에서 강점관점으로 • 과거로부터 미래지향적으로 • 환경 속의 인간
사회복지사의 기능과 과업	• 문제의 평가 • 자료수집과 최초의 접촉 • 계약과 행동체계 구성 • 행동체계의 유지와 영향력 행사 • 변화노력 종결	• 지식과 정보 인식 • 전략(조사, 개입, 평가)	• 자료수집과 평가 • 개입전략 제공	• 생활과업에 대한 원조 • 사회적 조직망과 물리적 장의 관여 • 시간적 배열 활용	• 생태학적 관점 적용 • 역량 강화 • 소비자로서 클라이언트가 갖는 적극적 참여와 권리 보장 • 변화과정의 동반자로서 클라이언트와의 협력
실천 과정	• 문제 인식 • 자료 수집 • 진단 • 개입 • 평가와 종결	• 욕구의 공식화 • 정보의 탐색 • 해결방법 공식화 • 결과의 비교 • 해결방법 검증	• 계약단계(평가, 활동계획의 공식화) • 활동단계 (계획 실시, 종결, 평가)	• 초기단계 (준비) • 진행단계 (환경문제, 대인과정개입) • 종료단계 (평가, 종결)	• 대화 - 공유 - 기존 역량과 자원의 구체화 • 발견 - 찾기 - 모르고 있는 자원 탐색 • 발달-강화 - 활용하지 않은 부가적 자원과 역량사정 및 확립
공통적 특징	• 환경 속의 인간을 중시하고 상호작용에 초점을 둔다. • 방법론 중심이 아니라 문제해결 중심적이다. • 상이한 크기의 체계에 대해 다양한 접근법을 활용한다. • 다양한 이론과 개입방법을 선택적으로 활용한다.				

An Outline of Concepts Involved in the Definition of Generalist Practice

(일반주의 사회복지실천의 개념이 포함하는 내용의 범위)

(1) Acquisition of an eclectic knowledge base(통합적 실천을 위한 지식기반 습득)
- (a) Fields of practice (b) Systems theory (c) Ecological perspective (d) Curriculum content areas
  - ⓐ human behavior and the social environment ⓑ social welfare policy and services
  - ⓒ practice and practice skills ⓓ research ⓔ human diversity and social & economic justice
  - ⓕ field practicum ⓖ social welfare values and ethics

(2) Professional values(전문직의 가치)
- (a) National Association of Social Worker's Code of Ethics
- (b) Application of professional values to solve ethical dilemmas

(3) Application of a wide range of skills(다양한 범위의 기술 적용)
- (a) Micro (b) Mezzo (c) Macro

(4) Targeting any size system(대상의 규모를 망라한 개입)
- (a) Micro (b) Mezzo (c) Macro

(5) Working in an organizational structure(조직구조 내에서의 역할 수행)

(6) Appropriate use of supervision(수퍼비전의 적절한 활용)

(7) Assumption of a wide range of professional roles(전문직으로서의 다양한 역할에 대한 인식)

(8) Employment of critical thinking skills(비판적 사고기술의 적용)

(9) Use of a planned change process(계획된 변화과정의 적용)
- (a)Engagement (b)Assessment (c)Planning (d)Implementation (e)Evaluation (f)Termination (g)Follow-up

(10) Emphasis on client empowerment(클라이언트의 역량강화 중시)

The definition of generalist practice: A pictorial view

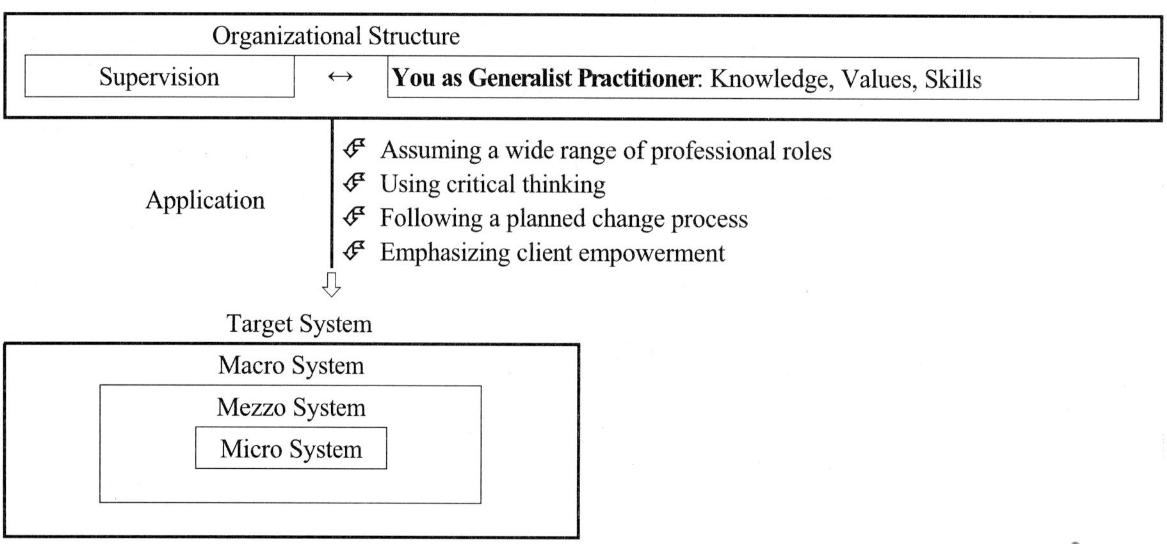

Movie Review

Dead man Walking

감독: Tim Robbins, 주연: Sean Penn, Susan Sarandon

사회복지란 사회구성원 개개인이 생활 상 갖게 되는 다양한 욕구와 문제들의 해결을 통하여 삶의 질을 향상시키는 것을 의미한다. 이를 위해서 사회복지사는 인간과 사회 환경 간의 적절한 상호작용을 통한 바람직한 변화에 초점을 두고 개입을 하기 때문에 인간의 다양한 삶의 모습들을 다룬 거의 대부분의 영화들은 사회복지실천이 추구하는 가치들과 관련이 깊다. 이들 중에서 'Dead man Walking (1995)'은 사회복지실천의 다양한 가치들을 특히 잘 표현한 영화로 꼽을 수 있다. 이 영화의 시작은 개인적 차원의 변화에 초점을 맞추고 있지만 종국적으로는 사회제도의 변화를 촉구하는 메시지를 담고 있으므로 사회복지실천이 추구하는 가치를 포괄적으로 살펴보기에 적절한 영화라고 할 수 있다.

이 영화를 감상한 후에 W. A. Friedlander에 의해 주장된 사회복지의 네 가지 기본적 가치인 인간의 존엄성, 인간의 자기결정권, 인간의 균등한 기회, 인간의 사회적 책임 등이 영화 속에서 어떻게 표현되었는지를 생각해 보고, 또한 Felix Biestek에 의해 제기된 사회복지실천의 일곱 가지 기본원칙인 개별화의 원칙, 의도적인 감정표현의 원칙, 통제된 정서적 관여의 원칙, 수용의 원칙, 비심판적 태도의 원칙, 클라이언트 자기결정의 원칙, 비밀보장의 원칙 등이 어떻게 적용되었는지를 찾아보기 바란다. 영화의 전체 줄거리는 다음과 같다.

이 영화는 Helen Prejean 수녀의 자서전을 근거로 제작되었다고 알려져 있다. 유복한 가정에서 태어나 자애로운 부모 밑에서 행복하게 자라난 Helen은 자신이 누렸던 것을 어려운 환경에 놓여있는 사람들에게 베풀고자 수녀가 되었다. 그녀는 동료인 Colin수녀와 함께 Lousiana주의 흑인 빈민가인 Saint Thomas의 주민교육기관 겸 복지기관인 'Hope House(희망의 집)'를 꾸려가고 있다.

Helen수녀는 어느 날 감옥에 갇혀 있는 Matthew Poncelet이라는 죄수로부터 한 통의 편지를 받는다. 그는 감옥 생활의 외로움과 고통을 달래 줄 이야기 상대가 필요하다고 호소하며, 만약 면회가 불가능하다면 편지라도 보내달라고 부탁한다. 교도소에는 한번도 방문한 적이 없던 Helen은 교구 신부와의 면담 끝에 그를 만나기로 결심하고 교도소로 면회를 간다.

공범인 Bitello와 함께 Matthew는 숲 속에서 데이트 중이던 Water와 Hope, 두 연인 중 Hope을 강간하고 둘을 잔혹하게 살해한 혐의로 사형선고를 받아 강간살해범으로 6년째 복역중인 백인 사형수이다. 염소 수염에 게슴츠레한 눈빛에다가 몸에는 문신이 가득하고, 게다가 아주 비열하고 불량스럽고 자신의 죄를 조금도 인정하지 않는 인간이다. Helen수녀를 만난 Matthew는 가난 때문에 변호사를 사지 못해서 주범은 사형을 면하고 자신만 억울하게 사형선고를 받았기 때문에 자신은 무죄라고 주장하며 Helen에게 자신을 도와줄 것을 간곡히 요청한다.

순수한 동정심으로 교도소로 면회를 간 Helen은 불량기와 편견, 천박한 아집으로 똘똘 뭉친

Matthew 앞에서 때로는 경악을, 때로는 분노를, 때로는 진한 동정심을, 때로는 구제 받을 수 없는 그 악인을 기어이 하느님의 자녀로 이끌어야겠다는 강한 전의를 느낀다. 수녀로서 감당하기 힘든 결정을 앞에 두고 갈등하던 Helen은 무보수로 봉사하는 Hilton Barber라는 변호사와 힘을 합해 항소를 하고, 주지사에게 사형제도의 불합리성을 호소해 보는 등 Matthew가 죽음만은 면하게 하기 위해 백방으로 노력을 기울인다.

그런 와중에 Helen은 Matthew에 의해 살해당한 희생자의 부모들로부터 살인자를 옹호한다는 질책을 받는다. 특히 카톨릭 신자들인 자신들의 아픔을 위로해 주어야 할 성직자가 오히려 자신들의 자녀를 죽인 짐승보다 못한 살인자의 편을 들고 있음에 몹시 분노한다. 그들의 상심과 불행이 얼마나 크리라는 것을 이해하는 Helen은 그들의 원망을 들으며 몹시 괴로워한다. Helen과 Hilton 변호사의 노력도 헛되이, TV로 방영되는 잔혹한 살해현장 사진과 거친 욕설을 퍼붓는 Matthew의 기자회견 장면은 그의 유죄를 확신하게 만든다. 설상가상으로 그는 히틀러를 열렬히 추종하는 나치주의자에다가 지독한 인종차별주의자이기도 했다. 유죄를 확신하면서도 사형만은 면하게 해보려는 모든 노력은 수포로 돌아가고 마침내 사형집행일이 확정된다.

사형 집행 6일 전, 절박한 Matthew의 호소로 그를 다시 만난 Helen은 Matthew로부터 사형장까지 함께 가는 영적 안내자가 되어 달라는 부탁을 받는다. 그 일은 여자로서는 전례가 없는 일인 데다가 무엇보다도 범행을 완강히 부인하는 죄인을 회개시켜야 하는 힘든 일이다. 사형수와 친구가 된 Helen을 빈민지역의 아이들조차 외면하고 희생자가족들은 그녀를 경멸한다.

주위의 만류에도 불구하고 사형 집행 전 6일간을 Matthew와 함께 보내게 되는 Helen, 그리고 이 영화에서 가장 슬프고 충격적인 마지막 30분이 영화 속의 진행시간과 실제 방영시간이 일치하여 이어진다. 'Dead Man Walking!'이라는 구령과 함께 사형장으로 들어오는 Matthew는 열십자 모양으로 팔다리가 묶인 채 사형대에 눕혀진다. 원래 'Dead Man Walking!(사형수 입장)'이란 미국에서 사형수를 형 집행장으로 호송할 때 간수장이 붙이는 구령이라고 한다. 마지막 시간이 가까워 오자 Matthew는 Helen에게 자신의 죄를 고백하고 울면서 용서를 구한다. 진심에서 우러나오는 회개를 한 후에 자신의 몸에 독극물이 투입되는 것을 지켜보며 Matthew는 마침내 숨을 멎는다.

무거운 마음으로 'Hope House'로 돌아온 Helen은 자신을 믿고 사랑하는 아이들의 쪽지를 보며 아직도 자신의 도움을 필요로 하는 사람이 많으며, 그들을 위해 해야 할 일도 많다는 생각에 다시 힘을 얻는다.

제5부 | 사회복지실천기술

제9장 관계론

"사람이란 個人이 아니라 關係로 이루어진 存在이다. 사람을 漢字로 '人間' 卽 '사람 사이'라고 부르는 까닭이다. 제 한 몸 건사하는 것만으로는 不足하고, 相對方과 제대로 關係를 맺을 때라야 참사람이 된다는 뜻이다. '사람이라고 다 사람이냐, 사람 짓을 해야 사람이지!'라는 우리 俗談(속담)도 같은 意味이다. 여기에서 '사람 짓'이란 곧 相對方과의 사이를 제대로 隨行(수행)할 적에야, 卽 疏通(소통)할 수 있을 때라야 올바른 사람이 된다는 말이다. 德談(덕담)으로 자주 쓰는 '사이좋게 지내라'는 당부 속에도 그런 뜻이 담겨 있다." - 배병삼 영산대 교수

> "人間關係는 根本的으로 나에 대한 認識과 다른 사람에 대한 認識이 肯定的이어야 한다. 또한 한쪽의 一方的 依存은 分明 問題이지만, 適切한 意味의 相互依存은 人間關係에 必須的인 要素이다."

> "成功의 9割은 人間關係에 달려있다. 또한 人間關係는 '얼마나 자주, 그리고 얼마나 많이 웃는 가'에 따라 달라진다."

"Hell is where nothing connects with nothing."

"Nothing means more than being together."

1. 관계의 의미와 중요성

일반적으로 관계(relationship)란 양자 간의 상호작용(interaction)을 의미하는데 사회복지실천에서의 관계란 클라이언트와 사회복지사간, 또한 클라이언트와 사회자원간의 교류를 가능하게 하는 연결통로로서 클라이언트와 그를 둘러싸고 있는 환경과의 보다 나은 적응이 가능하도록 개인의 능력과 사회자원을 적절히 동원하고 활용할 수 있도록 돕는 것을 의미한다. 사회복지사와 클라이언트간의 좋은 관계 속에서, 즉 편하고 따뜻한 정서적 분위기 속에서 클라이언트는 마음을 쉽게 개방하고 방어의 벽을 풀며, 이를 통해 사회복지사와 클라이언트는 의도한 결과를 달성하기 위해 협동적인 노력을 할 수 있다.

사회복지사와 클라이언트간의 긍정적 관계형성은 클라이언트의 문제해결에 필수적이고 특히 첫 만남이 중요하다.

✓ "첫 인상은 영원하다."라는 말이 있다. 즉 한 번 내린 평가는 일관되게 유지하고 싶은 사람들의 심리 때문에 첫 인상은 쉽게 변하지 않게 된다는 것이다. 미국의 심리학자인 Gordon Allport에 의하면 사람들은 낯선 대상을 만나게 되면 불과 30초 안에 처음 만난 상대의 성별, 나이, 체격, 직업, 성격, 신뢰감, 성실성 등을 어느 정도 평가하게 된다고 주장했다. 이를 초두효과(primary effect), 즉 첫 이미지 전달효과라고 하는데 상대방에게 전달되는 이미지 중에서 처음에 강하게 들어 온 정보는 전체적인 이미지의 판단에 결정적으로 작용하여 맥락효과(context effect)로 이어지게 된다는 것이다.

2. 관계의 특성 및 주의할 점

관계의 특성으로는

(1) 클라이언트를 원조하기 위해 서로 합의된 의식적인 목적(purpose)이 존재한다.
(2) 목적의 달성을 위해 구체적으로 정해진 한정된 기간(period)이 있다.
(3) 특화된 지식 및 기술, 그리고 전문직의 윤리강령을 기초로 전문적 개입(intervention)이 이루어진다.

관계를 맺을 때 주의해야 할 점들로는

(1) 무엇을 달성할 것인가(결과)와 어떻게 달성할 것인가(과정) 사이의 균형이 필요하다.
(2) 적절한 감정이입을 통하여 자신의 감정, 반응, 충동을 자각하여 통제하고 객관성 및 일관성을 유지한다.

> "한 통의 물보다 한 방울의 꿀을 쓰는 편이 더 많은 파리를 잡을 수 있다"라는 옛 格言은 어느 時代에나 들어맞는 말이다. 人間에게도 이 같은 말을 할 수가 있다. 萬一 相對方으로 하여금 당신의 意見에 同意케 하려면 먼저 당신이 그의 편이라는 점을 알려 주어야 한다. 이것이 곧 사람의 마음을 잡는 한 방울의 꿀이며, 相對方의 理性에 呼訴하는 最善의 方法인 것이다." - Abraham Lincoln(1809~1865)

※ 아리스토텔레스는 '수사학(The art of Rhetoric)'에서 설득의 3대 요소로 'logos(말하는 사람의 논리 수준)', 'pathos(듣는 사람의 심리상태)', 'ethos(말하는 사람에 대한 듣는 사람의 신뢰정도)'를 들며, "인간은 상대방의 말이 맞다고 생각해서라기보다는 그를 좋아하기 때문에 그의 말을 믿는다. 따라서 인간은 이성적인 존재라기보다는 감성적인 존재"라고 주장했다.

✓ 感情移入(empathy)

다른 사람의 감정을 깊이 느끼는 것을 의미하는데, 사회복지사는 그 감정으로부터 충분히 분리되어 객관적인 지식을 활용할 수 있는 능력을 갖추어야 한다. 그러므로 클라이언트와 동일시하고 클라이언트의 세계에 몰입하여 객관적 시각을 잃고 클라이언트와 동일한 감정, 관심을 가지는 것을 의미하는 동정(sympathy)과는 구별된다.

(3) 변화에 대한 클라이언트의 양가감정(ambivalence) 및 저항(resistance, 사회복지사가 원하는 방향과 반대되는 클라이언트의 행동)으로 인한 관계의 장애를 바로잡는다.
(4) 정확한 자기인식(self-awareness)을 통하여 자기의 강점과 한계를 명확히 인식하고, 사회복지사 자신의 개인적 가치가 클라이언트와의 관계 및 의사결정에 영향을 미치지 않도록 성찰이 필요하다.

✓ 양가감정(ambivalence)

양가감정(兩價感情)이란 상반되는 두 개의 감정과 태도가 함께 나타나는 현상을 의미하는데, 클라이언트는 '실제로 도움이 필요하다는 것은 인정하지만 한편으로는 싫다는 거부감(도움은 수용하지만 변화는 거부)' 즉 사회복지사의 능력과 적합성에 대한 의심 및 도움을 받고자 하는 욕구를 동시에 보이는 경우가 있다. 클라이언트는 사회복지사를 처음 만날 때 과거에 사회복지사와의 관계를 통해서 생성된 부정적 경험 등에 기인한 어떤 고정관념을 가지고, 이와 관련한 양가감정으로 인해 변화에 대한 기대와 동시에 두려움으로 인한 간접적 형태의 방어적인 저항을 나타낼 수가 있다. 이런 경우, 사회복지사는 문제의 직접적 처리를 위해서가 아니라 클라이언트에게 사회복지사로서의 자신의 역할을 정확히 알리기 위해서 직접적인 반응을 하는 것이 필요하다. 대개의 경우, 클라이언트는 개입의 초기단계에서 자신의 사고와 감정을 간접적인 방법으로 표현하여 진정한 대화를 방해하게 되는 경우가 발생하게 되는데, 사회복지사는 클라이언트의 감정 및 태도를 정확히 인식하여 적절하게 대처해야 한다.

(참조) 인지부조화이론(cognitive dissonance theory)

알베르 카뮈(Albert Camus)는 "인간은 자신의 삶이 부조리하지 않다고 스스로 설득하면서 생을 보내는 동물이다."라고 했다. 인간의 행동과 태도의 관계에 관심을 가지고 연구를 수행했던 사회 심리학자 레온 페스팅거(Leon Festinger)가 1957년에 발표한 '인지부조화이론'이란 개인이 가진 신념, 생각, 태도와 행동 사이의 부조화가 유발하는 심리적 불편함을 해소하기 위한 태도나 행동의 변화를 설명하는 이론이다. 우리는 태도와 행동의 일관성을 유지하고자 하는 근본적인 동기를 지니고 있어서, 인지적 부조화를 경험하면 이를 해소하기 위해 자신의 태도나 행동을 변화시킴으로써 심리적 불편감을 해결하고 자신에 대한 일관성을 유지하려고 한다.

인지 부조화는 우리 생활에서 자주 경험할 수 있는데, 흡연을 예로 들어 설명해 보면, 우리는 각종 매스컴과 심지어 담뱃갑에서 제공하는 정보를 통해 담배에 각종 발암 물질이 포함돼 있으며, 건강에 심각한 영향을 미칠 수 있다는 것을 인지하고 있다(흡연에 대한 태도). 그러나 흡연자들은 흡연이 건강에 악영향을 미칠 가능성이 있다는 것을 알면서도 계속적인 흡연(흡연에 대한 행동)을 하면서 심리적인 긴장과 불편감을 경험하게 된다. 흡연에 대한 인지 부조화와 심리적인 갈등을 해소하기 위해 흡연자들은 흡연하는 행동을 변화시키거나(즉, 금연을 하거나) 흡연에 대한 기존의 생각과 태도를 변화시킴으로써 인지적인 부조화를 해소하려 한다. 그런데 대부분의 흡연자들은 자신의 태도와 행동을 일치시키고 인지 부조화로 인한 심리적 불편감을 해소하기 위해 담배를 끊는 행동(금연)을 선택하기보다는 흡연에 대한 생각을 변화시키는 방법("흡연은 긴장 완화에 도움이 된다")을 선택할 것이다. 이미 한 행동에 대한 수정은 불가능하지만, 흡연에 대한 자신의 생각을 변화시키는 것은 행동을 변화시키는 것보다 훨씬 쉽기 때문이다.

✓ 피그말리온 효과(Pygmalion effect, Rosenthal Effect)

내가 어떤 사람을 진심으로 이해하고 사랑하는 마음을 가지고 변화하기를 기대하면 그 사람은 실제로 변화를 위한 노력을 하게 되고 그 결과 변하게 되는 효과이다. 그리스 신화에 나오는 Pygmalion은 키프로스의 왕이자 뛰어난 조각가였다. 그는 심혈을 기울여 아름다운 여인상을 조각했고 완성된 여인상의 아름다움에 넋을 잃고 말았다. 여인상을 너무 사랑하게 된 피그말리온은 그 곁을 떠날 줄을 모르고 그 여인상이 자신의 아내가 되게 해달라고 신에게 간절히 빌었다. 그의 절실한 사랑에 감동한 여신 아프로디테는 여인상에 생명을 주어 그들이 결혼할 수 있게 해 주었다. Pygmalion effect는 심리학이나 교육학적 측면에서 강한 바람이 기적을 일으키거나 또는 타인의 기대나 관심이 높으면 능률이 오르거나 결과가 좋아지는 현상을 의미한다.

✓ 낙인 효과(Stigma effect; Labeling effect)

낙인(烙印)은 원래 쇠붙이를 불에 달궈 찍는 도장을 의미하는데 자신의 소유를 표시하기 위해 가축이나 노예에게 사용했고 범죄자를 쉽게 식별하기 위해 찍어두기도 했다. 낙인은 사회의 제도, 관습, 규범, 법규 등에 어긋난 일탈자라는 의미를 내포하고 있어 낙인에 찍힌 당사자는 제도권의 보호를 받지 못하고 소외되며 그의 모든 행동은 도덕적으로 나쁜 행위로 취급되기 쉽다.

그런데 낙인이 위험한 이유는 대상에 대한 정확한 인식이 부족한 채로 판단을 한다는 것에 있다. 여자의 마음은 갈대라는 상투적인 은유를 예로 든다면, 이는 모든 여자의 모든 마음에 대한 정확한 규정일 수 없다. 특정한 상황에 있는 특정한 어느 여자의 마음에 불과하다. 어떤 여자의 마음은 바위일 수도, 고목나무일수도, 물일 수도, 불일 수도 있다. 뒤집어 보면 갈대는 어떤 남자의 마음일 수도 있다. 결국 낙인효과란 어떤 사람이 남들에게 무시당하고 부정적인 낙인이 찍히게 되면 그 영향을 받아서 자신도 모르게 부정적으로 변하게 되는 현상을 의미하는데, 낙인이란 한 인간의 전모가 아니라 일부만을, 또는 실체가 없는 그것도 부정적 이미지를 악의적으로 전경화할 가능성이 크기 때문에 위험하다.

Ref.: 중고교 시절 선생님 별명: 수면제, 박물관, 나르는 돈까스, 삼단변신, 독사, 피바다, 불타는 고구마, 카푸치노 등.

✓ Discrimination(차별) is the prejudgment and negative treatment of people based on identifiable characteristics such as race, gender, religion, or ethnicity (Barker, 1999, p. 132). Oppression(억압) involves putting extreme limitations and constraints on the members of some identified group. Discrimination and oppression often result from stereotypes(정형화), fixed mental images of members belonging to a group based on assumed attributes that portray an overly simplified opinion about that group. Stereotypes neither consider nor appreciate individual differences. When people have a greater likelihood of suffering from discrimination and oppression because of their membership in some diverse group, they are referred to as populations-at-risk(위기집단).

"For social workers, there are only children, women and men to be loved."

3. 클라이언트가 갖는 일곱 가지의 기본욕구와 이를 충족시키고 문제해결을 위한 적절한 관계를 유지하기 위하여 사회복지사가 지켜야할 일곱 가지의 기본원칙(Felix Biestek의 Casework relationship, 1957)

(1) 어떤 사례나 유형 또는 범주로서 취급되기보다는 개인으로서 취급받으려는 욕구

→ 개별화(individualization)의 원칙

① 개념

클라이언트가 어떤 부류의 전형적인 특징들을 가진 사람이라는 편견이나 선입관으로부터 탈피하여 각 클라이언트가 가진 독특한 자질을 인정하고 이해하여 개개인이 보다 나은 적응을 하도록 각기 다른 방법을 적용하여 돕는 것을 의미한다. 인간은 모두 비슷하거나 불특정한 존재가 아니라 개인 간의 독특한 차이를 지닌 개성을 가진 특정한 인간으로 취급되어야 한다는 입장이다. 즉 외형상 유사한 종류의 문제를 가지고 있는 것처럼 보인다고 할지라도 모든 클라이언트는 문제에 대한 인식, 해결할 수 있는 능력, 해결을 위한 동기의식, 활용가능한 자원의 보유 등과 관련하여 각각 차이가 존재하기 때문에 클라이언트가 현재 처해 있는 상황을 정확히 파악한 후에 개입이 진행되어야 한다는 것이다. 그러나 자기 혼자만 남과 다른 특별히 고통스러운 문제를 갖고 있다는 클라이언트가 일반적으로 갖기 쉬운 사고를 인정하는 동시에, 또한 다른 사람과 공통적인 점들을 갖고 있다는 것을 인식시키는 것도 문제의 해결에 도움이 될 수 있다.

개별화를 위한 구체적 접근방법으로는 클라이언트와의 약속시간 준수, 적절한 면접진행을 위한 철저한 사전준비, 문제에 대한 철저한 사정과 결과에 대한 환류 등이 있다. 또한 클라이언트가 사회복지사의 역할을 정확하게 인식하고 충분히 신뢰할 수 있도록 전문직으로서의 권위(authority)를 갖추는 것도 중요한데, 왜냐하면 클라이언트는 권위있는 사람으로부터 도움을 받고자 하는 마음을 가지고 있기 때문이다. 사회복지사가 전문직으로서의 권위를 갖추기 위해서는 호감이 있고 믿음직하며 사명감이 있어야 하고, 또한 문제해결을 위한 지식과 기술은 물론이고 필요한 자원을 동원할 수 있는 능력 등을 갖추어야 한다.

② 사례

- 클라이언트: 사회복지사선생님, 선생님도 아시다시피 저는 지체장애인입니다. 그런데 주위 사람들이 제가 신체가 남들과는 다른 사람이라는 것에만 관심을 가지고, 제가 어떤 사람인지, 뭘 좋아하는지, 뭘 하고 싶어하는 지에 대해서는 전혀 관심을 가지지 않습니다. 저라는 존재의 의미가 오로지 장애인이라는 것밖에 없는 것 같습니다. 몹시 슬픕니다.
- 사회복지사: 저는 당신이 장애를 가지고 있다는 것은 알고 있지만 당신을 그것만으로 판단하지는 않을 겁니다. 앞으로 면담을 해가면서 당신의 바램을 듣고 당신이 어떤 사람인지 이해해가며 당신의 고유성을 알아 갈 것입니다. 그러니 적어도 여기에서는 안심하셔도 좋을 것 같습니다.
- 해석: 장애인으로만 인식되던 클라이언트를, 사회복지사가 장애만으로 파악되지 않는 개별적인 존재로 인식함으로써 개별화의 원리를 적용하고 있다.

(2) 클라이언트 자신의 부정적 또는 긍정적 감정을 표현하려는 욕구

→ 의도적인 감정표현(purposeful expression of feelings)의 원칙

① 개념

의도적인 감정표현의 원칙은 자신의 감정, 특히 부정적 감정을 자유롭게 표현하기를 원하는 클라이언트의 욕구에 대한 인식으로부터 출발한다. 즉 클라이언트의 감정표현을 조정하거나 저지하지 않고 문제해결을 위해 유용할 경우에는 그러한 감정들을 자유롭게 표현하도록 하여 클라이언트의 감정순환(ventilation of emotion)을 도와야 하는 것이다. 클라이언트와의 면접 진행 시에 클라이언트와 대화의 속도를 맞추고 클라이언트의 감정 표현을 세심하게 관찰하여 그 표현의 참 뜻을 이해하고, 클라이언트의 표현에 대해 사회복지사가 목적을 갖고 적절하게 정서적 반응을 해야 한다. 클라이언트가 편안한 느낌을 가질 수 있도록 사회복지사의 유연한 자세 등 허용적 태도가 필요하다. 비현실적인 보장, 너무 앞지른 해석 등은 클라이언트의 자유로운 감정표현을 방해할 수 있기 때문에 피해야 한다. 일부의 클라이언트는 현실을 파악할 수 있는 능력이 약하거나 상실되어서 자신의 감정을 적절히 표현하지 못하는 경우가 있기 때문에 이러한 감정을 정확히 표현할 수 있도록 격려, 자극 등 적절한 방법을 사용하여 도울 수 있어야 한다.

사회복지실천에 있어서 자유로운 감정표현의 목적은 클라이언트가 스트레스나 긴장으로부터 해방되어 자신의 문제를 보다 명확하고 객관적으로 인식할 수 있도록 원조하기 위함이다. 클라이언트의 자유로운 감정표현은 클라이언트의 약점에 대한 이해뿐만 아니라 장점까지도 파악하여 적절한 평가를 하는데 필수적이다. 감정의 솔직한 표현은 자신의 감정을 밖으로 개방함으로써 클라이언트와 사회복지사간의 관계를 심화시킬 수 있는 동시에 문제의 해결을 가능하게 하는 요소이다.

② 사례

- 사회복지사: 폭력적인 부모님 밑에서 살아오시느라 많이 괴로워하셨죠? 이젠 참지 않으셔도 됩니다. 저에게 당신이 느껴온 고통을 있는 그대로 다 표현하셔도 괜찮아요.
- 클라이언트: 정말 감사합니다. 아무한테도 말하지 못했지만 정말 괴로웠습니다. 부모님에게 폭언을 듣고 폭력을 당할 때마다 마음이 찢어지는 것 같았고 세상에 믿을 사람이 하나도 없다는 생각이 들었습니다. 이젠 이 굴레에서 벗어나고 싶습니다.
- 해석: 사회복지사가 클라이언트가 억압해 왔던 부모님으로 인한 고통을 표출할 수 있도록 유도함으로써 의도적인 감정표현의 원칙을 실천하고 있다.

(3) 자신이 표현한 감정에 대하여 타인으로부터 공감적 반응을 얻으려는 욕구

→ 통제된 정서적 관여(controlled emotional involvement)의 원칙

① 개념

통제된 정서적 관여의 원리란 일반적으로 한 사람이 다른 사람에게 감정을 표현할 경우에 감정을 표현한 사람의 입장에서는 상대방으로부터 자신이 표현한 감정에 대해 무엇인가 반응을 보일 것이라는 기대를 가진다는 것에 기초한다. 따라서 사회복지사는 클라이언트가 갖는 감정에 대하여 민감하게 관찰하고 감정의 의미를 이해하며 클라이언트의 감정에 목적을 가지고 적절히 반응해야 한다. 클라이언트가 자신의 감정을 자유롭게 언어로 표현할 수 있도록 돕고 사회복지사도 주어진 상황에 맞추어 정서적 관용의 정도를 조절할 필요가 있다. 사회복지사는 클라이언트로 하여금 클라이언트가 갖고 있는 문제를 같이 느끼고 이해한다는 느낌을 갖도록 반응을 보이는 것이 중요하다. 이를 위해 사회복지사는 감수성(sensitivity)과 이해능력(understanding ability)을 갖추어야 하는데, 즉 클라이언트가 사용하는 암시적 용어나 은유적 표현을 이해하고, 감정을 비언어적인 측면에서 정확히 읽을 수 있고 그것에 대해 의도적으로 적절히 대응할 수 있는 능력을 갖추어야 한다.

② 사례

- 클라이언트: 선생님, 선생님을 보니 계속 죽은 제 아들이 생각납니다. 몹시 닮았어요. 선생님을 제 아들이라고 생각해도 좋을까요?
- 사회복지사: 죽은 아드님을 그리워하시는 마음은 잘 알겠습니다. 아드님을 잃어버려서 얼마나 슬프셨을지. 제가 아무리 닮았다고 해도 근본적으로는 다른 사람이므로 당신의 아드님이 되어드릴 수는 없습니다. 그 대신, 당신이 아드님을 잃어버린 슬픔을 완화하는 데 사회복지사로서 함께 동행해드리려고 합니다.
- 해석: 사회복지사는 감수성과 이해능력을 통해 클라이언트가 느끼는 아들을 잃은 슬픔을 같이 느끼고 이해한다는 반응을 보이고 있으며, 아들이라고 생각해도 좋은가 하는 요구에 대해 의도적으로 적절히 대응하며 통제된 정서적 관여의 원칙을 실천하고 있다.

(4) 자신의 의존성, 약점 등과 관계없이 가치 있는 사람으로 인정받으려는 욕구

→ 수용(acceptance)의 원칙

① 개념

사회복지실천의 제 원칙들 중에서 가장 중요한 원칙으로서 사회복지사가 클라이언트의 인간으로서의 존엄성, 개성의 존중과 같은 개인적 가치를 중시하는 관념을 유지하면서 클라이언트의 장점과 단점, 호감적 또는 비호감적 성질, 긍정적 또는 부정적 감정, 건설적 또는 파괴적 태도와 행동을 포함하여 현재 있는 그대로의 클라이언트를 지각하고 다루는 것을 의미한다. 클라이언트는 사회복지사가 있는 그대로의 자신을 수용해 주는 것을 경험함으로써, 바람직하지 못한 방어나 왜곡으로부터 자유로워질 수 있고 열등감, 비굴함, 상실감, 고립감 등을 해소하여 자신의 긍정적인 측면을 찾고 인간으로서의 존엄성을 되찾는 것이 가능하다. 그러나 수용이란 한 인간으로서의 클라이언트의 가치, 감정 및 현재 상태를 받아들이는 것이지 클라이언트의 일탈적 행동에 동의(agreement)하거나 또는 이를 허용하는 것은 아니다.

② 사례

- 클라이언트: 저는 동남아에서 건너온 사람입니다. 아시다시피 한국에서는 외국인노동자에 대한 시각이 그리 좋지 못하죠. 사회복지사 선생님도 제가 동남아 출신 외국인노동자이기에 편견을 가지고 대하실 거라고 생각합니다.
- 사회복지사: 그렇지 않습니다. 당신이 외국인노동자이건 내국인이건 다 괜찮습니다. 저희 기관의 문을 한 명의 클라이언트로서 열고 들어오신 이상, 당신이 어떤 존재이든지 상관없이 저희는 당신을 따뜻하게 수용할 것입니다.
- 해석: 사회복지사가 클라이언트가 동남아 출신이라는 것에 상관없이 클라이언트를 수용하는 태도를 보여줌으로써, 수용의 원칙을 실천하고 있다.

"人間이 가진 本性 가운데서 가장 强한 것은 남에게 認定을 받고자 渴望하는 마음으로 自身을 價値있는 存在로 認定받고자 하는 慾求는 人間을 動物과 區別시키는 主要한 特性이다." - William James(1842~1910)

"寬容(관용), 雅量(아량), 忍耐(인내)를 뜻하는 똘레랑스(tolerance)는 서로 다른 의견을 折衝(절충)해서 合一點을 찾는 妥協(타협)이 아니고 그보다 한 次元 높은 서로 다른 相對方을 있는 그대로 받아들이는 것이다. 卽 내가 同意하지 않는 相對方의 생각이나 意見을 바꿀 수도 있지만 그대로 容認(용인)하는 것이다." - '필리프 사시에'의 '왜 똘레랑스인가' 中에서

"男女가 戀愛할 때 幸福한 記憶이 많은 理由는 서로에 對한 受用이 잘 되었기 때문이다."

"I never knew how strong I was until I had to forgive who wasn't sorry, and accept an apology I never received."

⑸ 클라이언트 자신의 문제에 대해 심판이나 비난을 받지 않으려는 욕구

→ 비심판적 태도(nonjudgmental attitude)의 원칙

① 개념

비심판적 태도란 클라이언트의 문제 또는 욕구의 원인에 대한 클라이언트의 책임이나 죄의 유무를 따지거나 비난을 하는 등 심판하는 태도로 다루어서는 안 된다는 것으로, 클라이언트가 갖고 있는 문제의 원인이 클라이언트의 성격과 같은 개인의 내적인 요소에 기인한 것이든 또는 외부 환경에 의한 것이든 그 문제의 책임이 클라이언트에게 있다는 것을 클라이언트에게 직접 언어 혹은 비언어적으로 표현하지 않는 것을 의미한다. 사회복지사는 자신의 사적인 경험 등을 통해 형성된 가치관만을 기준으로 클라이언트를 평가하고 비판해서는 안 된다. 예를 들어 클라이언트의 스타일, 취향, 종교 등이 개입에 영향을 미치지 않도록 주의해야 한다. 비교나 예시의 목적으로 비슷한 문제를 가진 다른 사람과 비교하는 것은 클라이언트를 어떤 규범 속에 넣으려고 하는 인상을 줄 수 있기 때문에 주의가 필요하다. 그러나 사회복지사는 클라이언트의 옳지 않은 태도, 가치기준 또는 행동에 관한 평가적인 판단은 하고 있어야 한다. 사회복지사의 클라이언트에 대한 비심판적 태도는 클라이언트의 태도를 관찰하고 의견을 경청하며 클라이언트의 약점이나 실패의 원인을 파악하여 클라이언트를 좀더 정확히 이해하고 필요한 원조를 제공하는데 도움이 된다.

② 사례

- 클라이언트: 선생님, 전 술을 마시고 인사불성이 되어 아내를 때린 적이 있습니다. 그때의 일이 너무나도 죄책감이 듭니다. 솔직히, 제가 여기에서 치료받을 자격이 있는 사람인지조차 의문입니다.
- 사회복지사(중독관리 통합지원센터 근무): 안심하십시오. 여기에서는 당신이 저지른 일 때문에 당신을 심판하거나 하지 않습니다. 저희들은 그저 당신의 알코올 중독이 완화되는 데 도움을 드리고자 할 뿐입니다.
- 해석: 사회복지사가 술을 마시고 가정폭력을 저지른 클라이언트를 심판하거나 비난하지 않는다는 의사를 드러냄으로써 비심판적 태도의 원칙을 지키고 있다.

> "하나님도 사람이 죽기를 기다렸다가 審判하신다."

⑹ 클라이언트 자신의 생활에 관하여 스스로 선택하고 결정하려는 욕구

→ 클라이언트 자기결정(self-determination)의 원칙

> "사회복지사는 클라이언트가 자기결정권을 최대한 행사할 수 있도록 도와야 하며, 저들의 이익을 최대한 대변해야 한다."

① 개념

사회복지실천과정에 있어서 클라이언트로 하여금 자신이 원하는 선택과 결정을 할 수 있도록 클라이언트의 권리와 욕구를 인정하는 것이다. 어떤 일을 수행할 때, 억지로 어쩔 수 없이 하는 것과 자기가 스스로 결정해서 하는 것과는 큰 차이가 있다. 일정한 한계 내에서 클라이언트는 자신과 관련된 일에 대해서 스스로 결정할 권리가 있으며, 사회복지사는 실천 시에 이 원리를 존중할 의무가 있다. 따라서 사회복지사는 클라이언트가 자신의 권리를 행사하는 것을 긍정적인 태도로 받아들여야 한다. 이 원리는 클라이언트가 자신의 삶의 방향과 결정을 내릴 수 있는 권리와 욕구를 가졌다는 것을 인정하는 것이다. 인간성을 존중하고 인정하는 것도 중요한 원칙이지만 이에 기초하여 문제를 해결하는 것, 즉 문제해결에 참여시키고 자기능력을 발휘하게 하는 것은 중요한 기술이다. 사회복지사가 클라이언트가 요구하는 서비스를 도외시하거나, 클라이언트를 직접 또는 간접으로 조종(manipulation)하려고 하거나, 강제적인 방법으로 설득하려고 하는 것은 비윤리적인 행위이다. 그러나 클라이언트의 자기결정권은 클라이언트의 능력, 법률 및 도덕의 테두리, 기관의 활동범위 등의 제반 상황에 따라 제한을 받을 수 있다. 예를 들어 클라이언트가 자기결정을 할 수 없는 상황인데도 자기결정을 하게 하는 것은 바람직하지 않은 비인간적 행위이며, 기타 도덕이나 법에 위반되거나, 타인에게 불공평한 행위가 되거나 해가 될 때도 클라이언트 자기결정의 원칙은 제한되어야 한다.

② 사례

- 의료사회복지사: 수술을 받으실 지, 아니면 그냥 퇴원하실지 정하셨습니까?
- 클라이언트: 정했습니다. 그냥 퇴원하고 싶어요. 수술을 받아봤자 어차피 살아가는 날이 조금 더 길어질 뿐 병마의 고통은 사라지지 않으리라는 건 잘 압니다. 이제는 병원이 아니라 정든 집에서 가족들의 곁에서 눈을 감고 싶습니다.
- 의료사회복지사: 당신의 그 결정을 존중하겠습니다. 퇴원 수속 절차를 밟도록 하죠.
- 해석: 사회복지사가 퇴원하고 싶다는 클라이언트의 의사를 존중함으로써 자기결정의 원칙을 준수하고 있다.

"사람을 움직이는 秘訣은 確實히 하나밖에 없는 것이다. 卽 스스로 움직이도록 感情을 불러일으켜 주는 것이다." - Dale Carnegie(1888∼1955)

(7) 자기에 관한 비밀을 간직하려는 욕구

→ 비밀보장(confidentiality)의 원칙

"사회복지사는 클라이언트의 사생활을 보호하며 직무수행과정에서 얻은 정보에 대해 철저하게 비밀을 유지해야 한다."

① 개념

사회복지사가 클라이언트를 도와주는 전문적 관계의 진행시에 불가피하게 노출되는 클라이언트와 관련한 외부에 알려져서는 안 되는 비밀정보를 철저하게 지켜주는 것을 의미한다. 비밀보장은 클라이언트의 기본적 권리이자 사회복지사의 윤리적 의무이기 때문에 사회복지사는 이 원칙을 준수해야 할 책임이 있고 또한 개입의 효과를 높이는데도 필요하다. 클라이언트는 솔직하고 편안하게 자신에 관한 이야기를 할 수 있고 들어줄 수 있는 대상이 필요했고 그 결과로 사회복지사를 만나게 되었기 때문에 클라이언트의 비밀이 지켜져야 한다는 것은 당연하다. 그러나 이러한 클라이언트의 권리는 절대적인 것만은 아니다. 예를 들어 클라이언트의 비밀보장의 원칙이 클라이언트 외의 개인의 권리와의 충돌, 사회복지사의 권리와의 충돌, 사회복지기관의 권리와의 충돌, 전체 사회의 권리와의 충돌 등 불가피하게 비밀이 지켜질 수 없는 상황이 발생하게 될 경우도 있다. 클라이언트의 비밀누설은 클라이언트의 문제해결을 위해 꼭 필요한 경우에 한해서 클라이언트의 사전 동의를 얻은 후에 가능한데, 결국 비밀누설의 목적이 진정으로 클라이언트를 효과적으로 돕기 위한 경우에만 정당화될 수 있다. 또한 클라이언트의 비밀이 그 기관 내에서나 다른 전문기관에 노출될 경우에는 비밀보장의 의무가 관련된 모든 대상자 또는 기관들에 확대 적용된다.

② 사례

- 클라이언트: 예전에 말씀드리지 못했던 걸 한 가지 털어놓으려 합니다.
- 사회복지사: 무엇인가요?
- 클라이언트: 저는 사실 전과자입니다. 예전에 가난을 견딜 수 없어서 나쁜 마음을 먹고 사기를 쳐서 돈을 번 적이 있었습니다. 지금은 개과천선했지만요. 사회복지사선생님은 절 잘 아시고 여러모로 도와주시는 분이라 알려드리는 거지만, 다른 사람에게는 말하지 말아 주십시오.
- 사회복지사: 알겠습니다. 반드시 비밀을 지키겠습니다.
- 해석: 클라이언트의 비밀을 지켜달라는 요청을 받아들임으로써 비밀보장의 원칙을 실천하고 있다.

4. 관계형성의 장애요인과 사회복지사의 적절한 대응

요인	대응
불신	수용이나 인정을 받은 경험이 적은 사람은 거부나 비난을 예상하여 사회복지사를 신뢰하지 못하는 경우가 발생하기 때문에 여유를 가지고 인내하면서 신뢰관계 형성에 노력한다.
전이	클라이언트의 반응이 비현실적임을 이해시키고 사회복지사에 대해 현실적인 관점을 갖도록 돕는다.
역전이	역전이로 인해 관계를 지속할 수 없을 경우에는 클라이언트에게 사회복지사 자신의 문제로 인해 관계를 지속할 수 없음을 알리고 다른 사회복지사에게 의뢰한다.
저항	저항이 변화로의 진전을 심각하게 방해하는 경우가 아니라면 부정적으로만 해석하지 말고 자연스러운 것으로 이해하며 저항의 저변에 있는 실제의 감정에 초점을 둔다.

침묵	침묵이 갖는 실제 의미를 정확하게 파악해야하기 때문에 섣불리 침묵을 깨지 않도록 한다.
양가감정	양가감정을 자연스럽게 여기고 자유롭게 표현할 수 있도록 한다.

✓ 관계를 강화하는 말

① 관심어린 질문: 사람은 누구나 자기 자신에 대하여 가장 큰 관심을 가지고 있다. 상대방의 생각과 일에 관심을 갖고 질문하라.

② 진실된 칭찬: 상대방의 장점과 강점을 찾아 칭찬하라. 칭찬할 것이 없으면 상대방에게 기대하고 싶은 점을 칭찬하라.

③ 진심어린 감사: 상대방의 관심과 호의에 감사하라. 상대방의 존재 그 자체에 감사하는 마음을 표현하라.

④ 힘찬 격려: 상대방에게 용기와 희망을 복돋아 주어라. 수고와 노력을 지지해 주어라.

⑤ 따뜻한 위로: 상대방의 슬픔과 불행을 진심으로 위로하라. 마치 내 일인 것처럼 위로하라.

⑥ 정성 담긴 축하: 상대방의 기쁨과 행복을 진심으로 축하하라. 마치 내 일인 것처럼 축하하라.

⑦ 열정적인 축복: 상대방에게 최고의 축복의 말을 건네라. 최상의 건강과 행복을 기원하라.

⑧ 진솔한 사과: 상대방에게 잘못한 일에 대해 깊이 사과하라. 더 잘해 주지 못한 것에 대해 사과하라.

⑨ 관대한 용서: 상대방의 잘못이나 실수에 대해 관용을 베풀어라. 즉각적으로 아무 조건 없이 깨끗하게 잊어라.

⑩ 가슴 설레는 고백: 사랑하고 좋아한다고 말하라. 만나서 정말 기쁘고 행복하다고 말하라.

"稱讚(칭찬)의 말을 能熟(능숙)하게 할 수 있을 때까지는 결코 結婚(결혼)해서는 안 된다. 獨身(독신)으로 있는 동안은 相對(상대)를 稱讚하거나 말거나 自由겠지만, 일단 結婚을 하고 나면 相對方(상대방) 配偶者(배우자)를 稱讚해 주는 것이 必須條件(필수조건)이 되는 것이다. 이것은 自己의 安慰(안위)를 爲해서도 不可缺(불가결)하다. 결국 사랑이란 日常의 習慣化(습관화)된 行爲(행위)의 持續的(지속적)인 修行을 通하여 相對方을 幸福(행복)하게 하는 것이고, 人間이 갖는 普遍的(보편적) 屬性(속성)에 비추어 결코 쉽지 않은 일이다." - Dale Carnegie(1888～1955)

Indicators of Stress Level

스트레스란 내・외부에서 육체적 또는 정신적 자극이 가해졌을 때 변화하는 상황에 적응하기 위해서 생체가 나타내는 반응을 의미한다. 스트레스는 우리에게 생기는 것이 아니라(be not what happens to us) 생기는 일에 대한 우리의 반응이다(be our response to what happens). 그러므로 생각에 따라 지옥이 천국이 되고 천국이 지옥이 되기도 한다(make heaven of hell and hell of heaven). 또한 스트레스는 인간을 포함한 모든 생체가 매일 매일의 삶속에서 계속적으로 경험하는 것으로 스트레스가 없는 삶은 존재하지 않는다(A complete freedom from stress is death.) 또한, 스트레스는 감기처럼 전염성이 있기 때문에, 성난 표정을 하고 쉴 새 없이 뭔가 투덜대고 짜증을 내는 사람은 옆에 있는 사람도 그렇게 만들 가능성이 높다. 따라서 힘든 상황이라고 하더라도 가능한 긍정적인 마음을 갖는 것이 중요하다(Zastrow, p.256).

Positive Level	Level To High
(1) **Behaviors** - Creative, making good decisions - Friendly - Generally successful - Able to listen to others - Productive, getting a lot done - Appreciate others, sensitive to others, and recognize contributions of others - Smile, laugh, joke	- High-pitched nervous laughter - Not creative - Poor work quality - Overdrink or overeat - Smoke to excess - Stutter - Unable to concentrate - Easily startled by small noises - Impatient - Let little things bother you - Unpleasant to be around - Put others down, irritable - Engage in wasteful activity
(2) **Feelings** - Confident - Calm, relaxed - Pleasure and enjoyment - Excitement and exhilaration	- Resentful, bitter, dissatisfied, angry - Timid, tense, anxious, fearful - Paranoid - Weary, depressed, fed up - Feeling inadequate - Confused, swamped, overwhelmed - Feeling powerless or helpless
(3) **Body Signals** - Able to sleep well - Absence of aches and pains - Coordinated body reactions - Unselfconsciousness about body functioning - In good health, stress-related illness absent	- Loss of appetite, diarrhea, or vomiting - Accident proneness - Sweating, frequent need to urinate - Trembling, nervous tics - Feeling dizzy or weak - Frequent colds and flu - High blood pressure - Tight or tense muscles - Asthma or breathing irregularities - Skin irritations, itches, and rashes - Problems sleeping - Upset stomach or ulcers - Various aches and pains - muscle aches, backaches, neck aches, and headaches

제10장 면접론

1. 의사소통(communication)

"배우는 마음으로 듣고 謙遜(겸손)한 마음으로 말하라. 自己 自身의 말은 活潑(활발)하게 하면서도 다른 사람들이 말하는 동안은 休息時間으로 利用하는 境遇가 없도록 하라. 自己가 말할 때는 生氣 있게 보이지만 相對方이 말할 때는 뚱한 表情을 하는 사람들이 있다. 그런 사람은 아무리 聰明(총명)할지라도 그와 함께 있는 사람들의 士氣를 低下시킨다. 사람들과 함께 있을 때 當身이 그들과 全的으로 함께 있다는 느낌을 傳達하라. 折半은 그들과 함께 있고, 나머지 折半은 다음 約束을 미리 생각하고 있다는 印象을 주어서는 안 된다." - 'George Weinberg'의 'Shakespeare가 가르쳐주는 世上사는 智慧' 中에서

(1) 의미 및 필요성

언어, 신호, 글자, 몸짓, 표정, 태도 등의 사람들 상호간에 공통적으로 사용되는 메시지 전달매체(상징, symbol)를 이용하여 메시지나 정보를 보내는 사람인 송신자(sender)가 메시지나 정보를 받는 사람인 수신자(receiver)에게 정보를 전달하고 이해하는 상호작용과정(the process of interaction)이다. 따라서 의사소통은 메시지를 전달하는 사람과 메시지를 수신하는 사람을 모두 포함한다. 메시지 전달자는 자신의 메시지가 쉽게 수신되고 오해 없이 전달되도록 할 책임이 있고, 메시지 수신자는 메시지 전달자가 의도한 대로 정확하게 메시지를 수신하고 왜곡하지 않을 책임이 있다. 그러나 또한 모든 인간은 자신만의 독특한 개성을 가진 존재들이기 때문에 누구나 독특한 방법으로 사건 및 현상을 인식하고, 경험하고, 상호작용한다는 것을 이해해야 한다. 그러므로 의사소통에 있어서의 오해의 발생은 자연스러운 현상이며 이를 줄이고자 하는 노력이 중요한 것이다. 겸손하고 열린 마음을 가지고 하는 솔직한 대화는 상호만족도와 신뢰감을 증진시키게 된다. 의사소통의 목적으로는 정보의 전달(to inform), 감정과 정서의 표현(to express feeling), 영향력의 발휘(to influence), 통제력의 행사(to control) 등이 있다.

(2) 기능

① 상대방에게 정확하게 전달하는 기능

상대방이 이해하기 쉬운 방법으로 사고를 조직하고 명확하고 단순한 용어를 사용하여 메시지를 전달하려는 노력이 필요하다. 즉 자신의 의사를 적절한 매체를 사용하여 정확하게 표현해야 한다.
cf.(compare, 비교) Talking without speaking(말하지 않고 주절댐)

② 상대방의 생각을 정확하게 받아들이는 기능

선입관이나 편견을 버리고 상대방 이야기의 진의를 받아들여야 한다. 즉 주의깊게 듣고 자신의 방어를 줄이고자 노력하며 또한 애매한 사항은 추가적인 질문 등을 통하여 정확한 사실을 확인하려는 노력이 필요하다.

cf. Hearing without listening(경청하지 않고 흘려들음)

(3) 유형

① 언어적 의사소통(verbal communication)

가장 간편한 의사소통의 도구인 언어 또는 문서로 의사를 교환하는 것으로 사회복지사는 상황에 적절한 단어를 선정해야 하고 문화양식 등도 고려해야 한다.

② 비언어적 의사소통(non-verbal communication)

언어를 사용하지 않고 표정이나 준언어적 신호에 의해 의사를 교환하는 것으로서 일반적인 의사소통에서 의미의 1/3은 언어적 수준에서 전달되고, 2/3는 비언어적 수준에서 전달된다. 그러므로 사회복지사는 클라이언트의 비언어적 표현에 민감해야 할 뿐만 아니라 자신의 감정을 파악하고 자신의 비언어적 의사소통의 표현이 클라이언트에게 미치는 영향을 인식해야 한다. 비언어적 메시지는 용모, 자세, 얼굴표정, 행동, 침묵, 말투, 몸짓, 동작, 물리적 환경 등을 포함한다.

✓ 1·2·3 대화법: 한 번 말하고, 두 번 듣고, 세 번 맞장구치라.

> "사람의 귀가 둘이고 입이 하나인 理由는 말하는 것보다 듣는 것을 두 倍로 하라는 뜻이다(Nature has given us two ears but only one mouth)." - Benjamin Disraeli(1804∼1881)

(가) 표정

표정은 말로서 표현하고자 하는 내용을 더욱 분명하게 전달해 주는 기능이 있다. 눈썹을 치켜 올리거나 눈에 힘을 주거나 눈을 크게 뜨는 것은, 비록 말로 표현하지는 않아도 뜻밖이거나 놀랐거나 불쾌하다는 의미이고, 찡그리거나 미소를 짓는 것은 또한 그 나름대로의 의미를 가감 없이 전달하게 된다.

> "가장 마음에 드는 表情을 얼굴에 실어라. 그리고 그 表情으로 사람을 對하라."

✓ 뒤셴 미소(Duchenne smile): 입만 웃는 '거짓 미소'가 아니라 눈가에 주름살이 잡히고, 뺨이 위로 올라가며, 눈꺼풀이 내려가는 정말 즐거워서 짓는 미소

(나) 눈 맞춤

문화에 따라 다소 차이가 있겠지만 대개 관심이 있거나 열의가 있으면 사람들은 대화하는 상대방에게 눈을 맞추게 되고, 지루하거나 관심이 없으면 눈을 잘 맞추려고 하지 않게 된다. 특히 두려워하거나

불안한 경우, 또는 솔직하지 못한 의사소통을 하는 경우에는 눈 맞추는 것을 최대한 피하려는 경향이 발견된다.

(다) 자세와 몸동작

팔짱을 끼고 있으면 어쩐지 방어적이라는 인상을 주게 되고, 다리를 떨고 있으면 불안한 느낌을 주게 된다. 손으로 손수건이나 옷의 가장자리를 비틀고 있으면 긴장하고 있음을 짐작할 수 있고 주먹을 불끈 쥐고 있으면 분노했다고 느끼게 한다.

"몸은 입으로 하는 말보다 더 많은 것을 이야기해 준다."

(라) 옷차림과 외양

옷차림은 그 사람의 직업이나 연령, 성격, 처한 환경, 현재의 기분 등을 대개 짐작할 수 있게 해 준다. 상담자의 옷차림은 보편적이고 깨끗하고 단정한 스타일이 무난할 것이다.

"Eat what you like, but dress for the people(먹는 것은 자기가 좋아하는 것을 먹되, 입는 것은 남을 위해 입어야 한다)." - Benjamin Franklin(1706~1790)

"Do not judge by appearances, a rich heart may be under a poor coat."

(마) 목소리

크거나 너무 작지 않은 목소리로 정확하게 발음해야 한다. 또한 클라이언트에 대한 충분한 이해와 배려를 기초로 말에 따뜻함이 표현되어야 한다.

(바) 물리적 환경

클라이언트에게 지나치게 가까이 다가가거나 지나치게 멀리 떨어져 있지 않도록 하면서 편안하고 개방적인 자세를 취하는 것이 좋다. 또한 소음이 발생되는 물품 등 양자 간에 면접에 장애가 될 만한 물품이 놓여 있지는 않은지 점검해야 한다.

	Disirable(바람직 함)	Undesirable(바람직하지 못함)
Facial expressions (표정)	· Direct eye contact(except when culturally proscribed) · Warmth and concern reflected in facial expression · Eyes at same level as client's · Appropriately varied and animated facial expressions · Mouth relaxed; occasional smiles	· Avoidance of eye contact · Eye level higher or lower than client's · Staring or fixating on person or object · Lifting eyebrow critically · Yawning · Frozen or rigid facial expressions · Inappropriate slight smile · Pursing or biting lips

Posture (자세)	· Arms and hands moderately expressive; appropriate gestures · Body leaning slightly forward; attentive but relaxed	· Rigid body position; arms tightly folded · Body turned at an angle to client · Fidgeting with hands(including clipping nails or cleaning pipe) · Squirming or rocking in chair · Slouching or placing feet on desk · Hand or fingers over mouth · Pointing finger for emphasis
Voice (목소리)	· Clearly audible but not loud · Warmth in tone of voice · Voice modulated to reflect nuance of feeling and emotional tone of client messages · Moderate speech tempo	· Mumbling or speaking inaudibly · Monotonic voice · Halting speech · Frequent grammatical errors · Prolonged silences · Excessively animated speech · Slow, rapid, or staccato speech · Nervous laughter · Consistent clearing of throat · Speaking loudly
Physical proximity (물리적 거리)	· Three to five feet between chairs (1 foot = 12 inches = 30.5 cm, 1 yard = 3 feet)	· Excessive closeness or distance · Talking across desk or other barrier

(4) 원칙

① 목적성(purpose)

의사소통의 목적을 분명히 하고 목적을 성취하기에 적합한 방법을 선택한다.

② 정확성(accuracy)

주관이나 억측은 피하고 객관적 사실, 실적, 수치, 자료 등을 갖추어 육하원칙을 기준으로 논리적이고 실증적으로 이야기한다.

③ 적시성(timing)

시기를 놓치지 않고 적절한 시점에 적절히 시행한다.

④ 경제성(economy)

시간, 노력, 비용, 효과를 고려하여 가장 효율이 높은 매체를 선택한다.

(5) 장애요인

① 선택적 인지

이해할 수 있는 정보만 입수하고, 또한 듣고 싶은 것만 듣게 되면 동일한 정보를 제공해도 상이하게 받아들이게 되어 의사소통에 장애를 초래할 수 있다. 예를 들어 사회복지사가 면접의 목적을 명확히 하지 못할 때, 사회복지사와 클라이언트는 다르거나 상반된 목적을 가질 수 있는데, 목적의 혼란이 있을 경우에 사회복지사와 클라이언트는 자신과 상대방의 생각을 왜곡하여 해석할 가능성이 있다.

② 성급한 판단과 극단적 평가

상호간 충분한 의사소통을 통한 기초자료 확보나 신뢰의 형성 없이 클라이언트를 변화시키기 위해 너무 성급하게 개입하면 의사소통장애 발생의 가능성이 커지고, 또한 좋다 또는 나쁘다 등의 흑백적 선택은 문제해결에 바람직하지 않다.

③ 고정관념, 추측 및 방심

선입관 등 지각능력의 편견은 클라이언트를 주의 깊게 경청하고 관찰하기보다 미리 예측하게 하여 장애를 초래할 수 있다.

✓ Confirmation bias(확인편향): 정보의 참・거짓과 무관하게 자신의 믿음과 일치되는 정보만을 선호하는 경향

④ 잘못된 가정

모두 자신처럼 생각할 것이라고 예단한다든지, 사회복지사가 클라이언트의 애매한 message의 의미를 클라이언트에게 확인하지 않고 넘겨짚고 면접을 진행할 때 의사소통에 장애를 초래할 수 있다.

⑤ 표현의 억제 또는 통제의 부재

클라이언트와의 인간관계를 손상할까봐 부정적 감정을 자제 할 경우에 의사소통에 장애를 초래할 수 있다. 그러나 또한 의사소통에 장애를 야기할 수 있는 비난이나 논쟁도 감정의 적절한 조절을 통하여 통제해야 한다.

⑥ 부적합한 시간과 장소

일반적으로 면접은 물리적인 상황의 통제가 용이한 면접을 전문으로 하는 면접실에서 하는 것이 가장 이상적이지만, 면접의 목적을 달성하기 위해서는 클라이언트에게 편안함과 안전감을 줄 수 있고 접근이 편리한 장소를 적절히 선정 및 활용하여 면접을 행하는 것이 바람직하다. 또한 면접일시를 사전에 클라이언트와 약속해야 하고, 면접의 목적에 따라 면접에 소요되는 시간도 적절히 결정되어야 한다. 부적합한 시간이나 장소에서 의사소통이 시도될 경우에는 장애가 발생할 가능성이 커진다.

> "詩人은 오로지 詩만을 생각하고, 政治家는 오로지 政治만을 생각하고, 經濟人은 오로지 經濟만을 생각하고, 學者는 오로지 學文만을 생각한다면, 이 世上이 樂園이 될 것 같지만, 詩와 經濟의 사이, 政治와 經濟의 사이, 官廳과 學文의 사이를 생각하는 사람이 없으면, 다만 休紙(휴지)와 勸力(권력)과 돈과 搾取(착취)와 抑壓(억압)과 統計(통계)만 남게 될 뿐이다." - 김광규의 '생각의 사이' 中에서

긍정적 및 부정적 의사소통법

효율적 의사소통을 위한 10가지 충고	소외당하기 쉬운 10가지 충고
(1) 상대방의 말을 잘 듣고 반응하려고 노력하라.	(1) 상대방이 없을 때 상대방을 비웃는다면
(2) 말하는 동안에는 들을 수 없으므로 말하는 것을 멈추고 들어야 한다. 말은 상대방의 방식대로 들어야 한다.	(2) 상대방이 말하는 것을 중간에 끊거나 모든 대화에서 당신만 계속 말한다면
(3) 상대방의 말을 이해하려고 노력하고 관심을 갖고 들어라.	(3) 상대방이 말하고 있을 때 끼어들어 당신의 자랑을 시작한다면
(4) 상대방의 가치를 인정해 주라.	(4) 당신의 생각과 다른 말을 할 때 상대방의 말을 무시한다면
(5) 상대방을 격려하고 긍정적으로 말하라.	(5) 상대방의 관심보다는 당신의 관심에만 초점을 맞추어 말한다면
(6) 상대방의 비밀을 가볍게 전하지 말라.	(6) 항상 상대보다는 당신이 더 중요하다고 느낀다면
(7) 어려운 이야기는 말할 시기를 잘 맞추라.	(7) 상대방을 있으나마나한 존재로 여긴다면
(8) 자신의 감정, 느낌, 마음의 상처를 말로 표현하라.	(8) 상대방과 만나면 말로 싸워서 꼭 이긴다면
(9) 상대방을 내 마음대로 넘겨짚어 생각하지 말라.	(9) 상대방의 단점을 지적하고 꼭 수정하게 한다면
(10) 메모, 질문, 반복, 감사 등으로 잘 듣고 있음을 표현하라.	(10) 상대방에게 당신의 잘못을 절대 사과하지 않는다면 당신은 언제나 남들로부터 소외당하게 될 것이다.

※ 역기능적 의사소통유형(성민선, 송준, 1988)

① 회유형

상대방이 화를 내거나 비난하지 않도록 하기 위해 무슨 일이든지 상대방의 비위를 맞추려고 한다. 자존감이 낮으므로 어떤 방식으로든 상대방의 인정을 얻으려고 한다.

② 비난형

상대방이 자신을 두려워하도록 만들기 위해 혹은 상대방에게 강하게 보이기 위해 타인의 결점을 발견하고 항상 긴장하며 타인을 비난한다.

> "남의 흠을 잡는 것은 아무 所用없는 짓이다. 相對方은 곧 防禦態勢(방어태세)를 갖추고 어떻게든지 自身을 正當化하려 들 것이다. 더구나 自尊心이 傷한 相對方은 反抗心(반항심)을 갖게 되며 結局 願치 않는 結果를 招來(초래)하게 된다." - John Wanamaker(1838~1922)

③ 계산형

자신의 감정적이고 나약한 모습을 상대방에게 보이지 않기 위해 항상 정확하고 침착하며 매우 이성적으로 행동하여 마치 컴퓨터같은 느낌을 준다.

④ 혼란형

상황을 제대로 파악하지 못하는 사람처럼 행동한다. 현실을 인식하려고 하지 않는 유형으로 의사소통이 산만하고 초점이 없다.

✓ 의사소통과정 중 클라이언트의 방어적 태도의 유형

종류	예
부정(denial)	우리에게는 문제가 없다니까요.
비난(blaming)	그것은 무능력한 남편 탓이에요.
명명(labeling)	원래 그렇게 무책임한 사람이에요.
엄살(being fragile)	더 이상은 힘들어서 제가 감당할 수 없어요.
회피(avoidance)	남편은 오늘 올 수가 없어요.
주의분산(distraction)	그것에 대해 얘기하는 것이 더 중요할 것 같은데요.
비관(helplessness)	아무 소용도 없을 거예요.
지나친 동조(being overly agreeable)	그럼요. 맞습니다. 맞고말고요.
침묵(silence)	

2. 면접(interviewing)

"The problem is not what you said, but the way you said it!"

(1) 정의

① 일반적 정의

의사소통의 한 형태로서 사람과 사람이 어떤 구체적인 목적을 갖고 일정한 시간, 일정한 장소에서 직접 얼굴을 맞대고 생각과 느낌이 교환되는 가운데 언어적 및 비언어적 의사소통을 포함한 상호작용을 통하여 이루고자 하는 목적을 달성하기 위한 대화행위이다.

② 사회사업적 정의

기본적이고 중요한 사회복지실천기술의 하나로 개입을 결정하는데 필요한 자료를 수집하기 위하여 사회복지사가 활용하는 중요한 도구인데, 인간의 행동과 반응에 대한 전문적 지식과 인간관계의 기술을 갖춘 사회복지사가 클라이언트와 그의 문제를 이해하고 원조한다는 목적을 가지고 의도적으로 이끌어 나가는 전문적 대화라고 할 수 있다. 사회복지사는 대화의 내용이나 그때의 클라이언트의 표정이나 태도에서 문제해결을 위한 정보를 얻는 것 뿐 아니라 면접의 행위 자체를 통해서 클라이언트에게 도움을 제공하기 위해 실시된다.

(2) 종류

① 정보를 얻기 위한 면접 → 모을 수 있는 것들은 다 모아서

클라이언트의 개인적, 혹은 사회적 문제와 관련된 사회적 배경이나 개인의 성장발달사에 관한 정보를 얻기 위한 면접으로 사회복지사는 클라이언트에 대한 객관적 사실과 그의 주관적 감정, 태도 등을

파악해야 한다. 구체적으로 연령, 성별, 학력, 결혼상태, 거주지 주소 등의 일반적 사항, 현재의 문제 상황 및 과거력(과거에 유사한 문제가 있었는지 여부, 이를 극복하기 위한 노력, 치료형태, 치료기관 등), 원 가족과의 관계, 부모 및 형제관계, 부부 및 자녀관계 등의 가족력, 아동기의 성장과정, 발달단계상의 문제, 학교생활, 교우관계, 직장생활, 결혼생활 등의 개인력, 그리고 클라이언트가 가지고 있는 사회적, 직업적 기능 정도를 파악한다.

② 사정을 위한 면접 → 필요한 것들만 고른다.

서비스에 대한 의사결정을 하기 위한 면접으로서, 파악된 클라이언트의 일반적 정보를 토대로 구체적 개입계획을 수립하기 위한 면접이다.

③ 개입을 위한 면접

클라이언트를 도와서 스스로 변하게 하거나 클라이언트의 기능을 향상시키기 위해서 사회적 환경을 변화시키기 위한 면접으로, 클라이언트가 선호하는 사회적 환경에 중심을 두고 변화시키는 것이다. 클라이언트가 가진 욕구나 문제의 개선 및 해결을 위해 이루어지는 면접을 통해 클라이언트의 동기화가 이루어지고 자신감이 강화되며 필요한 기술을 익힐 수 있도록 도움을 제공할 수 있는데. 이를 통해 문제를 해결할 수 있는 능력을 갖추게 된다.

✓ 면접의 유형: 구조화 면접(표준화 면접), 비구조화 면접(비표준화 면접), 반구조화 면접

(3) 원칙과 방법

① 관심집중(concentration of the concern)

관심집중이란 예를 들어, 클라이언트를 향하여 앉고, 개방적인 자세를 취하며, 따뜻한 표정을 짓고, 시선을 통한 적절한 접촉을 갖는 등 클라이언트에게 물리적으로, 또한 심리적으로 주의를 집중하는 것을 의미한다. 클라이언트는 사회복지사의 이런 태도를 통하여 자신이 충분히 가치 있는 존재로 취급받고 있다는 느낌을 갖게 되고, 그 결과 상담에 적극적으로 참여하게 될 가능성이 커진다.

② 관찰(observation)

클라이언트의 목소리가 높거나 낮아진다거나, 말하지 않고 숨기는 부분이 있다거나, 진술에 있어서 의미 있는 gap(차이)에 대해서도 주의를 기울여야 한다. 또한 신체적 긴장, 얼굴이 붉어지거나 흥분, 낙담하는 모습이나 태도, 행동 등도 주의 깊은 관찰이 필요한데, 이러한 것들은 클라이언트가 진술하는 말을 보충해 주며 때로는 클라이언트의 진술과는 전혀 반대되는 사실을 표현해 주는 경우가 있기 때문이다.

③ 경청(敬聽, active listening)

= 耳(귀) + 王(내민다) + 直(바른) + 心(마음) = 바른 마음으로 다른 사람의 말에 귀를 기울임.

= 耳 + 壬 + 十 + 目 + 一 + 心 = 여러 시각에서 다양한 측면을 고려하여 들음.

말하는 사람의 생각이나 감정, 사고 모두에 대한 이해를 동반하여 듣게 되면 효율적인 면접진행의 가능성이 커지게 된다. 경청, 다시 말해 적극적 청취란 적절한 고개의 끄덕임, 단순한 음성 반응(아, 예, 응, 그랬군요 등), 관심어린 질문, 클라이언트가 한 말의 반복, 요약, 환언 등을 통하여 클라이언트의 입장에서 클라이언트의 생각이나 기분을 이해하기 위하여 적극적으로 듣는 것을 의미하는데, 클라이언트의 문제를 충분히 이해하기 위해서는 클라이언트가 말을 많이 하도록 하여야 하고, 이를 귀담아 듣는 과정에서 클라이언트에 대해 품었을지도 모를 선입감이 완화되고 라포(rapport)가 형성되며 문제의 규명은 물론 해결에도 도움이 된다.

✓ Rapport

면접에 있어서 면접자와 피면접자 간에 상호신뢰를 기초로 한 인간적인 친화관계가 형성되는 것으로 두 사람의 생각, 흥미, 감정 등이 일치해서 양자가 맺어질 때의 감정을 의미한다.

"世上에는 自己 이야기를 들어줄 사람이 必要(필요)해서 醫師(의사)를 부르는 患者(환자)들이 많다." - Reader's digest

"If you learn to listen intently to other people's stories, you will find all the friends you desire and want."

④ 수용(acceptance)

수용이란 적절한 눈 맞춤이나 표정, 고개의 끄덕임, "예", "그래서요" 등과 같이 짧은 문장으로 표현되는데, 클라이언트의 진술 및 태도에 대한 사회복지사의 반응을 의미한다. 이런 반응은 사회복지사가 클라이언트에게 관심과 주의를 기울이고 있으며 클라이언트의 말을 의심 없이 있는 그대로 받아들이고 있다는 사회복지사의 태도를 나타내는 것이다.

"成功에 秘訣(비결)이라는 것이 있다면 그것은 남의 立場을 理解(이해)하고, 自己의 立場과 同時에 남의 立場에 서서도 事物을 볼 줄 아는 能力일 것이다." - Henry Ford(1863~1947)

⑤ 질문(question)

질문은 면접의 중심이 되는 기술로서 사회복지사는 상담의 진행 중에 클라이언트의 상황에 보조를 맞추어서 적절한 시점에 질문을 해야 한다. 클라이언트는 민감하기 때문에 사회복지사가 진정 자기를 돕고자 하는 열의를 가지고 있다고 느끼게 되면 최선을 다해 응답하게 된다. 그러나 클라이언트가 민감하게 느끼거나, 불편해하거나, 콤플렉스를 갖는 내용은 제외하는 것이 좋고, 대답할 수 있는 수준을 넘어선 질문을 하거나 특별한 이유 없이 같은 질문을 반복하는 것도 피해야 한다. '듣기'에서 가장 중요한 기술은 '잘 들어주기'가 아니고 '질문하기'라고도 한다. 왜냐하면 질문은 상대방에게 관심을 갖고 있을 때 나오며 또한 이야기를 끌어내는 힘이 있기 때문이다.

⑥ 해석(interpretation)

해석이란 클라이언트가 명확하게 의식하지 못하는 행동들 간의 관계나 의미에 대한 가설을 제시하는 것으로 클라이언트의 행동이나 증상의 배후에 대하여 설명해 줌으로써 클라이언트가 자신의 무의식적 동기나 갈등을 의식화할 수 있도록 돕는 것을 의미한다. 사회복지사는 클라이언트에게 보다 자세하게 말하도록 격려해주고 표현을 도와주어서 클라이언트가 진술한 여러 사태의 관계를 자기 스스로 발견하도록 도움을 제공해야 한다.

- 사례
- 사회복지사: 어머니와 당신과의 관계가 안 좋은 것은 어머니가 형과 당신을 차별대우했기 때문이라고 생각합니까?

⑦ 침묵(silence)

침묵은 상담에서 가장 기본적인 기술로, 침묵을 통하여 사회복지사의 신중하고 깊은 수용을 클라이언트에게 전달하는 것을 의미한다. 클라이언트의 문제를 충분하게 이해하기 위해서는 클라이언트가 되도록 말을 많이 하도록 해야 하고, 아울러 클라이언트의 말을 중단시키는 것은 가급적 피해야 한다.

"世上의 折半(절반)은 할 말이 있어도 안하는 사람들이고, 나머지 折半은 할 말이 없어도 쉬지 않고 떠들어대는 사람들이다." - Marcel Proust(1871~1922)

"굴은 보름달이 뜨면 껍질을 완전히 연다. 게는 그것을 보고 돌이나 해초를 안에 던져 넣어 다시 껍질을 닫지 못하게 한다. 그런 다음 게는 굴을 편안히 먹어 치운다. 너무 입을 많이 열어 듣는 사람의 손아귀에 자신을 갖다 바치는 사람의 운명도 굴의 운명과 다를 바가 없다." - Leonardo da Vinci(1542~1519)

"Silence isn't empty, it's full of answers."

"Never miss a good chance to shut up(人間이 하기 第一 어려운 일은 벙어리처럼 行動하기이다)." - Talmud

⑧ 반영(reflection)

반영은 클라이언트의 행동이나 말에서 표현된 기본적인 태도나 행동 및 주요 감정의 내용을 사회복지사가 다른 참신한 말로 부연하는 것을 의미하는데, 즉 사회복지사는 "내가 느끼고 보는 방식대로 내가 너의 세계를 정확히 파악할 수 있다"는 것을 클라이언트에게 전달하는 것이다. 이때 사회복지사는 클라이언트가 말로 표현한 수준 이상으로 깊이 들어가지 않아야 하고, 클라이언트가 분명하게 표현하지 않은 것을 언급하는 것은 명료화나 해석이 되기 쉽다.

- 사례
- 클라이언트: 저는 남자친구를 갖고 싶지만 남학생들 앞에서는 말을 잘 할 수가 없어요. 친하게 이야기를 나눌 수 있는 남학생이 아무도 없어요.
- 사회복지사: 이성에게 열등감을 느끼는 모양이군요.

“남의 立場에 自己를 놓을 줄 알고 남의 마음의 움직임을 理解(이해)할 수 있는 사람은 앞날을 걱정할 必要가 없다.” - Owen D. Young(1874~1962)

⑨ 명료화(clarification)

명료화는 클라이언트의 말속에 내포되어 있는 혼동되고 갈등적인 느낌을 가려내어 클라이언트에게 명확하게 표현하는 것으로, 클라이언트가 애매하게 느끼던 내용이나 자료를 사회복지사가 말로 표현해 준다는 점에서 클라이언트가 자신의 상황에 대해 분명하고 객관적인 인식을 갖도록 도와주는 언급이라고 할 수 있다. 클라이언트가 이야기하는 내용의 의미를 분명하게 하는 것이고 주로 질문 형식으로 이루어지며 이를 통해 클라이언트 스스로가 이해를 받고 있으며 상담이 잘 진행된다는 느낌을 갖게 해준다.

- 사례
- 클라이언트: 저는 그런 이야기를 들으면 꼭 어떤 상황이 떠오릅니다.
- 사회복지사: 그런 이야기가 어떤 이야기인지, 그리고 어떤 상황이란 무슨 상황인지 자세하게 이야기해 주시겠습니까?

⑩ 초점화(focusing)

클라이언트에게 가장 중요한 부분을 질문하는 방식으로 문제의 다양한 부분을 중요한 영역으로 제한하고 접근하기 위한 면접의 기술이다.

⑪ 긍정화(affirmation)

긍정화는 클라이언트의 말, 행동, 태도, 비음성적 메시지를 토대로 거기에서 긍정적인 면을 발견하여 그 점을 부각시키는 것으로 이를 잘 활용하면 상담의 분위기를 긍정적이고 희망적이 되도록 유도할 수 있다.

⑫ 직면(confrontation)

직면이란 클라이언트에게서 보고 느낀 점 중에서 어떤 모순점이나 의혹이 있을 때 그것을 되물어 주는 것을 의미한다. 즉 클라이언트가 모르고 있거나 인정하기를 거부하는 생각과 느낌에 대해서 주목하도록 하는 것으로, 가령 클라이언트가 모르고 있는 과거와 현재의 연관성, 행동과 감정 간의 유사점 및 차이점 등을 지적하여 상황을 정확하게 인식하도록 돕는 것이다.

- 사례
- 클라이언트: 저의 시어머니는 사사건건 트집을 잡습니다.
- 사회복지사: 시어머니가 트집을 잡는 것인지, 혹은 당신이 트집을 잡힐 행동을 하는 것은 아닌지요?

“I don’t know the key to success, but the key to failure is trying to please everybody.” - Bill Cosby(1937~)

⑬ 충고(advice)

충고란 문제의 해결이나 개선을 위해 조언이나 충고를 적절한 때에 적절한 방법으로 사용하는 것을 의미한다. 단, 충고를 할 때 클라이언트가 무시당하고 있다는 느낌을 갖게 해서는 안 되기 때문에 충분한 라포의 형성이 전제되어야 한다.

"A critic is a man who knows the way but can't drive the car." - Kenneth Tynan(1927～1980)

⑭ 요약(summary)

요약이란 클라이언트가 한 진술의 초점을 압축해서 명확하게 하도록 하는 것으로, 클라이언트의 이야기를 듣고 나서 사회복지사가 사건의 내용과 클라이언트의 감정을 종합해서 간결하게 전달하는 것을 의미한다. 요약기법은 클라이언트가 전달하려는 바가 분명치 않을 때, 클라이언트가 여러 가지 주제, 내용, 상황, 사건 등을 한꺼번에 말하고자 할 때, 클라이언트가 너무 오래 말할 때, 클라이언트가 무슨 말을 하고 있는지 혼돈에 빠졌을 때, 사회복지사 역시 클라이언트를 충분히 이해하고 있는지 의심스러울 때 등의 상황에서 활용된다.

- 사례
- 사회복지사: 지금까지의 이야기를 요약해보면, 당신의 잦은 음주가 직장동료와의 갈등에 따른 스트레스를 풀고 또 불면증 때문이라고 하셨습니다. 그 외에 다른 이유가 있다면 이야기해 주세요.

⑮ 환언(재언급, say in other words)

환언이란 클라이언트의 이야기를 듣고서 사회복지사가 자기의 표현양식으로 바꾸어 말해주는 것을 의미하는데, 사회복지사가 클라이언트를 이해하고 있음을 전달하며, 좀 더 간결한 방식으로 클라이언트의 대화내용을 요약하며, 클라이언트의 말을 사회복지사가 올바로 이해하고 있는 가를 확인해 보기 위한 것이다. 반영이 대화 뒤에 숨긴 느낌에 강조점을 두는 반면에 환언은 대화의 내용 즉 인지적 측면에 강조점을 둔다.

⑯ 자기 노출(self-exposure)

자기 노출이란 사회복지사가 적절한 때에 솔직한 자신의 생각, 경험, 느낌 등 자기 자신을 노출해서 클라이언트가 사회복지사를 신뢰하게 되고 자기개방을 촉진시켜 더욱 깊이 있는 자기탐색을 하게 되는 것을 의미한다. 상담 중의 적절한 시점에 자기노출을 적절하게 사용하게 되면 사회복지사가 클라이언트를 이해하고 있다는 감정을 증진시킬 수 있다. 왜냐하면 상대방에게 자기 자신을 솔직하게 보여주는 것이 상호신뢰의 기본이며, 이를 통하여 사실, 정보뿐만 아니라 상대방의 감정이나 정서를 이해할 수 있기 때문이다.

- 사례
- 클라이언트: 집에 있을 때면 자주 긴장이 됩니다. 특히 아버지가 오실 때가 되면 더 심해집니다.

- 사회복지사: 저의 경우에도 아버지와 단둘이 있으면 어머니와 있는 것보다 힘이 든 적이 있었는데, 그 당시 아버지와 제가 의견이 많이 달랐을 때였습니다. 당신은 어떤지요?

"함께 우는 것만큼 사람의 마음을 結合시키는 것은 없다."

⑰ 격려, 지지(encouragement)

말하는 사람의 행동은 듣는 사람의 반작용에 영향을 받는데, 적절한 반응은 추가적인 정보의 획득을 가능하게 해 준다. 격려(지지)는 클라이언트가 이야기를 시작한 후에 자신의 문제를 좀 더 깊은 수준까지 설명하는 방향으로 이야기를 계속하도록 사회복지사가 적절한 반응을 통하여 유도하는 것을 의미하는데, 클라이언트가 불안하여 표현을 억제하거나 자신의 바람직한 행동에 자신감을 느끼지 못할 때 필요하다.

"남의 長點을 키우기 위해서는 稱讚(칭찬)해 주는 것과 激勵(격려)해 주는 것이 가장 좋은 方法이다. 그 例外(예외)는 아직 한 番(번)도 겪어 본 일이 없다." - Charles M. Schwab

"Sometimes a hug is worth more than a thousand words."

⑱ 재보증

합리적이고 현실적인 생각과 결정에 대해서 클라이언트가 의구심을 가지고 있을 때 클라이언트의 능력에 대해 사회복지사가 신뢰를 표현하며 자신감을 갖게 하는 것이다.

⑲ 구조화(structuring)

구조화는 상담 목표의 설정, 목표도달 방법, 상담의 규칙에 관한 설명 등을 포함한 전체적인 상담계획의 구상을 통하여 클라이언트에게 상담에 대한 올바른 기대를 심어주는 것을 의미한다. 상담의 구조화를 통하여 도울 수 있는 것이 무엇인지 그리고 그 한계와 제한점, 클라이언트가 기대할 수 있는 것이 무엇인가를 명백히 할 수 있다.

⑳ 교육(education)

상담기법으로서의 교육이란 클라이언트에게 문제의 해결에 필요한 실질적인 지식을 제공함으로써 클라이언트를 교육시키고 올바르지 않는 개념이나 정보를 시정하여 상담의 효과를 극대화하기 위해 활용된다. 단, 클라이언트가 충고처럼 느껴져서 무시당하고 있다는 느낌을 갖지 않도록 사려깊게 접근해야 한다.

✓ 면접의 8대 요소(면접의 원칙과 방법 by Ann Garrette): 대화, 경청, 관찰, 질문, 해석, 평가, 사적 질문에 대한 응답, 통솔과 지도

✓ 면접자의 태도: 중립성, 공평성, 자연스러움, 일상회화의 분위기, 친절, 진지함

※ 코칭(coaching)

코칭이란 클라이언트가 성장하고 성공하도록 돕는 미래지향적인 대화로서 티칭이나 조언과는 차이가 있다. 티칭이나 조언은 가르치는 사람의 생각과 방법으로 이끄는 상하관계를 통한 개입의 의미가 강하지만 코칭은 양자 간의 유연한 수평적 관계를 전제로 한다. 코칭은 클라이언트의 어떤 특정한 부분에 집중하는 것이 아니라 전반적인 관심을 가져 클라이언트가 삶의 균형을 갖고 스스로 성장하도록 돕고 특히 잠재적 능력을 발견하는 것을 중시한다. 상담은 사람의 심리에 좀 더 집중하는데 비해 코칭은 사람의 행동을 성숙시키는데 초점을 두어 지속가능한 행동 변화를 위해 경청, 개방적 질문, 판단·평가·강요가 배제된 피드백, 지지, 격려 등의 기법을 활용한다.

Ralph Waldo Emerson(1803～1882)은 "사람들은 자신을 확실하게 믿어주면 그들 역시 자신의 위대한 모습을 당신에게 확실하게 보여줄 것이다."라고 했다. 모든 사람은 무한한 가능성이 있고 창의적이며 필요한 답은 자신에게 있다는 것을 아는 완전한 존재이다. 결국 클라이언트를 신뢰하고 대화를 통하여 클라이언트가 저항하지 않고 스스로 깨우칠 수 있도록 돕는 것이 코칭이라고 할 수 있다(박월서 원더풀라이프코칭 원장, 2010).

✓ 스트로크(stroke)

사람은 사람, 그리고 사물과의 접촉을 통한 자극이 없으면 마음이 균형을 잃게 되어 심리적 증상뿐만 아니라 신체적 건강까지 유지할 수 없는데, 이렇게 사람들과의 접촉 또는 사물과의 접촉을 통해 얻어지는 자극을 스트로크라고 한다. 스트로크라는 의미는 '어루만지다', '쓰다듬다', '애무하다', 등의 의미로 어떤 타인의 존재를 인정하는 행위이자 자신의 존재를 인정받는 자극이다. 대부분의 사람은 어린 시절에 머리를 쓰다듬거나 안아 주는 스트로크를 받는다. 그런데 이러한 접촉은 자극이 되고 이에 반응하면서 심신의 발달이 촉진되며 자아가 형성된다. 피부에 맞대는 신체적 접촉이나 칭찬이나 격려 등 자신의 가치나 존재를 인정받는 마음을 맞대는 감성적 접촉을 스트로크라고 한다.

"强制(강제)로 說得(설득)당한 사람은 絕對(절대)로 생각을 바꾸지 않는다." - Dale Carnegie(1888～1955)

(4) 면접기록

① 개념과 목적

사회복지사가 개입한 사례를 첫 단계부터 종결과 사후관리까지의 전체 과정을 객관적으로 서술하는 것으로, 클라이언트의 욕구 파악과 개입 방향 설정, 개입과정 점검, 개입의 효과성 점검, 클라이언트 자신에 대한 이해, 실천가 대상 교육·지도·감독, 기관 내 다른 전문가들에게 정보 제공과 기관 내외 전문직 간 협력 활성화 등에 도움이 된다.

② 기록의 종류

㈎ 과정기록

상담내용을 구체적이고 정확하게 상기할 수 있도록 그대로 기록하는 방법인데, 단점들로는 기록에 시간 소비가 많아 비효율적이고, 기억에만 의존하기 때문에 사실의 왜곡이 발생할 가능성이 있다.

㈏ 요약기록

사회복지기관에서 가장 많이 사용하는 형태로서, 변화된 상황, 개입활동, 중요정보 등을 요약하여 기록하는 방법인데, 단점들로는 사실적으로 전달되지 않을 가능성과 클라이언트나 사회복지사의 생각이나 느낌이 잘 드러나지 않을 수 있다.

㈐ 이야기체기록

사회복지사가 클라이언트, 상황, 서비스에 대해 이야기하듯 서술하고 기록하는 것인데, 단점들로는 기록에 시간 소모가 크고, 지나치게 단순화하거나 초점이 흐려질 가능성이 있으며, 기록자의 관점에 많이 좌우될 수 있다.

㈑ 문제중심기록

현재 제시된 문제 중심으로 구성문제의 영역을 밝히고, 각 문제에 대한 계획을 기록하는 방법으로, SOAP기법이 가장 많이 사용되는 형태이다.

⑸ 사회복지사의 면접기법, 발생 가능한 문제와 책임

① 사회복지사의 면접기법

㈎ 개방형 질문(open-ended question)은 클라이언트가 말하고자 하는 것을 말할 수 있게 하기 때문에 면접의 초기 단계나 면접의 특정 부분에서 사용하는 것이 유리하다.

㈏ 광범위한 개방형 질문에서 시작하여 점점 구체화된 질문을 통하여 특정한 영역에 초점을 집중하도록 하고, 중립적이고 편견 없는 질문을 사용해야 한다.

㈐ 사회복지사가 클라이언트로부터 들은 진술을 클라이언트에게 다시 말함으로써 사회복지사의 잘못된 이해를 교정하는 것이 가능한데 이러한 환류(feedback)는 정확한 의사소통을 위해 필요하다.

㈑ '왜'로 시작되는 질문은 행동을 설명해야 되기 때문에 클라이언트가 방어적 자세를 취할 수 있으므로 가급적 피하는 것이 좋다. 유도형 질문은 사회복지사가 클라이언트의 응답을 특정 방향으로 이끌려는 의도로 행해지는 것이기 때문에 옳지 않다. 또한, 중첩형 질문은 한꺼번에 많은 질문을 던지는 것으로 질문의 초점을 잃고 응답이 피상적이 될 가능성이 크므로 피해야 한다.

㈒ 직접질문과 간접질문을 적절하게 활용하도록 한다. 직접질문은 "이 일을 당신이 했습니까?" 등의 의문문의 형태이고, 간접질문은 "이것을 누가 했는지 모르겠네요." 등의 서술문 형태의 질문이다.

② 발생 가능한 문제

㈎ 클라이언트로부터 인정받으려는 마음에서 성급하고 부적절한 해석을 하거나 지나치게 이론과 형식

에 끼워 맞추려고 하는 경우가 있다.

(나) 사회복지사 자신의 가치판단 기준을 가지고 클라이언트를 비난하거나 배척하는 경우가 있다.

(다) 근친상간적 주제 혹은 성적인 주제를 클라이언트가 내 놓을 때, 사회복지사 자신이 불안을 느껴 회피해버리고 충분히 다루지 못하는 경우가 있다.

(라) 그밖에 사회복지사의 종교적, 사회적 편견, 클라이언트에 대한 관심 부족, 클라이언트의 침묵에 대한 사회복지사의 불안, 사회복지사의 일방적 주제 변경, 사회복지사 자신의 내면적 갈등 및 정서적 미숙 등으로 인한 문제들의 발생 가능성이 있다.

③ 사회복지사의 책임

(가) 사회복지사는 클라이언트가 편안한 마음으로 참여할 수 있고, 개입결정에 필요한 클라이언트의 사고, 감정 및 지각을 사회복지사에게 자유롭게 표현할 수 있는 분위기를 조성해야 할 책임이 있다.

(나) 사회복지사는 면접의 목적을 클라이언트와 함께 설정하고 목적을 성취하기 위해 면접의 초점을 유지해야 할 책임이 있다.

(다) 사회복지사는 클라이언트의 지각적, 인지적, 감정적, 행동적인 네 가지 수준의 반응을 분리하여 규명해야 할 책임이 있다.

(ㄱ) 반응의 지각(知覺, perception)적 수준

클라이언트가 지각한 것(보고 들은 것)에 대한 상호작용과 의사소통.

(ㄴ) 반응의 인지(認知, recognition, self-talk)적 수준

클라이언트가 지각한 것에 대하여 클라이언트가 부여한 의미에 대한 상호작용과 의사소통.

(ㄷ) 반응의 감정(感情, emotion)적 수준

상황을 클라이언트가 어떻게 인지하는가에 따라 나타나는 다양한 감정에 관한 상호작용과 의사소통.

(ㄹ) 반응의 행동(行動, action)적 수준

클라이언트의 감정에 따라 나타나는 행동에 관한 상호작용과 의사소통.

Rational Self-Analysis

It is believed that emotions and actions are primarily determined by experiences (that is, by events that happen to persons). On the contrary, rational therapy has demonstrated that the primary cause of all emotions and actions is what people tell themselves about events that happen to persons.

The most important point about the above processes is that our 'self-talk' determines how we feel and act; by changing our self-talk, we can change how we feel and act. Generally, we cannot control events that happen to us, but we have the power to think rationally and thereby change all of our unwanted emotions and ineffective actions.

The rehabilitative aspect of this conceptualization of self-talk is that any unwanted emotion and any ineffective behavior can be changed by identifying and then changing the underlying self-talk(Zastrow, pp.354~355).

	Example 1	Example 2
Perception(지각) Event (or experiences)	영희, the five-year-old daughter of Mr. and Mrs. 김, is playing with her brother and knocks over and breaks a lamp.	영희, the five-year-old daughter of Mr. and Mrs. 김, is playing with her brother and knocks over and breaks a lamp.
Recognition (인지, 판단) Self-talk (Self-talk is the set of evaluating thoughts you give yourself about facts and events that happen to you.)	"That lamp was our favorite; we bought it on our honeymoon - it's irreplaceable. This is awful." "Spare the rod and spoil the child - some stiff discipline will make her shape up." "As head of this household it's my duty to make her shape up. I'll teach her a lesson she'll never forget by giving her the spanking of her life." "She always breaking things. I think this might have been intentional! I'll teach her to have respect for me and for our valuable items."	"This was a lamp we cherished, but I know she didn't break it intentionally. It was an accident. My getting angry at this point won't help." "I might have prevented this accident by informing 영희 and our son that they can only horse around in this house in the rec room and in their bedrooms." "With young children some accidents are bound to happen." "The most constructive thing I can do at this point is to say that I understand that it was an accident, that all of us are disappointed that the lamp broke, and tell them in the future their horsing around should be limited to the rec room and the bedrooms."
Emotions (감정) (may include remaining calm)	Anger, disappointment, frustration.	Some disappointment but generally remaining calm.
Actions (행동)	spanking and yelling at 영희, with the severity of the spanking bordering on abuse.	In an understanding fashion talking to the children and expressing his thoughts in line with his self-talk.

“자신의 분노를 다스리고 다른 사람들의 분노에 대처하는 것은 분노를 ‘느끼는’데에서 분노에 대해 ‘생각하는’것으로 관점을 옮김으로써 가능하다. 이것이 defusing(긴장 완화, 분노 진정)인데, 실생활에서의 디퓨징기법들로는 ‘호의적 모습 보이기’, ‘진심으로 공감하기’, ‘제대로 말하기’, ‘감사 표현하기’ 등을 들 수 있다.”

“When you can’t control what’s happening, challenge yourself to control the way you respond to what’s happening. That’s where your power is.”

사랑은 이해와 수용으로부터…

"대화란 대놓고 화를 내는 것의 줄임말이다!"

유명한 상담심리학자인 Gordon Willard Allport(1897~1967)는 부모가 사용하는 말을 크게 두 가지의 유형으로 나누었는데, 하나는 자신들의 자녀들에게 쓰는 말이고, 또 하나는 그 외의 사람들에게 쓰는 말이다. 예를 들어 집에 온 손님이 실수로 잔을 깨뜨려 미안해하면 얼른 닦아주면서 "괜찮습니다. 그럴 수도 있죠. 옷을 버리지는 않았습니까? 다친 데는 없으시죠?" 등의 말을 하지만, 자신의 아이가 그랬다면 "너는 맨 날 왜 그 모양이니? 엄마가 몇 번이나 말을 해야 알아듣겠니? 네 동생 좀 봐라, 얼마나 얌전하니. 공부도 지가 알아서 하고! 아빠 오시면 한 번 보자!" 등의 말을 하게 된다는 것이다.

부모와 자녀 사이에 이런 대화가 거듭될수록 가장 가깝고 편안한 대상이 되어야 할 부모가 가장 멀고 부담스러운 존재가 되어 가고, 부모와 자녀 사이에 마음의 벽을 쌓는 셈이 된다. 그리하여 어느 시기가 되면 자녀가 마음의 문을 닫아버리고 함께 이야기를 하지 않으려고 한다. 이미 그렇게 되어 버린 어떤 부모가 하소연 해 오기를 "나는 친구가 되고 싶은데 아이가 말도 안 하고, 물어도 대답도 안하고 제 방에 들어가 버려요" 라고 말하며 답답해한다. 또는 "우리 애가 사춘기인가 봐요! 말을 통 안 해요!" 라고 하소연을 한다.

그런데 가족치료에서는 '상대방의 행동은 그동안 나 자신이 보여 준 행동에 대한 반응'이라고 한다. 그러니 자녀 탓 할 여지가 없다. 즉 자녀가 얘기하고 싶지 않도록 부모가 그동안 어떤 행동을 보여주지 않았는지를 생각해 보아야 한다. 특히 자녀들이 어려움에 처해 자신의 다급한 심정을 토로해도 습관적으로 부모들은 자녀의 얘기를 듣기보다 자신의 생각만을 말하기에 급급하지 않았는가? 자라나는 청소년들에게 부모의 이해와 수용은 그것만으로도 상당한 지지와 힘이 된다.

가끔씩 부모들이 "아무리 생각해도 도대체 이해가 안돼요!" 혹은 "하려고 하면 충분히 잘 할 수 있는 아이인데 안 해서 속 상해요!" 라고 자녀교육의 어려움을 호소한다. 그 부모들은 물론 나름대로 자녀를 이해하고 보다 잘 대해 주려고 노력해 왔겠지만 결심은 잠시이고 대부분의 시간동안 갈등과 번민을 하는 악순환을 계속하는 것이다. 대개의 부모들은 때때로 이러한 무기력감과 악순환을 체험해 봤을 것이다.

그러나 어느 부모 치고 아이들을 잘 키우고 싶지 않은 부모가 있겠는가? 어느 부모 치고 좋은 부모가 되고 싶지 않은 사람이 있겠는가? 이와 마찬가지로 어느 자녀 치고 좋은 아들, 착한 딸이 되고 싶지 않은 경우가 있겠는가? 그런데도 현재의 상황이 계속되고 있는 것은 그것이 그 사람의 되어 있는 모습이고 한계이기 때문이다. 그 모습과 한계를 자신의 것으로 인정하고 수용할 때 비로소 성장과 발전이 시작된다. 그래서 부모가 자녀를 성장시키려면 먼저 그들을 있는 그대로 이해하고 수용하는 것을 배워야 한다. 부모가 이해하고 수용을 해 주는 것만으로도 아이들은 행복하게 자랄 것이며, 언젠가 자신의 능력을 발휘할 수 있는 최고의 원동력이 된다.

서로를 사랑하는 소와 사자가 각자 자신의 방식으로 사랑을 베풀었다. 소는 매일 여물을 사자에게 주었고, 사자는 매일 고기를 소에게 갖다 주었다. 날이 갈수록 좌절감과 배신감을 맛 본 둘은 서로 "나는 최선을 다 했는데, 도대체 이해가 안 돼!" 라고 서로를 원망하게 되었다. 이와 마찬가지로 우리는 각자 자신의 생각과 욕심으로 상대를 바라보고 사랑하고 있지는 않은지 자문해봐야 한다. 그래서 좋은 부모가 되려면 먼저 자신의 생각과 욕구를 정확히 인식하고 그것으로부터 자유로워져야 할 것이다(김용수 부산가족발달상담센터 소장, 그루터기, 2004).

대인관계시의 주요 문제

"다른 사람의 슬픔과 苦惱(고뇌)를 理解(이해)하지 못하는 사람, 그에게 同情을 느끼고 손을 뻗칠 줄 모르는 사람은 眞情한 意味에서 人間이라고 할 수 없다."

(1) 비언어적 부분

① 상대방과 시선을 맞추기 어렵다. 상대방의 눈을 피하게 되거나 반대로 너무 뚫어지게 쳐다본다.
② 상대방의 몸과 가까우면 불편한 느낌이 든다.
③ 얼굴 표정이 부자연스럽거나 가끔 경련이 일어나기도 한다
④ 동작이 부자연스럽고 손을 어디에 놓아야 할지 잘 모르겠다.
⑤ 대화를 나눌 때 상대방의 몸을 지나치게 만지고는 곧 후회한다.
⑥ 상대방이 이야기하는 동안 적절한 반응을 보이기가 어렵다. 예를 들어 고개를 끄덕인다든지 하는 경청의 표시를 제대로 하지 못한다.

(2) 언어적 부분

① 이야기를 하려고 하면 목소리에 힘이 없고 때로는 떨리기까지 한다.
② 갑자기 말이 빨라지거나 반대로 느려지거나 한다.
③ 말을 더듬고 음, 저, 어 등의 의미 없는 표현이 튀어나온다.
④ 생각을 표현할 수 있는 적당한 단어나 어휘가 생각나지 않을 때가 많다.
⑤ 다른 사람들이 말하고 있는 내용을 이어가기가 어렵다.
⑥ 남의 이야기를 끝까지 듣기 어렵다.
⑦ 처음 인사말을 하거나 나를 소개하는데 어려움을 느낀다.
⑧ 잘 아는 사이에도 새로운 이야기를 시작하는 것이 어렵다.
⑨ 맞장구를 치는 것이 힘들다.
⑩ 재미있는 이야기를 하지 못한다.
⑪ 남들이 내 이야기를 재미없어하는 것 같아 대화 도중에 그만두고 싶어진다.
⑫ 요점을 간결하게 말하지 못한다.

(3) 의사표현

① 내 의견을 발표하기가 두렵다.
② 감정이나 생각을 솔직하게 말하면 따돌림 당하거나 이상하게 여길 것만 같다.
③ 화가 나도 표현하기가 힘들다.
④ 화가 날 때 너무 공격적이다. 그 감정표현을 절제하기 힘들다.

⑤ 화가 나면 그 자리에서는 쩔쩔매다가 나중에 엉뚱하게 화풀이를 한다.
⑥ 화가 날 상황이 아닌데 자꾸 화가 난다.
⑦ '나'라는 말을 사용하기가 꺼려진다.
⑧ 칭찬을 받으면 어떻게 할지 몰라 당혹스럽다.
⑨ 모르는 것이 있어도 질문할 수가 없다.

(4) 거절하기

① 상대방이 자기가 하기 싫은 일을 시킬 때 거절하지 못한다.
② 상대의 부탁을 거절하면 날 싫어할 것만 같아 속으로는 싫어도 한다.
③ 신문구독이나 우유배달을 그만두게 하고 싶지만 못한다.
④ 별로 듣고 싶지 않은 이야기도 적당히 끊는 법을 몰라 속으로 화를 내면서도 끝까지 듣는다.

(5) 기타

① 길을 모를 때 묻기가 겁난다.
② 마음에 들지 않는 물건을 사고도 바꾸는 것이 어렵다.
③ 이성을 만나면 더욱 말하기가 어렵다.
④ 이성을 만날 때 성적인 생각이 떠올라 괴롭다.
⑤ 직장 면접시 두렵고 떨린다.
⑥ 남이 나를 주시하는 것만 같아 행동이 딱딱하고 긴장된다.
⑦ 남이 충고를 해주면 잠을 못 잘 정도로 신경이 쓰이고 우울해진다.
⑧ 나보다 사회적으로 지위가 높은 사람 앞에서는 우울해지고 만나고 싶지 않다.
⑨ 나보다 잘난 사람을 보면 화가 난다.
⑩ 나보다 잘난 사람 앞에서는 얼어붙는 느낌이다.

이런 대인관계의 어려움을 극복하기 위해서는 다음과 같은 단계의 노력이 필요하다.

첫째, 자신의 문제를 정확히 알아야 한다. 우리의 삶에 영향을 주는 문제들은 대개 다섯 가지로 분류된다. 즉 우리가 가지고 있는 생각(신념, 기억, 이미지 등), 감정, 행동, 신체적 반응, 그리고 우리가 처한 과거와 현재의 환경이다. 이것은 각기 연결되어 있으며 서로에게 영향을 주기 때문에 서로 어떻게 상호작용을 하는지 알면 문제를 이해하는데 도움이 된다.

둘째, 생각을 바꾸어야 한다. 생각은 우리가 어떤 상황에서 경험하는 감정을 결정해준다. 즉 감정이 또 다른 생각을 불러일으켜 본래의 감정을 더욱 강화시킨다. 예를 들어 화가 난 사람은 그가 상처받은 것만 더 생각하고 우울한 사람은 그의 인생이 얼마나 불행한지만 생각한다. 감정이 강렬할 때는 생각 또한 왜곡되기 쉬운데 자기 감정과 신념에 반대되는 정보는 고려하지 않으려는 경향이 생기게 된다. 따라서 우리의 생각이 왜곡되어 있는지의 여부를 아는 것은 대인관계에서 대단히 중요한 요소이다.

셋째, 환경의 변화가 필요하다. 스트레스를 줄이고 자기를 도와줄 수 있는 사람과 더 많은 시간을 보내고 이웃과도 가까이 지내는 등 환경의 변화를 가져오도록 애써야 한다. 다음은 대인관계를 향상시키기 위한 대화기법이다.

(1) 상대방의 채널에 맞춘다.

① 상대방이 들을 수 있는 신호를 보낸다. 대화란 서로 주고받는 것이다. 그러므로 상대방의 말을 듣고 있다는 신호를 보내고 또 자기 의견을 상대방이 들을 수 있도록 표현하는 것이 중요하다.
② 상대방의 말을 중단시키지 않는다.
③ 질문을 할 때는 타이밍이 적절한지 생각한다.
④ 상대방이 민감하게 느끼거나 콤플렉스를 느끼는 부분은 대화에서 제외한다.

(2) 말하는 사람의 태도

① 가능한 간결하게 말한다.
② 핵심은 구체적으로 짚는다.
③ 모욕적인 말이나 비난은 피한다.
④ 이기적이니, 바보 같다느니, 부주의 하다느니 하는 표현은 피한다. 문제를 흐리게 할뿐이다.
⑤ '절대로'나 '언제나' 같은 극단적 표현은 피한다.
⑥ 비난이 아니라 상황을 이야기한다. '넌 언제나 날 도와주지 않아' 하는 대신 '네가 도와주었으면 해' 하는 식으로.
⑦ 상대방의 마음을 이해하려고 노력한다.

(3) 듣는 사람의 태도

① 서로 동의하거나 이해할 수 있는 점을 발견하도록 애쓴다.
② 상대방의 부정적인 언급은 중요하게 여기지 않는다.
③ 자신에게 질문한다. "지금 저 사람이 내게 하려는 말이 무엇이지?" 하고.
④ 상대방이 나의 동기를 부정확하게 이해하고 있다면 그것을 명확히 밝힌다.
⑤ 사과하는 것을 두려워하지 않는다.

(4) 문제가 생겼을 때

① 문제의 핵심을 분명하게 한다.
② 상대방의 분노를 가라앉힌다.
③ 마음을 환기시킬 수 있는 시간을 마련한다.

성공인의 소통방법

사람은 평균적으로 하루에 2,500~2,600번의 말을 하며 살아간다. 이 수많은 말들로 인해 자신의 능력을 평가받기도 하고 새로운 인맥을 만들기도 한다. 결국, 수없이 많은 사람과의 관계 속에서 '통하는 능력'만 갖추고 있다면 성공이란 단어는 그저 판타지가 아니라 실제가 될 수 있다는 것이다. 그렇다면 성공하는 사람의 커뮤니케이션 스킬을 들여다보자.

첫째. 공감이다. 1954년에 사생아로 태어나 사촌에게 성폭행을 당하고 마약에 빠지는 등 불우한 어린 시절을 보냈으나 현재 미국 내 시청자만 2200만 명, 세계 105개국에서 방영되는 토크쇼의 여왕이 되었다. 그녀는 바로 '오프라 윈프리 쇼'의 진행자 Ophra Winfrey이다.

오프라 윈프리의 커뮤니케이션 비결은 바로 '공감'이다. 만약, 동료가 이렇게 말을 건네 온다면 당신은 어떻게 대답을 해 줄 것인가? "요즘 같아서는 일할 의욕이 안 생겨. 짜증만 나고 힘만 들고 회사 다니기가 너무 싫어." 대부분의 사람들은 "그래? 그렇다면 이렇게 해 보는 것은 어떨까?" 아니면 "회사생활이 다 그런 거지..."하며 상대의 말에 어떠한 해답을 주려고 한다. 이것이 우리가 소통이 안 되는 첫 번째 문제이다. 상대가 듣고 싶어 하는 말은 "그래? 정말 힘들겠다. 하는 일마다 짜증나고 의욕이 안 생기면 정말 회사 다니기 싫지."라는 상대의 감정을 알아 달라는 투정이었다. 우리는 언어 이면의 감정을 읽을 줄 알아야 한다. 상대가 하는 말 속에 어떤 감정 상태가 담겨 있는지를 관찰하여 그것을 밖으로 끄집어내주는 것이 공감이다. 해결책을 주는 것은 그 다음 문제인 것이다. 바로 이것이 오프라 윈프리가 사형수에서부터 각 계의 인사들을 만나면서 그들의 입장에서 언어가 아닌 감정을 들었던 비법이다.

둘째, 경청이다. 마츠시타 고노스케는 일본인이 가장 존경하는 기업인으로 자전거 점포의 점원으로 시작해서 세계적인 기업 마츠시타 전기를 창업한 경영의 신이라고 불리는 사람이다. 어느 날 한 기자가 인터뷰에서 이 같은 질문을 했다. "회장님, 이렇게 큰 회사를 끌어가는 원동력이 무엇인가요?" 회장은 주저 없이 "저는 초등학교 4학년의 학벌이 전부입니다. 그래서 어려서부터 아는 것이 없어서 사람들이 나의 스승이라고 생각하며 무조건 사람들의 말을 듣기만 했습니다. 세상 사람들은 많이 배울수록 자신의 지식을 자랑하기를 좋아합니다. 저는 단지 그것을 제 삶에 접목시켰던 것이지요."

마츠시다 고노스케 전 회장의 성공비결은 '경청'이다. 경청이란 것은 귀로 듣는 것이 아니라 온 몸으로 듣는 것이다. 동료, 직장 상사 또는 부하의 말에 온 몸을 열어 들어야 한다. 온 몸으로 듣는다는 것은 머리로 듣고 귀로 듣고 눈으로 듣고 또 마음으로 들어야만 원활한 소통이 될 수 있다. "선희씨! 오늘은 내가 점심 살 께"라는 말을 들으면 어떤 마음으로 들리는가? "웬일이야. 저 쫌생이가... 무슨 부탁하려고 하는 게 아니야?"라는 생각이 들 수도 있을 것이다. 이처럼 오해 없이 상대의 말을 듣는다는 것은 참 어려운 일이다. 그래서 타인이 하는 말에 어떠한 의미가 담겨있는지 또 어떤 대답을 해 주어야 하는지 나의 머리와 귀, 마음을 열고 들어야 한다. 그래서 80% 상대의 말을 듣고 20%의 자기 말을 하는 것이 가장 이상적이다.

셋째, 수평적 커뮤니케이션이다. 대한민국 전체를 흔들어 놓으며 밤을 설치게 하고 "나는 아직 배고

프다"라는 한 마디를 남기며 축구의 신화를 다시 쓰게 만든 한국인이 꼽은 최고의 축구 감독은 거스 히딩크이다. 거스 히딩크의 소통비결은 '수평적인 커뮤니케이션'에서부터 비롯된다.

조직문화를 만들어 내는 것은 바로 사람이다. 그리고 개개인이 모여 있는 팀이라고 할 수 있다. 팀원의 잘못을 비난하는 수직관계보다는 그것을 극복하게 만들어 주며 서로의 시너지를 불러 일으킬 수 있게 하는 칭찬의 힘이 소통의 마지막 기술인 것이다. 한 번은 히딩크가 다음과 같은 말을 한 적이 있다. "나는 선수들을 칭찬은 하지만 비난은 하지 않는다. 잘못을 지적하고 야단을 치는 것은 우리 팀 내부에서만 한다. 그것이 나와 선수의 약속이고 신의이다." 상대를 인정해주고 서로에게 용기와 신뢰를 갖게 하는 긍정의 말들이 수평적인 커뮤니케이션이라고 할 수 있다. 예를 들어, "선희씨 아이디어가 가장 좋으니까 이번 프로젝트에서 메인을 맡아봐." "지난 번 결산에 착오가 생겼던 것 같은데 이번에는 내가 도와줄테니 다시 한 번 정리를 해보자고." 이렇게 시작되는 즐거운 수평적 대화는 이제 자신부터가 실천해야 한다.

지금 이 순간에도 우리는 해야 할 일이 너무 많다. 자신을 개발해야 하고, 돈도 벌어야 하고, 멋진 모습도 가꾸어야 한다. 하지만 우리가 갖추어야 할 능력 중에 가장 가치 있는 것은 다름 아닌 커뮤니케이션 능력이다. 그리고 이것은 모든 이들이 꿈꾸는 성공적인 직장생활의 토대가 될 것이다(함선희).

공감은 단순한 듯 하지만 실제로는 어렵다. 단지 상대방의 이야기를 듣고 고개를 끄덕이는 것이 공감은 아니라는 말이다. 상대방에게 내 존재 자체가 온전히 다 받아들여졌다고 느낄 수 있어야 내가 그에게 공감한 것이다. 내가 상대방에게 어떤 이야기를 하더라도 평가받지 않을 것이라는 안전함을 느껴야 한다. 그래야 자기 감정이 떠오르고 치유가 일어난다. 공감은 물리적인 것이 아니고 무의식적으로 파악되는 것이다.

조언이나 충고, 판단이나 평가를 멈추고 계몽이나 교훈을 멈추는 순간에서야 비로소 치유는 시작된다. 사람들은 내가 어떤 얘기를 하면 상대방이 어떻게 반응할지 이미 무의식적으로 알고 있다. 그런데 그 뻔한 말을 해서 무슨 의미가 있겠는가. 계몽과 교훈은 거의 반동적으로 거부감을 부른다. 또한 공감이란 어떤 방법을 사용해서 이루어지는 것이 아니다. 공감은 무의식적으로 이루어지며 따라서 구태여 설명을 할 필요가 없다.

인간이 하루 하루의 삶을 영위하는데 필요한 기술은 달에 갈 수 있는 최첨단 기술이 아니라 물 길어 나르는 아프리카여성과 아이들의 수고를 덜어줄 수 있는 바퀴달린 물항아리 같은 '적정 수준의 기술'이다. 그처럼 적정심리학이 필요하며 그것이 바로 '공감'이다. 사람이 배고픔이 가장 절실한 순간에 생각나는 것이 호화로운 식당의 최고급 요리가 아닌 집밥인 것처럼 '공감'이야말로 현란한 기법들의 적용보다 인간에게 더 심리적인 안정감을 준다.

사람은 끝까지 자기의 감정을 두려움 없이 들어주는 사람이 있다면, 어떤 경우에도 비난하지 않고 공감해주고 인정해주는 사람이 있다면 자신이 가진 심리적 굴레로부터 자유로워진다. 그 순간 내가 그 사람에게는 치유자로서 최적의 사람인 것이다.

온전한 공감을 받는 인간관계를 경험해보지 못한 사람은 공감을 하기 어렵다. '엄마성'이라는 키워드가 있다. 누구에게나 엄마처럼, 내게 온전히 공감해주는 존재가 필요하다는 것이다. 세상이 지치고 힘겹게 할지라도 주변 누군가의 깊은 공감과 충분한 인정과 사랑 덕에 사람들은 살아갈 수 있는 힘을 얻는다(정신과 전문의 정혜신).

적극적 청취(Active listening)

불행의 대부분은 경청할 줄 몰라서 그렇게 되는 듯 비극의 대부분은 경청하지 않아서 그렇게 되는 듯
아, 오늘날처럼 경청이 필요한 때는 없는 듯 대통령이든 신이든, 어른이든 애이든, 아저씨든 아줌마든,
무슨 소리이든지 간에 내 안팎의 소리를 경청할 줄 알면 세상이 조금은 좋아질 듯…
- 정현종의 '경청' 中에서

경청(敬聽)이란 말하는 사람의 생각이나 감정, 사고 모두에 대한 이해를 동반하여 듣는 것을 의미하는데, 효율적인 면접진행을 위한 매우 중요한 기술이다. 구체적으로 적절한 고개의 끄덕임, 단순한 음성 반응(아, 예, 응, 그랬군요 등), 관심어린 질문, 클라이언트가 한 말의 반복, 요약, 환언 등을 통하여 클라이언트의 입장에서 클라이언트의 생각이나 기분을 이해하기 위하여 적극적으로 듣는 것이다. 클라이언트의 문제를 충분히 이해하기 위해서는 클라이언트가 말을 많이 하도록 하여야 하고, 이를 귀담아 듣는 과정에서 클라이언트에 대해 품었을지도 모를 선입감이 완화되고 rapport가 형성되며 문제의 규명은 물론 해결에도 도움이 된다.

Active listening is recommended when listening to a problem. A member in a therapy group says, "I'm fat and ugly - all my friends have boyfriends and not me." For such situations the group leader(or another member) use active listening. The steps in active listening are (1) the receiver of a message tries to understand what the sender's message means or what the sender is feeling, and then (2) the receiver puts this understanding into his own words and restates it for the sender's verification. An active listening response to the above might be, "You want very much to have a boyfriend and think the reason you don't is related to your physical appearance." An active listening response involves either reflecting feelings or restating content.

Thomas Gordon lists a number of advantages for active listening. It facilitates problem solving by the person with the problem, which fosters the development of responsibility. By talking a problem through instead of only thinking about it, a person is more apt to identify the root and arrive at a solution. When a person feels that others are listening, he or she will be more likely to listen to them in the future. In addition, the relationship between group members will probably improve because when individuals feel they are heard and understood positive emotions toward others increase. Finally, active listening helps a person with a problem to explore, recognize, and express feelings.

When first using the technique, receivers may make some mistakes. One is to use the technique to guide the person with the problem to a solution preferred by the receiver. The sender will usually then feel manipulated, and the approach may be counterproductive. A second mistake is to parrot back the words rather than paraphrase the intended meanings or feelings. For instance, if a member shouts at a group leader, "You stupid jerk," an appropriate response would be "You're angry with me," not "You think I'm a jerk."

Active listening example in a group session at a runaway center

Sixteen-year-old youth: I hate school. I'm no longer going to go.

Counselor: You're so unhappy with what's happening at school that you're thinking about dropping out.

Youth: Yes, my home life is a shambles, and school isn't going well either.

Counselor: It's real depressing to have both your home life and school not going well.

Youth: Sometimes, like now, I feel like giving up. I've tried pretty hard to make things better at home and at school.

Counselor: You're feeling bad because the things you've done haven't worked out the way you like.

Youth: Yes, I got an F on the English paper I got back yesterday.

Counselor: You're especially feeling bad because of the grade you got on your English paper.

Youth: Since the commotion at home, my grades have started to fall.

Counselor: You're thinking that your problems at home may be affecting your schoolwork.

Youth: I don't really want to admit it to myself, but I guess it's true. For the past several weeks it's been harder for me to concentrate on school.

Counselor: You feel your grades are slipping because you haven't been able to concentrate because of what is happening at home.

Youth: I guess when I'm at school I have to focus more on my schoolwork. Perhaps if I talked to some of my teachers and let them know what I'm going through, they might be more understanding. I guess I really don't want to drop out of school(Zastrow, pp.140～141).

"당신이 이야기하고 있는 相對는 自己 自身과 自身의 所願과 問題에 對하여 당신과 당신의 問題에 對해서보다 더 많은 觀心을 가지고 있다는 事實을 想起하라. 그가 앓고 있는 齒痛은 그에게 百萬名을 死亡케 한 中國의 饑饉보다 더 큰 意味를 갖게 하는 것이다. 또한 每日 그를 괴롭히는 痔疾(치질)은 Africa에서 發生한 마흔 番의 地震보다도 그에게는 더 큰 觀心의 對象인 것이다. 언제나 내 이야기 次例는 다음이라는 것을 銘心하라." - Charles N. Rhee

You–message & I–message

(1) You–message

You-message는 명령, 비난, 지시, 지도, 위협, 설교 등 주로 말하는 사람의 감정이 포함된 메시지 전달방법으로서(예 "너는 왜 그렇게 게으르니?", "너는 더 솔직해야만 해.", "너는 나를 정말 미치게 만드는구나." 등), 이런 You-message를 사용하게 되면 메시지의 전달은 용이하게 될 수 있다고 하더라도 듣는 상대방을 화나게 하거나 또는 굴욕감을 갖게 할 가능성이 크다. 따라서 You-message는 상대방의 행동변화를 목적으로 시도되지만 대개는 변화에 대한 부가적인 저항이라는 부정적인 결과를 낳게 된다. You-message의 구체적인 예들로는 지시나 명령적 표현(예 "그렇게 하지 마!" 등), 비난이나 낙인을 찍는 표현(예 "너는 마치 어린아이처럼 구는 구나" 등), 해결책을 제시하는 언급(예 "너는 그 생각을 버리고 내 충고를 받아들이는 것이 좋겠다." 등) 등이 있다. You-message의 가장 부정적인 형태는 "네가 만약 ~한다면" 이라는 식의 위협이다(예 "만약 너희들이 수업시간에 계속해서 떠든다면, 난 너희들을 그냥 두지 않겠다" 등).

There are two types of you-messages: A solution message orders, directs, commands, warns, threatens, preaches, moralizes, or advises; A put-down message blames, judges, criticizes, ridicules, or name-calls. Examples of you-messages include, "You stop that," "Don't do that," "Why don't you be good," "I hate you," "You should know better." etc. You-messages are generally counterproductive because people do not like to be ordered or criticized. You-messages frequently result in an ongoing struggle between the two people involved.

(2) I–message

I-message는 의사소통의 효과를 증진시키기 위한 구조를 가진 메세지의 한 유형으로서 분명하고 직접적인 메시지의 전달을 통하여 메시지를 받는 사람이 방어적이 되지 않도록 하고 결국 양자간의 효율적인 의사소통을 성취하기 위한 방법이다. I-message는 다른 사람으로 인해 불쾌해졌거나 당황한 사람이 비난이나 위협이 아닌 방법으로 그 행동이 자신에게 미친 영향을 표현할 수 있게 해 준다. 이때 그 문제행동을 수정할 책임을 행동을 한 당사자에게 남겨둔 채로 행동이 자신에게 미친 영향을 표현하는 것이다. 즉 I-message는 "이것은 나의 관심사이다." "이것이 내가 느끼는 것이다.", "이 일로 인해 나는 이렇게 당황하게 되었다." 등의 방법으로 표현하게 된다. 결국 I-message는 상대방을 비난하거나 책임을 묻는 대신에 "나는 당신이 스스로 당신의 행동에 변화가 필요하다는 결심을 할 것으로 믿는다."는 것을 암묵적으로 전달하기 위한 표현방법이다. I-message는 특정 행동에 대한 간결하고 분명한 묘사, 그 특정 행동으로 인해 경험된 감정, 그 행동으로 인한 명백한 영향의 묘사로 구성된다. I-message를 사용하게 되면 갈등이나 논쟁이 벌어지는 상황에서 토론이 무익한 말싸움이 되지 않도록 하면서 실망이나 분노, 좌절의 표현을 가능하게 해준다.

I-messages are non-blaming messages that simply communicate how the sender of the message believes the receiver is affecting the sender. I-messages do not provide a solution, and they do not criticize. The essence of I-messages involves sending a nonblaming message of how the sender feels another group member is affecting him. I-message communicate much more honestly the effect of behavior. I-messages tend to be more effective because they help the other group member to assume responsibility for his or her behavior. An I-message says that you trust the group member to respect your needs and to handle the situation constructively. I-messages are much less likely to produce an argument. They tend to facilitate honesty, openness, and more cordial relationships within the group.

"Meditation is not about what is happening, it is about how we are relating to what is happening."

※ Responses that tend to block further communication (Schlossberg & others, pp.115~16)

(1) Ordering, directing, commanding: telling a person what to do or what not to do; using the imperative.
ex.) "Stop that!"

(2) Warning, admonishing, threatening: predicting dire consequences if a particular course of action is followed.
ex.) "If you do that, you'll be sorry."

(3) Exhorting, moralizing, preaching: telling someone what he/she ought to do or ought not do.
ex.) "You ought to get your mind off your problems."

(4) Advising, giving solutions, making suggestions: telling someone how to solve a problem, giving advice, providing answers or solutions.
ex.) "I suggest that you apply to a college immediately."

(5) Lecturing, teaching, giving logical arguments: trying to influence someone with facts, counterarguments, or your own opinions.
ex.) "You know that unemployment hae risen by 1.5% over the past year."

(6) Judging, criticizing, disagreeing, blaming: making a negative evaluation of someone.
ex.) "That's very childish of you."

(7) Praising, agreeing: making a positive evaluation of someone.
ex.) "I think that's very wise of you."

(8) Name-calling, ridiculing, shaming: making someone feel foolish.
ex.) "What a stupid thing to do!"

(9) Interpreting, analyzing, diagnosing: telling someone what his/her motives or psychological problems are.

ex.) "You're acting out your hostility toward people."

(10) Reassuring, sympathizing, consoling: trying to make someone feel better by minimizing the problem.

ex.) "You shouldn't worry about it; everyone gets depressed from time to time."

(11) Probing, questioning, interrogating: trying to find reasons, motives, causes; looking for more information to help solve a problem.

ex.) "When did these periods of depression start?"

(12) Withdrawing, distracting, humoring, diverting: trying to get someone's mind off a problem.

ex.) "Just forget about it."

(13) Categorizing, age-stereotyping: trying to fit the person into an age category.

ex.) "Middle-aged women should give first consideration to their families." (Zastrow, pp. 141～142)

제11장 과정론

사회복지실천은 사회복지사와 클라이언트가 함께 참여하는 역동적인 활동으로써 일련의 구조화된 과정을 통해 이루어진다. 사회복지실천과정이란 도움이 필요한 개인과 가족 및 집단에 대해 전문적 지식과 기술을 갖춘 사회복지사가 계획된 원조를 단계적으로 제공하여 문제해결을 돕는 과정이다. 그런데 각 과정(단계)에는 특정한 목표가 있고, 목표의 달성을 위해 사회복지사가 수행해야 하는 전문적 활동 즉 역할과 과제가 있다. 사회복지사는 특정 단계에서 그 단계에 적절한 역할과 과제를 수행해야 된다. 그러나 다음 단계로 진입했다고 해서 이전 단계에서의 역할이 종료되는 것은 아니다. 이런 측면에서 볼 때, 각각의 단계는 서로 중첩되고 순환적이며 동시다발적인 특성을 갖는다. 그러나 실천과정의 최초에 의도한 바람직한 결과를 획득하기 위해서는 무엇보다도 과정과 절차의 합리성 및 합법성과 수단과 방법의 상식성이 전제되어야 한다. 즉 동기와 목적이 분명하고 순수해야 하며 절차와 방법이 투명하고 적절해야 바람직한 결과를 획득할 수 있다. 사회복지실천과정에 대해 Perlman은 'problem-solving process(1957)', Hepworth & Larsen은 'helping process(1990)', Sheafor는 'change process(1991)'라고 설명하였다.

1. 제 1단계: 접수(도입) 및 관계형성

(1) 목표

원조관계를 어떻게 시작하는가는 이후의 전체 과정에 절대적인 영향을 미친다는 점에서 매우 중요하다. 특히 도움을 제공받기 위해 사회복지기관을 찾아오는 클라이언트는 자신을 둘러싼 문제들로 인해 매우 지쳐있고 또한 절망감에 빠져있는 경우가 많다. 이러한 시기에 사회복지사의 적절한 개입은 당면한 문제의 완화뿐 아니라 클라이언트로 하여금 문제해결능력을 고양시켜 미래의 삶에 긍정적인 영향을 주게 된다. 클라이언트가 원조를 긍정적으로 받아들이도록 하기 위해서는 기관에 대해 클라이언트가 좋은 첫 인상을 갖도록 하는 것이 중요하며 이러한 이유에서 사회복지사는 클라이언트와의 첫 번째 만남을 면밀히 준비해야 한다.

① 접수(intake, engagement)

접수란 문제를 가진 사람이 문제 해결을 위한 전문적인 도움을 얻기 위해 사회복지기관에 찾아왔을 때 사회복지사(intake worker)가 그의 문제와 욕구를 확인하여 그것이 기관의 정책과 서비스에 부합되는지의 여부를 판단하는 과정을 의미한다. 접수과정시 사회복지사는 클라이언트의 문제와 욕구를 분명하게 확인하고, 클라이언트와 사회복지사는 원조의 목적을 분명히 하고 원조과정에서 기대하는 바가 무엇인지를 명확히 하며, 클라이언트의 욕구가 기관의 자원과 정책에 부합되는 지의 여부를 판단해야 한다. 이를 기초로 하여 사회복지사는 클라이언트에 대한 서비스의 종결, 기관내의 다른 전문직에로의 전이(transfer), 다른 기관에로의 의뢰(referral), 또는 서비스를 계속하여 다음 단계의 원조과정을 시작할지 등을 결정하게 된다.

② 관계형성(establishing relationship)

클라이언트와의 원조관계의 형성을 위해 필요한 과제는 사회복지사와 클라이언트의 우호적 관계의 성립이다. 클라이언트가 두려움을 없애고 사회복지사를 신뢰하고 좋은 관계를 유지하기 위해서는 사회복지사는 클라이언트의 기분과 경험 등을 이해하는 능력인 감정이입(empathy), 자기 자신의 모습 그대로를 거짓이 없고 방어적이지 않으며 일관되고 솔직하게 드러내는 태도인 진실성(genuiness), 클라이언트가 안정감을 느끼며 자신이 수용되고 이해되고 있음을 알 수 있도록 만드는 태도인 온정(warmth), 그리고 클라이언트의 외양이나 행동, 처한 환경 등과 무관하게 가치 있는 존엄한 존재로 믿는 태도인 인정(positive regard) 등이 필요하다.

(2) 과제

① 문제확인(defining problem)

클라이언트가 놓여 있는 체계에 대한 심층적 분석보다는 현재 명백하게 드러나는 문제들을 확인한다. 사려 깊게 문제를 파악하려는 사회복지사의 태도는 깊이 있는 정보를 수집하는 데뿐만 아니라 사회복지사에 대한 클라이언트의 신뢰감을 높여 주어 관계형성에 긍정적으로 기여하게 되고, 문제상황을 둘러싼 클라이언트의 느낌을 이해함으로써 문제에 대한 정확한 이해의 가능성을 높이게 된다.

② 참여유도(inducing participation)

비자발적(non-voluntary, chronic) 클라이언트는 물론 자발적으로 기관에 찾아오는 클라이언트 역시 인간의 보편적 감정인 변화에의 두려움으로 인해 초기 관계를 맺는 것이 쉬운 문제가 아니다. 따라서 이런 초기 저항에 적절히 대응하여 참여동기를 고취시키는 것은 클라이언트로 하여금 문제해결의 주체자로 느끼게 할 뿐 아니라 자아존중감을 증진시킬 수 있기 때문에 그 자체로 치료적 의미가 있다.

③ 동기고취(enhancing motivation)

원조활동의 성패는 바로 변화에 대한 클라이언트의 동기에 달려 있으며 클라이언트의 동기유발은 초기과정의 중요한 과제들 중의 하나이다. 특히 비자발적인 클라이언트의 경우에는 클라이언트의 저항적 태도의 실체를 있는 그대로 이해하고 클라이언트가 원하는 것을 얻도록 도와주고 용기를 주는 것이 필요하다.

④ 저항감(resistance)과 양가감정(ambivalence) 해소

초기관계의 형성 시에 클라이언트의 저항은 변화에 대한 바람과 두려움이 동시에 존재하는 양가감정에 기인하는 자연스러운 인간의 반응이다. 그러나 원조과정에 대한 저항, 예를 들어 침묵, 분노, 험담, 약속 어기기, 연락 피하기, 무조건 내 놓으라고 떼쓰기, 핑계 대기 등이 단순한 양가감정 때문이 아니라 클라이언트가 전하고자 하는 메시지의 특별한 전달방법일 가능성도 있다. 즉, 저항은 사회복지사의 권위적인 태도, 전문적 용어의 남용, 도덕적으로 심판하는 듯한 태도 등 사회복지사의 부적절한 의사소통방법과 약속을 불이행하거나 하기 싫은 일을 요구하거나 무시당한다고 느끼거나 지시를 받는다고 느끼거나 인정받지 못 한다고 느낄 때 등에 야기되는 자연스러운 반응일 수도 있음을 명심해야 한다. 저항을 최소화하기 위해서는 클라이언트가 전달하고자 하는 신호(메시지)를 정확하게 이해하고 클라이언트의 관점에서 이해하고자 노력해야 하며 클라이언트의 속도에 맞추어야 한다.

⑤ 의뢰(referral)

의뢰란 클라이언트를 그의 욕구와 문제의 해결에 적합한 다른 기관으로 보내는 것으로, 기관의 인력이 부족하거나 클라이언트의 문제가 기관의 목적과 기능에 부합되지 않을 때, 다른 기관이 클라이언트의 문제해결에 더욱 적합하다고 판단될 때 행하게 된다. 적절한 의뢰를 위해 사회복지사는 자신의 기관뿐 아니라 다른 기관의 정책과 자원 그리고 지역사회의 여타 자원에 대해서 정확히 파악하고 있어야 한다.

⑥ 전이(이전, 대체, transfer)

최초에 만난 사회복지사가 클라이언트가 가진 특정 문제에 대해서 클라이언트와 면접한 후에, 대개 같은 기관에 있는 다른 사회복지사에게 클라이언트를 의뢰하는 과정으로, 클라이언트의 문제해결이 사회복지사가 가진 능력의 범위를 넘는다고 판단될 때, 클라이언트와 사회복지사간에 극복하기 어려운 성격의 차이가 있을 때, 클라이언트가 사회복지사에게 자신의 문제에 관한 의논을 꺼릴 때, 개입의 효과가 없을 것으로 판단될 때 등에 이루어지게 된다.

(3) 활동

① 클라이언트와의 비위협적이고 편안한 첫 만남

사회복지사의 자기소개, 클라이언트의 적절한 호칭 결정, 적절한 질문을 통한 자연스러운 대화 유도 등이 중요하다.

② 효과적인 관계형성기술을 통한 클라이언트의 문제 및 상황에 대한 관심표명

경청, 질문, 침묵, 기록 등의 면접기술의 적절한 활용이 중요하다.

③ 기관과 사회복지사에 대한 클라이언트의 기대 논의

기관에서 제공 가능한 서비스 및 이용절차에 대한 설명을 통해 결과에 대한 클라이언트의 현실적 기대 및 이해를 도모한다.

④ 기관에서 제공하는 서비스에 대한 정보제공

클라이언트에게 기관에서 구체적으로 제공할 수 있는 서비스에 대한 분명한 설명을 통해 클라이언트가 서비스를 선택할 기회를 제공한다.

⑤ 서비스의 이용여부 결정

클라이언트가 서비스에 관한 충분한 정보를 얻게 되면 서비스의 이용 여부를 스스로 결정하게 된다.

⑥ 원조과정에 대한 오리엔테이션

원조과정에 대한 구체적인 설명을 하는 것으로 서비스 이용 규칙 및 조건, 관련 법규, 정책, 윤리기준 등을 설명하여 클라이언트 스스로의 권리를 이해시키고, 비밀보장의 한계에 대한 고지를 한다. 또한 서비스에 관련된 세부사항들, 시간, 장소, 빈도 및 모임의 횟수 등에 관해 클라이언트와 협의해야 한다.

⑦ 관련서식 작성

업무를 효율적으로 처리하기 위해 접수서식(intake sheet)이 작성되는데, 클라이언트에 관련된 기본정보(성명, 성별, 연령, 결혼관계, 주소, 직업 등), 당면한 주요 문제, 기관에 오게된 경위, 타 기관으로부터의 서비스를 제공받은 경험 여부, 가족관계 등의 정보가 포함된다.

Intake sheet(초기면접양식)

[인적사항]

<table>
<tr><td colspan="3">신청일: 년 월 일</td><td colspan="2">사례번호: -</td></tr>
<tr><td>이름:</td><td colspan="2">집전화번호:</td><td>휴대전화번호:</td><td>e-mail:</td></tr>
<tr><td colspan="5">주소:</td></tr>
<tr><td>성별:</td><td colspan="3">결혼상태: 미혼 기혼 이혼 별거 기타</td><td></td></tr>
<tr><td colspan="2">직업:</td><td colspan="2">직장전화번호:</td><td>나이: 만 세</td></tr>
</table>

[가족사항]

이름	관계	나이	학력	직업	동거여부	본인과의 관계
						⑤매우좋음 ④좋은편임 ③보통 ②나쁜편임 ①매우나쁨

[기관에 온 이유와 주요 문제]

[비슷한 문제로 다른 기관을 찾았던 경험]

- 시기:
- 기관명:
- 결과:

접수면접자:

2. 제 2단계: 자료수집 및 사정

(1) 목표

자료수집과 사정이란 사회복지사가 클라이언트의 문제에 개입하기 위해 그의 상황에 대한 사실을 수집, 관찰하여 이를 기초로 그에 대한 이해를 하는 과정으로 자료수집이 말 그대로 자료를 모으는 일인 것과 비교하여 사정은 이보다 한 단계 진전된 것으로, 수집된 자료를 해석하고 의미를 부여하여 실천적 개입을 위한 함의를 도출해 내는 활동이다. Mary Richmond(1917)는 "자료수집은 눈을 크게 뜨고 바라보는 것이고, 사정은 눈을 감고 생각하는 것이다."라고 하여 양자의 특성과 관계를 설명하였다.

"All truths are half-truths." - Alfred North Whitehead(1861～1947)

① 자료수집(data collection)

자료수집이란 클라이언트의 문제를 이해하고 분석 및 해결하기 위해 필요한 자료를 모으는 과정이다. 사회복지사는 자료를 수집하기 위해 클라이언트와의 면대면으로 이루어지는 접촉 이외에도 기관의 공식 기록과 같은 2차 자료를 통해서 개입에 필요한 정보를 수집할 수 있는데, 사회복지실천에서 가장 보편적으로 활용되는 자료의 출처로는 클라이언트가 작성한 서식, 클라이언트에 의한 구두보고(문제나 사건에 대한 설명, 감정, 관점, 표현 등), 비언어적 행동의 관찰, 부부나 가족성원 및 집단성원간의 상호작용 관찰, 친척이나 친구, 직장동료, 그리고 다른 전문직 등으로부터 획득되는 부수적 정보, 심리검사의 결과, 클라이언트와의 상호작용을 통해 사회복지사가 얻는 정보 등이 있다.

② 사정(assessment)

사정은 클라이언트가 가진 문제를 이해하기 위해 수집된 자료를 사회복지이론 등의 전문지식을 적용하여 분석하는 것으로서 문제가 무엇인지, 발생원인은 무엇인지, 그리고 문제를 개선 및 해결하기 위해 무엇이 변화되어야 하는지를 찾기 위하여 수집된 자료를 분석하고 종합하는 과정이다. 사정과정에서 클라이언트의 문제뿐 아니라 강점과 자원을 평가하여 이를 클라이언트의 문제해결뿐 아니라 기능을 향상시키고 잠재력을 개발하고 성장을 돕는데 활용한다. 이러한 자료수집과 사정은 원조과정 전체를 통해 계속되는 활동이지만 이 단계에 보다 집중적으로 이루어진다.

✓ Assessment is the differential, individualized, and accurate identification and evaluation of problems, people, and situations and of their interrelations, to serve as a sound basis for differential helping intervention. Assessment also can be defined as the investigation and determination of variables affecting an identified problem or issue as viewed from micro, mezzo, or macro perspectives. Assessment includes the following four substeps:
① Identify the client.
② Assess the client-in-situation from micro, mezzo, macro, and diversity perspectives.
③ Cite information about client problems and needs.
④ Identify client strengths.

(2) 과제

① 문제규정(defining problem)

이 단계는 접수 및 관계형성단계에서의 문제확인보다는 보다 심층적으로 문제의 성격과 원인에 대한 이해가 행해진다. 클라이언트가 갖는 문제유형으로는 인간관계에서의 갈등, 공식적 조직과의 문제, 역할수행상의 문제, 생활전환기에서 파생되는 문제, 심리·행동적 문제, 자원의 부재나 결핍의 문제, 의사소통의 어려움 등이 있다. 문제의 규정에 있어서는 클라이언트의 해결되지 않은 욕구 파악, 욕구를 충족시키는데 장애가 되는 요인, 문제의 심각성, 지속기간, 변화의 가능성 정도 등을 고려해야 한다.

② 개인적 자원 사정(assessment of individual resources)

클라이언트의 자원으로는 교육정도와 취업경험, 문제해결능력과 의사결정능력, 개인적 자질과 성격, 물리적·재정적 자원 소유, 문제해결에 대한 동기와 의지 등을 고려해야 한다.

③ 환경적 자원 사정(assessment of environmental resources)

클라이언트를 둘러싼 환경의 적절성과 부적합성, 긍정적인 면과 취약한 면 등이 사정내용이 되는데, 클라이언트의 문제와 관련하여 환경은 문제의 진원지로서 뿐만 아니라 클라이언트의 문제를 해결하고 욕구를 충족시키기 위한 자원으로서의 의미를 가진다.

④ 클라이언트의 강점 사정(assessment of client's resources)

병리적 관점에서 클라이언트의 문제라고 간주되었던 것이 강점관점에서는 변화를 위한 하나의 도전으로 간주되며, 병리적 관점이 과거지향적이라면, 강점관점은 지금 여기(here and now)에 기반을 두고 미래를 강조한다. 이 관점은 클라이언트와 클라이언트가 처해 있는 환경에서 무엇이 잘못되었나를 사정하는 것이 아니라 무엇이 올바른 가에 초점을 두어 상황을 개선 및 해결하는 것이다. 생태체계 내에는 어디든지 강점이 있을 수 있는데, 클라이언트 개인의 강점은 개인적(지능, 특별한 기술이나 재능, 용모, 성격특성, 자아존중감 등), 대인관계적(자연적 지지망, 가족, 친척, 친구, 이웃, 고용주, 교사, 목사 등과의 의사소통), 지역사회(지역사회자원에 대한 지식, 지역사회자원에 접근하는 능력 등)의 영역에서 규명될 수 있다. 또한 가족의 강점은 가족성원들 간의 관심, 의사소통과 보호, 가족의 자존감, 가족의 통합성, 지역사회와 가족의 유대 등의 영역에서 규명될 수 있다.

사정도구

1. 개인의 사회지지체계 사정도구

(1) 사회적 관계망그리드(social network grid)

Tracy & Whittaker(1990)에 의해 개발된 사회적 관계망표(격자, 그리드)는 클라이언트인 개인의 사회적 망(지지체계)을 사정하기 위해 활용되는 도구로서 클라이언트의 사회적 관계의 지지정도와 질, 지지의 방향, 지지기간 등을 표현할 수 있다. 사회적 관계망을 그림이나 표로 보여줌으로써 클라이언트의 관계망을 전체적으로 파악할 수 있게 해 주며, 사회적 관계망 그리드를 작성하는 방법은 다음과 같다. 첫째, 가족, 친척, 직장/학교, 조직(클럽, 종교집단 등), 친구, 이웃, 전문가 등 7개 영역에서 사회망 구성원을 규명한다. 둘째, 개인과 사회망 구성원들 간의 관계에 대해 질문한다. 여기에는 물질적 지지, 정서적 지지, 정보 및 조언, 비판, 도움의 방향, 친밀도, 접촉빈도, 알고 지낸 기간 등을 기록한다.

- 클라이언트 성명: 인대한
- 조사일자: 2018년 3월 1일

사회적 관계망에서 중요한 인물 (지지제공자)	생활 영역	물질적 지지	정서적 지지	정보와 조언	비판	도움의 방향	친밀도	접촉 빈도	알고 지낸 기간
	① 가족 ② 친척 ③ 직장/학교 ④ 조직 ⑤ 친구 ⑥ 이웃 ⑦ 전문가 ⑧ 기타	① 가끔 제공 ② 자주 제공 ③ 항상 제공	① 가끔 제공 ② 자주 제공 ③ 항상 제공	① 가끔 제공 ② 자주 제공 ③ 항상 제공	① 가끔 제공 ② 자주 제공 ③ 항상 제공	① 양방향 ② 내가 그에게 ③ 그가 나에게	① 양방향 ② 내가 그에게 ③ 그가 나에게	⓪ 보지 못함 ① 1년 몇 번 ② 1달 한 번 ③ 1주일 한 번 ④ 매일	① 1년 미만 ② 1~5년 ③ 5년 이상
어머니									
언니									
이모									
선배									
목사									

2. 가족차원의 사정도구

※ 가족사정의 4가지 차원

① 가족이 제시하는 문제

- 가족은 문제 혹은 욕구를 무엇으로 보는가?
- 누가 이런 욕구 혹은 문제를 인식하는가?

- 다양한 가족원들은 문제를 어떻게 규정하며, 가족원들 간에 생각의 차이가 있는가?
- 가족을 둘러싼 환경체계들은 가족의 문제를 무엇으로 규정하는가?

② 생태학적 사정
- 가계수입, 음식, 거주지의 안전 등 가족의 기본적 욕구는 충족되고 있는가?
- 거주지역의 안전, 교육 및 보건의료자원, 교통과 통신에 대한 접근 등은 어떠한가?
- 이웃이나 친구, 지역사회와 의미 있는 상호교류를 하며 적응적 균형을 이루는가?
- 가족원과 환경체계들 간의 경계는 어떠한가?
- 환경체계들과의 관계에서 개별성원들 간의 차이가 있는가?

③ 세대 간 사정
- 가계도 분석을 통해 드러난 가장 중요한 가족유형은 무엇인가?
- 사고나 죽음, 별거 같은 주요 상실을 경험했는가?
- 확대가족과의 관계는 어떠한가?
- 여러 세대를 거치면서 반복되어 내려오는 가족의 유형이나 관계, 문제 등은 무엇인가?
- 해결되지 않은 세대 간 가족문제가 있는가?

④ 가족 내부에 대한 사정
- 가족구조와 기능, 의사소통, 가치, 신념체계는 무엇인가?
- 가족 내 하위체계들이 각각 적절한 기능을 수행하고 있는가?
- 가족 외부와의 경계는 어떠한가? 개방적인가 폐쇄적인가?
- 가족성원 간 경계는 밀착되었는가 혹은 경직되었는가?
- 가족 의사소통을 지배하는 규칙들이 있는가?
- 의사소통은 명확한가?

(1) 가계도(family genogram)

2, 3세대 이상에 걸친 가족성원에 관한 정보와 그들간의 관계를 도표로 기록하는 작성방법으로, 가족에 관한 정보가 도식화되기 때문에 복잡한 가족유형 형태의 단순화를 통하여, 가족성원 각 개인과 가족 속에서 반복되어 나타나는 유형이나 사건의 파악이 가능하다. 치료자가 가족체계에서 주요 삼각관계를 파악하여 그러한 삼각관계의 유형이 한 세대에서 다음 세대로 어떻게 계속되는지 살펴봄으로써 그들을 변화시킬 전략을 설계할 수 있도록 도움이 제공될 수 있다. 가계도의 작성법은 (1) 가족구조의 도식화 - 각 가족성원이 한 세대에서 다음 세대까지 생물학적, 법적으로 어떻게 관련되는지를 도표로 묘사하는 것으로, 사람을 나타내는 기호와 관계를 묘사하는 선으로 구성; (2) 가족성원에 관한 정보 기록 - 가족성원의 이력(연령, 출생 및 사망시기, 직업교육수준), 가족의 역할(가족성원 각자의 신체, 정서, 행동에 관한 비교적 객관적인 정보), 가족생활의 중요한 가족사건(과도기, 인간관계의 변화, 이주, 상실과 성공) 등에 관한 정보 추가; (3) 가족관계의 표현 - 추론에 근거한 작업으로 가족의 보고와 치료자의 직접적 관찰에 근거하여 각 가족성원의 관계를 도식화하는 것으로 이루어진다.

가계도와 상징

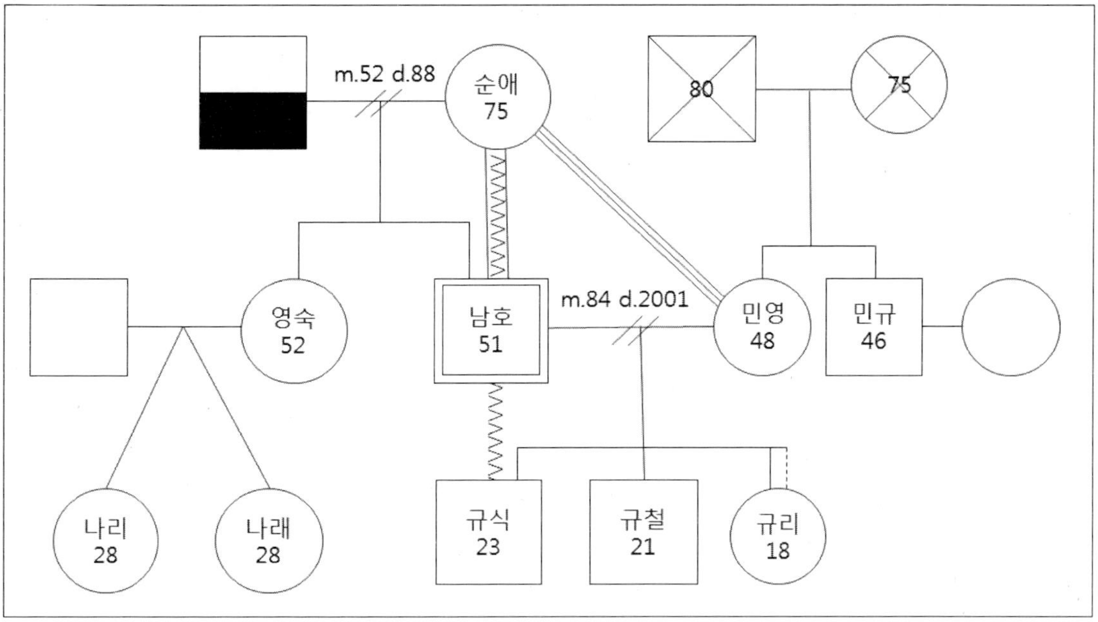
m.52 d.88
순애
75
80
75
영숙
52
남호
51
m.84 d.2001
민영
48
민규
46
나리
28
나래
28
규식
23
규철
21
규리
18

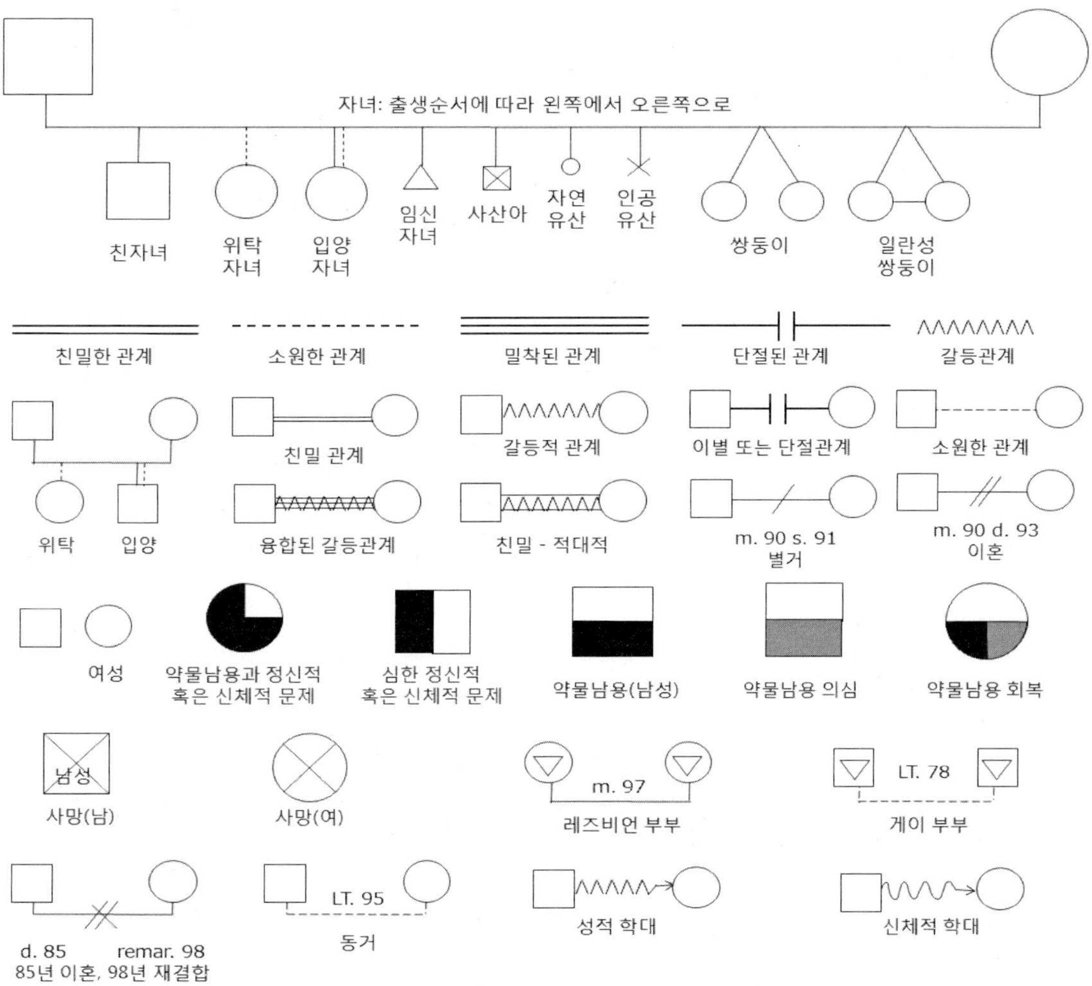
자녀: 출생순서에 따라 왼쪽에서 오른쪽으로
친자녀
위탁
자녀
입양
자녀
임신
자녀
사산아
자연
유산
인공
유산
쌍둥이
일란성
쌍둥이
친밀한 관계
소원한 관계
밀착된 관계
단절된 관계
갈등관계
위탁
입양
친밀 관계
융합된 갈등관계
갈등적 관계
친밀 - 적대적
이별 또는 단절관계
m. 90 s. 91
별거
소원한 관계
m. 90 d. 93
이혼
여성
약물남용과 정신적
혹은 신체적 문제
심한 정신적
혹은 신체적 문제
약물남용(남성)
약물남용 의심
약물남용 회복
남성
사망(남)
사망(여)
m. 97
레즈비언 부부
LT. 78
게이 부부
d. 85
remar. 98
85년 이혼, 98년 재결합
LT. 95
동거
성적 학대
신체적 학대

(2) 생태도(eco-map)

Ann Hartmann에 의해 고안되었으며, 동일한 삶의 공간 내에 존재하는 상호 관련되어 있는 체계들을 찾아내어 그 체계들끼리 영향을 주고받는 양상들을 그림으로 묘사하는 실천도구로서, 각각의 체계간의 연계성(connectedness)과 복합성(complexity)의 명확한 묘사가 가능하다. 이 생태지도 속에서는 개인 또는 가족체계와 주변 관련 체계들 사이에 발생하는 자원과 에너지의 유입 및 유출상황, 욕구와 공급 간의 균형 및 갈등 등의 관계상황 등이 기록된다. 완성된 생태 지도를 사용하여 사회복지사는 개인 또는 개인이 속한 가족과 주변 환경 체계들 간의 상호작용, 상호의존성, 적응성, 개인 대 환경간의 적합도를 높이기 위해 변화되어야 할 체계 및 변화의 방향 등에 대해 검토할 수 있다.

생태도의 예

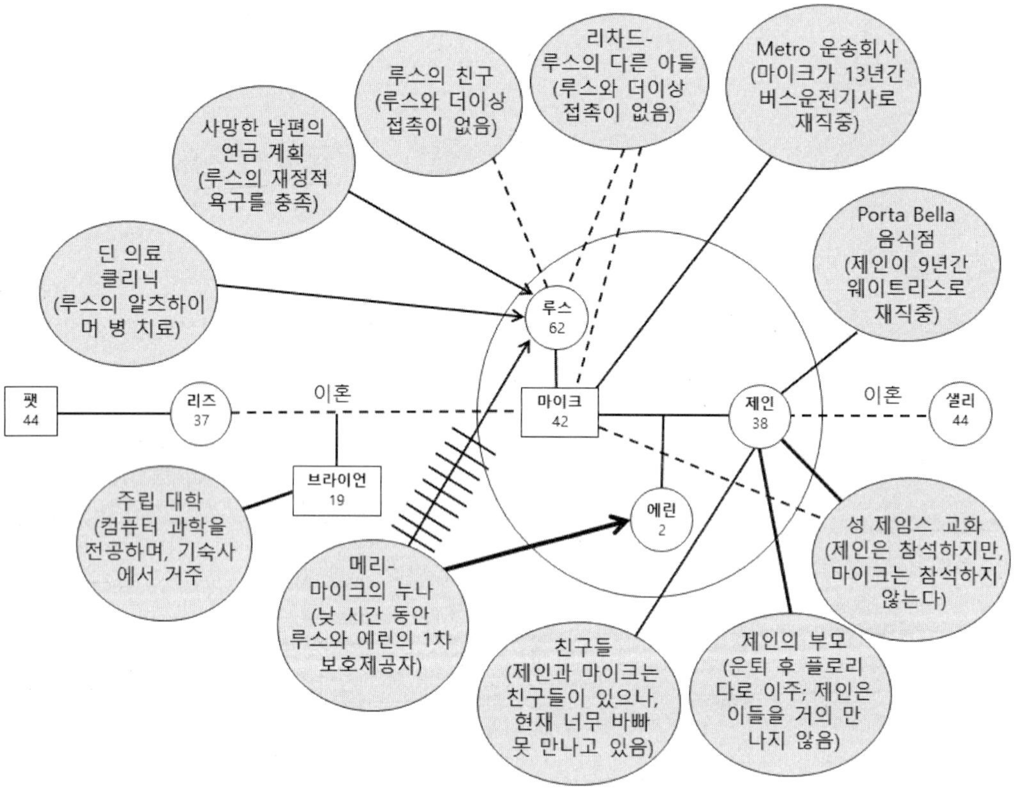

생태도에서 흔히 사용하는 기호

- ─/////─ , VVVVVV : 스트레스와 갈등의 관계
- - - - - - : 빈약하고 불확실한 관계
- ──── : 긍정적인 관계 및 자원(선의 굵기는 관계의 정도를 표현, 선이 두꺼울수록 강한 관계
- ───→ : 관계 및 자원을 주고받는 교환의방향(일부 관계에서 클라이언트가 이 관계의 주요 인물이 됨)

(3) 생활력표

클라이언트의 생애 동안 발생한 사건이나 문제의 발전과정을 사정하기 위해 사용되는 도구로서 가족구성원의 삶의 중요한 사건이나 문제를 시기별로 나열하는 방법으로 작성한다. 생활력(도)표는 특정 발달단계의 생활경험을 이해하는데 도움이 되며 특히 아동과 청소년 대상의 활동에서 유용하게 사용된다. 출생에서 개입시점까지 클라이언트의 삶의 다양한 시기에 관련된 여러 특징들을 조사하여 다른 자료들과 종합함으로써 클라이언트의 현재를 이해하는데 도움이 된다.

- 클라이언트: 제민국(남, 31세)
- 작성일: 2018년 3월 1일

연도	나이	장소	가족	주요 사건	문제
1983	1	대구	본인	미숙아로 출생	심한 황달
1994	12	대구	본인	어머니 가출	초등학교 중단
2007	25	광주	본인	결혼	본인 실직
2012	30	김해	첫째 아이	교통사고	장기입원

3. 집단차원의 사정도구

(1) 사회도(sociogram, 집단 내에서의 관계도)

방향그래프라고도 불리는 sociogram은 Moreno와 Jennings(1950)가 개발하였으며, 집단구성원 상호간의 감정이나 태도를 바탕으로 구성원 상호간의 선택, 거부(배척), 무관심 등의 상호작용을 상징(symbol)을 사용한 그림의 형태로 일목요연하게 나타내는 사정도구이다. 즉, 대인관계에서 끌리는 정도, 집단성원들 간의 사회적이고 질적인 유대관계를 측정하기 위한 도구로서 집단성원들 간의 수용-거부 과정을 평가하는 방법으로 유용하게 활용된다. Sociogram을 통해서 집단성원간의 선호도와 무관심, 배척하는 정도와 유형을 파악할 수 있고 하위집단의 형성 여부를 파악할 수 있는데, 다양한 시점에서 작성된 집단의 sociogram을 비교해 보면 집단성원들 간의 안정성과 변화에 대한 사정이 가능하다.

Sociogram은 비교적 단순하고 실시하기가 용이하다는 장점을 가지고 있으며, 이의 활용을 통해서 집단성원의 성별, 성원 간의 친화정도, 반감의 유형과 방향(일방 또는 양방), 하위집단의 형성 여부, 소외된 성원의 존재 여부, 삼각관계의 형성 여부 등의 집단역동과 관련한 다양한 정보들을 파악할 수 있다. Sociogram을 통해 표현되는 구성의 형태들로는 소외된 사람(isolated person), 인기 있는 사람(popular person, star), 상호선택(mutual choice), 연쇄선택(chain selection), 삼각결합(triangle union), 망사조직(network) 등이 있다.

아동을 대상으로 하는 개입을 위해 많이 활용되며, 집단에 개입하는 사회복지사는 sociogram을 통해서 집단 내 소외자, 하위집단, 연합 등을 파악할 수 있다. Sociogram은 낮은 자존감을 가졌거나 또래와 잘 어울리지 못하는 아동들의 상호작용 패턴을 사정하는데 매우 유용하게 활용될 수 있다. 집단 내의 아동들에게 하는 질문들로는 예를 들어 집단에 포함된 아동들 가운데 제일 좋아하는 세 명의 아동은 누구이고, 가장 싫어하는 세 명의 아동은 누구인지, 가장 본받고 싶은 아동은 누구이고, 곁에 앉고 싶은 아동은 누구이며, 어느 아동이 가장 두려운지 등을 들 수 있다. 비록 sociogram이 집단 내에서 발생하는 상호작용이 갖는 복잡성의 일부분에 한정된 묘사일 수도 있지만, 추후에 개입 계획을 세울 때 필요한 단서들을 제공할 수 있다.

※ 삼각화(triangulation)

어떤 사람과 갈등 상황에 있는 경우, 그 사람과 문제의 해결을 위해서 직접 대응하기 보다는 다른 사람과 그 문제에 대해서 이야기할 때 나타나는 심리적인 현상이다. 해결이 필요한 문제가 있는 경우에 문제의 당사자와 직접 소통하는 것이 건강한 대응이고, 제 3자와 이야기하는 것은 단지 불평이라고 할 수 있는데, 그것이 바로 삼각화이며 문제를 해결하기보다는 고착화시키는 결과를 초래하게 된다.

소시오그램의 예

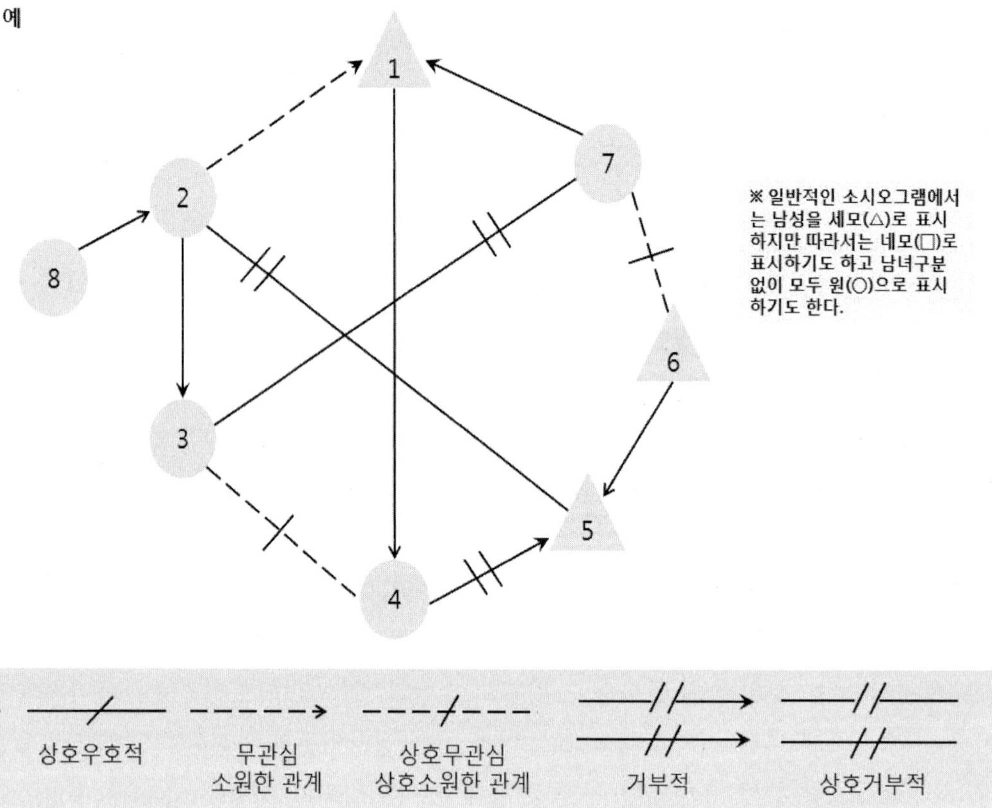

3. 제 3단계: 계획 및 계약

(1) 목표

계획은 변화에 초점을 두고 사정과 개입을 연계하는 교량 역할을 하는데, 구체적으로 목적의 설정, 목적 달성방법의 구체화, 그리고 행동과정의 구체적 선택인 계약을 포함한다.

① 계획(planning)

자료수집과 클라이언트의 문제와 상황에 대한 일차적 사정이 끝나면 문제해결을 위한 사전 준비가 완료된 것이며 다음 단계로서 실질적인 문제해결과정의 시작인 계획단계가 이어진다. 이 단계에서 사회복지사와 클라이언트는 개입목표를 설정하고 이를 달성하기 위한 계획을 수립해야 하는데 특히 중요한 것은 클라이언트의 자기결정권(the right of client's self-determination) 보장이다.

② 계약(contract)

사회복지사와 클라이언트의 관계는 단순한 정서적 관계 이상의 전문적 관계이다. 이러한 원조관계를 형성하기 위해서는 개입에 앞서 개입활동계약(working contract)이 필요하다. 이것은 사회복지사를 통해 제공되는 기관의 서비스와 클라이언트의 욕구의 공통분모를 찾아내는 것으로 초기단계에서 양자가 동의하는 원조활동의 영역을 확인하는 것은, 원조에 대한 클라이언트의 의구심, 불신, 두려움 등을 해소함으로써 원조관계형성에 효과적으로 작용하며, 결과적으로 클라이언트의 참여를 유도하는데 기여한다.

✓계획의 과정(단계)

- 1단계: 클라이언트와의 협업(클라이언트의 자기결정권 증진, 역량강화, 계획에의 참여수준 극대화)
- 2단계: 문제의 우선순위 결정
- 3단계: 문제의 욕구로의 전환
- 4단계: 개입수준 평가
- 5단계: 1차적 목표 수립
- 6단계: 목표의 구체화
- 7단계: 계약

(2) 과제

① 개입문제와 개입목표 설정

사회복지사는 클라이언트가 당면한 여러 가지 문제를 고려하여 개입목표의 설정 및 클라이언트와 개입에 대한 협의를 해야 한다. 개입목표의 설정에 있어서 고려되어야 할 문제는 첫째, 클라이언트가 인정하는 문제이어야 하며 둘째, 사회복지사와 클라이언트 모두가 이해할 수 있게 분명한 용어로 정의되는 문제여야 하며 셋째, 사회복지사와 클라이언트 모두가 현실적으로 해결 가능한 문제이어야 한다. 또한 우선순위의 결정에 있어서는 문제의 긴박성, 심각성, 클라이언트가 가장 시급히 해결되었으면 하고 바라는 문제, 한정된 시간, 노력, 자원으로 가장 효과적으로 해결이 가능한 문제 등으로 고려하여야 한다. 효과적인 개입의 관건은 구체적이며 선명한 목표설정에 달려 있다. 목표가 분명하지 않으면 개입은 실패할 가능성이 크고 개입결과의 평가 또한 불가능하다. 바람직한 목표가 설정되기 위해서는 누가, 무엇을, 어느 정도, 어떤 조건에서, 언제 할 것인지 등의 내용이 구체적으로 제시되어 있어야 한다.

✓개입목표 설정을 위한 지침(SMART Guideline)
구체성(Specific), 측정 가능성(Measurable), 성취 가능성(Achievable), 현실성(Realistic), 시기적절성(Timely)

② 계약을 통한 참여 극대화

사회복지사와 클라이언트가 개입과정에 대해서 동의한 내용을 구체화한 계약은 계획을 달성하는데 있어서 클라이언트의 권리를 보장해주고, 참여를 극대화시키며, 통제능력을 증대시킨다. 구체적으로 계약은 클라이언트에게 구조, 구체성과 참여감을 주기 때문에 문제와 과업을 수행하려는 클라이언트의 동기를 배양하고 강화시킬 수 있다. 또한 클라이언트가 자신의 활동을 통해서 합의되어진 목적에 도달하는 것은 자아존중감을 향상시키고 상황에 영향을 미칠 수 있다는 자신감을 갖게 한다. 계약에는 목적, 참여자의 역할, 개입방법 혹은 개입기법, 시간적 조건과 세션(회기)의 빈도 및 길이, 모니터링과정과 수단, 계약 재타협의 조건, 시작일시, 세션의 변경 및 취소방법, 비용 등이 포함되어야 한다.

4. 제 4단계: 개입 및 점검

(1) 목표

개입단계는 사회복지사와 클라이언트가 상호 합의하여 결정한 개입목표를 구체적인 행동으로 실천하는 단계로서 의도하는 변화를 유발하는 사회사업실천과정의 핵심단계이다.

① 개입(intervention)

개입이란 클라이언트의 문제 상황을 개선 및 변화시키기 위해 사회복지사에 의해 이루어지는 행동을 의미하는데, 사회복지사의 개입방법은 클라이언트의 욕구, 기관의 특성, 문제상황의 성격, 사회복지사의 능력에 따라 매우 다양하게 선택될 수 있고, 일반적으로 클라이언트에 초점을 두는 직접적인 서비스와 환경에 초점을 두는 간접적 서비스로 구분할 수 있다. 사회복지사는 설정된 목표를 구체적인 하위목표나 과제로 세분화시켜 실행할 수 있어야 한다. 클라이언트의 문제해결과 수립된 치료목표를 달성하는 데에 가장 효과적인 개입방법이 선택된 다음에는 사회복지사의 구체적인 활동으로 이어지는데, 사회복지사는 개별상담을 하거나 집단모임을 지도하기도 하고 가족치료모임을 주도하는 등 선택한 개입방법에 따라 다양한 활동과 역할을 수행하게 된다.

✓ Intervention is the use of thoughtful and planned efforts to bring about a specific change(Sheafor, Horejsi, & Horejsi, 2000, p. 119).

② 점검(monitoring)

사회복지사는 클라이언트의 욕구 및 문제해결을 위한 개입 활동의 효과여부를 설정된 목표에 비추어 계속적으로 평가하여야 한다. 개입활동의 타당성이나 정확성, 효율성에 대한 평가를 바탕으로 개입의 수정과 지속성이 결정되는데, 사회복지사는 계속적인 점검을 통하여 개입으로 야기된 긍정적 변화가 고정되고 지속될 수 있도록 도와주어야 한다.

(2) 사회복지사의 역할

① 중개자(broker)

계획과정에서 설정된 서비스목표를 달성하기 위해서 클라이언트와 자원을 연계시키는 역할로서, 사회복지사는 기관에서 제공하고 있는 서비스나 프로그램의 이용절차뿐 아니라 지역사회의 자원에 대해 충분한 지식을 갖추어야 한다.

② 중재자(mediator)

클라이언트가 다른 사람들 혹은 조직과 갈등관계에 있을 때 이를 조정하여 공동의 합의점을 찾아내는 역할로서, 사회복지사는 양측의 주장을 객관적으로 정확히 파악하고 갈등을 조정할 수 있는 능력을 발휘해야 한다.

③ 조력자(enabler)

클라이언트가 대처능력이나 자원을 발견하도록 돕는 역할로서, 변화는 사회복지사가 아니라 클라이언트 스스로에 의해 야기되어야 하기 때문에 사회복지사는 설정된 변화를 클라이언트 스스로 성취하도록 지원해야 한다.

④ 옹호자(advocate)

설정된 목적을 달성하기 위해 클라이언트의 입장을 대변하고 변호하는 역할로서, 클라이언트를 위해 논쟁, 주장, 흥정, 타협 등을 수행해야 한다. 중재자의 역할이 양측의 이해를 절충하고 타협하여 공동의 이해를 도출하는 역할이라고 한다면, 옹호자의 역할은 클라이언트의 이해와 권리만을 대변하는 역할이다.

⑤ 교사(teacher)

문제에 대처하기 위한 정보를 제공하는 역할로서, 클라이언트가 새로운 행동이나 기술을 연습해 보도록 돕고, 모델링을 통해서 클라이언트에게 대안적 행동패턴을 가르치는 등으로 클라이언트의 문제해결능력을 강화시켜 의도하는 변화를 이루도록 지원해야 한다.

⑥ 사례관리자(case manager)

클라이언트를 적합한 서비스에 연결하고 활용하도록 조정하는 과정에서 개인과 가족에게 서비스를 지속적으로 제공하는 역할이다.

5. 제 5단계: 평가와 종결

(1) 목표

① 평가(evaluation)

평가는 개입의 효과성(effectiveness)과 효율성(efficiency)을 측정하는 것인데, 효과성은 클라이언트와 합의해서 세운 개입목표의 달성 여부를 의미하고 효율성은 사용된 자원(시간, 비용, 노력 등)으로 획득된 성과의 정도를 의미한다. 또한 제공된 프로그램 및 서비스에 대해 클라이언트는 만족하는지, 개선되어야 할 점은 무엇인지 등의 다양한 측면이 고려되어야 한다.

② 종결(termination)

적절한 시점에서 클라이언트가 긍정적인 성과를 얻게 한 다음에 돕는 관계를 끝내는 일은 상당한 기술과 신중한 계획이 필요하다. 종결에서 사회복지사는 클라이언트가 종결에 대한 반응을 긍정적으로 처리하고 지금까지 변화된 부분이 지속될 수 있도록 강화해야 한다.

(2) 과제

① 적합한 평가방법 설정

평가는 성과(outcome), 과정(process), 사회복지사(practitioner)라는 3개의 각각 다른 차원에 걸쳐 이루어질 수 있는데 무엇보다도 중요한 것은 적합한 평가방법 및 도구의 사용이다.

첫째, 형성평가(과정평가, formative evaluation)는 원조과정에 초점을 둔 평가로서 사회복지사와 클라이언트가 개입이 진행되는 기간 동안 정기적으로 또는 필요시마다 진전 상황을 평가하는 것으로서 독립변수를 측정하는 것이다. 평가내용에는 사회복지사가 목표달성을 위해 사용한 방법이나 기법에 대해 피드백하는 것도 포함된다.

둘째, 총괄평가(결과평가, summative evaluation)는 계획된 변화과정의 시작시점에서 기대하였던 결과가 성취되었는지를 알아보기 위해 변화과정의 종료 후에 이루어지는 평가로서 종속변수를 측정하는 것이다. 즉 개입이 기대한 변화를 얼마나 달성했는지를 평가한다.

셋째, 사회복지사(실무자)평가는 서비스제공자인 사회복지사 본인의 행동, 태도, 속성 등의 요인들이 개입과정에 어떤 영향을 주었는지를 알기 위하여 클라이언트로부터 환류(feedback)를 받는 것이다. 이를 통하여 사회복지사는 학습과 반성을 통한 성장을 도모할 수 있다.

② 평가기술

㈎ 단일사례(연구)설계

㈀ 개념

단일사례(연구)설계는 한 사람의 개인, 하나의 가족, 하나의 집단만을 대상으로 평가하는 것으로, 개입 초기의 자료로 기초선(baseline)을 설정하고 이를 활용하여 후속적인 변화를 측정하여 개입의 효과를 평가한다.

㈁ 유형

㉠ AB설계(기초선 → 개입단계)

개입 전과 개입 후를 비교하는 기본적인 연구설계인데, AB설계는 연구의 타당성을 위협하는 많은 요인들의 통제가 어렵기 때문에 개입의 효과성이나 인과관계를 추정하기 어렵다.

㉡ ABA설계(기초선 → 개입단계 → 제2기초선)

개입의 효과 존재 여부를 검증하기 위해 일정 기간 개입을 실시한 후에 중단하는 연구설계인데, 중단한 후 클라이언트의 행위가 기초선 수준으로 다시 돌아간다면 그 동안의 변화가 개입의 영향 때문이라고 판단할 수 있다.

㉢ ABAB설계(기초선 → 개입단계 → 제2기초선 → 개입국면)

ABA설계에서 다시 개입을 실시한 후에 또 변화가 발생한다면 이는 개입 때문이라는 것을 확실하게 증명할 수 있다.

㉣ BAB설계(개입단계 → 기초선 단계 → 개입단계)

기초선 측정 없이 바로 개입할 때 사용하는 설계로 클라이언트가 위기에 처해 있거나 기초선을 측정할 수 없는 상황에서 바로 개입하는 설계이다. 기초선에는 개입의 효과가 어느 정도 반영되어 있다.

㉤ 다중요소설계(기초선 단계 → 서로 다른 개입방법 사용)

ABCD, ABAC, ABACA설계 등의 방법으로, 하나의 기초선 자료에 대해 여러 개의 각기 다른 개입방법을 연속적으로 도입한다.

㈏ 과제성취척도

클라이언트와 사회복지사가 합의한 과제가 성취된 정도를 확인하여 평가하는 것이다.

㈐ 클라이언트 만족도 설문

개입기간 동안 클라이언트가 받은 서비스에 대해 클라이언트의 의견을 구하는 기법이다.

③ 종결시기의 결정

종결은 크게 클라이언트에 의한 일방적인 종결, 기관의 기능과 관련된 시간의 제약에 의해 결정된 계획적인 종결, 사회복지사가 직책이나 직장을 떠남으로써 재촉된 종결 등으로 분류해 볼 수 있는데 가장 원만한 종결시기는 문제해결정도를 고려해 클라이언트와 합의해서 결정해야 한다. 원만한 종결이 어려운 대부분의 이유는 목표를 클라이언트와 공유하지 않고, 또 목표달성과정에 클라이언트를 참여시키지 않기 때문이다.

④ 정서적 반응의 상호해결 및 획득된 이득의 강화

사회복지사는 종결에 대한 클라이언트와 사회복지사의 부정적 감정들을 해결하고 긍정적 감정들을 유지한 상태에서 돕는 관계를 끝내야 한다. 또한 클라이언트를 도와서 그가 당면하고 있는 문제를 해결하는 것뿐만 아니라 앞으로 그를 괴롭힐 어쩔 수 없는 곤란들을 극복할 수 있도록 클라이언트를 강화시켜야 한다. 종결에 대해 클라이언트가 보이는 부정적인 반응의 일반적 예들로는 행동화, 부인, 증상 재발, 슬픔, 회피, 별도회기 요구, 폭탄 투하, 죽음에 대한 언급, 이중관계 제안, 배신감 표출 등이 있다. 한편 사회복지사는 죄의식, 회피, 계약하지 않은 별도의 회기 제안, 종결 지연 등의 반응을 나타낼 수 있다. 그 다음으로는 원조과정에서 얻어진 클라이언트의 변화가 원조관계를 끝낸 다음에도 지속될 수 있도록 지지 및 강화한다.

✓ 행동화(acting out)

내부의 갈등이나 중압감, 충동 등을 의식화하는 과정 없이(마음 속에 담아두지 못하고) 행동으로 표출함으로써 심리적인 안정을 꾀하고자 하는 현상을 의미하는데, 이 때 본인은 자기가 무엇을 회피하고 있다는 사실을 인식하지 못한다. 클라이언트가 부모의 권위에 대해 반항적인 감정이나 태도를 가지고 있을 경우, 이것을 인식하지 못한 채 사회복지사에게 반항적으로 행동하는 경우를 예로 들 수 있다.

⑤ 다른 자원에의 클라이언트 의뢰

종결은 다른 자원들로부터 계속적인 서비스를 받을 수 있도록 클라이언트를 돕는 것을 포함하는데, 특히 한시적 서비스 목표에는 클라이언트를 지정된 기관이나, 사회복지사가 제공하지 못하는 외부의 자원들과 연결시키는 일을 포함하는 경우가 많다.

6. 제 6단계: 사후 관리(follow-up)

(1) 목표

개입을 통해 획득된 변화는 개입이 끝나도 계속 유지되어야 한다. 사후관리란 개입이 더 이상 실시되지 않거나 혹은 모든 개입이 종결된 후에 개입목적과 관련하여 클라이언트의 기능수준에 관한 정보를 획득하기 위한 것이다. 사회복지사는 사후지도를 통하여 클라이언트가 개입 없이도 잘 기능하고 있는 지를 확인할 수 있고 개입이 효과적이었는지를 결정하는데 도움을 제공받을 수 있다. 또한 종결 시에 사후관리를 계획함으로써 종결로 인한 클라이언트의 충격을 완화시킬 수 있고, 사회복지사가 클라이언트의 변화에 여전히 관심을 가지고 있음을 상기시킬 수 있다.

(2) 과제

개입의 결과는 공식적인 개입이 이루어지는 당시에만 효과를 나타내고, 다시 문제가 발생하면 그 이전의 행동 패턴으로 회귀하는 경향이 존재하는데, 그 이유는 오랜 문제해결습관을 버리기 어렵다는 점과 문제를 가져오는 환경적 조건이 변화되기 어렵기 때문이다. 따라서 사회복지사는 클라이언트의 현재 상황이 어떠한 지를 확인하고, 전문적 개입의 효과성을 점검해야 한다. 일정한 시간이 경과한 후의 평가는 종결시점에서 이루어진 평가보다 훨씬 의미가 클 수 있고, 또한 사후 회기(session)에서 클라이언트에게 아직 해결되지 않은 문제가 남아 있음을 발견하면 필요한 도움을 제공해야 한다.

제6부 사례관리

제12장 사례관리(case management)

1. 사례관리의 정의

일반적으로 장애인이나 노인 및 정신질환자 등의 복합적이고 장기적이며 다양한 욕구나 문제를 가진 클라이언트를 대상으로, 이미 제도화되어 있는 다양한 기관 및 지역사회의 공식적 서비스와 가족, 친척, 이웃 등의 비공식적 자원을 동원하고 연계시켜,

(1) 지속성(continuity: 클라이언트를 장기간에 걸쳐서 지속적으로 돌볼 수 있어야 한다)
(2) 포괄성(comprehensiveness: 제공되어지는 서비스가 클라이언트의 다양한 욕구들에 모두 응할 수 있어야 한다)
(3) 연계성(integration: 복잡하고 분리되어 있는 서비스 전달체계 내의 각종 서비스들을 연결시켜야 한다)
(4) 개별성(individualization: 클라이언트 개개인의 고유한 문제해결을 위해서 적절한 서비스가 제공되어야 한다)
(5) 책임성(responsibility: 클라이언트에 대해 무한대의 책임을 져야 한다)
(6) 효과성(effectiveness: 원하는 결과가 획득되어야 한다)
(7) 효율성(efficiency: 시간, 노력, 비용 등 사용된 자원의 한도 내에서 최대한의 성과를 얻어야 한다)을 갖춘 사회복지서비스를 제공하는 통합적인 실천방법이다.

사례관리는 인간을 둘러 싼 환경체계에 대한 종합적인 사정이 가능한 체계이론과 생태이론에 그 이론적 기반을 두고 있다.

2. 사례관리의 등장배경

1960년대부터 시작된 서구 사회에서의 탈 시설화의 경향으로 정신장애인을 비롯한 노인, 아동 등을

위한 대인서비스의 영역에서 클라이언트를 위한 서비스 관리체계의 필요성이 대두되었는데, ㈎ 복잡하고 분화된 서비스의 중복현상, 서비스 간 연계성 결여, 서비스의 정글화 현상을 해결하기 위한 서비스 간 조정과 연계기능의 확보가 필요했으며, ㈏ 지역사회의 자원 부족은 클라이언트와 그 가족에게 과중한 부담을 지우게 되었기 때문에, 이를 해결하기 위해 자원의 개발과 연결 기능이 필요하게 되었고, ㈐ 다양한 욕구를 가진 클라이언트가 증가하면서 통합적 서비스가 요구되었으며, ㈑ 비용 절감을 위한 효율적 서비스 관리를 위해 등장하게 되었다.

사례관리는 기관의 서비스에 기초하는 과거의 전통적 사회사업과는 달리 클라이언트의 욕구에 기초하며 기관의 서비스 제공 범위를 넘는 지역사회 차원의 적극적 서비스 제공을 강조한다. 즉 사례관리는 단순히 서비스의 조정적 기능을 가진 간접적 서비스뿐만 아니라 직접 서비스까지 포함하는 통합적 실천방법으로 두 가지의 핵심목적은 'care의 질 향상'과 '비용 억제'이다.

⑴ 탈시설화(deinstitutionalization)

노인과 장애인 등에 대한 기존의 시설수용 중심의 보호정책으로부터 탈시설화 정책의 도입과 지역사회에 기초하는 재가복지 프로그램의 실시가 확대되면서 지역사회 전체에 분산되어 있는 서비스를 통합적으로 제공하는 서비스 관리체계의 확립이 필요하게 되었다. 1950년대 이후 개발되기 시작한 향정신성(중추신경계에 작용하는) 의약품은 시설에 수용하지 않고도 정신장애인들을 지역사회 내에서 관리 가능하다고 믿게 하였다. 시설에 있는 사람들을 줄이고 재가서비스를 강조하는 지역사회중심의 정신보건운동이 전개되었지만, 실제로 그들을 지역사회 내에서 제대로 관리하는 데에는 실패하였다. 따라서 1970년대 중반부터 사례관리를 핵심적 내용으로 하는 지역사회지원프로그램(community support program)이 새로 나타나게 되었다.

⑵ 서비스 전달의 지방분권화

지방자치제의 실시에 따라 사회복지서비스가 중앙집권적인 서비스에서 지방분권적으로 전환되고, 사회복지서비스의 공급주체가 중앙정부에서 지방정부로 이동되면서, 분산되고 단편화된 지역사회 수준의 서비스를 조직화하여 클라이언트의 욕구를 통합적으로 충족시킴으로서 지방분권화에 따른 부정적인 측면을 보충하는 것이 필요하게 되었다.

⑶ 다양한 문제와 복합적 욕구를 가진 인구의 증가

현대사회에는 정신지체나 정신질환, 혹은 신체장애를 가진 사람이나 노인인구 등이 증가하면서 소득, 주택, 재활, 의료 등의 분야에서 복합적인 서비스를 필요로 하는 클라이언트들이 증가하였는데, 일반적으로 한 기관이나 단일 서비스 체계로는 복합적인 욕구를 가진 클라이언트의 문제에 대응하는 것이 불가능할 뿐만 아니라 클라이언트와 그 가족에게도 과도한 역할 수행이 요구되기 때문에 다원적인 서비스의 제공이 필요하게 되었다.

(4) 기존 서비스의 단편성

복지서비스가 통합되지 못하고 단편적으로 이루어지는 상황에서는 클라이언트의 욕구가 충족되기 어렵고 문제해결은 형식화되거나 방치되기 쉽다. 따라서, 복지서비스를 제공하는 기관의 입장에서는 서비스 제공의 편의를 우선해서는 안되고 수요자의 입장에서 수요자의 욕구와 편의를 중시하는 서비스가 제공되어야 한다. 이를 위해 지역사회의 다양한 자원의 발굴과 활용 등 서비스 공급주체의 다원화가 필요하게 되었다.

(5) 사회적 지지와 사회적 관계망의 중요성

공적 서비스를 비공식적 서비스로 대체하고자 하는 움직임이 일어나기 시작하면서 클라이언트의 삶의 질에 대한 가족, 친족, 이웃 등의 비공식적인 지원체계를 포함한 사회적 지지와 사회적 지원망의 영향력에 관한 서비스 전문가들의 인식이 높아졌다.

(6) 비용억제의 필요성

자원이 한정된 상황에서 서비스 전달의 효과를 최대화하려는 노력은 항상 중대한 관심사인데, 즉 서비스 전달의 비용을 억제하려는 관심이 계속 증가하고 있다. 복지국가라고 일컫는 선진국들이 늘어나는 보호대상자를 국가의 재정만으로는 감당하기 어려운 상황이 되어, 그 동안 국가가 책임지고 있던 복지 부분의 일부를 민간에 이양하는 중요한 정책의 변화를 가져오게 되었고, 때문에 복지서비스의 효과성(effectiveness) 및 책임성(accountability)에 기초하여 서비스의 중복성을 점검해야 하는 전문기술이 필요하게 되었다. 복지국가의 위기를 거치면서 책임성의 문제는 사회복지시설이 얼마만큼 제한된 자원을 효율적으로 사용하고 그 자원을 투입할 가치가 있는가에 따라 평가된다. 점차로 사회복지사업은 그 자체가 목적이 아니고 사회적으로 바람직한 목표를 달성하는 수단으로 생각되고 있다. 사회복지기관들이 수행하는 모든 사업은 그것들이 사회적 목표를 달성하는데 이바지할 수 있다는 것을 보여주지 않으면 안 되게 되었다. 이러한 압력은 사회복지기관들이 하는 일이 사회에 대해서 책임성을 지녀야 한다는 것을 의미한다. 책임성이란 '사회복지기관들이 그들이 수행하는 사업에 대한 정당한 분석과 설명을 제시할 수 있는 능력'을 말하는 것으로, 즉 '주어진 돈으로 무엇이 성취되었는가를 객관적으로 증명함으로써 사업을 정당화할 수 있는 능력'을 말한다.

3. 사례관리의 대상

(1) 노인

식생활 개선, 의학기술의 발달 등으로 평균수명이 연장되었지만 동시에 노인을 돌보아야 하는 가족의 책임감이 약화되어 지속적이며 전문적인 보호서비스 영역의 확대가 필요하다.

(2) 장애인

시설에서 재활 및 보호서비스를 받던 신체 및 정신장애인들이 자신의 가족과 자신이 속한 지역사회로 돌아가 시설이 아닌 지역사회에서 필요한 서비스를 제공받게 되어 지역사회 재활프로그램 영역에서 사례관리의 욕구가 증가하고 있다.

(3) 아동

가족해체 및 아동학대를 포함한 가정폭력의 증가로 인해 사회의 지속적인 관심과 보호를 필요로 하는 아동의 수가 매년 증가하고 있고, 이에 따라 사례관리의 욕구가 증가하고 있다.

4. 사례관리의 특성

(1) 사회사업의 근본적인 개념적 틀인 '상황 속의 인간(person in situation)'을 바탕으로 개인뿐만 아니라 환경에도 초점을 둔다.
(2) 클라이언트와 사례관리자의 신뢰관계에 기초한 실천과정이다.
(3) 다양하고 복합적인 문제나 장애를 가진 클라이언트를 대상으로 한다.
(4) 클라이언트의 문제해결과 치료보다는 욕구충족과 보호에 중점을 둔다.
(5) 질병이나 기능상실에 수반되는 정서적인 문제에 대해서도 개입이 이루어진다.
(6) 서비스 전달에서 연계자와 대변자로서의 전문적 역할을 수행한다.
(7) 경제적, 의료적, 사회적, 개인적 욕구나 문제를 갖는 표적집단을 대상으로 지역사회에 기초한 서비스를 제공한다.
(8) 최소한의 제약적인 환경, 즉 최대한 자율적인 환경에서 서비스를 제공한다.
(9) 서비스나 보호의 수준을 결정하는데 있어서 클라이언트의 기능적 능력과 지원관계망에 관한 사정을 필요로 한다.
(10) 전통적인 사회사업의 가치인 인간의 존엄성, 가치, 독특성과 자기결정, 그리고 의사결정에서의 상호책임성 등을 추구한다.

5. 사례관리의 과정

사례관리는 클라이언트의 다양하고 복잡한 욕구를 만족시키기 위한 지속적인 맞춤서비스를 제공하기 위해 클라이언트와 그 가족들의 욕구를 사정하며, 서비스를 준비, 조정, 점검, 평가, 옹호하는 전문사회복지서비스이다. 사례관리의 과정은 사례관리 대상자의 특성, 활용 가능한 자원의 존재 여부, 사례관리자를 고용한 기관의 유형, 사례관리 대상자의 규모, 서비스 전달체계의 성격 등 여러 가지 요인들에 의해서 영향을 받는다.

(1) 도입(intake)

이 단계는 주로 사례를 발견하고 인테이크(intake)하는 단계이다. 사례의 발견은 사례관리자 자신에 의한 발굴(outreach)을 포함해 클라이언트를 찾아내는 것이다. 지역사회에는 클라이언트에 대한 정보가 없거나 부족해서, 또는 심신장애로 인해 기관을 찾는 것이 불가능한 많은 사례관리대상자가 있을 수 있다. 따라서 클라이언트를 효율적으로 돕기 위해서는 병원이나 사회복지전담공무원, 통반장, 부녀회 등과의 연계 시스템이 절대적으로 필요하다. 인테이크는 긴급한 욕구를 가진 사람에게 우선적으로 사례관리를 실시하거나 동일인이라도 급한 욕구에 우선적으로 대응하거나 욕구가 단순하기 때문에 정보 제공만으로도 충분해서 사례관리를 실시할 필요가 없는 사례 등을 구분하는 것이다. 사례관리를 통한 원조가 필요한 클라이언트에게 원조내용을 상세히 설명하고 수락여부에 따라 계약을 실시하는 것도 이 단계에 포함된다. 인테이크 시에 사례관리자는 다음의 세 가지 내용을 설명하고 클라이언트의 이해를 구해야 한다.

① 사정단계에서 클라이언트의 사생활과 관련한 많은 것을 묻게 되는데 이는 클라이언트가 원하는 도움을 제공 하는데 필요불가결한 작업이라는 것을 이해하게 해야 한다.
② 사정이 이루어진 후에는 문제의 해결을 위한 케어 플랜을 함께 작성하고 그에 따라 실천해야 한다.
③ 사례관리자와의 계속되는 상담에 적극적으로 응하는 등 전체 개입과정을 통한 사례관리자의 문제해결노력에 협조해야 한다.

(2) 사정(assessment)

사례관리자는 클라이언트와 관련된 다양한 지원체계에 대한 사정을 수행하게 되는데, 이것들은 구체적으로 클라이언트의 능력과 욕구에 대한 사정, 클라이언트의 사회적 관계망과 이러한 망의 구성원들이 클라이언트의 욕구에 부응하는 능력에 대한 사정, 서비스 제공자에 대한 사정과 이러한 제공자들이 클라이언트의 욕구에 부응하는 능력에 대한 사정 등을 포함하는 다차원적 접근을 의미한다. 결국 사정이란 클라이언트와 그 환경이 가지는 장단점 모두를 대상으로 하므로, 주로 클라이언트의 문제점에만 초점을 맞추는 진단(diagnosis)과는 구별된다. 사정은 클라이언트의 성격, 문제, 욕구, 흥미, 반응성, 기술 등을 알아내기 위한 의도를 가지고 대면하는 과정이며, 이는 다음의 질문들에 대답하기 위한 것이다.

① 클라이언트는 어떤 방법으로 지원 받을 수 있는가?
② 클라이언트는 실제로 지원 받기를 원하고 있는가?
③ 클라이언트는 어떤 방식의 지원을 원하고 있는가?
④ 클라이언트에게 전달되는 지원을 방해하는 요소는 무엇인가?
⑤ 클라이언트가 필요로 하는 원조의 영역들 중 우리 기관에서는 무엇을 제공할 수 있는가?

만약, 우리 기관이 클라이언트를 지원할 수 있다면

① 지원의 이유는 무엇인가?

② 구체적으로 무엇을 할 수 있는가?

③ 어떻게 하려고 하는가?

④ 누가 할 것인가?

⑤ 어느 정도의 시간이 소요될 것인가?

⑥ 우리 기관이 클라이언트를 원조할 능력이 없다면, 어떤 기관에서 가능할 것인가?

사정하는 동안, 사례관리자는 클라이언트와 공식적 관계를 맺는 것이 필요하며, 클라이언트가 지금 '어디에 있는가', 원조프로그램이 끝날 때에는 어디에 있기를 클라이언트가 원하는가, 클라이언트가 원하는 곳에 도달하는 것을 돕기 위해서는 무엇이 요구되는가에 대한 명백한 인식을 가져야 한다.

(3) 계획(planning)

사례관리자는 사정에서 획득된 자료를 활용하여 클라이언트의 사회적 관계망으로부터 제공 가능한 서비스들이 통합되고 조정될 수 있도록 포괄적인 서비스 계획을 발전시켜야 한다. 구체적으로 클라이언트의 주요 욕구의 확인, 서비스 전달과 사회적 지지의 목적 및 구체적 목표에 욕구 반영, 서비스 전달과 사회적 지원의 역할 및 책임소재의 명확화, 시간의 설정, 사례관리자에 의한 서비스 계획의 점검과 평가가 가능하도록 서비스 효과성 측정지표의 구성 등을 포함한다. 개입계획 수립의 목적은 제공되는 서비스에 대해 클라이언트가 주인이라는 의식을 확실히 갖도록 하는데 있으며, 따라서 클라이언트가 피동적인 자세가 되지 않도록 유도해야 한다. 개입 계획은 다음과 같은 내용을 포함하고 있어야 한다.

① 전달되어야 할 서비스의 종류

② 서비스의 전달 방법

③ 서비스 전달자

④ 전달되어야 할 시간

(4) 개입(intervention)

사례관리자는 클라이언트 혹은 사회적 관계망의 변화를 위해 직접적 개입과 간접적 개입의 두 가지 유형으로 서비스를 전달하게 된다. 직접적 개입은 사례관리자가 클라이언트로 하여금 스스로 서비스에 접근하고 이용할 수 있는 능력과 기술을 향상시키도록 지도하는 것이고, 간접적 개입은 사례관리자가 클라이언트를 대신해서 체계의 수행이나 행동을 변화시키려고 할 때 활용한다. 사례관리는 클라이언트의 욕구에 맞는 서비스의 제공을 위하여 지역자원을 효과적으로 조직하고 조정하는 행정적 및 관리적 특성과, 개별사회사업에서 진보된 실천방법으로 전문적 관계 속에서 지속적 보호와 상담 및 치료를 제공하는 직접적 개입의 특성을 지닌다.

(5) 점검(monitoring)

사례관리자는 서비스 계획의 이행과 성취를 점검하는데, 구체적으로 클라이언트의 상태, 계획된 서비스의 전달 여부, 사회적 망 구성원들의 참여 정도를 점검하고, 이러한 과정을 통해 계획대로 개입이 이루어지고 있는지의 여부를 파악한다. 만약 개입에 의해 예상한 효과가 발생하지 않는다면 사례관리자는 그 원인을 찾아내어 제거하거나 대안적인 개입방법을 강구해야 한다. 개입의 효과를 지속적으로 평가함으로써 원조과정에 대한 클라이언트의 동기와 자신감을 고양시킬 수 있다.

(6) 평가(evaluation)

사례관리자는 클라이언트에 대한 서비스 전달계획의 영향을 평가하는데, 구체적으로 서비스 계획의 효과성과 이 계획이 클라이언트의 기능화에 미친 영향, 클라이언트를 지지하는 사회적 망의 능력에 미친 영향 등에 관하여 평가를 수행한다.

6. 사례관리자의 역할

(1) 사정자(assesser)

클라이언트의 약점, 역기능, 질병, 결함, 증상 등과 같은 부정적인 요소보다는 강점, 능력, 성장과 발전의 가능성, 건전한 기능, 자원, 잠재력 등의 긍정적인 요소에 중점을 두고 그들의 욕구를 수집하고 분석하며 종합한다.

(2) 계획자(planner)

클라이언트의 욕구를 충족시키기 위한 사례 계획, 치료, 서비스 통합, 기관의 협력 및 서비스 망을 설계한다.

(3) 상담자(counselor)

클라이언트에 대한 이해를 발전시키고 클라이언트가 스스로 지지망과 같은 자원을 개발하고 유지하는 방법을 알 필요가 있다는 사실을 알도록 돕는다.

(4) 중개자(broker)

클라이언트가 필요로 하는 자원을 사회기관으로부터 제공받지 못하거나, 지식이나 능력이 부족하여 다른 유용한 자원을 활용하지 못할 경우에 다른 유용한 자원과 클라이언트를 연결시킨다.

(5) 조정자(coordinator)

클라이언트의 문제와 원조자들로부터 도움이 필요한 욕구를 사정하고, 원조를 수행하는 과정에서 클라이언트의 욕구와 자원과의 관계, 클라이언트와 원조자들간의 관계에서 필요한 조정과 타협을 돕는다.

(6) 평가자(evaluator)

프로그램의 효과성 및 효율성을 검토하기 위하여 사례관리과정 전반에 관한 정보와 자료를 수집하고 분석한다.

(7) 옹호자(advocate)

일반적으로 사례관리가 필요한 클라이언트는 스스로 자신을 대변하고 옹호할 수 있는 능력이 부족하기 때문에, 그들에게 필요한 자원이 존재하지 않거나, 자원을 필요로 하는 클라이언트에게 제대로 공급되지 않는 경우가 많다. 이런 경우에, 사례관리자는 클라이언트를 대변하여 그들에게 필요한 자원이 적절히 공급될 수 있도록 지원한다.

7. 사회복지실천과 사례관리의 비교

사례관리는 클라이언트 차원뿐만 아니라 서비스시스템 차원과 사회적 환경까지 포함하는 폭넓은 영역을 가져 생태체계론적 접근이 요구되므로, 사례관리가 개별사회사업의 대신이 아닌 것은 분명하다.

구분	사회복지실천의 개별적 접근	사례관리
개념	스스로 해결하기 곤란한 문제를 가진 개인에게 성격발달과 사회적응을 도모하기 위하여 전문가가 행하는 개별적이고 의식적인 문제해결과정이다.	복합적인 욕구를 가진 클라이언트의 욕구충족과 사회적 기능향상을 위해서 그들과 사회자원과의 연결과 조정을 통하여 보호하는 과정이다.
대상	특정한 문제를 가지고 있는 아동, 청소년, 가족, 여성 등으로, 대체로 문제해결이 가능하고, 문제가 해결되면 정상적인 기능을 수행하며 생활이 가능하다.	보호가 필요한 아동이나 노인, 지체장애인 등과 발달장애아동, 만성정신장애인 등 의존적이고 만성적인 장애로 인해 사회적 기능수행에 어려움이 있는 사람으로 문제가 다양하고 복합적이고 지속적이다. 대체로 완전한 문제해결이 어렵기 때문에 정상적인 생활이나 자립생활의 유지가 어렵다.
문제	사회부적응, 음주, 흡연, 청소년비행, 가족해체, 가정폭력, 부부갈등, 부모-자녀문제, 학교폭력, 매춘 등 각종 사회-개인적인 문제들로 대체로 한사람의 클라이언트가 특정한 문제를 가지고 있다.	경제적인 문제, 의료적인 문제, 가정생활 지속의 어려움, 정보접근 등 사회적 자원 활용의 어려움, 교통과 환경적인 장벽으로 인한 이동문제, 사회적 낙인으로 인한 교육 및 고용의 차별과 이들 가족의 문제 등 다양한 문제를 한사람의 클라이언트가 동시에 가지고 있다.
목적	성격의 발달과 사회적응 능력의 향상	보호의 연속성, 비용효과성, 접근성과 책임성, 일차집단의 보호능력 향상, 사회적 기능의 향상
장소	사회복지기관을 비롯한 상담소, 학교, 가정 등	클라이언트의 가정, 클라이언트가 속해 있는 생활시설, 병원, 요양원, 지역사회재활시설 등
과정	초기접수→문제사정→개입목표 수립→개입방법 활용에 의한 개입→개입목표달성 후 종결, 사후관리 등 개입의 시작과 끝이 있다.	대상자 발견→문제사정→개입목표 수립→개입→개입과정의 모니터링과 재사정→과정평가에 의한 환류, 새로운 문제 및 욕구발견→개입전략의 수정-개입-모니터링-개입 등 재사정과 환류에 의해 새로운 개입이 지속적으로 이루어진다. 대체로 클라이언트에 대한 지속적인 관리가 이루어지는 특징이 있으며, 다만, 소수의 클라이언트만이 기대하는 수준의 재활을 통해 지역사회 내의 자립생활이 가능한 경우 종결이 이루어진다.
조건	실천과정에 클라이언트의 참여와 문제해결 의지가 필요하다.	클라이언트가 사회구성원으로서 사회통합과 정상화가 가능할 수 있도록 사회구성원들의 사회적 성숙이 우선적으로 이루어져야 한다. 또한, 사례관리자는 클라이언트 자신, 가족자원 및 지역사회의 인적 및 물적 자원을 개발하고 조직하여 활용해야 한다.
원칙	개별화, 의도적인 감정표현, 통제된 정서적 관여, 수용, 비심판적 태도, 클라이언트의 자기결정, 비밀보장	성장과 변화에 대한 신념, 장점과 잠재력의 강조와 개발, 클라이언트의 자기결정, 책임성과 보호의 연속성, 서비스 제공의 포괄성, 지역사회자원의 적극적인 개발과 동원, 권리와 비밀보장 등.

사정의 다양한 측면(Kane, 1990, p. 64)

클라이언트

신체적 측면:

진단명, 질병보유기간, 복용약물의 종류와 복용기간, 병원과 의사의 이용정도, 고통과 불편정도, 자가보고 건강상태, 시력, 청력, 치과질환, 인공보조장치 사용정도, 발 건강수준 등

자기보호 능력수준:

- ADL: 목욕, 빗질, 옷 갈아입기, 음식먹기, 화장실 사용, 계단 사용 등
- IADL: 요리, 청소, 세탁, 운전, 쓰기, 읽기, 전화 걸기, 약 복용, 돈 관리 등

정서적 측면:

- 심리적 진단
- 감정적 상태
  불안
  우울
  고독
- 긍정적 정신건강
  흥미
  미래지향
- 자살 위험
- 알코올과 약물 남용(처방된 약물 포함)

선호도

인지적 측면:

- 지각
- 기억
- 판단
- 추리
- 지능

환경적 측면:

- 집안의 편리성과 안전수준
- 이웃, 가게와 서비스에 대한 접근성과 안전수준
- 건강, 사회, 레크리에이션 서비스에 대한 지역사회의 제공 가능성

사회적 측면:

- 고용 - 직업활동, 무급활동
- 활동 - 취미, 집단참여, 종교활동
- 관계
  가족관계 구성
  접촉
  신뢰
  원조자
- 자원
  수입
  기타 수입
  자산

제공받는 서비스:

- 공적 자원의 도움(형태, 빈도)
- 가족과 친구의 도움(형태, 빈도)
- 서비스 만족도
- 서비스 안정성

지지체계의 부양부담정도:

- 신체적
- 정서적
- 사회적

사회자원의 이해 및 활용

(1) 클라이언트의 문제점 및 욕구와 바람직한 목표에 맞추어 이용 가능한 사회자원을 추출한다.
(2) 이용할 사회자원의 결정권은 클라이언트에게 있다.
(3) 해당 지역의 개별 사회자원의 유무 및 내용을 검토한다.
(4) 해당 지역 사회자원 목록 확보의 필요성을 이해한다.

✓ 서비스제공기관에 대한 이해: 내규, 정책, 예산, 한계, 프로그램 등을 정확하게 이해한다. → 지역사회에 대한 이해: 클라이언트에게 효과적인 서비스를 제공하기 위해서는 그가 일하고 있는 지역사회에 대해 아는 것이 중요하고, 이를 통해 효율적인 서비스의 제공을 위한 기관간의 전문적 협력이 가능해 진다.

✓ 가계도(2·3세대 이상에 걸친 가족성원에 관한 정보와 그들 간의 관계(구성원의 이력, 중요한 가족사건 등)를 도식화하여 복잡한 가족유형을 한눈에 볼 수 있게 하는 도표), 생태도(가족과 삶 및 제도간의 관계를 나타내 주는 도표) 등을 활용하여 클라이언트를 지원하기 위한 망(network)의 확인이 필요하다.

✓ 클라이언트 개인(신체, 정서, 성격, 지능, 능력, 자질, 기대, 가치관, 사회성, 종교, 특수 욕구 등) → 사적 지원체계(동거가족, 확대가족, 친구, 이웃, 교회 등) → 공적 지원체계(지역사회, 정치경제, 의료체계, 사회복지제도 등)와 관련한 구체적 정보를 파악한다.

✓ 재가복지(거택)서비스의 이해

사례관리를 실시하기 위해서는 사회자원에 대한 지식이 필수적으로 요청된다. 일반적으로 사례관리에 있어 클라이언트와 연결시키는 사회자원은 누가 제공하는가 하는 공급주체의 시점에서 보면 ① 가족, ② 친척 ③ 이웃 ④ 친구나 동료 ⑤ 자원봉사자 ⑥ 지역의 단체와 조직 ⑦ 법인(사회복지협의회, 복지시설, 병원 등) ⑧ 행정 ⑨ 기업(병원, 실버산업, 수퍼마켓 등) 등의 아홉 종류로 구분할 수 있다. 그 외에 사례관리에서는 내적자원이라 부르는 ⑩ 자기 자신(능력·자산 등)과도 연결시키게 된다. 따라서 열 개의 손가락으로 자원을 생각하고 개별 욕구에 부합하는 사회자원이나 내적자원을 메뉴로 제시할 수 있는 능력이 요구된다. 그러나 어떤 자원을 활용해서 욕구를 충족시킬 것인가 하는 것은 클라이언트가 결정하는 것이 원칙이다(client's self-determination) 그때 각각의 자원의 특징과 장점 및 단점을 클라이언트에게 설명할 수 있는 정보제공자(information giver)로서의 능력이 사례관리자에게 요구된다.

사례관리를 위한 지역사회의 기반조성

사례관리는 지역사회를 단위로 하여 지역사회의 다양한 자원을 활용하는 것이 중요하기 때문에, 효과적이고 효율적인 사례관리를 위해서는 지역사회의 다양한 자원들(사회복지시설, 보건소, 직업안정소, 교육위원회, 병원, 학교, 경찰서, 소방서, 각종 사회복지기관 및 단체, 노인회 등)의 활용이 가능하도록 하는 기반의 조성이 필요하다.

(1) **지역단위로 필요한 기본적인 사회복지서비스 제공기관을 확보하여야 한다.** 80년대 이후 사회복지서비스 제공기관은 수적으로는 크게 증가하였으나 사회복지관을 제외하고는 장애인이나 노인 및 여성 등을 대상으로 하는 복지서비스 제공기관은 아직도 절대적으로 부족한 실정이며 기존의 기관들조차 대부분 도시지역에 편중되어 위치하고 있어 지역별로 사례관리자가 활용할 수 있는 서비스 자원은 매우 제한적이다.

(2) **지역사회의 복지서비스기관 간 협력체계가 구축되어야 한다.** 사례관리에서 가족이나 이웃, 친구들을 비롯한 비공식자원의 동원도 중요하지만 이러한 자원의 동원은 사회복지사의 개인적 역량에 많은 부분을 의존하게 되고, 따라서 사회복지사의 개별적인 노력으로 어느 정도 해결이 가능한 부분이다. 반면에 사회복지 관련기관 간 협력은 사회복지사 개인의 노력으로는 해결이 어려운 문제이다.

사회복지서비스 간 협력의 발전과정 3단계는 ① 서비스간의 협력이 특정한 경우에 일시적으로 발생하는 단계; ② 서비스간의 협력이 지역에 있는 여러 분야의 직원들간에 정기적인 연락을 취하는 형태로 유지되는 단계; ③ 서비스간의 협력이 지역에 있는 여러 분야의 직원들이 하나의 지역팀을 만들어 함께 서비스를 제공하는 단계이다.

현재 우리나라의 실정은 사회복지서비스 간 협력이 대개 비공식적이고 일시적으로 이루어지며 사회복지사 개인의 차원에서 수행된다. 공식적인 기관 간 협력체계가 마련되어 있지 않은 상황에서는 사례관리자의 개인적 노력의 결과는 매우 제한적인 것이 되기 때문에, 기관간 협력이 공식적인 체계로 정착되고 이러한 환경에서 사례관리자가 활동하여야 사례관리자의 노력은 성과를 획득할 수 있다.

(3) **사회복지 서비스 제공기관에 대한 정보공급체계의 구축이 필요하다.** 현재 사회복지서비스 제공기관에 대한 정보획득은 대부분 개인 사회복지사의 노력에 의존하고 있으며 정보를 얻을 수 있는 원천이 상당히 제한되어 있다. 사회복지서비스 자원에 대한 정보를 얻기 위해서는 사회복지 서비스와 관련된 지역사회의 각종 정보들을 수집하여 데이터베이스를 구축해 두고 이용자들이 접근할 수 있게 해 줄 필요가 있다. 그리고 제공되는 각종 정보는 모니터 요원을 이용하여 항상 새롭게 수정되도록 하여야 할 것이다. 이러한 정보공급체계는 사례관리자로 하여금 빠른 시간 내에 지역사회의 서비스 자원을 확인하고 이용할 수 있도록 하는 데 중요한 기반이 된다.

(4) **사례관리자에 대한 계속적인 교육이 제공되어야 한다.** 사례관리를 수행하는 사회복지사가 사례관리를 이해하고 필요성에 동의해야 하며 구체적인 기술을 습득하여야 한다. 사회복지학 교과과정 중 일부 교과서에서 사례관리가 다루어지고 있으나 부족한 실정이고 현장에서 활동하는 사회복지사들을 위한 계속교육에서 사례관리는 거의 다루어지지 못하고 있다. 노인이나 장애인과 같은 복합적 욕구를 가진 대상자에게 서비스를 제공하는 분야에서 활동하는 사회복지사를 위한 사례관리교육이 강화될 필요가 있다.

클라이언트의 문제사정(problem assessment)을 위한 분류

(1) 신체적 장애/질병(physical problems)

감각장해(sensory difficulties)를 제외한 모든 종류의 능력부진, 신체장애 및 만성질환의 문제.

(2) 시각장해(visual difficulties)

전맹 또는 약시로 인해 생기는 문제.

(3) 청각장해(hearing difficulties)

농 또는 난청으로 인해 생기는 문제.

(4) 실금(incontinence)

소변 또는 대변 시에 실금의 문제.

(5) 기상곤란(difficulties arising)

기상과 취침시의 곤란, 세면과 탈착의 시의 문제.

(6) 개인의 신변보호문제(self-care problem)

태만, 낙상, 화장실 출입 등의 문제.

(7) 매일의 가사문제(daily household problem)

하루에 한번 이상 해야하는 가사의 수행 시 경험하는 문제.

(8) 주마다의 가사문제(weekly household problem)

매주 1회 이상 해야하는 가사수행 시 경험하는 문제.

(9) 심리적·정서적 문제(emotional problems)

정서나 행동 면에서의 혼란은 겪으나 정신장애는 겪지 않는 문제.

(10) 정신의 혼돈(mental confusion)

단기간의 기억상실, 방향감각상실 등의 문제.

(11) 행동문제(behavior problem)

비정상적인 행동을 하는 문제.

(12) 그 밖의 정신적 문제

표면화되어 일상적으로 정신질환으로 진단되는 문제.

(13) 사회적 고립(social isolation)

가족 내 혹은 지역사회 내에서 고립되어 있는 객관적 상황 및 주관적 고독감의 양면적 문제.

(14) 가족관계문제(family problem)

Client와 그들의 가족간에 발생하는 문제.

(15) 주거문제(accommodation problems)

과밀 주거, 무주택상황(homelessness) 등의 문제.

(16) 교통 문제(transportation problem)

외출이나 이동시에 겪는 문제.

(17) 재정 문제(financial difficulties)

부족한 재정상황에서 기인하는 문제.

(18) 관리 문제(management problem)

재정관리 시에 겪게되는 문제.

(19) 시설입소문제(residential care problem)

시설로의 위탁 시 보호자 지원의 필요성, 생활에의 적응 등의 문제.

(20) 기타

적절한 분류가 어려울 때 기타 항목으로 분류.

Source: David Challis & Bleddyn Dares. (1986) "Case management in community case," Gower, pp. 251~252.

사례분석 지침 및 인테이크 서식

1. 사례분석 지침

(1) 사례개요

성명, 성별, 나이, 가족관계, 거주지 및 주거환경, 건강상태, 경제적 상황 등 클라이언트에 대한 일반적 사항을 진술한다.

(2) 접수(intake)과정

어떤 문제에 직면한 사람이 그 문제를 해결하는데 필요한 도움을 받기 위하여 기관에 찾아오는 경우에 최초로 실시하는 면접으로서, 그 신청인(applicant)이 필요하다고 하는 것(request)과 실제로 필요한 것(needs)을 명백히 하여 문제의 개요를 파악하고, 신청인에게 기관의 기능을 설명하여 그 기관에서 서비스를 제공하는 것이 적절한가를 결정하는 과정이다.

(3) 조사과정

사정(assessment)을 위해 필요한 정보를 수집할 목적으로, 클라이언트와 클라이언트가 가진 문제를 이해하여 효과적으로 돕기 위하여 필요한 사실을 수집하는 심리적이고 사회적인 과정이다.

(4) 계획과정

문제의 유형분석 및 문제의 상호역동성 파악 후에 문제의 해결을 위한 개입계획을 수립하는 과정으로, 즉 클라이언트가 제시한 중요 문제와 문제에 관한 그의 감정을 신체적, 심리적, 경제적, 문화적인 제 요인들의 상호작용의 측면에서 명백히 하는 과정이다.

문제유형	개입목표	개입전략	client의 역할	worker의 역할

(5) 사례평가

Intake와 구체적인 조사결과에서 수집된 자료와 정보를 분석·검토하여 문제의 성질과 내용 및 원인에 관하여 종합적인 해석을 내리고 내적·외적 자원에 대한 클라이언트의 능력과 이용가능성에 관한 진단에 기초를 두고, 문제와의 관계에서 클라이언트가 가진 장단점에 관한 사회복지사의 전문적 의견을 진술한다.

2. 인테이크 서식

<table>
<tr><td colspan="2">INTAKE 기관</td><td colspan="3"></td><td colspan="2">상담개시일</td><td>년 월 일</td></tr>
<tr><td colspan="2">상담경로</td><td colspan="6"></td></tr>
<tr><td colspan="2">성명</td><td colspan="3"></td><td colspan="2">주민등록번호</td><td>-</td></tr>
<tr><td colspan="2">성별</td><td colspan="3">남 · 여</td><td colspan="2">생년월일</td><td>년 월 일</td></tr>
<tr><td>주소</td><td colspan="6"></td><td>전화</td></tr>
<tr><td rowspan="6">가족상황</td><td>성명</td><td>생년월일</td><td>관계</td><td>직업</td><td>건강</td><td>동거여부</td><td>비고</td></tr>
<tr><td></td><td></td><td></td><td></td><td></td><td></td><td></td></tr>
<tr><td></td><td></td><td></td><td></td><td></td><td></td><td></td></tr>
<tr><td></td><td></td><td></td><td></td><td></td><td></td><td></td></tr>
<tr><td></td><td></td><td></td><td></td><td></td><td></td><td></td></tr>
<tr><td></td><td></td><td></td><td></td><td></td><td></td><td></td></tr>
<tr><td>경제상황</td><td colspan="7">상 중 하 (1) 연금 (2) 보험 (3) 저축 (4) 기타</td></tr>
<tr><td>장애상황</td><td colspan="7">(1) 시각장애 (2) 청각장애 (3) 언어장애 (4) 지체장애
(5) 내부장애(심장, 신장, 기관지, 방광, 직장, 소장 등) (6) 기타</td></tr>
<tr><td>생활보호 수급상황</td><td colspan="7">(1) 생계보호 (2) 의료보호 (3) 해산보호 (4) 장제보호
(5) 자활보호 (6) 교육보호 (7) 기타</td></tr>
<tr><td>주거상황</td><td colspan="7">(1) 자가 (2) 전세 (3) 월세
(1) 가옥 (2) 아파트 (3) 빌라 (4) 시설
(1) 청결 (2) 보통 (3) 불결</td></tr>
<tr><td rowspan="2">건강상황</td><td>정신증상</td><td colspan="6">(1) 망상 (2) 배회 (3) 분실 (4) 과식
(5) 수집욕 (6) 우울 (7) 불결 (8) 치매
(9) 불안 (10) 시기 (11) 성적 이상행동 (12) 기타</td></tr>
<tr><td>신체증상</td><td colspan="6">(1) 양호 (2) 보통 (3) 불량</td></tr>
<tr><td>일상생활 상황</td><td colspan="7">(1) 보행 (2) 착의 (3) 식사 (4) 배설(소변·대변) (5) 목욕 (6) 시력 (7) 청력 (8) 의사표시
(9) 세탁 (10) 쇼핑 (11) 청소 (12) 전화 (13) 금전관리 (14) 복약 (15) 용모관리 (16) 이동(옥내·옥외)</td></tr>
<tr><td>문제상황</td><td colspan="7">(1) 생활문제 (2) 경제문제 (3) 심리문제 (4) 가족문제 (5) 건강문제 (6) 간호문제
(7) 시설이용문제 (8) 친지문제 (9) 이성문제 (10) 취업문제</td></tr>
<tr><td colspan="8">상담내용</td></tr>
<tr><td colspan="8"></td></tr>
</table>

□ **사례**

올해 만 78세인 김○○할머니는 이웃의 소개로 도움을 요청하기 위해 사회복지관을 찾아왔다. 김할머니는 어렸을 때부터 몸이 허약했던 편으로 20대부터 빈혈로 고생했고 8년 전에 파킨슨병이 발병한 이래로 다섯 차례나 병원에 입퇴원을 반복했다. 이번에는 퇴원 후 반 년 정도를 떨어져 생활하고 있는 올케의 집으로 거처를 옮겨 보살핌을 받았는데 함께 사는 중에 서로의 관계가 악화되어 현재는 자신의 집으로 돌아와서 혼자 생활을 하고 있다. 김할머니 소유의 집은 있지만 통장에 남은 약간의 돈 이외에는 수입이 전혀 없는 실정이며 혈압이 높은 편이고 당뇨증세도 있어 약물을 복용하고 있다. 30여 년 전에 헤어진 남편과의 사이에 딸을 하나 두고 있지만 이혼 이후부터 서로 연락을 하지 않고 있는 상태이고 본인도 딸에 대해서는 이야기하는 것을 원치 않는다. 자신의 질병과 관련해서는 멀리 있는 종합병원까지 택시로 왕래하며 월 1회 통원치료를 받고 있다. 클라이언트의 ADL은 불편한대로 가능한 수준을 유지하고 있지만 보행이 불편하여 시장에 지팡이를 짚고 힘들게 가는 형편이다. 질환이 있다는 것과 의지할 곳이 없다는 것 때문에 불안감이 높은 편이고 검사를 받아보지는 않았지만 우울증도 있는 것으로 판단된다.

□ **Care plan의 실시**

① 사회생활 원조를 위해 복지관에서 가정봉사원을 파견(주 2회, 1회에 1시간 30분)하고, 아침에 일어나는 것을 용이하게 하기 위해 의료용 침대를 복지용구대여서비스를 통해 신청한다.
② 고립방지와 기능저하 방지를 위해 노인복지관에서 실시하는 문화여가프로그램을 이용할 수 있도록 돕는다.
③ 때때로 몸 상태에 차이가 나기 때문에 프로그램에 결석하기 쉬우므로 자원봉사센터에 운전자원봉사자의 파견을 의뢰한다.
④ 종합병원이 멀리 떨어져 있어서 치료를 받기가 어렵기 때문에 가까운 곳에 위치한 정신과 병원을 소개하고, 투약에 대해서는 종합병원의 담당의사와 정신과의사가 의논해서 정신과에 월 2회 통원치료를 받도록 한다.
⑤ 건강상태가 안 좋을 때는 이웃에 통원을 도와줄 것을 의뢰한다.
⑥ 혈압과 당뇨 등 신체적 기능체크를 위해 1주에 1회 보건소 보건직의 정기적인 방문간호를 받는다.
⑦ 장보기 등이 충분하지 않으므로 사회생활의 원조와 고립방지를 위해 사회복지관 재가복지봉사센터에 의뢰하여 주 2회 밑반찬배달서비스를 제공받고, 고립방지를 위해 독거노인돌보미서비스를 의뢰한다.
⑧ 노인장기요양보험제도를 적용받기 위해 거주지 동사무소 사회복지전담공무원에게 의뢰하여 장기요양인정신청서를 해당 지역의 국민건강보험공단에 제출한다.

※ 어느 날 가정봉사원이 가정방문을 하니 A씨는 한층 보행이 곤란해져 "이웃의 도움만으로는 병원에 다니기가 힘들다" 라는 것과 "혼자서 목욕할 수 없다"는 것을 호소했다. 여기서 가정봉사원은 사례관리자와 A씨의 입욕과 진찰방법에 대해 A씨의 욕구에 맞도록 care plan의 변경을 생각했다. 당신

이라면 어떤 방법을 생각할 수 있겠는가? A씨가 생각하는 「바람직한 목표와 결과」에 따라 열 개의 손가락을 사용해 가능한 한 많은 사회자원을 생각해보자.

✓ *Where is she now?* (클라이언트는 지금 어디에 있는가?)
Where she want to go? What does she want? (클라이언트는 무엇을 바라는가?)
What is needed for desirable results? (바람직한 결과를 얻기 위해 무엇이 필요한가?)

문제점과 욕구	바람직한 결과	사 회 자 원
보행이 힘들어 혼자서 병원에 가고 오는 것이 힘들다.	어떻게든 혼자서 통원하고 싶다.	(1) 가족
		(2) 친척
		(3) 이웃, 친구
		(4) 기타 사적 자원
		(5) 공적 자원
	누군가의 도움을 받아서라도 통원하고 싶다.	(1)
		(2)
		(3)
		(4)
		(5)
	체력적으로 힘들어 통원하고 싶지 않다.	(1)
		(2)
		(3)
		(4)
		(5)
혼자서 목욕할 수 없다.	혼자서 집에서 목욕하고 싶다.	(1)
		(2)
		(3)
		(4)
		(5)
	도움을 받아 집에서 목욕하고 싶다.	(1)
		(2)
		(3)
		(4)
		(5)
	집 밖에서 목욕하고 싶다.	(1)
		(2)
		(3)
		(4)
		(5)

※ 각각의 사회자원 가운데 특히 공적인 부분이 현재 당신이 거주하고 있는 지역에 존재하는지의 여부와 있다면 어떤 조건에서 이용되는지 알아보자.

사회자원명	유 · 무	이용회수	이용요건	A씨 경우의 필요비용

참 고 문 헌

"There's no thief like a bad book." - Italian Proverb

- 내가 꿈꾸는 디지털 사회복지사(2004). 이용교 編. 현학사.
- 미국의 사회보장제도(1999). 채구묵 譯(사 레비탄 著). 나남출판.
- 복지국가(2010). 정원오 著. Vita Activa.
- 사례관리실천의 이해(2005). 정순둘 著. 학지사.
- 사회보장법(2004). 곽노현, 김엘림 著. 한국방송통신대학교출판부.
- 사회복지계 원로 회고록(2008). 한국사회복지사협회 著. 양서원.
- 사회복지공무원을 소개합니다(2013). 이정숙, 조만선 著. 정민사.
- 사회복지사가 꼭 알아야 할 35가지(2007). 최주환 著. 양서원.
- 사회복지사의 일자리(2018). 윤재호 著. 부크크.
- 사회복지상담(2012). 정원철 著. 양서원.
- 사회복지실천개별관리(2006). 조휘일, 이근홍 著. 공동체.
- 사회복지실천과 임상사회사업(1999). 임상사회사업연구회 著. 학문사.
- 사회복지실천론(2017). 최옥채 著. 양서원.
- 사회복지실천론(2017). 서혜석, 김덕진, 이명자 著. 정민사.
- 사회복지실천론(2016). 전재일, 이준상, 이성희, 이선자 著. 공동체.
- 사회복지실천론(2015). 이종복, 전남련, 나예원, 김경희, 강장미 著. 공동체.
- 사회복지실천론(2014). 김혜영, 석말숙, 최정숙, 김성경 著. 공동체.
- 사회복지실천론(2014). 나동석, 서혜석, 채인석 著. 정민사.
- 사회복지실천론(2013). 류종훈, 김철진, 김근식, 김극명, 배성찬, 한재원 著. 청목출판사.
- 사회복지실천론(2013). 구금섭, 박지영, 김종철, 전대성, 허정철 著. 공동체.
- 사회복지실천론(2013). 노혁 著. 학지사.
- 사회복지실천론(2013). 박보식 著. 공동체.
- 사회복지실천론(2013). 최혜지, 김경미, 정순둘, 박선영, 장수미, 박형원, 배진형, 박화옥, 안준희 著. 학지사.
- 사회복지실천론(2012). 남연희, 박영국, 도기봉 著. 공동체.
- 사회복지실천론(2012). 최덕경, 이서영, 이무영, 정혜선, 박경애, 김민경 著. 공동체.
- 사회복지실천론(2012). 이효선, 정푸름 著. 공동체.
- 사회복지실천론(2011). 권오균, 김지현, 김충식, 나용선, 박종선, 신상수, 양시영, 이경자, 조상윤, 최광수, 황희숙 著. 공동체.

- 사회복지실천론(2011). 이종복, 전남련 著. 공동체.
- 사회복지실천론(2010). 김기태, 김수환, 김영호, 박지영 著. 공동체.
- 사회복지실천론(2010). 이종복, 전남련, 김덕일 著. 학현사.
- 사회복지실천론(2010). 나동석, 서혜석 著. 학현사.
- 사회복지실천론(2009). 전재일, 조운희, 이준상, 이성희 著. 형설출판사.
- 사회복지실천론(2004). 임은희 著. 학지사.
- 사회복지실천론(2003). 김융일, 조홍식, 김연옥 著. 나남출판.
- 사회복지실천론(2001). 이영분, 김기환, 윤현숙, 이원숙, 이은주, 최현미, 홍금자 著. 동인.
- 사회복지실천론(2001). 전재일, 이종복, 조운희, 이준상, 이애재, 이성희 著. 형설출판사.
- 사회복지실천론(2000). 서미경 외 著. 나남출판.
- 사회복지실천론(2000). 양옥경 외 著. 나남출판.
- 사회복지실천론(2000). 신성자, 홍금자, 라동석, 김진이 著. 고헌복지재단.
- 사회복지실천론(1999). 조휘일, 이윤로 著. 학지사.
- 사회복지실천분야론(2000). 조홍식, 오승환, 박현선, 공계순, 신영화, 우국희, 성정현, 오세란, 이상균, 황숙연, 이용표, 유채영, 김혜련, 조성희, 이현주, 김용득 共著. 학지사.
- 사회복지실천윤리(2000). 서미경, 김영란, 박미은 著. 양서원.
- 사회복지실천의 이해(2000). 엄명룡, 김성천, 오혜경, 윤혜미 著. 학지사.
- 사회복지역사의 이해(2000). 원석조 著. 한국복지정책연구소출판부.
- 사회복지의 이해(2013). 윤찬영 著. 정민사.
- 사회사업방법론(1996). 문인숙 외 共譯. 보진제.
- 사회이론(1993). 김명기 著. 한국방송통신대학출판부.
- 시민사회와 지역사회복지실천(2003). 최낙관, 김근식 著. 21세기사.
- 시민윤리(2004). 서울대학교 사범대학 국정도서편찬위원회 著. 교육인적자원부.
- 영화로 보는 사회복지(2008). 유동철, 장명희 著. 양서원.
- 영화로 이해하는 사회복지이야기(2014). 김현경 著. 공동체.
- 영화와 사회복지(2006). 한국여성복지연구회 著. 청목출판사.
- 윤리와 사상(2004). 서울대학교 사범대학 국정도서편찬위원회 著. 교육인적자원부.
- 인간행동과 사회복지실천(2005). 김동배, 권중돈 著. 학지사.
- 일본의 사회보장(2000). 장인협 譯. 도서출판 소화.
- 임상사회복지이론(이화사회복지연구소 학술총서)(2011). 정순둘, 김고은, 김미영, 김은정, 김지혜, 박근혜, 박향경, 박현정, 박현주, 우재희, 이혜숙, 홍나미 著. 학지사.
- 임상사회사업(2004). 김혜련, 이시연, 최윤정, 권현진 共譯(Rachelle A. Dorfman 著). 학지사.
- 집단사회사업방법론(1997). 김종옥 · 권중돈 著. 홍익제.
- 한국사회복지론(2007). 김영화, 김구, 김지아, 장경은, 정금화 著. 양서원.
- 한국전통사회복지사(2008). 최창무 著. 양서원.

• "사회복지학, 사회복지전문직, 그리고 사회복지교육제도"(1997). 김태성. 사회복지연구 9호. pp. 3 ~ 36.
• "임상사회사업의 발전과 과제"(1999). 홍선미. 사회복지연구 14호. pp. 191 ~ 214.
• "지역사회복지와 전문적 사회복지실천"(1997). 황성철. 한국사회복지학회 추계학술대회 자료집.
• "한국사회복지실천의 정체성"(2004). 김인숙. 한국사회복지학회 춘계학술대회 자료집.
• "한국사회복지실천의 현실진단과 과제"(2005). 정순둘. 한국사회복지학회 춘계학술대회 자료집.
• "한국사회복지실천이론의 적용과 개발과제"(1999). 송성자. 한국사회복지학회 추계학술대회 자료집.
• "사회복지실천학문의 정체성 - 사회복지실천이론의 실체와 의미"(2003). 홍선미. 한국사회복지학회 추계공동학술대회 자료집.
• "한국사회복지실천현장의 변동과 전문인력의 양성을 위한 과제"(2004). 강홍구. 연세사회복지연구 10호. pp. 197 ~ 222.
• "한국사회사업 정체성의 위기와 과제"(1990). 이창호. 사회복지연구 2호. pp. 95 ~ 120.

• 글로벌 위험사회(2010). 울리히 벡 著, 박미애 · 이진우 譯. 길.
• 대한민국복지, 7가지 거짓과 진실(2010). 양재진, 신광영, 김연명, 이정우, 윤홍식 著. 두리미디어.
• 두려움은 없다, 불굴의 CEO 루즈벨트(2004). 나선숙 譯. 한스미디어.
• 마거릿 대처(2004). 고승제 著. 아침나라.
• 마당을 나온 암탉(2000). 황선미 著. 사계절출판사.
• 만들어진 신(The God Delusion, 2007). 이한음 譯(Matt Ridley 著). 김영사.
• 부의 분배(Sharing the wealth, 2002). 노혜숙 譯(Ethan B. Kapstein 著). 생각의 나무.
• 사람을 움직이는 기술 카네기인간관계론(How to win friends and influence people). 이경남 譯(Dale Carnegie 著). 도서출판 문장.
• 사랑의 기술(The art of loving, 2000). 황문수 譯(Erich Fromm 著). 문예출판사.
• 왜 세계의 절반은 굶주리는가. 유영미 譯(장 지글러 著). 갈라파고스.
• 이성적 낙관주의자(The Rational Optimist, 2010). 조현욱 譯(Matt Ridley 著). 김영사.
• 이타적 유전자(The origins of virtue, 2001). 신좌섭 譯(Matt Ridley 著). 사이언스북스.
• 인간 본성에 관한 10가지 철학적 성찰(Ideas of human nature, 2000). 최용철 譯(Roger Trigg 著). 자작나무.
• 자본주의 · 공산주의(1993). 이원복 著. 동아출판사.
• 정의로운 체제로서의 자본주의(2005). 복거일 著. 삼성경제연구소.
• 지상 최대의 쇼(2007). 김명남 譯(Matt Ridley 著). 김영사.
• 진화의 종말(2011). 허윤숙 譯(폴 에얼릭, 앤 에얼릭 著). 부키.
• 평등이라는 거짓말(2011). 박슬라 譯(대니얼 리그니 著). 21세기북스.
• 한국의 가난(새로운 빈곤 오래된 과제)(2009). 김수현, 이현주, 손병돈 共著. 한울아카데미.
• 헐하우스에서 20년(Twenty Years at Hull House, 2008). 심재관 譯(Jane Addams 著). 지식의숲.

• 현명한 이기주의(2001). 노재현 譯. 참솔.
• 30분에 읽는 프로이트(2003). 이근영 譯(Ruth Berry 著). 중앙M&B 출판.

• A Framework for Understanding Poverty(2001). Payne, R. K.. Belmont, aha! Process.
• Active Learning Exercises for Social Work and the Human Services(2000). Solomon, Cate. Allyn & Bacon.
• Critical Thinking for Social Worker(A workbook)(1996). Gibbs, Leonard, & Eileen Gambrill. CA: Pine Forge Press.
• Direct social work practice: Theory and skills(1997). Hepworth, D., Rooney. Pacific Grove, CA: Brooks/Cole.
• Human Services in Contemporary America(1997). Schmolling, P., Youkeles, M., & Burger, W. R.. Brools/Cole Publishing Company.
• Perspectives on Counseling Adults(1998). Schlossberg, N., et al... Belmont, CA: Wadsworth.
• Social work: A profession of many faces(2001). Morales, A. & Sheafor, B.. Boston, MA: Allyn & Bacon.
• Social work practice: A generalist approach(2001). Johnson, L., & Yanca, S. J.. Boston, MA: Brooks/Cole.
• Social work values and ethics(1999). Reamer, F.. New York, NY: Columbia University Press.
• Social Work with Groups(2000). Zastrow, C.. Nelson-Hall Inc..
• Social Work with Practice(2006). Sheafor, B. W. & Horejsi, C. R.. Allyn & Bacon.
• The 100 greatest leadership principles of all time(2007). Edited by Leslie Pockell, New York: Warner Business Books.
• The skills of helping individuals & groups(1999). Shulman, L.. Itasca, IL: F.E. Peacock Publishers.
• The social work skills workbook(1999). Cournoyer, B.. Belmont, CA: Wadsworth.
• The social workout book: Strength-Building Exercises for the Pre-Professional(1998). Liberman, Alice A., CA: Pine Forge Press.
• Understanding generalist practice(2002). Kirst-Ashman, K., & Hull, G.. Pacific Grove, CA: Brooks/Cole.

과제물 설명

• 과제물 1: 자기소개서(5%)

가족관계 및 가정환경; 본인의 성격(개성 및 장·단점); 학교활동, 종교활동 등 특기사항; 본인의 능력 및 습득한 기능; 그리고 사회복지학과를 선택하게 된 동기와 장래 계획에 대하여 2쪽 이상의 분량으로 적어서 중간고사 전주(7주) 수업시간에 제출한다.

※ 보고서는 시작하는 장의 맨 윗줄에 학번과 이름만 한 줄로 적고(오른쪽 정렬), 표지를 별도로 만들지 않으며, 왼편 상단을 스테이플러로 한 번만 찍어 접착시킨다. 보고서의 내용 작성 시, 소제목을 따로 두지 않는다.

• 과제물 2: 단원연구보고서(10%)

사회복지실천론의 개별 단원들 중에서 하나를 선택하여 해당 단원을 구성하는 각각의 주제와 관련한 연구를 조별로 수행한 후에 그 결과를 10쪽 이상 분량의 보고서로 작성하고 해당 수업시간에 제출 및 발표(30분 기준)한다.

※ 발표주제와 일정은 1조(5주): 사회복지전문직, 2조(6주): 개별사회사업, 3조(7주): 집단사회사업, 4조(9주): 지역사회사업, 5조(10주): 통합적 사회복지실천, 6조(11주): 일반체계이론과 생태체계이론, 7조(12주): 관계론과 면접론, 8조(13주): 과정론, 9조(13주): 사정도구, 10조(14주): 사례관리인데, 출석부 순서대로 조를 편성하고, 수업진행속도에 따라 발표 주가 변동될 수도 있다.

※ 보고서의 표지는 만들되 플래스틱 카버는 하지 말고, 왼편 상단에 스테이플러로 한 번만 찍어 접착시키며, 출석부 순서대로 이름을 적고, 조원별로 자신이 작성한 부분은 자신이 발표한다.

• 과제물 3: 복지현장방문보고서(10%)

사회복지실천현장들 중에서 한 곳을 선택하여 각 현장의 특성과 관련한 연구를 조별로 수행한 후에 그 결과를 방문후기를 제외하고 10쪽 이상 분량의 보고서로 작성하고 해당 수업시간에 제출 및 발표(30분 기준)한다.

※ 발표주제와 일정은 1조(9주): 사회복지이용시설 사회복지사, 2조(10주): 사회복지생활시설 사회복지사, 3조(11주): 의료사회복지사, 4조(12주): 정신의료사회복지사), 5조(13주): 학교사회복지사, 6조(14주): 사회복지공무원인데, 학생들 스스로 조를 구성하고, 수업진행속도에 따라 발표 주가 변동될 수도 있다. 복지현장연구보고서에는 조원 1인 당 20줄 이상 분량의 '방문 후기'를 포함해야 한다.

※ 보고서의 표지는 만들되 플래스틱 카버는 하지 말고, 왼편 상단에 스테이플러로 한 번만 찍어 접착시키며, 출석부 순서대로 이름을 적고, 조원별로 자신이 작성한 부분은 자신이 발표한다.

• **과제물 4: Classroom Activity Report(15%)**

수업시간 중의 활동에 대한 자신의 느낌이나 생각, 배운 점 또는 개선되어야 할 점 등을 2쪽 이상 분량의 보고서로 작성하여 학기말 시험 전주(14주) 수업시간에 제출한다. 보고서에 포함되어야 할 구체적 내용은 다음과 같다. (1) 본 교과목의 수강이 학생 자신의 사회복지와 관련한 가치관의 확립이나 실천관련 지식 및 기술의 습득에 도움이 되었다고 생각합니까? 만약 도움이 되었다면 구체적으로 어떤 것(들) 입니까? (2) 다른 교과목들과 비교하여 본 교과목에 장점(들)이 있었다고 생각합니까? 만약 있었다면 그것(들)은 무엇입니까? (3) 본 교과목의 단점(들)은 무엇이라고 생각합니까? 어떻게 하면 그러한 단점(들)을 개선할 수 있다고 생각합니까? (4) 기타 본 교과목과 관련한 본인의 느낌이나 생각은 무엇입니까?

※ 보고서는 시작하는 장의 맨 윗줄에 학번과 이름만 한 줄로 적고(오른쪽 정렬) 표지를 별도로 만들지 않으며, 왼편 상단을 스테이플러로 한 번만 찍어 접착시킨다.

• **과제물 5: 복지관련기사 독후감(10%)**

강의관련 Band(복지관련정보)에 사회복지와 관련한 기사를 올리거나(0.5점) 또는 올라와 있는 기사들을 읽고 각각의 기사 별로 2문장(느낀 점 1문장, 개선 점 1문장)의 댓글(0.25점)을 올린다.

〈보고서 작성 시 주의사항〉

- 모든 보고서의 글자체는 바탕체로, 글자크기는 10으로, 줄 간격은 160으로 한다.
- 맞춤법(띄어쓰기, 속어 및 사투리 사용 등)에 유의하고, 불필요하게 영어단어를 사용하지 않는다.
- 과제물은 정해진 기한 내에 제출되어야 하며, 이를 어길 경우에는 감점 처리된다.

사회복지실천론 단원(현장)연구보고서

2019년 1학기

발표주	조	성명			주제
5주	1조	(1) (4)	(2) (5)	(3) (6)	사회복지전문직
6주	2조	(1) (4)	(2) (5)	(3) (6)	개별사회사업
7주	3조	(1) (4)	(2) (5)	(3) (6)	집단사회사업
9주	4조 (1조)	(1) (4)	(2) (5)	(3) (6)	지역사회사업 or (사회복지이용시설 사회복지사)
10주	5조 (2조)	(1) (4)	(2) (5)	(3) (6)	통합적 사회복지실천 or (사회복지생활시설 사회복지사)
11주	6조 (3조)	(1) (4)	(2) (5)	(3) (6)	일반체계이론과 생태체계이론 or (의료사회복지사)
12주	7조 (4조)	(1) (4)	(2) (5)	(3) (6)	관계론과 면접론 or (정신의료사회복지사)
13주	8조 (5조)	(1) (4)	(2) (5)	(3) (6)	과정론 or (학교사회복지사)
13주	9조	(1) (4)	(2) (5)	(3) (6)	사정도구
14주	10조 (6조)	(1) (4)	(2) (5)	(3) (6)	사례관리 or (사회복지공무원)

사회복지실천론 중간고사

학과		학년		학번		이름		점수			

1. 다음 중에서 인간의 존엄성에 관한 설명으로 옳은 것들을 모두 고르면?

> ㉠ 클라이언트의 장점을 발견하여 활용할 수 있도록 지원할 것
> ㉡ 클라이언트를 고정화하지 말 것
> ㉢ 문제해결에 클라이언트의 참여를 격려할 것
> ㉣ 클라이언트의 욕구(need)와 요구(want)에 초점을 둘 것

① ㉠㉡㉢　② ㉠㉢　③ ㉡㉣　④ ㉠㉢㉣　⑤ ㉠㉡㉢㉣

2. 사회적 자본(Social Capital)에 포함되어 있는 의미와 관련이 없는 문장은?

① 인적 자본과 물적 자본에 대응되는 개념이다.
② 공동의 문제 해결을 위한 사회구성원의 적극적 참여를 중시한다.
③ 개인주의에 기초한 경쟁력의 극대화를 도모하여 전체 사회의 생산성을 향상시킨다.
④ 상호신뢰를 바탕으로 시민사회가 조직화되고 사회운동이 활성화된다.
⑤ 현대사회에 있어서 경제발전의 필수적 요소이자 국가 경쟁력의 실체이다.

3. 다음 중에서 상호부조론(Mutual Aid: A factor of evolution)을 저술한 사람은?

① Jean Jacques Rousseau　② Pyotr Alekseyevich Kropotkin　③ Charles Darwin
④ Thomas Hobbes　⑤ Adam Smith

4. 세계 여성의 날(3월 8일)을 상징하는 구호인 '빵과 장미(Bread and Roses)' 중 장미는 무엇을 의미하는가?

① 생존권　② 사회권　③ 참정권　④ 노동권　⑤ 자유권

5. W. A. Friedlander에 의해 주장된 사회복지의 기본적 가치에 포함되지 않는 것은?

① 욕구의 다양성(diversity of needs)　② 사회적 책임성(social responsibility)
③ 인간의 자율성(self-determination)　④ 기회의 균등성(equal opportunity)
⑤ 인간의 존엄성(dignity of individual)

6. 사회복지와 관련한 관점의 변화에 대한 다음의 설명 중에서 옳지 않는 것은?

① 자선에서 시민의 권리로　② 보편성에서 특수성으로　③ 최저조건에서 적정수준으로
④ 보충적 개념에서 제도적 개념으로　⑤ 개인문제해결에서 사회개혁으로

7. 사회복지를 제도적 기능과 보충적 기능으로 나누어 설명한 학자(들)는?

① R. M. Titmuss ② H. Wilensky & C. Lebeaux ③ J. Parker
④ V. George & P. Wilding ⑤ R. Mishra

8. 다음의 서술 중에서 학문으로서의 사회복지학에 대한 설명으로 옳은 것은?

㉠ 사회복지학은 응용학문의 성격이 강하다. ㉡ 사회복지학은 독자적인 이론의 체계적 구축보다는 실천만을 중시해 왔다. ㉢ 어떤 학문이라도 인간과 사회환경 모두에 유익을 줄 수 있다면 사회복지 지식기반으로 활용될 수 있다. ㉣ 사회복지학은 과학적이며 다른 학문에 배타적이다.

① ㉠㉡㉢ ② ㉠㉢ ③ ㉡㉣ ④ ㉣ ⑤ ㉠㉡㉢㉣

9. 사회복지와 사회사업을 비교하여 기술한 아래 항목들 중에서 그 성격이 다른 하나는?

① 예방적(preventive) ② 거시적(macro) ③ 치료적(treatment)
④ 조직적(systematic) ⑤ 제도적(institutional)

10. 실천적 학문으로서 사회복지실천의 성격을 모두 고르면?

㉠ 과학성 ㉡ 실천성 ㉢ 실용성 ㉣ 순수성 ㉤ 현장성

① ㉠㉡㉢㉤ ② ㉠㉢ ③ ㉡㉣ ④ ㉠㉢㉣㉤ ⑤ ㉠㉡㉢㉣

11. 사회복지실천의 2대 패러다임으로 맞게 묶여진 것은?

① 자선과 박애 ② 상호부조와 공공지원 ③ 희생과 봉사
④ 책임성과 효율성 ⑤ 자선과 복지

12. 다음의 서술 중에서 사회복지실천의 기능에 해당하는 것은?

㉠ 자원을 취득하도록 돕는다.	㉡ 조직이 사람에게 반응하도록 돕는다.
㉢ 사회정책과 제도에 영향을 미친다.	㉣ 조직과 제도 간 상호관계에 영향력을 행사한다.

① ㉠㉡㉢ ② ㉠㉢ ③ ㉡㉣ ④ ㉣ ⑤ ㉠㉡㉢㉣

13. 사회복지실천의 목적에 대한 설명으로 옳지 않은 것은?

① 사회의 변화에 따라 개입방법도 변화해야 한다.
② 개인이나 집단과 환경 사이의 불균형을 해소하고 예방하기 위한 개입이 이루어진다.
③ 사회복지실천의 목적은 삶의 질 향상이다.
④ 사회복지사는 클라이언트의 욕구에 영향 받지 말고 전문직적 판단에 의해서만 개입해야 한다.
⑤ 사회정책을 개선하고 개발한다.

14. 사회복지실천가(generalist social work practitioner)가 갖추어야 할 두 가지 중요한 특질은?

① 융통성과 창의성 ② 가치관과 도덕관 ③ 가치관과 윤리관
④ 전문성과 책임성 ⑤ 효과성과 신뢰성

15. 국가가 개인과 사회의 복지를 책임진다는 것을 강조하는 사회복지의 개념은?

① 통합적 관점 ② 종합적 모형 ③ 잔여적 개념 ④ 제도적 개념 ⑤ 기능적 복지

16. 사회복지서비스를 효과적으로 전달하기 위한 전달체계는?

① 사회복지사 ② 사회복지프로그램 ③ 사회복지자원 ④ 사회복지실천기술 ⑤ 사회복지기관

17. 사회복지의 가치체계는 상대적 중요성을 기준으로 궁극적 가치, 차등적 가치, 수단적 가치의 세 가지 차원으로 분류할 수 있다. 사회복지의 가치체계와 관련한 다음의 설명 중에서 틀린 것은?

① 궁극적 가치는 불변하는 가치로서 인간의 존엄성이나 배분적 사회정의 등을 들 수 있다.
② 차등적 가치는 사회문화적 영향이나 개인의 경험에 따라 찬반이 가능한 가치이다.
③ 차등적 가치의 예로는 낙태, 안락사, 동성애 등에 대한 개인의 가치를 들 수 있다.
④ 수단적 가치는 차등적 가치를 달성하기 위한 수단이나 방법으로 행동지침과 윤리이다.
⑤ 수단적 가치의 예로는 개인의 개별화, 개인의 자기결정권, 개인의 비밀보장 등을 들 수 있다.

18. 사회복지가 발생하게 된 네 가지의 중요한 동기에 포함되지 않는 것은?

① 종교적 동기(religious motive) ② 인도주의적 동기(humanitarian motive)
③ 공리주의적 동기(utilitarian motive) ④ 자유주의적 동기(liberal motive)
⑤ 전문직업적 동기(professional motive)

19. 다음 중에서 사회정의의 향상을 위한 사회복지실천기능에 적절한 대상자는?

① 가출청소년 상담 ② 학대아동 쉼터연계 ③ 지역위기사례발굴
④ 다문화가족 인식개선 ⑤ 지역사회복지서비스 실무자 사례회의

20. 어떤 행동에 대한 옳고 그름을 나타내는 판단기준으로서 인간이 마땅히 행하거나 지켜야 하는 도리를 의미하는 것은?

① 가치(values) ② 윤리(ethics) ③ 도덕(morals) ④ 법(laws) ⑤ 규범(norms)

21. 로웬버그와 돌고프(Loewenberg & Dolgoff)가 제시한 윤리적 의사결정의 우선 순위를 바르게 나열한 것은?

㉠ 생명보호의 원칙　㉡ 자기결정의 원칙　㉢ 삶의 질의 원칙　㉣ 정보개방의 원칙

① ㉠→㉡→㉢→㉣ ② ㉠→㉢→㉣→㉡ ③ ㉡→㉠→㉣→㉢
④ ㉢→㉡→㉠→㉣ ⑤ ㉣→㉠→㉢→㉡

22. 윤리적 의사결정 시 가장 우선적으로 고려해야 할 사항은?

① 최소손실의 원칙　② 자유와 자율의 원칙　③ 생명보호의 원칙
④ 사생활보호와 비밀보장의 원칙　⑤ 진실성과 완전공개의 원칙

23. 다음 중에서 윤리적 결정의 원칙에 해당하지 않는 것은?

① 생명보호의 원칙　② 최대이익의 원칙　③ 효과성의 원칙
④ 균등의 원칙　⑤ 진실성의 원칙

24. 다음 중 사회복지사가 가장 빈번하게 겪게 되는 윤리적 딜레마는?

① 가치의 상충　② 의무의 상충　③ 클라이언트체계의 다중성
④ 결과의 모호성　⑤ 권력의 불균형

25. 사회복지실천상 발생하는 윤리적 딜레마에 대처하기 위한 원칙으로 맞는 것을 모두 고르면?

㉠ 생명보호의 원칙　㉡ 클라이언트 자기결정의 원칙　㉢ 비밀보장의 원칙　㉣ 비용효과성의 원칙

① ㉠㉡㉢　② ㉠㉢　③ ㉠㉣　④ ㉠㉢㉣　⑤ ㉠㉡㉢㉣

26. 사회복지사가 윤리적 딜레마에 직면했을 때 가장 바람직한 대응방법은?

① 기존의 관행을 따른다.　② 클라이언트의 요구에 따른다.
③ 동료 사회복지사와 의논한다.　④ 타 전문직 또는 다른 기관에 의뢰한다.
⑤ 슈퍼바이저와 상의해서 클라이언트와 함께 정한다.

27. 다음의 사례에서 사회복지사가 경험하는 가치갈등의 유형은?

자녀를 갖기 원하는 지적장애여성 클라이언트의 자기 결정권에 대해 사회복지사는 자녀 양육 등 생활상의 어려움을 염려하고 있다.

① 가치갈등　② 의무상충　③ 결과의 모호성
④ 제한된 자원의 배분　⑤ 클라이언트체계의 다중성

28. 다음의 사례에서 사회복지사가 적용한 윤리원칙은?

뇌졸중에 걸린 독거노인에게 도시락서비스를 제공하려던 사회복지사가 재산조사를 이유로 경제적 상황을 물어보았다. 노인은 차라리 서비스를 포기하고 굶어 죽겠다며 답변을 거부하였다. 그래도 사회복지사는 노인에게 도시락서비스가 제공되도록 조치하기로 하였다.

① 삶의 질 원칙　② 평등의 원칙　③ 생명보호의 원칙
④ 사생활보호와 비밀보장의 원칙　⑤ 자기결정권의 원칙

29. 다음의 사례에서 사회복지사가 가장 우선적으로 고려해야 할 윤리적 원칙은?

> 클라이언트는 결혼한 지 15년이 되었고 14세 된 딸이 있다. 사회복지사는 클라이언트와의 상담에서 남편으로부터 지속적으로 신체적인 학대를 당해왔으며, 지난 6개월 동안 남편이 딸을 상습적으로 성폭행하고 있다는 사실을 알아냈다. 그러나 클라이언트는 만약 이혼을 하게 되면 삶이 더욱 비참하고 막막해질 것이라면서 이 사실을 비밀로 해달라고 사회복지사에게 간곡하게 부탁했다.

① 최소손실의 원칙 ② 자유와 자율의 원칙 ③ 생명보호의 원칙
④ 사생활보호와 비밀보장의 원칙 ⑤ 진실성과 완전공개의 원칙

30. 사회복지관에서 기존의 여성취업준비프로그램을 축소하고, 새로운 결혼이주여성 한글교실프로그램을 기획할 때 행정적 측면에서 발생 가능한 윤리적 쟁점은?

① 자기결정 ② 비밀보장 ③ 진실성 고수와 알 권리
④ 제한된 자원의 공정한 분배 ⑤ 전문적 관계 유지

31. 우리나라의 사회복지사윤리강령에 포함되어 있지 않은 것은?

① 사회복지사와 사회 ② 사회복지사와 동료 ③ 사회복지사의 전문성
④ 사회복지사의 클라이언트 ⑤ 자원봉사자에 대한 존중

32. 클라이언트와 관련된 사회복지사의 윤리강령은?

① 사회복지사는 전문가로서의 품위와 자질을 유지한다.
② 사회복지사는 동료 간의 전문적 지위와 인격을 훼손하는 언행을 하지 않는다.
③ 사회복지사는 클라이언트와 성관계를 가지면 안 된다.
④ 사회복지사는 소속기관의 이익을 위해 활동한다.
⑤ 사회복지사는 단체의 비윤리적 행위에 대해서 공식적으로 대처한다.

33. 우리나라의 사회복지사윤리강령 중 '전문가의 자세'에 대한 내용으로 맞는 것은?

> ㉠ 클라이언트의 권익옹호를 최우선의 가치로 한다.
> ㉡ 클라이언트의 성과 인종에 따라 차별대우하지 않는다.
> ㉢ 기관의 활동에 적극적으로 참여하여 기관의 발전을 위해 노력한다.
> ㉣ 사회복지사는 공정하게 문제해결을 하고 어떠한 압력에도 타협하지 않는다.

① ㉠㉡㉢ ② ㉠㉢ ③ ㉡㉣ ④ ㉣ ⑤ ㉠㉡㉢㉣

34. 알코올 중독자인 클라이언트를 상담하던 사회복지사가 치료가 끝난 시점에서 클라이언트가 아동학대를 하고 있다는 것을 알았다. 이때 사회복지사의 적절한 대처는?

① 다른 사회복지사와 의논한다. ② 클라이언트의 비밀을 보장한다.
③ 아동학대센터에 신고한다. ④ 경찰서에 신고한다.
⑤ 클라이언트로 하여금 스스로 아동학대센터에 신고하게끔 유도한다.

35. 성폭행을 당한 여성이 임신했을 경우 낙태를 해야 한다고 주장하는 사람과 생명은 무조건 보호받아야 한다고 주장하는 사람이 있다. 이러한 가치 차이를 설명하는 가치체계는?

① 수단적 가치 ② 궁극적 가치 ③ 공간적 가치 ④ 차등적 가치 ⑤ 시대적 가치

36. 국적이나 문화적 배경이 다른 클라이언트를 다룰 때 옳은 대응은?

① 문화적 차이가 존재하는 것은 당연하므로 다루지 않는다.

② 클라이언트가 문화적 차이로 인한 문제제기를 할 경우에만 이를 논의한다.

③ 문화적 차이로 인한 클라이언트의 어려움이 있는지 물어본다.

④ 모든 인간은 기본적으로 동질적이므로 문화적 차이를 강조할 필요가 없다.

⑤ 클라이언트가 속한 문화의 기초지식에 바탕을 두고 접근한다.

37. 사회사업기관의 특성이라고 볼 수 없는 것은?

① 공식적 조직 ② 사회적인 후원과 책임 ③ 이윤추구의 최소화

④ 인간욕구에의 통합적 접근 ⑤ 개개인의 소비적 욕구 지원

38. 복지국가(welfare state)에서 구성원의 복지에 대한 일차적 책임을 가진 주체는?

① 국가 ② 사회 일반 ③ 모든 국민 ④ 지역사회 ⑤ 개인

39. 사회복지실천의 본질적 3대 요소로 맞게 묶여진 것은?

① 이상(ideal), 규범(norms), 지식(knowledge) ② 기술(skill), 가치(value), 이상(ideal)

③ 규범(norms), 지식(knowledge), 기술(skill) ④ 가치(value), 이상(ideal), 규범(norm)

⑤ 지식(knowledge), 기술(skill), 가치(value)

40. Ernest Greenwood에 의해 주장된 전문직으로서의 다섯 가지의 공통적 속성에 포함되지 않는 것은?

① 전문직적 문화(professional culture) ② 전문직적 권위(professional authority)

③ 사회적 승인(sanction of community) ④ 윤리강령(ethical codes)

⑤ 전문직적 자기정체성(professional self-identity)

41. 사회복지분야의 종사자가 전문직으로 인정받기 위한 자격요건에 포함되지 않는 것은?

① 지식 및 기술 ② 윤리 및 가치 ③ 권위 및 자격증 ④ 재정 및 후원 ⑤ 교육 및 기관

42. 다음 중에서 사회복지실천현장에 속하는 것을 모두 고르면?

㉠ 가정	㉡ 병원	㉢ 교회	㉣ 사회복지기관

① ㉠㉡㉢ ② ㉠㉢ ③ ㉡㉣ ④ ㉣ ⑤ ㉠㉡㉢㉣

43. 다음의 사회복지실천현장 중 이용시설은?

① 장애인주간보호시설 ② 모자보호시설 ③ 노인요양시설 ④ 아동일시보호시설 ⑤ 아동보육시설

44. 다음 중 2차 사회복지실천현장이 아닌 것은?

① 학교 ② 의료기관 ③ 자원봉사센터 ④ 동사무소 ⑤ 군부대

45. 이주노동자의 임금체불문제를 제기하고 해결하려는 사회복지사의 역할은?

① 중개자 ② 협상가 ③ 촉진자 ④ 옹호자 ⑤ 중재자

46. 다음 인물들 중에서 병원에서 의료사회사업을 최초로 시작한 사람은?

① W. A. Friedlander ② Richard Morris Titmuss ③ Richard Clarke Cabot
④ Simon N. Patten ⑤ Werner W. Boehm

47. 다음 인물들 중에서 정신의료사회사업의 선구자적 역할을 한 사람은?

① Ernest Greenwood ② Dorothea Lynde Dix ③ Mary Richmond
④ Helen H. Perman ⑤ Carol H. Meyer

48. "사회사업은 전문직인가?"라는 제목의 논문을 통해 사회사업은 전문직으로서의 특성을 모두 갖추지 못하였다고 평가한 사람은?

① Josephine Lowell ② Arnold Toynbee ③ Mary Richmond
④ Beatrice Webb ⑤ Abraham Flexner

49. 사회사업의 '원인(Cause)'과 '기능(Function)' 논쟁을 제기한 학자는?

① Charles Booth ② Swithun Bowers ③ Mary Jarett
④ Porter R. Lee ⑤ Josephine Lowell

50. 단일화된 사회복지교육모델의 도입을 통하여 사회복지전문직의 위상을 정립하고자 했던 노력으로 평가되는 것은?

① Diagnostic school ② Functional school ③ Milford Conference
④ Generalist social work ⑤ Clinical social work movement

사회복지실천론 기말고사

학과		학년		학번		이름		점수			

1. 개별사회사업(casework)이론의 창시자는?
   ① A. Dunham ② W. A. Friedlander ③ H. Perlman ④ M. Richmond ⑤ J. L. Vives

2. 다음 중에서 개별사회사업(casework)의 특성이라고 보기 어려운 것은?
   ① 스스로 해결하기 곤란한 문제를 가진 개인 및 그 가족이 대상이 된다.
   ② 개별적으로 이루어지므로 대상에 따라 그 방법이 달라진다.
   ③ 치료보다는 예방 또는 재조정에 중점이 두어진다.
   ④ 환경에의 적응과 인격의 성장, 발달을 돕기 위한 의식적이고 계속적인 노력이다.
   ⑤ Caseworker와 client 양자간의 협동적인 노력이 중요시된다.

3. 전통적 사회복지실천이론이 갖는 기본적인 성격에 포함되지 않는 것은?
   ① 정신분석학이론에 크게 의존했다. ② 분석적이다. ③ 개인집중적이다.
   ④ 인간을 사회적 존재로 파악했다. ⑤ 과거결정적이다.

4. 다음 중 진단주의에 대한 설명으로 옳지 않은 것은?
   ① Freud의 정신분석학의 개념과 방법을 적극 도입했다.
   ② 클라이언트의 과거력을 중시했다.
   ③ 성장의 심리학으로 불리었다.
   ④ 인간에 대해 기계적이고 결정론적인 관점을 취했다.
   ⑤ 대표학자로는 Gordon Hamilton과 Florence Hollis가 있다.

5. 사회복지실천에서 기능주의적 접근의 특징이 아닌 것은?
   ① 인간의 의지 강조 ② 인간에 대한 낙관적 시각 ③ 지금과 여기(here & now) 강조
   ④ 환경의 중요성 강조 ⑤ 치료 중심적 접근

6. H. Trecker에 의해 주장된 집단사회사업의 4대 구성요소에 포함되지 않는 것은?
   ① 집단구성원(group member) ② 집단(group) ③ 프로그램
   ④ 집단사회사업가(group worker) ⑤ 장소(place)

7. 아래에 제시된 내용들 중에서 집단사회사업의 전체 과정(발전단계)에 포함되지 않는 것은?

① 준비단계(preparatory stage) ② Orientation 단계
③ 문제해결단계(problem solving stage) ④ 탐색과 시험단계(exploring and testing stage)
⑤ 자료수집 및 사정단계(data collection & assessment stage)

8. 시대적 변천에 따른 지역사회의 네 가지 변화모델에 포함되지 않는 것은?

① Anomie형 ② 공동체형 ③ 산업형 ④ 개별형 ⑤ 전통형

9. 다음 인물들 중에서 근대 정신의학의 창시자로 인정받고 있는 사람은?

① Sigmund Freud ② Hippocrates ③ Philip Pinel
④ Carl Jung ⑤ Eric Erickson

10. Helen H. Perman에 의해 제시된 개별사회사업의 4대 구성요소에 포함되지 않는 것은?

① 사람(person) ② 문제(problem) ③ 과제(project)
④ 장소(place) ⑤ 과정(process)

11. 일반체계이론(general systems theory)의 세 가지 특성인 구조적 특성, 진화적 특성, 행동적 특성 중에서 구조적 특성에 포함되지 않는 개념은?

① 경계(boundary) ② 위계(hierarchy) ③ 개방체계(open system)
④ 항상성(homeostasis) ⑤ 폐쇄체계(closed system)

12. 체계를 주위 환경과 구별하고 독특한 정체성을 제공하는 선정된 변수들을 둘러싼 폐쇄된 둘레를 가리키는 용어는?

① 환류(feedback) ② 위계(hierarchy) ③ 적응(adaptation)
④ 경계(boundary) ⑤ 침투(infiltration)

13. 전통적 사회복지실천방법이 갖고 있었던 문제점으로 볼 수 없는 것은?

① 제한된 특정 문제 중심의 개입으로 인해 다양하고 복잡한 문제에의 개입 곤란 초래
② 클라이언트의 잠재적 능력을 이끌어내기 위한 불필요한 시도로 인해 개입의 비효율성 초래
③ 사회복지서비스의 지나친 분화 및 전문화로 인해 서비스의 파편화 현상 초래
④ 전문화 중심의 교육훈련에 따라 타 분야와의 교류 및 연계에 장애 초래
⑤ 공통된 기반 없는 변화 및 발전으로 인해 사회복지전문직으로서의 정체성 확립에 곤란 초래

14. 열역합법칙을 구성하는 제 법칙들 중에서 엔트로피를 설명하는 법칙은?

① 제 0법칙 ② 제 1법칙 ③ 제 2법칙 ④ 제 3법칙 ⑤제 4법칙

15. 다음 중 네겐트로피에 대한 설명으로 옳은 것은?

① 무질서의 에너지이다. ② 이용될 수 없는 에너지이다.
③ 폐쇄체계에서 최대한 증가된다. ④ 질서와 조직을 향하는 경향이 있다.
⑤ 무질서를 증가시키는 에너지이다.

16. 사회복지실천의 예술적 특성이 잘 나타나는 활동은?

① 클라이언트의 만족도 설문조사 ② 클라이언트의 개인적 정보관리
③ 클라이언트와의 전문적 관계 형성 ④ 클라이언트의 욕구 파악을 위한 사정도구 활용
⑤ 클라이언트에게 지역사회자원에 관한 정보 제공

17. 다음의 통합적 방법론의 모델과 대표학자가 맞게 연결된 것은?

㉠ 핀커스와 미나한: 4체계모델	㉡ 저메인과 기터만: 생활모델
㉢ 콤튼과 갤러웨이: 문제해결과정모델	㉣ 골드스테인: 단일화모델

① ㉠㉡㉢ ② ㉠㉢ ③ ㉡㉣ ④ ㉠㉣ ⑤ ㉠㉡㉢㉣

18. 사회복지실천의 강점관점의 특징은?

> ㉠ 클라이언트의 바람직한 변화를 위한 잠재력을 향상시킬 수 있다.
> ㉡ 문제 자체보다는 문제해결에 초점을 둔다.
> ㉢ 클라이언트는 변화를 위한 자원과 역량을 이미 가지고 있다고 인정한다.
> ㉣ 행동, 감정, 관계의 부정적인 결과와 증상의 영향을 감소시키는 것이 개입의 목적이다.

① ㉠㉡㉢ ② ㉠㉢ ③ ㉡㉣ ④ ㉠㉣ ⑤ ㉠㉢㉣

19. 고부갈등으로 고민하고 있는 며느리의 문제를 해결하기 위해 사회복지사가 개입을 하게 되었다. 이때 갈등상황에 있는 시어머니는 어떤 체계에 해당하는가?

① 변화매개체계(change agent system) ② 클라이언트체계(client system)
③ 표적체계(target system) ④ 행동체계(action system)
⑤ 전문가체계(professional system)

20. Pincus와 Minahan은 사회복지사가 실천현장에서 함께 활동하게 되는 체계를 네 가지로 분류했는데, 그 외에 전문가체계를 추가한 학자는?

① Friedlander ② Germain & Gittermann ③ F. Hollis ④ Compton & Gallaway ⑤ H. Perlman

21. 다음 중에서 클라이언트와의 관계형성을 돕는 기술 중 중심이 되는 기술은?

① 감정이입 ② 침묵의 허용 ③ 저항 다루기 ④ 경청 ⑤ 질문하기

22. 사회복지사가 클라이언트의 강점과 약점, 바람직한 성격과 그렇지 못한 성격, 긍정적인 감정과 부정적인 감정, 건설적이거나 파괴적인 태도 및 행동 등을 있는 그대로 인정하고 존중해 주는 것을 가리키는 관계상의 전문 용어는?

① 감정이입(empathy) ② 수용(acceptance)
③ 개별화(individualization) ④ 자기결정(self-determination)
⑤ 비심판적 태도(nonjudgmental attitude)

23. 다음 중 사회복지사가 클라이언트를 마치 자신의 과거 경험 속의 어떤 인물인 것처럼 느끼고 무의식적으로 반응하는 것은?

① 저항 ② 역전이 ③ 도구적 가치 ④ 전이 ⑤ 불신

24. 아래의 내용 중에서 비밀보장의 원칙을 지켜야 할 상황은?

㉠ 헤어진 여자친구의 거주지를 알려달라고 하는 경우
㉡ 어머니가 두아이를 데리고 동반자살할 계획을 알게 된 경우
㉢ 이전에 사회복지기관에서 보호받은 사실을 이웃에 알리기 싫어하는 경우
㉣ 5세 된 여아를 아버지가 성폭행한 사실을 알게 된 경우

① ㉠㉡㉢ ② ㉠㉢ ③ ㉡㉣ ④ ㉡㉢㉣ ⑤ ㉠㉡㉢㉣

25. 클라이언트가 사회복지사의 판단에 따라서 행동방법을 결정하도록 교묘하게 이끄는 것은?

① 설득(persuation) ② 유도(inducement) ③ 조종(manipulation)
④ 조언(advise) ⑤ 인도(guidance)

26. 의사소통(communication)의 기본 원칙에 포함되지 않는 것은?

① 목적성(purpose) ② 적극성(positiveness) ③ 정확성(accuracy)
④ 적시성(timing) ⑤ 경제성(economy)

27. 일반적인 의사소통에서 비언어적 의사소통방법에 의해 상대방에게 전달되는 정보의 양은?

① 1/4 ② 1/3 ③ 1/2 ④ 2/3 ⑤ 3/4

28. 다음 중에서 연결이 바르게 된 것은?

어느 지역에 장애인 복지시설 건립의 필요성이 제기되어 독지가의 지원과 찬성하는 주민들의 협력으로 건축을 시작하게 되었다. 그러나 반대하는 주민들로 인해 공사가 중단되어 복지관의 사회복지사가 개입을 하게 되었고 지방 언론사의 기자가 이 사실을 보도하였다.

① 변화매개체계 - 독지가 ② 표적체계 - 지역주민 ③ 행동체계 - 찬성하는 지역주민
④ 전문가체계 - 언론사 기자 ⑤ 클라이언트체계 - 사회복지관

29. 자신의 솔직한 심정을 노출하기 싫어서 왜곡된 행동을 보이는 클라이언트를 돕는 기술은?

① 전이 ② 수용 ③ 저항 ④ 직면 ⑤ 경청

30. 면접시 클라이언트에게 관심을 유지하고 있음을 알리는 사회복지사의 기술이 아닌 것은?

① 클라이언트를 마주 보고 앉는다.
② 개방적이고 공손한 자세를 취한다.
③ 클라이언트의 눈을 맞춘다.
④ 클라이언트를 향해 몸을 약간 기울인다.
⑤ 면담내용을 기록한다.

31. 클라이언트의 이야기를 듣고서 사회복지사가 자기의 표현양식으로 바꾸어 말해주는 면접의 기술은?

① 해석 ② 반영 ③ 명료화 ④ 환언 ⑤ 구조화

32. 다음 중에서 I-message 형태의 의사소통으로 바르게 표현된 것은?

① 일을 망친 건 다 너 때문이야!
② 네가 그렇게 말했을 때 나는 당황했어.
③ 넌 항상 그런 식이야!
④ 심부름을 하지 않겠다면 용돈을 주지 않겠어.
⑤ 그렇게 말하는 것을 보니 넌 나를 싫어하는 것이 틀림없어.

33. 다음 중에서 비언어적 의사소통에 해당되지 않는 것은?

① 표정 ② 자세 ③ 옷차림 ④ 목소리의 고저 ⑤ 구사하는 단어

34. 면접의 진행 시에 클라이언트의 행동이나 말에서 표현된 기본적인 태도나 행동 및 주요 감정의 내용을 사회복지사가 다른 참신한 말로 부연하는 기술은?

① 해석(interpretation) ② 반영(reflection) ③ 명료화(clarification)
④ 충고(advice) ⑤ 환언(say in other words)

35. 생활환경 내에서의 개인 혹은 가족을 둘러싸고 있는 경계를 역동적인 방법으로 묘사한 사정도구는?

① 가계도(genogram) ② 생태도(eco-map) ③ 소시오그램(sociogram)
④ 체계도(system map) ⑤ 가족지도(family map)

36. 문제를 가진 사람이 전문적 도움을 얻기 위하여 기관에 찾아 왔을 때 사회복지사가 그의 욕구와 문제를 확인하여 그것이 기관의 정책과 서비스에 부합되는지의 여부를 판단하는 과정은?

① 의뢰(referral) ② 접수(intake) ③ 대체(transfer) ④ 사정(assessment) ⑤ 발굴(outreach)

37. 다음은 무엇에 대한 설명인가?

클라이언트의 욕구와 문제가 기관이 제공할 수 있는 것 이상을 필요로 할 때 적절한 서비스를 제공받을 수 있는 다른 기관으로 연결시켜 주는 것

① 조정 ② 의뢰 ③ 탐색 ④ 사정 ⑤ 대체

38. 다음 중에서 관계형성이 어려운 클라이언트의 유형은?

① 부부갈등으로 기관을 찾은 남성　② 이전에 기관 이용의 경험이 있는 노인
③ 학교에서 의뢰된 비행청소년　④ 장애아동을 둔 어머니　⑤ 취미활동을 하고자 하는 아동

39. 다음 중에서 개방형 질문이 갖는 장점은?

① 면접시간의 절약　② 많은 양의 정보 수집 가능　③ 정숙한 환경 유지 가능
④ 위급한 클라이언트에게 효과적　⑤ 사회복지사의 주도적 개입 가능

40. 다음 중에서 가계도(genogram)를 통해 알 수 없는 것은?

① 동거가족의 수　② 가족의 구조　③ 가족 구성원 간의 관계
④ 가족 구성원간의 의사소통　⑤ 가족구성원의 학력 및 직업

41. 클라이언트의 삶에 영향을 미치는 요인들을 원으로 그리고 클라이언트와 이들 요인들 간의 상호작용을 묘사하는 사정도구는?

① 가계도(genogram)　② 생태도(eco-map)　③ 소시오그램(sociogram)
④ 체계도(system map)　⑤ 가족지도(family map)

42. 아래의 내용이 설명하는 사정 도구는?

상징을 사용해서 집단 내 성원들 간의 상호작용을 표현한 그림이다. 집단에 개입하는 사회복지사가 집단 내 소외자, 하위집단, 연합 등을 파악할 수 있는 유용한 도구이다.

① 가계도(genogram)　② 생태도(eco-map)　③ 사회도(sociogram)
④ 생체도(biogram)　⑤ 연속생태도(sequential ecomap)

43. 개입(intervention)을 위한 목표 설정에 관한 설명으로 옳지 않은 것은?

① 긴급한 욕구를 최우선적으로 선택한다.　② 클라이언트와의 합의 하에 결정한다.
③ 클라이언트의 자기결정권을 존중한다.　④ 가능한 많은 욕구를 포괄하여 설정한다.
⑤ 성장에 초점을 두는 긍정적 형태로 기술한다.

44. 사회복지실천과정에서 계약(contract)에 포함되어야 할 내용이 아닌 것은?

① 수행해야 할 목표　② 서비스의 결과　③ 클라이언트의 기대
④ 계약변경의 조건　⑤ 개입기법

45. 시급하고 복잡한 문제를 가진 클라이언트의 경우에 가장 먼저 해야 할 것은?

① 해결이 가장 시급한 문제부터 한다.　② 해결이 쉬운 것부터 한다.
③ 클라이언트가 해결하기 원하는 문제부터 한다.　④ 해결이 어려운 것부터 한다.
⑤ 사회복지사의 전문적 판단에 따른다.

46. 사회복지실천의 과정에 초점을 두고 주기적으로 진전 상황을 평가하는 것은?

① 형성평가 ② 총괄평가 ③ 사전사후평가 ④ 결과평가 ⑤ 실무자평가

47. 종결시 사회복지사의 과업은?

① 목적달성을 위한 활동 수행 ② 변화유지를 위한 계획수립 ③ 공식적 지지
④ 자료수집 ⑤ 클라이언트 옹호

48. 다양하고 복합적인 욕구를 가진 클라이언트를 대상으로 전문적 워커가 클라이언트의 욕구를 충족시키고 사회적 기능을 향상시키기 위해서 클라이언트에게 공공 및 민간자원을 연결 및 조정하는 사회복지실천방법은?

① casework ② group work ③ community organization
④ case management ⑤ clinical social work

49. 사례관리가 등장하게 된 배경에 포함되지 않는 것은?

① 탈시설화 ② 지방분권화 ③ 사회문제의 증가
④ 기존 서비스의 단편성 ⑤ 비용억제의 필요성

50. 다음의 경우에 적용된 사례관리의 원칙은?

재가복지를 담당하는 사회복지사 K는 클라이언트의 욕구를 사정하고 계획하는데 있어서 다양한 서비스 영역을 검토하여 필요한 도움이 누락되지 않도록 하였다.

① 적절성 ② 포괄성 ③ 지속성 ④ 연계성 ⑤ 접근성

사회복지실천론

초판1쇄 발행 2019년 2월 28일

편저자 김 희 년
발행인 김 성 수
발행처 인제대학교 출판부

주　　소 경상남도 김해시 인제로 197번지
전　　화 055-320-3783
팩　　스 055-320-3766
출판등록 제95-6호
http://homepage.inje.ac.kr/~press

정가 12,000원

ISBN 978-89-6620-088-7 (13330)